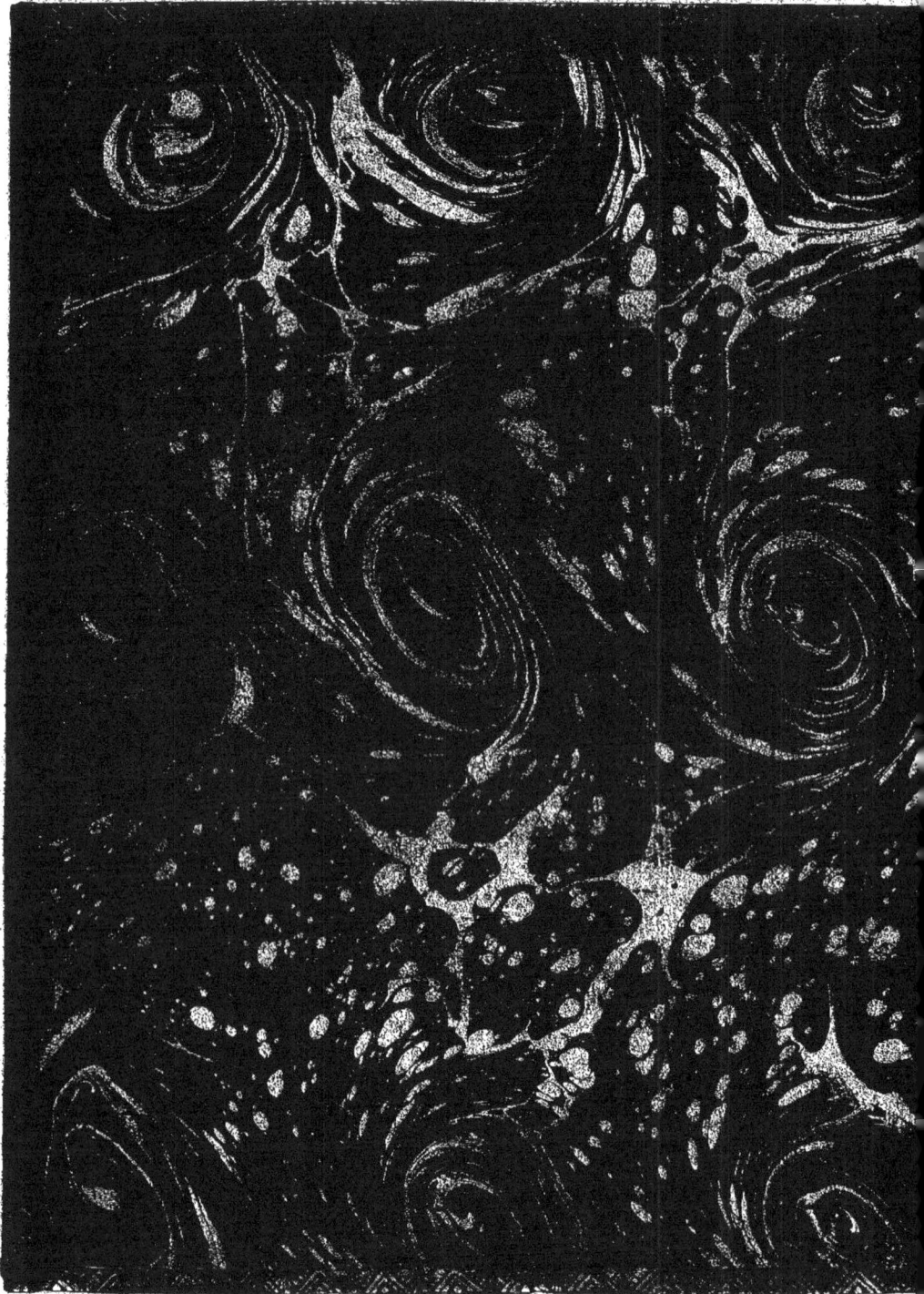

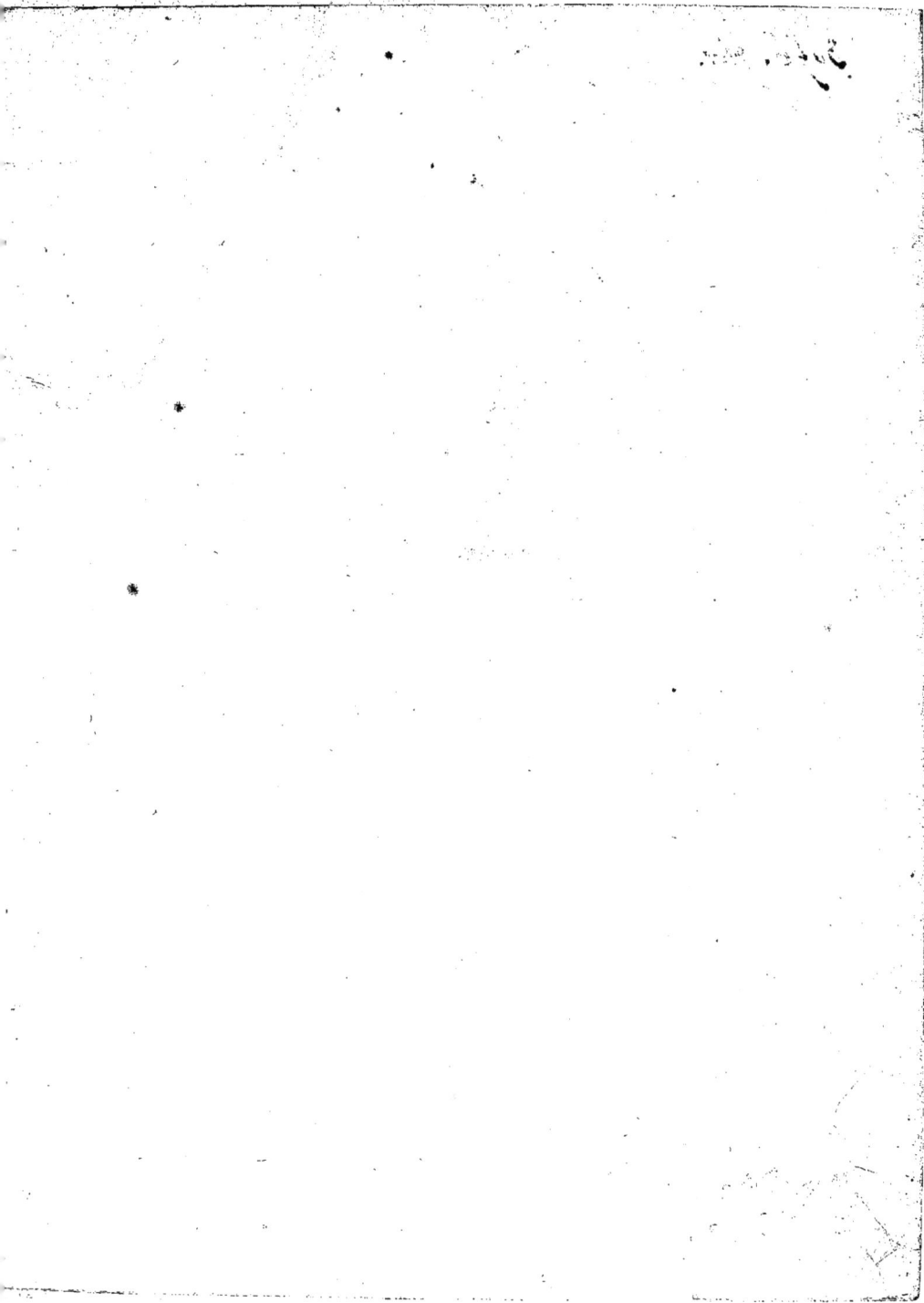

3096. Jur.

PROCÈS-VERBAUX

DES SÉANCES

DE

L'ASSEMBLÉE PROVINCIALE

DU SOISSONNOIS,

TENUE A SOISSONS EN 1787.

A SOISSONS,

De l'Imprimerie de L. F. WAROQUIER, Imprimeur de l'Assemblée
Provinciale du Soiſſonnois.

M. DCC. LXXXVII.

PROCÈS-VERBAL

DES SÉANCES

DE

L'ASSEMBLÉE PROVINCIALE

DU SOISSONNOIS,

TENUE A SOISSONS

DANS LE MOIS D'AOUT 1787.

'AN mil sept cent quatre-vingt-sept, le onze du mois d'Août, à dix heures du matin, Monsieur le Président & Messieurs les Députés par le ROI, pour composer l'Assemblée Provinciale du Soissonnois, s'étant rendus dans la Salle de l'Hôtel de Ville de Soissons, laquelle avoit été

A ij

choisie pour le lieu de l'Affemblée ordonnée par le Réglement fait, par fa Majefté, le cinq Juillet de la préfente année, ont remis fur le Bureau leurs Lettres de Convocation pour la tenue de cette première Affemblée, compofée,

S A V O I R :

De Monfieur le C O M T E D'E G M O N T, Préfident.

POUR L'ORDRE DU CLERGÉ.

D E

Monfieur L'ABBÉ-GÉNÉRAL DE PRÉMONTRÉ.

Monfieur l'Abbé D'HUMIERES, Abbé de Genlis.

Monfieur l'Abbé de V R E V I N S, Chanoine de l'Eglife Cathédrale, & Vicaire-Général du Diocèfe de Laon.

Monfieur l'Abbé DUBOIS, Chanoine de l'Église Cathédrale, & Vicaire-Général du Diocèfe de Soiffons.

Monfieur l'Abbé DOYEN, Doyen de l'Église Collégiale de Guife.

POUR L'ORDRE DE LA NOBLESSE.

D E

Monfieur le Comte DE NOUE.

Monſieur le Comte D'ALLONVILLE.
Monſieur le Comte DE BARBANÇON.
Monſieur le Marquis DE PUYSÉGUR.

ET DANS LE TIERS-ÉTAT.

DE

Monſieur LAURENT, Conſeiller au Bailliage de Vermandois, & Siége Préſidial de Laon.

Monſieur GODART DE CLAMECY, Écuyer, Seigneur de Clamecy, Maire de Soiſſons.

Monſieur PINTEREL DE LOUVERNY, Lieutenant Général du Bailliage & Siége Préſidial de Château-Thierry.

Monſieur LAURENS, Maire de Creſpi en Valois.

Monſieur DE SESSEVALLE, Écuyer, Maître Particulier des Eaux & Forêts, & Maire de Clermont.

Monſieur POTTIER, Seigneur du Fief de la Mairerie, Paroiſſe de Saſſy-le-petit.

Monſieur LEMAIRE, Maître des Poſtes de Vertefeuille, Paroiſſe de Saint-Pierre-Aigle.

Et Monſieur BAUCHART, Fermier de Courjumel-le-bas.

L'Aſſemblée s'étant trouvée ainſi formée, Meſſieurs ont pris ſéance dans l'ordre qui ſuit.

Monſieur le COMTE D'EGMONT, Préſident, au fond de la Salle.

Meſſieurs du Clergé à ſa droite.

Meſſieurs de la Nobleſſe, à ſa gauche, ſuivant leur âge.

Et Meſſieurs les Députés dans le Tiers-État, en face de Monſieur le Préſident, ſuivant l'ordre des Villes & des Paroiſſes de la Campagne, lequel on a cru devoir déterminer d'après la quotité de leurs contributions ; la moitié joignant le Clergé, & l'autre moitié joignant la Nobleſſe ; ſous les réſerves expreſſes & reſpectives que les rangs & ſéances ci-deſſus pris, ne nuiront ni ne pourront aucunement préjudicier aux droits & qualités des Perſonnes ſuſnommées.

La ſéance ayant été priſe, Monſieur le Comte D'EGMONT a dit que, Quoique Perſonne n'ignorât l'objet de cette Aſſemblée, ſoit à cauſe des ordres que Sa Majeſté avoit jugé à propos d'adreſſer à chacun de Meſſieurs qui la compoſent, ſoit à cauſe du Réglement du Roi, arrêté en ſon Conſeil, le 5 Juillet de la préſente année, & rendu public, il avoit néanmoins été prévenu que les ordres & intentions de Sa Majeſté devoient être notifiés d'une manière plus ſolemnelle & plus particulière à Meſſieurs les Députés ici préſens, par M. DE LA BOURDONNAYE DE BLOSSAC, Intendant de la Généralité, qu'il ſavoit être chargé d'une Commiffion fpéciale à cet effet ; qu'il lui paroiffoit, en conféquence, qu'on ne devoit s'occuper d'aucun objet avant fon arrivée, & il a ajouté que ne doutant pas que Meffieurs ne vouluffent le recevoir avec les honneurs qu'on a coutume de rendre à ceux qui font chargés de faire connoitre les intentions de Sa Majefté, il propofoit de le faire avertir, par deux Députés, que Meffieurs étoient actuellement affemblés.

· Cette Propofition ayant été agréée, Monfieur le Comte D'EGMONT, Préfident, a prié Monfieur l'Abbé Doyen, & Monfieur Laurens, Maire de Crefpi, de fe charger de cette commiffion, ce qu'ils ont accepté.

·. Monfieur le Commiffaire du Roi étant arrivé au pied de l'efcalier avec lefdits Sieurs Abbé Doyen & Laurens, Maire de Crefpi, y a trouvé M. Laurent, Confeiller au Préfidial de Laon, qu'au défaut de Greffier non encore nommé, Monfieur le Préfident avoit chargé d'aller y recevoir Monfieur le Commiffaire.

Au même inftant, M. l'Abbé Dubois, M. le Marquis de Puyfégur, M. de Clamecy & M. Pottier, priés par Monfieur le Préfident d'aller attendre Monfieur le Commiffaire du Roi, au haut de l'efcalier, s'y font rendus, & l'ont conduit dans la Salle où Meffieurs étoient affemblés. Monfieur le Commiffaire de Sa Majefté eft entré, ayant à fa droite M. l'Abbé Dubois, à fa gauche, M. le Marquis de Puyſégur, & étant accompagné de MM. de Clamecy & Pottier.

L'Aſſemblée s'eſt levée à l'arrivée de M. le Commiſſaire du Roi, qui, après avoir pris ſéance dans un fauteuil, au centre, & en face de Monſieur le Préſident, a prononcé un diſcours dans lequel il a expoſé les intentions & ordres de Sa Majeſté : il a ajouté que la préſente Aſſemblée devoit ſur-tout s'occuper de l'élection des dix-huit Membres qui, d'après le Réglement du Roi, ſont deſtinés à compléter l'Aſſemblée Provinciale. Il a enſuite remis à Monſieur le Comte D'EGMONT, l'Original de ce Réglement, & en a, au nom du Roi, requis la lecture, ainſi que de l'Édit de Création des Aſſemblées Provinciales, du mois de Juin dernier, duquel il a auſſi remis un exemplaire imprimé ; la lecture en a été ordonnée par Monſieur le Préſident, & faite par M. Laurent, Conſeiller au Préſidial de Laon, choiſi pour faire les fonctions de Secrétaire en la préſente Séance.

Monſieur le Comte D'EGMONT a répondu par un diſcours, dans lequel il a exprimé les ſentimens de reconnoiſſance dont tous les Membres de l'Aſſemblée ſont pénétrés pour les vues paternelles & bienfaiſantes de Sa Majeſté, l'empreſſement qu'elle mettra à y répondre, & le zèle qui l'animera pour s'y conformer.

Il a, en conséquence, été arrêté que l'exemplaire de l'Édit de Création du mois de Juin, & l'Original du Réglement du 5 Juillet, seront déposés aux Archives de l'Assemblée, & transcrits sur le Registre des Délibérations, à la suite du présent Procès-verbal.

Monsieur de la Bourdonnaye de Blossac, Commissaire du Roi, s'étant retiré, il a été reconduit avec les mêmes honneurs & cérémonies par les mêmes Députés qui étoient allé le recevoir.

Messieurs les Députés étant rentrés dans la Salle de l'Assemblée, & y ayant repris leurs places, Monsieur le Comte D'EGMONT, Président, après avoir représenté à l'Assemblée l'importance des fonctions qu'elle est chargée de remplir, a dit que, Pour obéir aux ordres du Roi, & en exécution du susdit Réglement, elle devoit s'occuper du choix d'un Greffier, de celui de deux Syndics, & de dix-huit autres Personnes pour compléter le nombre de trente-six dont, suivant les intentions de Sa Majesté, ladite Assemblée Provinciale devoit être composée; comme aussi de la nomination des Personnes qui, avec les Présidens que le Roi a nommés, commenceront à former les Assemblées d'Élections; & de même, nommer la Commission-Intermédiaire de la Province, prescrite par le susdit Réglement : Monsieur le Président a ajouté : Que le seul moyen de se concilier sur

B

ces différens choix, lui sembloit être que Messieurs conféraffent entr'eux, sur les sujets qu'il conviendroit de propofer, & il les a priés de le faire, afin que les choix fussent préparés pour la prochaine Séance.

Il a dit enfuite que, Demain douze de ce mois, à dix heures du matin, il seroit célébré une Meffe du Saint-Esprit, dans la Chapelle de l'Évêché, & Messieurs font convenus d'y assifter.

Et la prochaine Séance ayant été indiquée par Monfieur le Préfident, à Lundi 13 du courant, dix heures du matin, l'Assemblée s'eft féparée.

Fait & arrêté, à Soissons, le onze du mois d'Août mil sept cent quatre-vingt-sept.

Signé, LE COMTE D'EGMONT, Préfident, & LAURENT, faifant les Fonctions de Secrétaire.

ÉDIT DU ROI,

PORTANT création d'Assemblées Provinciales.

Donné à Verfailles au mois de Juin 1787.

Regiftré en Parlement le vingt-deux Juin mil sept cent quatre-vingt-sept.

LOUIS, par la grace de Dieu, Roi de France & de Navarre : A tous préfens & à venir; SALUT. Les heureux effets qu'ont produit les Adminiftrations

Provinciales établies par forme d'Essai dans les Provinces de Haute-Guyenne & de Berry, ayant rempli les espérances que Nous en avions conçues, Nous avions jugé qu'il étoit temps d'étendre le même bienfait aux autres Provinces de notre Royaume, Nous avions été confirmé dans cette résolution par les délibérations unanimes des Notables que nous avons appellés auprès de Nous, & qui, en nous faisant d'utiles observations sur la forme de cet Etablissement, Nous ont supplié avec instance de ne pas différer à faire jouir tous nos sujets des avantages sans nombre qu'il doit produire : Nous déférons à leur vœu avec satisfaction ; & tandis que par un meilleur ordre dans les finances, & par la plus grande économie dans les dépenses, Nous travaillerons à diminuer la masse des impôts, Nous espérons qu'une institution bien combinée en allégera le poids par une plus exacte répartition, & rendra facile l'exécution des plans que Nous avons formés pour la félicité publique. A CES CAUSES & autres à ce Nous mouvant, de l'avis de notre Conseil & de notre certaine science, pleine puissance & autorité royale, Nous avons, par notre présent Edit perpétuel & irrévocable, dit, statué & ordonné ; disons, statuons & ordonnons, voulons & Nous plaît ce qui suit :

ARTICLE PREMIER.

Il fera, dans toutes les Provinces de notre Royaume où il n'y a point d'Etats Provinciaux, & fuivant la divifion qui fera par Nous déterminée, inceffamment établi une ou plufieurs Affemblées Provinciales, & fuivant que les circonftances locales l'exigeront, des Affemblées par-ticulières de Diftricts & de Communautés, & pendant les intervalles de la tenue defdites Affemblées, des Com-miffions-Intermédiaires, les unes & les autres compofées d'aucuns de nos Sujets des trois Ordres payant les Im-pofitions foncières ou perfonnelles dans lefdites Provin-ces, Diftricts & Communautés, & ce dans le nombre qui fera par Nous fixé proportionnellement à la force & à l'étendue defdites Provinces, Diftricts, & Commu-nautés, fans néanmoins que le nombre des perfonnes choifies dans les deux premiers Ordres puiffe furpaffer le nombre des perfonnes choifies pour le Tiers-Etat, & les voix feront recueillies par tête alternativement entre les Membres des différens Ordres.

II. Lefdites Affemblées Provinciales feront par elles-mêmes, ou par les Affemblées ou Commiffions qui leur feront fubordonnées, chargées, fous notre autorité & celle de notre Confeil, de la répartition & affiette de toutes les impofitions foncières & perfonnelles, tant de celles dont le produit doit être porté en notre Tréfor royal, que

de celles qui ont ou auront lieu pour chemins, ouvrages publics, indemnités, encouragemens, réparations
d'Eglifes & de Presbytères, & autres dépenfes quelconques propres auxdites Provinces, ou aux Diftricts &
Communautés qui en dépendent. Voulons que lefdites
dépenfes, foit qu'elles foient communes auxdites Provinces, foit qu'elles foient particulières à quelques Diftricts
ou Communautés, foient, fuivant leur nature, délibérées ou fuivies, approuvées ou furveillées par lefdites
Affemblées Provinciales, ou par les Affemblées ou Com.
miffions qui leur feront fubordonnées, leur attribuant,
fous notre autorité & furveillance, ainfi qu'il fera par
Nous déterminé, tous les pouvoirs & facultés à ce
néceffaires.

III. Les Procureurs-Syndics qui feront établis près de
chacune defdites Affemblées Provinciales & de Diftricts,
pourront, en leurs noms & comme leurs repréfentans,
préfenter toutes Requêtes, former toutes demandes, &
introduire toutes inftances pardevant les Juges qui en
doivent connoître, & même intervenir dans toutes les
affaires générales ou particulières qui pourront intéreffer
lefdites Provinces ou Diftricts, & les pourfuivre au
nom defdites Affemblées, après toutefois qu'ils y auront été autorifés par elles ou par les Commiffions-
Intermédiaires.

IV. La préfidence defdites Affemblées & Commiffions-Intermédiaires, fera toujours confiée à un Membre du Clergé ou de la Nobleffe, & elle ne pourra jamais être perpétuelle.

V. Il fera loifible auxdites Affemblées Provinciales de nous faire toutes repréfentations & de nous adreffer tels projets qu'elles jugeront utiles au bien de nos Peuples, fans cependant que, fous prétexte defdites repréfentations ou projets, l'affiette & le recouvrement des Impofitions établies, ou qui pourront l'être, puiffent, à raifon defdites repréfentations ou projets, éprouver aucun obftacle ni délai. Voulons dès-à-préfent qu'il y foit audit cas procédé dans la forme actuellement exiftante.

VI. Nous nous réfervons de déteminer, par des Réglemens particuliers, ce qui regarde la première convocation defdites Affemblées, leur compofition & celle des Commiffions-Intermédiaires, ainfi que leur police & tout ce qui peut concerner leur organifation & leurs fonctions, & ce conformément à ce qui eft prefcrit par ces préfentes, & à ce que pourront exiger les befoins particuliers, coutumes & ufages defdites Provinces. Si DONNONS EN MANDEMENT à nos amés & féaux Confeillers les Gens tenant notre Cour de Parlement à Paris, que notre préfent Édit ils aient à faire lire, publier & regiftrer, & le contenu en icelui garder, obferver & exécuter felon fa forme & teneur : CAR tel eft notre plaifir ; & afin que ce foit chofe ferme & ftable à toujours, Nous y avons fait mettre notre fcel. DONNÉ à Verfailles, au mois de Juin, l'an de grace mil fept cent quatre-vingt-fept, & de notre règne le quatorzième. *Signé*, LOUIS. *Et plus bas* : Par le Roi, LE Bᵒⁿ. DE BRETEUIL. *Vifa* DE LAMOIGNON. Vu au Confeil, LAURENT DE VILLEDEUIL. Et fcellé du grand fceau de cire verte, en lacs de foie rouge & verte.

Regiftré, oui & ce requérant le Procureur Général du Roi, pour être exécuté felon fa forme & teneur ; & copies collationnées dudit Édit envoyées aux Bail- liages & Sénéchauffées du Reffort, pour y être lu, publié & regiftré : Enjoint aux Subftituts du Procureur Général du Roi èfdits Sièges d'y tenir la main, & d'en certifier la Cour dans le mois : Et fera le Seigneur Roi très-humblement fupplié de vouloir bien compléter fon bienfait & en affurer la ftabilité, en adreffant à fes Cours les Réglemens particuliers que ledit Seigneur Roi fe réferve de faire par l'art. VI. du préfent Édit, pour y être vérifiés en la forme ordinaire, fuivant l'Arrêt de ce jour. A Paris, en Parlement, toutes les Chambres affemblées, les Princes & Pairs y féant, le 22 Juin 1787.

Signé, LEBRET.

RÉGLEMENT

FAIT PAR LE ROI,

Sur la formation & la composition des Assemblées qui auront lieu dans la province du Soissonnois, en vertu de l'Édit portant création des Assemblées Provinciales.

Du 5 Juillet 1787.

LE ROI, ayant, par son Édit du mois de Juin dernier, ordonné qu'il seroit incessamment établi dans les Provinces & Généralités de son Royaume, différentes Assemblées, suivant la forme qui sera déterminée par Sa Majesté, Elle a résolu de faire connoître ses intentions sur la formation & la composition de celle qui auront lieu dans la Province du Soissonnois. Les dispositions que Sa Majesté a suivies, sont généralement conformes à l'esprit qui a dirigé les délibérations des Notables de son Royaume qu'elle a appellés auprès d'Elle ; mais en les adoptant, & malgré les avantages qu'Elle s'en promet, Sa Majesté n'entend pas les regarder comme irrévocablement déterminées ; Elle

fait

fait que les meilleures inftitutions ne fe perfectionnent qu'avec le temps, & comme il n'en eft point qui doivent plus influer fur le bonheur de fes fujets que celle des Affemblées Provinciales, Elle fe réferve de faire à ces premiers arrangemens, tous les changemens que l'expérience lui fera juger néceffaires ; c'eft en confé-quence qu'Elle a voulu que les premières Affemblées dont Elle ordonne l'établiffement, reftent pendant trois ans, telles qu'elles feront compofées pour la première fois : ce délai mettra Sa Majefté à portée de juger les effets qu'elles auront produits, & d'affurer enfuite la con-fiftance & la perfection qu'elles doivent avoir; en con-féquence Sa Majefté a ordonné & ordonne ce qui fuit:

L'Adminiftration de la province du Soiffonnois fera divifée en trois efpèces d'Affemblées différentes, une Municipale, une d'Élection & une Provinciale.

L'Affemblée Provinciale fe tiendra dans la Ville de Soiffons ; celle de l'Élection, dans le chef-lieu ; enfin les Affemblées Municipales dans les Villes & les Paroiffes qu'elles repréfentent.

Elles feront élémentaires les unes des autres, dans ce fens que les Membres de l'Affemblée de la Province feront choifis parmi ceux des Affemblées d'élections ; & ceux-ci pareillement parmi ceux qui compoferont les Affemblées municipales.

C

Elles auront toutes leur bafe conftitutive dans ce dernier élément formé dans les Villes & Paroiffes.

ASSEMBLÉES MUNICIPALES.

ARTICLE PREMIER.

Dans toutes les Communautés du Soiffonnois où il
n'y a pas actuellement d'Affemblée municipale, il en
fera formée une conformément à ce qui va être prefcrit, Sa Majefté n'entendant pas changer, pour le moment, la forme & l'adminiftration des Municipalités
établies.

II. L'Affemblée municipale, qui aura lieu dans les
Communautés de la province du Soiffonnois où il n'y
a point de Municipalité établie, fera compofée du
Seigneur de la paroiffe & du Curé qui en feront toujours partie, & de trois, fix ou neuf membres choifis
par la Communauté ; c'eft-à-dire, de trois, fi la Communauté contient moins de cent feux ; de fix, fi elle
en contient deux cens ; & de neuf, fi elle en contient
davantage.

III. Lorfqu'il y aura plufieurs Seigneurs de la même
paroiffe, ils feront alternativement, & pour une année
chacun, membre de l'Affemblée municipale, en cas
que la feigneurie de la paroiffe foit entr'eux également

partagée ; fi au contraire la feigneurie eft inégalement partagée, celui qui en poffédera la moitié, fera de deux années une, membre de ladite Affemblée ; celui qui en poffédera un tiers, de trois années une ; & les autres qui en pofféderont une moindre partie, feront tenus d'en choifir un d'entr'eux pour les repréfenter ; & pour faire ledit choix, chacun aura autant de voix qu'il aura de portion de feigneurie.

IV. Il y aura en outre dans lefdites Affemblées, un Syndic qui aura voix délibérative, & qui fera chargé de l'exécution des réfolutions qui auront été délibérées par l'Affemblée, & qui n'auront pas été exécutées par elle.

V. Le Syndic & les Membres électifs de ladite Affemblée, feront élus par l'Affemblée de toute la paroiffe convoquée à cet effet.

VI. L'Affemblée de la paroiffe fera compofée de tous ceux qui payeront dix livres & au-deffus, dans ladite paroiffe, d'impofition foncière ou perfonnelle, de quel-qu'état & condition qu'ils foient.

VII. Ladite Affemblée paroiffiale fe tiendra cette année, le deuxième Dimanche d'Août, & les années fuivantes, le premier Dimanche d'Octobre, à l'iffue de Vêpres.

VIII. Cette Affemblée paroiffiale fera préfidée par le Syndic. Le Seigneur & le Curé n'y affifteront pas.

C ij

IX. Le Syndic recueillera les voix, & celui qui en réunira le plus, fera le premier élu Membre de l'Affemblée municipale, & il fera de même procédé fucceffivement à l'élection des autres.

X. Ces élections & toutes celles qui feront mentionnées dans le préfent Réglement fe feront par la voie du fcrutin.

XI. Toute perfonne noble ou non noble, ayant vingt-cinq ans accomplis, étant domiciliée dans la paroiffe, au moins depuis un an, & payant au moins trente livres d'impofitions foncières ou perfonnelles, pourra être élue Membre de l'Affemblée municipale.

XII. Chaque année, après les trois premières années révolues, un tiers des Membres choifis par l'Affemblée municipale, fe retirera & fera remplacé par un autre tiers nommé par l'Affemblée paroiffiale. Le fort décidera les deux premières années, de ceux qui devront fe retirer, enfuite l'ancienneté.

XIII. Nul Membre de l'Affemblée municipale ne pourra être réélu qu'après deux ans d'intervalle. Le Syndic fera élu tous les trois ans, & pourra être continué neuf ans, mais toujours par une nouvelle élection.

XIV. Le Seigneur préfidera l'Affemblée municipale; en fon abfence le Syndic. Le Seigneur qui ne fe trouvera pas à l'Affemblée, pourra s'y faire repréfenter par un fondé de procuration, qui fe placera à la droite du Préfident ; les Corps laïques ou eccléfiaftiques qui feront Seigneurs, feront repréfentés de même par un fondé de procuration.

XV. Le Curé fiégera à la gauche du Préfident, & le Syndic à la droite, quand il ne préfidera pas ; les autres Membres de l'Affemblée fiégeront entr'eux, fuivant la date de leur élection.

XVI. L'Affemblée municipale élira un Greffier qui fera auffi celui de l'Affemblée paroiffiale ; il pourra être révoqué à volonté par l'Affemblée municipale.

ASSEMBLÉE D'ÉLECTION.

ARTICLE PREMIER.

La Généralité du Soiffonnois étant partagée en fept élections, il fera établi dans chacune une Affemblée particulière.

II. Nul ne pourra être de ces Affemblées, s'il n'a été Membre d'une Affemblée municipale, foit de droit, comme le Seigneur eccléfiaftique ou laïque & le Curé, foit par élection, comme ceux qui auront été choifis par les Affemblées paroiffiales. Les premiers repréfenteront le Clergé & la Nobleffe, les autres le Tiers-État.

III. Dans les villes ou paroiffes dans lefquelles il y

a des municipalités établies, les Députés defdites villes ou paroiffes, aux Affemblées d'élection, feront pris dans les Membres de ladite municipalité, ainfi que parmi les Seigneurs & Curés defdites villes & paroiffes, & ce jufqu'à ce qu'il en ait été autrement ordonné.

IV. Les fondés de procuration des Seigneurs laïques, à une Affemblée municipale, pourront auffi, fi le Seigneur qu'ils repréfentent, n'eft pas lui-même de l'Affemblée d'élection, & un feul pour chaque Seigneur, quand même il auroit plufieurs feigneuries, être nommés pour y affifter, pourvu qu'ils foient nobles, & qu'ils poffèdent au moins mille livres de revenu dans l'élection.

V. Lorfqu'une feigneurie fera poffédée par des Corps & Communautés, un des Membres defdits Corps & Communautés, pourvu qu'il foit noble ou eccléfiaftique, pourra, à ce titre, être Membre defdites Affemblées d'élection, fans néanmoins que le même Corps puiffe avoir plus d'un Député à la même Affemblée.

VI. Lefdites Affemblées feront compofées, favoir : pour les élections de Soiffons & de Laon, de vingt-quatre perfonnes ; & pour les autres, de feize, dont une moitié dans chaque élection fera prife en nombre égal parmi les Eccléfiaftiques, & les Seigneurs laïques ou Gentilshommes les repréfentant, & l'autre parmi les Députés des villes & des paroiffes.

VII. Ces vingt-quatre ou feize perfonnes feront prifes dans fix ou quatre arrondiffemens, entre lefquels chaque élection fera divifée, & qui enverront chacun à l'Affemblée, ainfi qu'il fera dit ci-après, quatre Députés ; & fera cette divifion faite par la première Affemblée d'élection.

VIII. La première Affemblée d'élection fe tiendra au jour qui fera indiqué par les perfonnes que nous nommerons ci-après, pour former l'Affemblée provinciale.

IX. Les mêmes perfonnes nommeront la moitié des Membres qui doivent compofer l'Affemblée d'élection, & ceux-ci fe completteront au nombre qui eft ci-deffus exprimé.

X. Quand les Affemblées d'élection feront formées, elles refteront compofées des mêmes perfonnes pendant les années 1788, 1789 & 1790.

XI. Ce temps expiré, les Affemblées fe régénéreront en la forme fuivante.

Un quart fortira chaque année par le fort, en 1791, 1792 & 1793, & après, fuivant l'ancienneté, de manière néanmoins que par année il forte toujours un Membre de chaque arrondiffement.

Pour remplacer celui qui fortira, il fe formera une Affemblée repréfentative des paroiffes de chaque arrondiffement.

Cette Assemblée sera composée des Seigneurs, des Curés & des Syndics desdites paroisses, & de deux Députés pris dans l'Assemblée municipale, & choisis à cet effet par l'Assemblée paroissiale.

Ces cinq Députés se rendront au lieu où se tiendra l'Assemblée d'arrondissement, & qui sera déterminé par l'Assemblée d'élection, & ils éliront le Député à l'Assemblée d'élection, dans le même ordre que celui qui sera dans le cas d'en sortir.

Cette Assemblée d'arrondissement sera présidée alternativement par celui des Seigneurs ecclésiastiques ou laïques qui devra siéger le premier, suivant l'ordre ci-après établi.

En cas d'absence de Seigneur, la présidence sera dévolue au Syndic le plus anciennement élu, & en cas d'égalité dans l'élection, au plus ancien d'âge.

XII. En cas qu'il ne se trouve pas de Seigneur, ni même de personne fondée de la procuration des Seigneurs, qui puisse être députée à l'Assemblée d'élection, il sera libre d'en choisir dans un autre arrondissement, mais de la même élection.

XIII. La composition des Assemblées d'élection sera tellement ordonnée, que les Membres du Clergé & de la Noblesse, ou du Tiers-État, seront, le moins qu'il sera possible, tirés de la même Paroisse, & la

paroisse

paroiffe dont fera celui qui fortira de l'Affemblée, ne pourra pas en fournir du même ordre, qu'après un an au moins révolu.

XIV. Les Députés des paroiffes feront, autant qu'il fe pourra, toujours pris moitié dans les villes & moitié dans les paroiffes de campagne.

XV. La préfidence fera dévolue à un Membre du Clergé ou de la Nobleffe indifféremment ; ce Préfident fera nommé, la première fois, par Sa Majefté ; il ref- tera quatre ans Préfident, après quoi, & tous les quatre ans, le Roi choifira celui que Sa Majefté jugera con- venable, entre deux Membres du Clergé & deux de la Nobleffe qui lui auront été propofés par l'Affemblée, après avoir réuni la pluralité des fuffrages.

XVI. L'ordre des féances fera tel, que les Eccléfiaf- tiques feront à droite du Préfident, les Seigneurs laïques à gauche, & les repréfentans le Tiers-État en face.

XVII. En l'abfence du Préfident, l'Affemblée, s'il eft eccléfiaftique, fera préfidée par le premier des Seigneurs laïques, & s'il eft laïque, par le premier des eccléfiaftiques.

XVIII. Les Eccléfiaftiques garderont entr'eux l'ordre accoutumé dans leurs féances.

XIX. Les Seigneurs laïques fiégeront fuivant l'ancien- neté de leur admiffion, & l'âge décidera entre ceux qui feront admis le même jour.

D

XX. Les féances entre le Tiers-État, feront fuivant l'ordre des paroiffes qui fera déterminé d'après leur contribution.

XXI. Les voix feront prifes par tête, & de manière qu'on prendra la voix d'un Eccléfiaftique, enfuite celle d'un Seigneur laïque, enfuite deux voix du Tiers, & ainfi de fuite jufqu'à la fin. Le Préfident opinera le dernier, & aura voix prépondérante en cas de partage. Ce qui eft dit du Préfident de cette Affemblée, aura lieu pour toutes les Affemblées ou Commiffions dont il eft queftion dans le préfent Réglement.

XXII. Lefdites Affemblées d'élection auront deux Syndics, un pris parmi les repréfentans du Clergé & de la Nobleffe, & l'autre parmi les repréfentans du Tiers. Les deux Syndics feront trois ans en place, & pourront être continués pendant neuf années, mais toujours par une nouvelle élection, après trois ans accomplis, & de manière cependant que les deux ne foient pas changés à la fois.

XXIII. Il y aura de plus un Greffier qui fera nommé par l'Affemblée, & révocable à fa volonté.

XXIV. Pendant l'intervalle des Affemblées d'élection, il y aura une Commiffion-Intermédiaire, compofée d'un Membre du Clergé, d'un de la Nobleffe, & de deux du Tiers-État, qui, avec les Syndics, feront chargés

de toutes les affaires que l'Aſſemblée leur aura confiées.

XXV. Le Greffier de l'Aſſemblée ſera auſſi le Greffier de cette Commiſſion-Intermédiaire.

XXVI. Le Préſident de l'Aſſemblée d'élection pré-
ſidera auſſi, quand il ſera préſent, cette Commiſſion-
Intermédiaire.

XXVII. En ſon abſence, elle ſera préſidée par celui
des repréſentans du Clergé & de la Nobleſſe qui ſera
nommé de ladite Commiſſion, & ce ſuivant que le
Préſident ſera de l'ordre du Clergé ou de la Nobleſſe,
ainſi qu'il a été dit ci-deſſus.

XXVIII. Les Membres de ladite Commiſſion feront
élus par l'Aſſemblée ; les premiers reſteront les mêmes
pendant trois ans, après leſquels un ſortira chaque année, d'abord par le ſort, enſuite par ancienneté, &
ſera remplacé dans ſon ordre par l'Aſſemblée.

XXIX. Ladite Commiſſion-Intermédiaire rendra compte à l'Aſſemblée, par l'organe des Syndics, de tout ce
qui aura été fait par elle dans le cours de l'année.

ASSEMBLÉES PROVINCIALES.

ARTICLE PREMIER.

L'ASSEMBLÉE Provinciale du Soiſſonnois, ſe

tiendra, pour la première fois, le 11 du mois d'Août.

II. Elle fera compofée du Sieur Comte d'Egmont, que Sa Majefté a nommé Préfident, & des dix-fept perfonnes qu'Elle fe propofe de nommer à cet effet, & qui feront prifes, favoir : cinq parmi les Eccléfiaftiques, quatre parmi les Seigneurs laïques, & huit pour la repréfentation du Tiers-État.

III. Le Sieur Comte d'Egmont & les autres perfonnes nommées dans l'article précédent, nommeront dixhuit autres perfonnes, pour former le nombre de trente-fix dont ladite Affemblée fera compofée.

IV. Ils nommeront pareillement les perfonnes qui, avec le Préfident que le Roi aura nommé, commenceront à former les Affemblées d'élection, qui doivent enfuite nommer les autres Membres defdites Affemblées.

V. Ils nommeront pareillement deux Syndics ; un fera pris parmi les répréfentans du Clergé & de la Nobleffe, & l'autre parmi les repréfentans du Tiers-État, & un Greffier.

VI. Ils nomméront auffi une Commiffion-Intermédiaire, compofée du Préfident de l'Affemblée, des deux Syndics, d'un Membre du Clergé, d'un de la Nobleffe, & de deux du Tiers-État.

VII. Des trente-fix Membres dont fera compofée l'Affemblée provinciale, dix-huit feront Eccléfiaftiques &

Seigneurs laïques ou Gentilshommes les repréſentant ; les uns & les autres en nombre égal, & dix-huit pris dans les Députés des villes & des paroiſſes ; de manière que ſur les trente-ſix Membres, huit ſoient toujours pris dans les élections de Soiſſons & de Laon, & quatre dans les autres élections, & qu'entre ces Membres, il y aît toujours moitié du Clergé & de la Nobleſſe, & moitié du Tiers-État.

VIII. Parmi les Membres de ladite Aſſemblée, il ne pourra jamais s'en trouver deux de là même paroiſſe.

IX. La première formation faite reſtera fixe pendant les trois premières années ; & ce terme expiré, l'Aſſemblée ſera régénérée par le procédé ſuivant.

X. Un quart ſe retirera par le ſort en 1791, 1792, & 1793, & enſuite par ancienneté : ce quart qui ſe retirera chaque année, ſera tellement diſtribué entre les élections, qu'il ſorte deux Députés des élections de Soiſſons & de Laon, & un de chaque autre élection. Et feront les Députés qui ſortiront, remplacés dans leur ordre, par d'autres de la même élection, & nommés à cet effet par l'Aſſemblée d'élection.

XI. Celui qui aura été élu par l'Aſſemblée d'élection pour aſſiſter à l'Aſſemblée provinciale, pourra reſter Membre de l'Aſſemblée d'élection, & ainſi être tout-à-la-fois ou n'être pas partie des deux Aſſemblées ;

mais les Membres de la Commiffion-Intermédiaire des Affemblées d'élection, ne pourront être Membres de la Commiffion-Intermédiaire de l'Affemblée provinciale.

XII. Tout Membre de l'Affemblée provinciale qui aura ceffé d'en être, pourra être réélu, après toutefois qu'il aura été une année Membre de l'Affemblée d'élection.

XIII. En cas qu'un Membre de l'Affemblée provinciale meure ou fe retire avant que fon temps foit expiré, il fera remplacé dans fon ordre par l'Affemblée d'élection, & celui qui le remplacera, ne fera que remplir le temps qui reftoit à parcourir à celui qu'il aura remplacé.

XIV. Le Préfident de l'Affemblée provinciale reftera quatre ans Préfident.

XV. Ce terme expiré, le Roi nommera un autre Préfident, pris parmi quatre des Préfidens des élections, dont deux du Clergé & deux de la Nobleffe, qui lui feront préfentés par l'Affemblée provinciale.

XVI. Ce qui a été dit des élections, des rangs, ainfi que des Syndics, des Greffiers & de la Commiffion-Intermédiaire, pour les Affemblées d'élection, aura également lieu pour les rangs, les Syndics & les Greffiers, & la Commiffion-Intermédiaire de l'Affemblée provinciale.

XVII. Les Affemblées municipales d'élection, ainfi que les Commiffions-Intermédiaires qui en dépendent, feront foumifes & fubordonnées à l'Affemblée provinciale & à la Commiffion-Intermédiaire qui la repréfentera, ainfi qu'il fera plus amplement déterminé par Sa Majefté.

XVIII. Sa Majefté fe réferve pareillement de déterminer d'une manière particulière, les fonctions de ces diverfes Affemblées & leurs relations avec le Commiffaire déparri dans ladite Province : Elle entend qu'en attendant qu'elle fe foit plus amplement expliquée, les réglemens faits par Elle à ce fujet, pour l'Affemblée provinciale du Berry, foient provifionnellement fuivis, ainfi qu'ils fe comportent.

FAIT & arrêté par le Roi, étant en fon Confeil, tenu à Verfailles le cinq Juillet mil fept cent quatre-vingt-fept. *Signé*, LOUIS. *Et plus bas*, LE Bᴼᴺ, DE BRETEUIL.

Le Lundi 13 Août 1787, dix heures du matin.

CEJOURD'HUI Lundi treize Août mil fept cent quatre-vingt-fept, dix heures du matin, l'Affemblée

Provinciale du Soiſſonnois a repris ſa Séance dans la Salle de l'Hôtel de Ville.

Conformément à ſa Délibération du onze de ce mois, elle aſſiſta, hier Dimanche, à la Meſſe du Saint-Eſprit, dite ſans cérémonie, dans la Chapelle de l'Évêché.

Meſſieurs réunis, & chacun ayant pris ſéance, Monſieur le Comte D'EGMONT, Préſident, a propoſé d'envoyer quatre Députés pour aller ſaluer Monſieur le Commiſ-ſaire du Roi, ce qui a été unanimement agréé, & en conſéquence M. l'Abbé d'Humieres, M. le Comte d'Allonville, M. de Clamecy, & M. Bauchart ont été députés.

M. le Comte D'EGMONT, Préſident, a enſuite propoſé de nommer quatre Vérificateurs des ſcrutins. M. le Général de Prémontré, M. le Comte de Noue, M. de Louverny, & M. Laurent de la ville de Laon, ont été nommés.

M. le Préſident a ajouté : Que le premier choix qu'il convient de faire, eſt celui du Greffier de l'Aſſemblée. Meſſieurs ont fait chacun leur ſcrutin, l'ont dépoſé dans une boîte miſe ſur le Bureau, & les ſcrutins ouverts & vérifiés par MM. les Commiſſaires, le plus grand nombre des ſuffrages s'eſt réuni pour le Sieur Jean-Baptiſte BYETER, Greffier en Chef de l'Élection de

Soiſſons,

Soiſſons, lequel mandé, a accepté ladite Place, &
après avoir fait ſes remercîmens à Meſſieurs, a prêté,
entre les mains de M. le Comte D'EGMONT, Préſident, le ſerment de bien & fidélement s'acquitter des
fonctions de Greffier de l'Aſſemblée ; de tenir ſes délibérations ſecrètes, & de ſe conformer aux Réglemens.
M. le Préſident a néanmoins prié M. Laurent, Conſeiller au Préſidial de Laon, de continuer, pendant la
préſente Séance, les fonctions de Secrétaire, ce qu'il
a accepté.

M. le Préſident a enſuite propoſé de procéder à la
nomination des dix-huit Membres qui doivent compléter l'Aſſemblée Provinciale : les ſcrutins ouverts &
vérifiés par Meſſieurs les Commiſſaires, la pluralité des
ſuffrages a été en faveur des Perſonnes ci-après nommées,

S A V O I R :

DANS L'ORDRE DU CLERGÉ.

D E.

Monſieur l'Abbé D'AIGREVILLE, Abbé de Braine,
pour l'Élection de Soiſſons.

Monſieur l'Abbé DE MONTAZET, Abbé de Chézy,
pour l'Élection de Château-Thierry.

Monſieur l'Abbé DE FOURMESTRAUX, Conſeiller

E

de Grand'Chambre au Parlement de Paris, Prieur de Bulle, pour l'Élection de Clermont.

Monfieur l'Évêque DE PERGAME, Abbé de Long-Pont, pour l'Élection de Crefpi.

DANS L'ORDRE DE LA NOBLESSE.

D E

Monfieur le Marquis DE CAUSANS, pour l'Élection de Laon.

Monfieur DE LAMIRAULT, Seigneur d'Etreaupont, pour l'Élection de Guife.

Monfieur le Duc DE LIANCOURT, pour l'Élection de Clermont.

Monfieur DE BOUVEROT D'ALANJOYE, Capitaine de Dragons, pour l'Élection de Crefpi.

ET DANS LE TIERS-ÉTAT.

D E

Monfieur BRAYER, Lieutenant Général de Police de la ville de Soiffons, pour l'Élection de Soiffons.

Monfieur BLIN, Avocat à Soiffons, pour la même Élection.

Monſieur DUBUF, Avocat à Vervins, pour l'Élection de Laon.

Monſieur le FEBVRE, Père, demeurant à Clermont en Laonnois, pour la même Élection.

Monſieur MARGERIN, Greffier au Bailliage de Noyon, pour l'Élection de Noyon.

Monſieur BOURGEOIS, demeurant à Guiſcart, pour la même Élection.

Monſieur de VIEFVILLE, Maire de Guiſe, pour l'Élection de Guiſe.

Monſieur RAUX, Maître des Forges, à la Neuville-aux-Joutes, pour la même Élection.

Monſieur HUET DE LA CROIX, demeurant à Nogentel, pour l'Élection de Château-Thierry.

Monſieur BERNIER, Père, pour l'Élection de Creſpi.

Ce fait, il a été procédé à l'Élection des deux Syndics de l'Aſſemblée Provinciale. Les ſuffrages ſe ſont réunis en faveur de Monſieur le Comte D'ALLONVILLE, Maréchal de Camp, pour les Ordres du Clergé & de la Nobleſſe ; & de Monſieur BLIN, Avocat, pour le Tiers-État.

Comme M. le Comte d'Allonville & M. Blin étoient

Membres de l'Affemblée Provinciale, M. le Préfident a propofé de les remplacer par deux autres Perfonnes des mêmes Ordres & des mêmes Élections. Les fuffrages fe font réunis, favoir : pour remplacer M. le Comte d'Allonville, en faveur de M. le Comte DE LA TOUR-DU-PIN, pour l'Ordre de la Nobleffe dans l'Élection de Château-Thierry ; & pour remplacer M. Blin, en faveur de M. MENNESSON, Avocat, Tréforier de France, à Soiffons, pour le Tiers-État de l'Élection de Soiffons.

De fuite, on a nommé la Commiffion-Intermédiaire. Les fuffrages fe font réunis,

S A V O I R :

DANS L'ORDRE DU CLERGÉ.

Pour M. l'Abbé D U B O I S.

DANS L'ORDRE DE LA NOBLESSE.

Pour M. DE B O U V E R O T D'A L A N J O Y E.

ET DANS L'ORDRE DU TIERS-ÉTAT.

Pour M. BRAYER, Lieutenant Général de Police, à Soiffons.

Et M. MENNESSON, Avocat, Tréforier de France, à Soiffons.

L'Affemblée Provinciale ainfi complétée, les Syndics,

le Greffier & la Commiſſion-Intermédiaire nommés, M. le Préſident a dit : Qu'il croit important de nommer deux Commiſſaires pour vérifier la rédaction des Actes de l'Aſſemblée. M. l'Abbé DUBOIS ET M. BRAYER ont été nommés à cette Commiſſion qu'ils ont acceptée.

La Séance pour le choix des Perſonnes qui, avec les Préſidens que le Roi a nommés, commenceront à former les Aſſemblées d'Élections ; a été indiquée par M. le Préſident, à demain Mardi, dix heures du matin.

Avant de ſe ſéparer, Meſſieurs ont prié M. l'Abbé de Vrevins, M. le Comte de Noue & M. de Clamecy, de vouloir bien s'occuper des moyens d'avoir un emplacement pour les Archives de l'Aſſemblée Provinciale.

Et M. le Préſident a dit : Que les Procès-verbaux de l'Aſſemblée Provinciale devant être imprimés, il convenoit de conſtater la nomination que Meſſieurs avoient faite du Sieur WAROQUIER, Imprimeur ; ce qu'ils ont agréé.

Délibéré & arrêté, à Soiſſons, le treize du mois d'Août, mil ſept cent quatre-vingt-ſept.

Et a M. le COMTE D'EGMONT, Préſident, ſigné avec M. LAURENT, qui a fait les fonctions de Secrétaire dans la préſente Séance, & le Sieur BYETER, nommé Greffier, à cauſe du ſerment par lui prêté.

Le Mardi 14 Août 1787, dix heures du matin.

CE JOURD'HUI Mardi quatorze Août mil sept cent quatre-vingt-sept, dix heures du matin, Monsieur le Comte D'EGMONT, Président, Messieurs les Députés nommés par le Roi pour composer l'Assemblée Provinciale du Soissonnois, dénommés dans la première Séance, & M. Blin de la Chauffée, Avocat, Syndic, nommé pour le Tiers-État dans celle tenue hier, s'étant réunis en la Salle ordinaire de l'Hôtel de Ville de Soissons, Monsieur le Comte D'EGMONT, Président, a dit : Qu'après les Élections faites des Membres qui doivent compléter l'Assemblée ; de Messieurs les Syndics ; du Greffier ; de Messieurs qui doivent composer la Commission-Intermédiaire, il convenoit, conformément au Réglement de Sa Majesté, de procéder à la nomination des Personnes qui, avec MM. les Présidens par Elle nommés, doivent commencer à former les Assemblées d'Élections du Département.

Chacun de Messieurs a fait son scrutin, l'a déposé dans la boîte ; les scrutins vus & examinés par Messieurs les Commissaires, les Personnes qui ont eu la pluralité des suffrages, sont,

Savoir;

ASSEMBLÉE D'ÉLECTION DE SOISSONS.

← →

POUR L'ORDRE DU CLERGÉ.

Monsieur Tacheron, Doyen de la Collégiale de Saint
Pierre-au-Parvis de Soissons.
Monsieur Delabat, Prieur-Curé de la Paroisse de Saint
Leger de ladite Ville.

POUR L'ORDRE DE LA NOBLESSE.

Monsieur le Chevalier de Calonne d'Avennes, Com-
mandeur de Maupas.
Monsieur Dujay, Seigneur de Rozoy, près Oulchy-le-
Château.
Monsieur Carpentier, Chevalier de l'Ordre Royal &
Militaire de Saint Louis, Seigneur de Fief à Juvigny.

TIERS-ÉTAT.

← →

POUR LES VILLES.

Monsieur de Beaufort, Trésorier de France honoraire
au Bureau des Finances de Soissons.

Monſieur Calais, Lieutenant Particulier, Aſſeſſeur Criminel , & premier Conſeiller du Bailliage , Siége Préſidial de Soiſſons.

Monſieur Guynot, Notaire Royal , en la même Ville.

POUR LES CAMPAGNES.

Monſieur de Beauviſage , Seigneur de Guny, Tréſorier de France au Bureau des Finances de Soiſſons , demeurant à Guny.

Monſieur Bailly , Laboureur à Crécy-au-mont.

Monſieur Flobert , Laboureur à Chaudun.

ASSEMBLÉE D'ÉLECTION DE LAON.

POUR L'ORDRE DU CLERGÉ.

Monſieur l'Abbé de Beauregard , Chanoine de l'Egliſe Cathédrale , & Vicaire-Général du Diocèſe de Laon.

Monſieur l'Abbé Croyer , Chanoine de la même Egliſe , & Syndic du Clergé du Diocèſe de Laon.

POUR

POUR L'ORDRE DE LA NOBLESSE.

Monfieur de Sars, Chevalier de l'Ordre Royal &
Militaire de S. Louis ; Lieutenant de MM. les Maré-
chaux de France.

Monfieur de Fay, Seigneur de Quincy, près Coucy.

Monfieur de Noue de Villers, Seigneur de Revilhon.

TIERS-ÉTAT.

POUR LES VILLES.

Monfieur Cadot, Maître Particulier des Eaux & Forêts
de Laon.

Monfieur de Vifme, Avocat à Laon.

Monfieur de Védé le Fêvre, Chevalier de l'Ordre
Royal & Militaire de S. Louis, & Maire de la Ville
de la Fère.

POUR LES CAMPAGNES.

Monfieur Bourgeois, à Sainte-Preuve.

Monfieur Meufnier, à Dormicourt, près Marle.

Monfieur Cuvillier l'aîné, à Courtecon.

ASSEMBLÉE D'ÉLECTION DE NOYON.

POUR L'ORDRE DU CLERGÉ.

Monfieur l'Abbé de Villedon, Chanoine de l'Églife Cathédrale, & Vicaire-Général du Diocèfe de Noyon.

POUR L'ORDRE DE LA NOBLESSE.

Monfieur le Comte de Flavigny, Seigneur de Liéz.
Monfieur Defmarêtz de Beaurains, Seigneur de Beaurains.

TIERS-ÉTAT.

POUR LES VILLES ET LES CAMPAGNES.

Monfieur Sauvel, Notaire Royal à Noyon.
Monfieur Demory, Avocat.
Monfieur Druon, Avocat.
Monfieur Gueulette, Notaire Royal.

ASSEMBLÉE D'ÉLECTION DE GUISE.

POUR L'ORDRE DU CLERGÉ.

Monfieur Lalouette, Chanoine de l'Églife Collégiale d'Origny Sainte-Benoîte.
Monfieur Langlet, Prieur de l'Abbaye de Bohérie.

POUR L'ORDRE DE LA NOBLESSE.

Monfieur le Marquis de Latour-Maubourg, Seigneur de Thénelles.

TIERS-ÉTAT.

POUR LES VILLES.

Monfieur Defmoulins, Lieutenant Général du Bailliage Royal de Guife.
Monfieur Marcadier, Fils, Bourgeois à la Capelle.

POUR LES CAMPAGNES.

Monfieur de Forceville, Seigneur de Lerzys.

Monſieur d'Avoine, Laboureur à Ribaufontaine.

ASSEMBLÉE D'ÉLECTION DE CHATEAU-THIERRY.

POUR L'ORDRE DU CLERGÉ.

Monſieur Thirial, Curé de la Paroiſſe de Saint Crépin.
Monſieur Briſmontier, Prieur de l'Abbaye de Val-Secret.

POUR L'ORDRE DE LA NOBLESSE.

Monſieur de Graimberg, Seigneur de Belleau.

POUR LES VILLES ET LES CAMPAGNES.

Monſieur Hatrel, Doyen des Notaires de Château-Thierry.
Monſieur Cordier, Lieutenant de Police à Montmirail.
Monſieur Nitot, Propriétaire de Fonds, à Chézy-l'Abbaye.
Monſieur Fournier, Laboureur à Bonnes.

ASSEMBLÉE D'ÉLECTION DE CLERMONT.

POUR L'ORDRE DU CLERGÉ.

Monfieur l'Abbé de Béon, Abbé de Saint Quentin, comme Chanoine de la Collégiale Royale de Clermont en Beauvaifis.

Monfieur Hauduroy, Curé de la Ville de Clermont.

POUR L'ORDRE DE LA NOBLESSE.

Monfieur le Comte de Pradines, Propriétaire dans la Paroiffe de Breüil-Vert.

TIERS-ÉTAT.

POUR LES VILLES.

Monfieur de Seffevalle, Maire de Clermont.

Monfieur de Landevoifin, Seigneur d'Auvillé fous Clermont.

POUR LES CAMPAGNES.

Monfieur Marechal, Laboureur à Mauregard.

Monſieur Prevoſt, Laboureur à Cattenoy.

ASSEMBLÉE D'ÉLECTION DE CRESPI EN VALOIS.

POUR L'ORDRE DU CLERGÉ.

Monſieur Lami, Prieur de S. Lazare, de la Ferté-Milon.
Monſieur Mahieu, l'aîné, Chanoine de l'Église Collégiale de S. Thomas de Creſpi.

POUR L'ORDRE DE LA NOBLESSE.

Monſieur le Vicomte de Thury, Seigneur de Rheteuil.

TIERS-ÉTAT.

POUR LES VILLES.

Monſieur Laurens, Maire de Creſpi.
Monſieur Lavoiſier, Bourgeois à Creſpi.

POUR LES CAMPAGNES.

Monfieur Marfaux, Père, Laboureur à Villers-Cotterêts.
Monfieur Hannoteau, Fils, Laboureur au Pleffis-Placi.

Monfieur le Comte d'Allonville & Monfieur Blin
de la Chauffée fe font enfuite levés, & ont fait,
chacun en particulier, leurs remercîmens à Monfieur le
Comte D'EGMONT, Préfident, & à l'Affemblée, de ce
qu'elle les avoit nommés Syndics.

Meffieurs les Députés nommés par l'Affemblée, en
la Séance tenue hier, pour aller faluer de fa part
M. le Commiffaire de Sa Majefté, ont dit qu'ils s'é-
toient acquitté de cette miffion.

Il a été fait lecture de deux Mémoires, l'un qui
fixe les matières dont la Commiffion-Intermédiaire devra s'occuper, & l'autre qui détermine les honoraires
à accorder, tant à Meffieurs les Syndics, qu'à Meffieurs
compofant la Commiffion-Intermédiaire, au Greffier,
& les autres dépenfes néceffaires.

L'Affemblée a nommé des Commiffaires pour les
examiner, & en faire leur rapport à la Séance qui fe
tiendra aujourd'hui de relevée.

Monfieur le Comte D'EGMONT, Préfident, a dit:

Qu'il étoit encore intéreffant de fixer les jours auxquels on indiqueroit la première Convocation des différentes Affemblées d'Élections, & celle de l'Affemblée Provinciale.

Les voix recueillies, Meffieurs ont arrêté que la première Affemblée des Élections feroit indiquée au vingt-quatre Septembre prochain.

Et l'Affemblée Générale de la Province, a été fixée au trois Novembre.

Monfieur le Comte D'EGMONT, Préfident, a propofé de déterminer combien de fois par femaine, Meffieurs de la Commiffion - Intermédiaire s'affembleroient; Meffieurs les Syndics ont repréfenté qu'une affemblée par femaine fuffiroit, mais qu'ils promettoient d'en convoquer toutes les fois que les affaires l'exigeroient.

l'Affemblée a agréé cette propofition, & leur a confirmé la confiance qu'elle a dans leur zèle & leur amour pour le bien public.

La Séance a été continuée à cejourd'hui, fix heures de relevée.

Fait & arrêté ledit jour quatorze Août mil fept cent quatre-vingt-fept, deux heures après-midi, & a Monfieur LE COMTE D'EGMONT figné avec le Greffier.

❧

Le

Le Mardi 14 Août 1787, six heures du soir.

LE même jour, quatorze Août mil sept cent quatre-vingt-sept, six heures de relevée, Messieurs ont repris leur Séance. Monsieur le Comte D'EGMONT, Président, a dit : Que Messieurs les Maire & Échevins ont eu l'honnêteté de se prêter à accorder la Chambre du Conseil de l'Hôtel de Ville, pour tenir les Assemblées de la Commission-Intermédiaire, & de consentir à ce que l'Armoire qui contiendra les Archives de l'Administration, fût placée dans une pièce voisine du Secrétariat ; qu'il convenoit de les remercier.

Il a été à l'instant fait par l'Assemblée, des remercîmens à Monsieur de Clamecy, Maire de Soissons, qui a été prié d'en faire part au Corps Municipal.

L'Assemblée a ensuite entendu la lecture du rapport qui lui a été fait par MM. les Commissaires qu'elle avoit nommés pour apprécier les dépenses nécessaires de l'Administration, & a été d'avis qu'il seroit offert par année à chacun de MM. les Syndics, la somme de deux mille quatre cens livres, & celle de six cens livres de supplément, s'ils sont obligés de transférer leur résidence à Soissons.

G

A chacun des Membres de la Commiſſion-Intermédiaire, la ſomme de ſix cens livres, & celle de deux cens livres par ſupplément, pour celui qui ſera également obligé de transférer ſa réſidence.

Qu'il ſeroit attribué au Greffier quinze cens livres.

A deux Commis quatorze cens livres ; ſavoir, à l'un huit cens livres, à l'autre ſix cens livres.

A l'Huiſſier qui aura ſoin des Bureaux, & qui précédera l'Aſſemblée dans les Cérémonies publiques, la ſomme de trois cens livres.

Qu'on ne pouvoit en ce moment qu'indiquer les autres dépenſes qui ſont :

1°. Les frais pour la confection des Rôles de Capitation.

2°. Ceux d'un Agent à Paris, & des Exprès pour entretenir la Correſpondance.

3°. Ceux d'Impreſſion & de ports de Lettres.

4°. Ceux de location des Bureaux & frais de l'établiſſement de l'Adminiſtration.

5°. Ceux de fournitures ordinaires, comme Bois, Bougies, Chandelles, Papier, Cire à cacheter, &c.

6°. Qu'il y auroit un Regiſtre journal, dans lequel chaque article de dépenſe ſeroit porté ; que ledit Compte ſeroit arrêté & payé chaque mois par la Commiſſion-Intermédiaire.

7°. Que l'Assemblée feroit au préfent Tableau, les changemens que l'expérience rendra indifpenfables.

8°. Que les fommes ci-deffus offertes & attribuées, commenceroient à courir du premier Septembre de cette année.

L'Affemblée a auffi entendu le Rapport de MM. les Commiffaires, fur le plan d'inftruction relatif aux opérations dont s'occuperoit la Commiffion-Intermédiaire, & a délibéré :

1°. Que ne pouvant ufer des pouvoirs qui lui font attribués par le Roi, qu'avec les mefures que Sa Majefté a jugé à propos de lui prefcrire, elle s'en tiendroit quant à préfent, & jufqu'à ce que d'autres inftructions étendroient fes pouvoirs, à ne charger la Commiffion-Intermédiaire que des objets qui font clairement énoncés dans les Obfervations émanées du Gouvernement, lefquelles lui ont été communiquées. Qu'en conféquence ladite Commiffion s'occuperoit, dès-à-préfent, de préparer les matériaux de la prochaine Affemblée.

2°. Qu'elle fe procureroit toutes les pièces, mémoires & documens qui peuvent contribuer à éclairer la future Affemblée fur l'adminiftration qui doit dorénavant lui être confiée, s'en rapportant à la prudence & à la fageffe de la Commiffion fur les mefures & égards à mettre dans fes recherches.

3°. Qu'elle se feroit sur-tout rendre compte de l'état des Chemins & Travaux publics, se bornant à la partie qui sera confiée à ses soins, après que M. l'Intendant aura cessé d'en être chargé.

4°. Qu'elle se concerteroit avec M. l'Intendant, pour en obtenir tous les éclaircissemens & instructions nécessaires, à l'effet de faire l'année prochaine le département de la Taille & la répartition de la Subvention.

5°. Qu'en cas de délai, elle solliciteroit auprès du Gouvernement, l'expédition des instructions plus étendues qui ont été annoncées, & qu'elle se conformeroit exactement à ces instructions.

6°. Qu'elle commenceroit, autant que faire se pourra, la Correspondance avec les Municipalités; qu'elle recevroit les Mémoires qui lui seroient adressés, en demanderoit même aux personnes qui pourroient lui en fournir, & se procureroit tout ce qui peut mettre l'Assemblée en état de délibérer sur les différens objets qui lui seront confiés, & de seconder les vues paternelles du Roi pour ses peuples.

7°. Que la même Commission-Intermédiaire s'occuperoit de trouver quelques moyens économiques d'établir sa Correspondance, sans avoir recours à la voie ordinaire de la Poste, en tâchant néanmoins que la diminution des frais ne nuife pas trop à la célérité des expéditions, & au bien des affaires.

8°. Qu'elle tiendroit, avec la plus grande exactitude, un Regiftre à deux colonnes pour configner dans l'une, la datte & l'extrait des Lettres, Mémoires & Pièces qui lui feroient envoyés, & dans l'autre pareillement la datte du renvoi des Mémoires, ou de la réponfe faite aux Lettres qu'elle auroit reçues, ainfi que l'extrait de ces mêmes Lettres & Mémoires, & toutes les obfervations qui feront relatives à cette Correfpondance.

9°. Qu'elle furveilleroit l'Impreffion du Procès-Verbal, & ce qui y a rapport.

L'Affemblée a enfuite prié Meffieurs les Commiffaires précédemment nommés en la Séance du 13 du préfent mois, de fe tranfporter en l'Hôtel de Monfieur le Commiffaire de Sa Majefté, & de l'inviter à fe trouver Jeudi prochain à la Clôture de fes Séances, qu'elle fe croit en état de faire.

Comme auffi d'aller faire une vifite à Monfeigneur l'Évêque de Soiffons, qui eft arrivé aujourd'hui en cette Ville, & le remercier d'avoir bien voulu prêter fa Chapelle pour célébrer la Meffe du Saint-Efprit, ce que MM. les Commiffaires ont accepté.

La Séance a été indiquée à Jeudi prochain 16 du préfent mois, dix heures du matin.

Fait & arrêté ledit jour quatorze Août mil sept cent quatre-vingt-sept, huit heures de relevée, & a Monsieur le Comte D'EGMONT, Président, signé avec le Greffier.

Le Jeudi 16 Août 1787, dix heures du matin.

CEJOURD'HUI Jeudi seize Août mil sept cent quatre-vingt-sept, dix heures du matin, Messieurs réunis dans la Salle ordinaire, où se sont rendus Messieurs de Bouverot d'Alanjoye, Mennesson & Brayer, Membres de la Commission-Intermédiaire, sur l'invitation qui leur en a été faite.

Monsieur le Comte D'EGMONT, Président, a proposé de faire la lecture des Procès-verbaux dressés dans les Séances précédentes, ce qui a été fait à l'instant par le Greffier.

Monsieur le Comte D'EGMONT a dit : Qu'il convenoit d'ajouter au plan d'instruction donné pour la Commission - Intermédiaire, que cette Commission seroit réputée complète, lorsqu'elle seroit composée de cinq Membres, conformément au Réglement fait pour celle de l'Assemblée Provinciale du Berry, & que cependant il y eût toujours un de Meſſieurs les Syndics préſent.

L'Aſſemblée, après avoir délibéré ſur cette propo-ſition, l'a unanimement agréée.

Meſſieurs, qui ont été priés d'inviter M. le Com-miſſaire du Roi de ſe trouver à cette Séance, & d'aller ſaluer Monſeigneur l'Evêque de Soiſſons, de la part de l'Aſſemblée, ont dit qu'ils s'étoient acquitté de leur miſſion.

L'Aſſemblée prévenue de l'arrivée de M. le Com-miſſaire de Sa Majeſté, MM. les Syndics & le Gref-fier ont été le recevoir au bas de l'eſcalier.

Monſieur l'Abbé Dubois, Monſieur le Marquis de Puyſégur, Monſieur de Clamecy & Monſieur Pottier, priés par Monſieur le Préſident de l'attendre au haut de l'eſcalier, s'y ſont rendus, & l'ont conduit dans la Salle, dans le même ordre qui a été obſervé à la première Séance.

L'Aſſemblée s'eſt levée à l'arrivée de M. le Com-miſſaire du Roi : il s'eſt placé dans le Fauteuil qui lui étoit préparé, enſuite il a prononcé pour la Clôture de l'Aſſemblée, un diſcours auquel Monſieur le Comte D'EGMONT, Préſident, a répondu.

Monſieur le Commiſſaire du Roi s'étant retiré, il a été reconduit avec les mêmes honneurs & cérémonies qu'en la Séance d'Ouverture de l'Aſſemblée.

Monfieur le Comte D'EGMONT a terminé la Séance par un difcours rempli de bonté pour les Membres de l'Affemblée, qui lui en ont à l'inftant manifefté leurs fentimens de refpect & de reconnoiffance.

Fait, clos & arrêté ledit jour 16 Août mil fept cent quatre-vingt-fept, & a Monfieur le Comte D'EGMONT figné avec Meffieurs les Députés, Meffieurs les Syndics & le Greffier.

Signés, LE COMTE D'EGMONT; F. L'ÉCUY, Abbé de Prémontré; l'Abbé D'HUMIERES; l'Abbé de VREVINS; DUBOIS; DOYEN; le Comte de NOUE; le Comte de BARBANÇON; le M.ᶦˢ de PUYSÉGUR; BOUVEROT D'ALANJOYE; LAURENT; GODART DE CLAMECY; PINTEREL DE LOUVERNY; LAURENS DE SESSEVALLE; POTTIER; LEMAIRE; BAUCHART; MENNESSON; BRAYER.

Le Comte D'ALLONVILLE, Syndic; BLIN DE LA CHAUSSÉE, Syndic; & BYETER, Greffier.

PROCÈS-VERBAL

DES SÉANCES

DE

L'ASSEMBLÉE PROVINCIALE

DU SOISSONNOIS,

TENUE A SOISSONS EN 1787.

A SOISSONS,

De l'Imprimerie de LOUIS-FRANÇOIS WAROQUIER, Imprimeur
de l'Assemblée Provinciale du Soissonnois.

M. DCC. LXXXVIII.

(2)

PROCÈS-VERBAL

DES SÉANCES

DE

L'ASSEMBLÉE PROVINCIALE

DU SOISSONNOIS,

Tenue en Novembre & Décembre 1787.

Du Samedi 17 Novembre 1787.

EjOURD'HUI Samedi dix-fept Novembre mil fept cent quatre-vingt-fept, dix heures du matin, Monfieur le Comte D'EGMONT, Préfident, & Meffieurs compofant l'Affemblée Provinciale du Soiffonnois, convoqués en vertu des Ordres de Sa Majefté, & réunis dans la Salle de l'Hôtel-de-Ville de

A ij

Soiſſons, à l'exception néanmoins de M. l'Évêque de Pergame, de M. le Comte de la Tour-du-Pin, & de M. Lefebvre, Père, de Clermont en Laonnois ; les deux premiers ayant remercié : M. l'Évêque de Pergame, à cauſe de ſon ſervice à la Cour ; M. le Comte de la Tour-du-Pin, pour raiſon de ſa foible ſanté, & M. Lefebvre s'étant trouvé indiſpoſé en route.

L'Aſſemblée étoit compoſée,

SAVOIR:

De Monſieur le COMTE D'EGMONT, Préſident.

POUR L'ORDRE DU CLERGÉ,

D E

Monſieur l'ABBÉ-GÉNÉRAL DE PRÉMONTRÉ.

Monſieur l'Abbé D'AIGREVILLE, Abbé de Braine, & Vicaire-Général du Diocèſe de Soiſſons.

Monſieur l'Abbé DE MONTAZET, Abbé de Chézy, & Vicaire-Général du Diocèſe de Lyon.

Monſieur l'Abbé D'HUMIERES, Abbé de Genlis, & Vicaire-Général du Diocèſe de Reims.

Monſieur l'Abbé DE FOURMESTRAUX, Prieur de Bulles, Conſeiller de Grand'Chambre au Parlement de Paris.

Monſieur l'Abbé de VREVINS, Chanoine de l'Égliſe

Cathédrale, & Vicaire-Général du Diocèfe de Laon.
Monfieur l'Abbé DUBOIS, Chanoine de l'Églife Cathédrale, & Vicaire-Général du Diocèfe de Soiffons.
Monfieur l'Abbé DOYEN, Doyen de l'Églife Collégiale
de Guife.

POUR L'ORDRE DE LA NOBLESSE,

D E

Monfieur le Comte DE NOUE.
Monfieur DE L'AMIRAULT DE NOIRCOURT.
Monfieur le Duc DE LIANCOURT.
Monfieur DE BOUVEROT D'ALANJOYE.
Monfieur le Comte DE BARBANÇON.
Monfieur le MARQUIS DE PUYSÉGUR.
Monfieur le Marquis DE CAUSANS.

TIERS-ÉTAT

POUR LES VILLES,

D E

Monfieur LAURENT, Confeiller au Bailliage de Vermandois & Siège Préfidial de Laon.

Monfieur GODART DE CLAMECY, Écuyer, Maire de
Soiffons.

Monfieur MARGERIN, Greffier au Bailliage de Noyon.

Monfieur PINTEREL DE LOUVERNY, Lieutenant
Général du Bailliage, Siège Préfidial de Château-
Thierry.

Monfieur LAURENS, Maire de Crefpi en Valois.

Monfieur DE SESSEVALLE, Écuyer, Maire de Clermont.

Monfieur DE VIEFVILLE, Maire de Guife.

Monfieur DUBUF, Avocat, Procureur du Roi de la
ville de Vervins.

POUR LES CAMPAGNES,

DE

Monfieur MENNESSON, Avocat & Tréforier de France
à Soiffons.

Monfieur BRAYER, Lieutenant Général de Police de
Soiffons.

Monfieur POTTIER, Seigneur du Fief de la Mairerie
Paroiffe de Sacy-le-Petit.

Monfieur BERNIER, Père, demeurant à Marizy-Sainte-
Géneviéve.

Monfieur LEMAIRE, Maître des Poftes de Vertefeuille,
Paroiffe de Saint-Pierre-Aigle.

Monſieur BOURGEOIS, demeurant à Guiſcart.

Monſieur HUET DE LA CROIX, demeurant à Nogentel.

Monſieur BAUCHART, Fermier à Courjumel-le-Bas.

Monſieur RAUX, Maître des Forges à la Neuville-aux-Joutes.

Monſieur le Comte D'ALLONVILLE, Procureur-Syndic pour les Ordres du Clergé & de la Nobleſſe.

Monſieur BLIN DE LA CHAUSSÉE, Avocat, Procureur-Syndic pour le Tiers-État.

Et du Sieur BYÉTER, Secrétaire-Greffier.

Sous les réſerves expreſſes que les rangs & ſéances ci-deſſus pris, ne pourront nuire aux droits & privilèges d'aucun des Membres qui compoſent l'Aſſemblée.

Meſſieurs ayant pris ſéance ;

Monſieur le Comte D'EGMONT, après avoir témoigné combien il étoit ſenſible à la bonté qu'avoit eu Sa Majeſté de le nommer Préſident de l'Aſſemblée, a dit : Qu'elle ne pouvoit s'occuper d'aucun objet de délibération, avant que les Ordres de Sa Majeſté lui euſſent été notifiés ;

Qu'il convenoit d'envoyer une députation à Monſieur le Commiſſaire du Roi, pour le prévenir que l'Aſſemblée étoit formée. *Députation à M. le Comm. du Roi,*

Monſieur le Préſident a prié M. de l'Amirault &

M. de Louverny, de fe charger de cette miffion.

Monfieur le Préfident a auffi prié M. l'Abbé de Montazet, M. le Duc de Liancourt, & MM. de Clamecy & Pottier d'aller recevoir Monfieur le Commiffaire du Roi.

Arrivée de M. le Comm. du Roi. L'Affemblée prévenue de l'arrivée de Monfieur DE LA BOURDONNAYE DE BLOSSAC, Commiffaire du Roi, MM. les Procureurs-Syndics ont été le recevoir au bas de l'efcalier.

Parvenu au haut de l'efcalier, il y a trouvé MM. les Commiffaires nommés à cet effet, qui l'ont introduit, fuivant l'ordre prefcrit, dans la Salle d'Affemblée, où Meffieurs, debouts & découverts, l'ont reçu.

Il a été conduit au fauteuil qui lui avoit été préparé, élevé d'un degré & placé au centre, en face de Monfieur le Préfident.

Ouverture de l'Affemblée. Monfieur le Commiffaire du Roi a prononcé un difcours, dans lequel il a détaillé, avec autant de clarté que de précifion, les différentes impofitions dont Sa Majefté avoit bien voulu confier l'adminiftration à l'Affemblée, & a dit qu'il laiffoit fur le bureau le Réglement du 5 Août dernier, les nouvelles Inftructions, en date du 5 du préfent mois, avec plufieurs États relatifs aux impofitions dont il avoit fait le détail.

Monfieur le Comte D'EGMONT a répondu à Monfieur

le

le Commiſſaire du Roi, par un diſcours, dans lequel il a exprimé les ſentiments de reſpeſt & de reconnoiſſance dont tous les Membres de l'Aſſemblée ſont pénétrés pour les bontés paternelles de Sa Majeſté envers ſes peuples, & pour les nouvelles marques de proteſtion qu'Elle veut bien accorder à cette Province. Il a ajouté que l'Aſſemblée ſe félicitoit de ce que les Ordres du Roi lui avoient été communiqués par un Magiſtrat ſage & éclairé qui, marchant ſur les traces d'un Père reſpeſtable, s'étoit concilié, comme lui, l'amour & la reconnoiſſance de la Province confiée à ſes ſoins.

Monſieur le Commiſſaire du Roi s'étant retiré, il a été reconduit avec les mêmes honneurs, cérémonies, & par les mêmes Commiſſaires qui avoient été le recevoir.

MM. les Députés & MM. les Procureurs-Syndics rentrés dans la Salle, la Séance a été continuée.

Leſture a été faite des Réglements & Inſtruſtions ci-deſſus énoncés : il a été arrêté qu'ils feroient tranſcrits ſur le Regiſtre à la ſuite de la préſente Délibération. *Leſture des Réglements.*

Examen fait des différents États laiſſés ſur le bureau par Monſieur le Commiſſaire du Roi, il a été arrêté qu'ils feroient dépoſés aux Archives, pour être communiqués aux différents Bureaux.

L'Aſſemblée a nommé M. l'Abbé Dubois, M. le Marquis de Puyſégur, M. Laurent de Laon, & M. *Rédaſteurs des Procès-Verbaux.*

B

Dubuf, pour la rédaction & la vérification des Actes & Délibérations.

Députation à M. le Commiffaire du Roi. Monfieur le Préfident a prié M. l'Abbé d'Aigreville, M. le Marquis de Caufans, M. Laurens de Crefpi, & M. Bauchart, d'aller faluer Monfieur le Commiffaire du Roi, de la part de l'Affemblée.

Députation à Mgr. l'Évêque de Soiffons. Monfieur le Préfident a auffi prié M. l'Abbé de Fourmeftraux, M. de Bouverot, M. de Clamecy & M. Pottier, d'aller faluer Monfeigneur l'Évêque de Soiffons, de la part de l'Affemblée.

Meffe du S. Efprit. Il a été arrêté que l'Affemblée affifteroit demain à la Meffe folemnelle du Saint-Efprit qui fera célébrée dans l'Églife Cathédrale, par M. l'Abbé Mayaudon, Doyen du Chapitre, qui, fur l'invitation à lui faite, par M. l'Abbé Dubois & M. de Bouverot, a promis de fe rendre au vœu de l'Affemblée.

Monfieur le Préfident a terminé la Séance par un difcours, où il a témoigné à Meffieurs combien il avoit lieu d'être fatisfait d'avoir en eux des coopérateurs zélés pour le bien public, & qui mettroient toute leur attention à répondre aux vues bienfaifantes de Sa Majefté.

La Séance a été indiquée à Lundi prochain dix-neuf du préfent mois.

Signé, LE COMTE D'EGMONT.

Contrefigné, BYÉTER, *Secrétaire-Greffier.*

RÉGLEMENT

FAIT PAR LE ROI,

Sur les fonctions des Assemblées Provinciales, & de celles qui leur sont subordonnées, ainsi que sur les relations de ces Assemblées, avec les Intendants des Provinces.

Du 5 Août 1787.

DE PAR LE ROI.

LE ROI, par les Réglements que Sa Majesté a arrêtés pour la formation & la composition des différentes Assemblées créées, par son Édit du mois de Juin dernier, dans toutes les Provinces du Royaume, s'est réservé de déterminer d'une manière particulière, les fonctions de ces différentes Assemblées, ainsi que leurs relations avec le Commissaire départi dans chaque Province. Sa Majesté a ordonné en même-temps, qu'en attendant qu'Elle se fût plus amplement expliquée, les Réglements faits par Elle à ce sujet, pour les Assemblées provinciales de Berry & de Haute-Guyenne, seroient provisionnellement suivis. Mais ces derniers Réglements, faits pour deux Généralités dont les Administrations pro-

Réglement du 5 Août.

B ij

vinciales n'ont été compofées jufqu'à préfent que d'une
feule Affemblée, n'ayant pu prévoir la diverfité des rapports & des portions d'activité propres à chacune des
différentes Affemblées établies dans les autres Provinces,
Sa Majefté a penfé qu'il pouvoit être utile de faire connoître, dès ce moment, & de régler avec précifion les
fonctions refpectives de ces Affemblées, celles de fon
Commiffaire départi, & enfin leurs relations réciproques,
de manière que la liberté qu'il convient de laiffer à
l'action de chaque partie, ne puiffe jamais altérer le
concours & la furveillance mutuels qu'exige l'intérêt
général de la Province.

En déterminant ces premières bafes du nouveau
régime, Sa Majefté ne s'eft pas diffimulée que le temps
feul pourroit fixer fes réfolutions définitives fur les
améliorations dont il feroit fufceptible ; & c'eft en fe
réfervant d'y faire fucceffivement les changements que
lui infpirera fa fageffe, que le Roi a ordonné & ordonne
provifoirement ce qui fuit.

SECTION PREMIÈRE.

Fonctions des Affemblées Municipales.

A R T I C L E   P R E M I E R.

Subordina-
tion des Af-
femblées Mu-
nicipales.
L'ASSEMBLÉE Municipale de chaque paroiffe fera
tenue de fe conformer, tant aux ordres qu'elle recevra

au nom du Roi, par la voie de l'Intendant & Commiſſaire départi, qu'à ce qui lui ſera preſcrit, ſoit par l'Aſſemblée provinciale, ſoit par l'Aſſemblée d'élection, ſoit enfin par les Commiſſions intermédiaires de l'une ou de l'autre Aſſemblée.

II. LADITE Aſſemblée ſera chargée de la répartition de toutes les impoſitions & levées de deniers, dont l'aſſiette devra être faite ſur la communauté, d'après les mandements qui lui ſeront adreſſés à cet effet, en vertu des ordres du Conſeil, par l'Aſſemblée d'élection ou la Commiſſion intermédiaire de ladite Aſſemblée. La répartition entre les contribuables de la communauté, ſera faite par les deux tiers au moins de tous les membres qui compoſeront l'Aſſemblée municipale, en obſervant néanmoins que la répartition de la taille & des impoſitions acceſſoires d'icelle, ſoit faite par les ſeuls membres taillables de l'Aſſemblée municipale. *Elles ſont chargées de la Répartition des Impots.*

Et dans le cas où il ne ſe trouveroit pas dans l'Aſſemblée municipale, les deux tiers des membres payant taille dans la paroiſſe, ce nombre ſera complété à la pluralité des voix de l'Aſſemblée paroiſſiale, par le choix d'un ou pluſieurs autres taillables de la paroiſſe, pour, tous leſdits députés taillables réunis, procéder conjointement à l'aſſiette & à la répartition de la taille.

III. LA répartition des impoſitions s'opérera dans *Nombre des Rôles.*

chaque communauté, par cinq rôles diſtincts & ſéparés, & tous conformes aux modèles qui ſeront envoyés.

Le premier rôle contiendra la répartition individuelle de la taille & des impoſitions qui en ſont acceſſoires, même de la capitation taillable dans les élections de taille perſonnelle.

Le ſecond contiendra la répartition individuelle de la capitation des domiciliés de la paroiſſe, nobles, officiers de juſtice, privilégiés ou employés ſous les ordres de l'Adminiſtration, & auſſi celle de la capitation roturière, dans les villes franches & dans les élections de taille réelle. Ces différents objets ſeront diviſés dans le rôle en autant de chapitres ; & chaque contribuable y ſera taxé, tant à raiſon de ſa fortune perſonnelle, que du produit de ſes offices ou emplois, ſelon le taux commun de la capitation du même genre, dans l'élection ou départe-ment : abrogeant Sa Majeſté tous tarifs précédemment obſervés à cet égard.

Le troiſième rôle contiendra la répartition de la ſubvention territoriale, dans la forme qui ſera plus am-plement déterminée par les réglements particuliers à cette impoſition.

Le quatrième contiendra la répartition de la contribu-tion pour les chemins.

Enfin, le cinquième, celle des ſommes deſtinées à faire

le fonds, tant des décharges & indemnités, que des dépenfes relatives, foit à la Province, foit à l'éleêtion ou
au département, foit à la communauté, lefquelles fommes feront réputées charges locales, & réparties comme
telles.

IV. CHAQUE rôle fera fait triple, & des trois expé- *Par qui ils*
ditions, l'une fera confervée au Greffe de l'Affemblée *éxécutoires.*
municipale, les deux autres feront adreffées, par le
Syndic de l'Affemblée municipale, avant le premier
Novembre, aux Syndics de la Commiffion intermédiaire
de l'éleêtion ou département, lefquels feront remettre les
deux expéditions du rôle de la taille & impofitions accefloires d'icelle, au Greffe de l'Éleêtion, pour ledit rôle
y être vérifié ; l'une des deux expéditions demeurer au
Greffe de l'Éleêtion, & l'autre expédition deftinée pour
le recouvrement, être rendue exécutoire dans le délai
de trois jours, conformément aux Réglements. A l'égard
des quatre autres rôles, le Syndic de l'Affemblée d'élection en adreffera deux expéditions aux Syndics de l'Affemblée provinciale, pour lefdites expéditions être par
eux préfentées au Sieur Intendant & Commiffaire départi
qui les vérifiera, confervera une defdites expéditions &
remettra la feconde, en forme exécutoire, aux Syndics
de l'Affemblée provinciale, qui la renverront aux Syndics de l'Affemblée d'éleêtion, avant le premier Décem-

bre ; & les Syndics des Commiſſions intermédiaires,
d'élection ou département, feront repaſſer tous les rôles
exécutoires, au Syndic de chaque paroiſſe, avant la fin
de Décembre, pour qu'ils ſoient mis en recouvrement
au premier Janvier de l'année ſuivante.

Collecteurs
ſurveillés.   V. Le Syndic ou, en cas d'abſence ou légitime empêchement du Syndic, un autre membre, à ce député par
l'Aſſemblée municipale, examinera une fois par ſemaine,
au jour qui ſera fixé à cet effet par ladite Aſſemblée,
les différents rôles dont le Collecteur ſera porteur, à
l'effet de vérifier : 1°. ſi le recouvrement eſt en retard,
& qu'elles en ſont les cauſes ; 2°. ſi toutes les ſommes
recouvrées ſont émargées ſur le rôle & exiſtent en entier dans les mains du Collecteur, en deniers ou quittances valables du Receveur de l'élection ou des Adjudicataires d'ouvrages à la charge de la communauté.
Ces quittances ſeront viſées par celui qui ſera la vérification, & il ſera tenu de remettre, dans le délai de
trois jours, à l'Aſſemblée municipale, l'état deſdites
quittances, certifié de lui & du Collecteur, & le bordereau pareillement ſigné de l'un & de l'autre, du montant du recouvrement, des payements faits dans la ſemaine, par le Collecteur, & des ſommes reſtantes à
recouvrer dans la paroiſſe.

Contraintes.   VI. En cas de retard de payement de la part des
redevables,

redevables, il en fera ufé comme par le paffé, jufqu'à ce qu'il en ait été, par Sa Majefté, autrement ordonné. En conféquence, les contraintes pour le recouvrement des deniers du Roi, continueront d'être décernées par le Receveur particulier des finances, vifées par le Sieur Commiffaire départi ou fon Subdélégué, & portées par les Huiffiers ou Garnifaires, felon les réglements en ufage dans chaque Généralité.

Lorfqu'il fera néceffaire de procéder par voie de faifie & de vente, elles feront faites dans les mêmes formes que par le paffé.

VII. Les Affemblées municipales veilleront à préve- *Les abus des* nir tous les abus auxquels pourroit donner lieu l'exécu- *Contraintes* tion des contraintes ou garnifons pour fait d'impofitions, *feront préve-* notamment à ce que les Huiffiers, Chefs de garnifon ou *nus.* Garnifaires, ne féjournent dans les communautés, que le temps néceffaire pour accélérer le recouvrement, & à ce que les frais portent principalement fur les redevables les plus en retard ; & afin que les frais foient équita- blement réglés & n'excèdent pas une quotité proportion- nelle, lefdits membres de l'Affemblée municipale, figne- ront la contrainte avec le Collecteur, pour conftater ce qui fera dû au porteur de la contrainte, à raifon du nombre de journées réellement employées.

VIII. Les membres de l'Affemblée municipale feront *Soins divers*
C *des Aff. Mun.*

en outre chargés de tous les objets qui intéreſſent la communauté. Ils veilleront à ce que tous les bâtiments & autres objets qui ſont ou peuvent retomber à la charge de la communauté, ne ſoient pas dégradés, & ils prendront les meſures convenables pour qu'il ſoit promptement pourvu aux réparations, qui trop différées en néceſſiteroient de plus conſidérables, ou même des conſtructions neuves.

Ils prendront les délibérations néceſſaires pour qu'il ſoit fait des baux d'entretien de tous les objets qui en ſont ſuſceptibles, ſans cependant que leurs délibérations puiſſent être exécutées avant qu'elles aient reçu l'approbation de l'Aſſemblée provinciale ou de ſa Commiſſion intermédiaire, ſur l'avis de celle de l'Aſſemblée d'élection ou département, ainſi que l'autoriſation du Commiſſaire départi, ſi la dépenſe n'excède pas cinq cents liv., ou celle du Conſeil, ſi la dépenſe eſt plus conſidérable.

Égliſes ou Presbytères. IX. LES requêtes préſentées au Sieur Intendant & Commiſſaire départi pour obtenir la conſtruction, reconſtruction ou réparation d'une Égliſe ou Presbytère, feront par lui communiquées à l'Aſſemblée municipale, ſi ces requêtes ne ſont préſentées par l'Aſſemblée municipale elle-même.

Sur la réponſe de l'Aſſemblée, le Commiſſaire départi jugera s'il convient d'autoriſer la demande ; s'il ne l'autorife pas, il rendra, en conféquence, fon ordonnance qui fera exécutée, fauf l'appel au Confeil.

Si le Commiffaire départi ne trouve pas l'affaire fuffifamment inftruite, ou fi l'Affemblée municipale foutient qu'une reconftruction n'eft pas indifpenfable, & que des réparations fuffiroient, le Commiffaire départi nommera un expèrt pour conftater l'état des lieux en préfence des parties intéreffées. & des membres de l'Affemblée municipale. Sur le rapport du procès-verbal de l'expert, le Commiffaire départi ftatuera ainfi qu'il appartiendra.

Enfin, lorfque le Commiffaire départi aura autorifé la reconftruction ou réparation, il ordonnera qu'il foit procédé à un devis & détail eftimatif par un expert que défignera fon ordonnance. L'expert fe rendra fur les lieux, & en préfence des députés de l'Affemblée municipale & autres parties intéreffées, il rédigera le devis dans lequel il diftinguera, s'il eft queftion d'un Presbytère, les réparations ufufruitières qui font à la charge des Curés ou de leurs fucceffions, d'avec les groffes réparations, & même celles de cette dernière efpèce qui, occafionnées par défaut d'entretien, feroient, par cette raifon, à la charge du Curé. S'il s'agit des réparations d'une Églife, l'expert aura également foin de ne pas confondre avec les réparations de la nef & autres qui font à la charge des paroiffiens, les réparations du chœur, celles du clocher, fuivant fa pofition, ni celles des chapelles feigneuriales.

Le procès-verbal de l'expert entiérement rédigé, fera par lui affirmé véritable & remis au Sieur Commiffaire départi, qui, après l'avoir homologué, s'il y a lieu, l'a-dreffera avec les autres pièces, à la Commiffion inter-médiaire provinciale ; & celle-ci, à la Commiffion inter-médiaire de l'éle&ion ou département, pour qu'elle faffe procéder à l'adjudication, ainfi qu'il fera dit ci-après.

Procès des Communautés. X. LES délibérations que prendront les communautés à l'effet d'être autorifées à efter en jugement, foit en de-mandant, foit en défendant, ne pourront être adreffées qu'au Sieur Commiffaire départi, pour être par lui homo-loguées, s'il y a lieu, conformément aux Réglements.

Dans le cas où les habitants auroient demandé en outre, par la même délibération, à être autorifés à faire, foit un emprunt, foit une impofition pour fubvenir aux frais du procès, & où le Sieur Intendant jugeroit que l'autorifation pour plaider doit être accordée, il donnera communication de la délibération à la Commiffion inter-médiaire de l'Affemblée provinciale qui, après avoir entendu la Commiffion intermédiaire d'éle&ion ou de département, propofera fur l'impofition ou emprunt feulement, ce qui lui paroîtra plus convenable.

Traitement du Syndic, &c. XI. L'ASSEMBLÉE municipale délibérera fur la fixation, tant des traitements de son Syndic & de son Greffier, que des autres frais de l'Adminiſtration municipale. Elle prendra auſſi toutes les délibérations qu'elle croira convenables, ſoit pour de nouvelles conſtručtions, ſoit pour toute eſpèce d'établiſſement utile à la communauté : mais toutes délibérations quelconques pour dépenſes, ſoit de conſtructions, ſoit d'adminiſtration, n'auront d'effet qu'après que les formalités preſcrites par l'Article VIII. ci-deſſus auront été remplies.

XII. TOUTES les dépenſes d'entretien à la charge des communautés, ſeront ſupportées & acquittées par chaque paroiſſe en particulier, quelqu'en ſoit le montant. *Charges des Communautés.*

Celles relatives à des conſtructions neuves qui, quoique ſollicitées par une ſeule paroiſſe, auroient cependant un caractère d'utilité générale, reconnu par l'Aſſemblée provinciale, ne ſeront à la charge de la paroiſſe que juſqu'à concurrence de la ſomme que Sa Majeſté jugera proportionnée aux forces de ladite paroiſſe.

Dans le cas où la dépenſe excéderoit cette ſomme, l'excédant ſera réparti par l'Aſſemblée d'élection ou département, ſur les paroiſſes qui la compoſent, juſqu'à concurrence de la ſomme que Sa Majeſté jugera convenable de lui faire ſupporter.

Dans le cas cependant où cet excédant, retombant à la charge de toute l'élection ou département, ſurpaſſeroit

la fomme qui fera également déterminée pour la contribution des élections ou départements dans ces fortes de
dépenfes, alors le furplus fera réparti fur toute la Généralité par l'Affemblée provinciale, qui, paffé une certaine fomme, pourra pareillement demander à Sa Majefté
de concourir à l'acquit de la dépenfe, ainfi qu'il fera plus
amplement expliqué par le Réglement fur les travaux
publics.

Correfpon-
dance avec
les Affemblées
Supérieures.
XIII. L'ASSEMBLÉE municipale adreffera directement
à la Commiffion intermédiaire de départementou d'élection, toutes fes propofitions, délibérations & réclamations ; & ladite Commiffion les fera paffer, avec fon
avis, à l'Affemblée provinciale ou à la Commiffion intermédiaire de ladite Affemblée.

Dépenfes des
Communautés.
XIV. TOUTES les dépenfes ordinaires ou extraordinaires de la communauté, autorifées dans la forme prefcrite
ci-deffus, feront acquittées, ainfi qu'il fera réglé, fur
les mandats fignés par le Syndic & deux membres de
l'Affemblée municipale, & vifés par la Commiffion intermédiaire de l'élection ou département.

Reddition
des Comptes.
XV. AU mois de Janvier de chaque année, l'Affemblée municipale fe fera rendre compte de toutes les recettes
& dépenfes faites pendant l'année précédente, en l'acquit
de la communauté : ce compte certifié & figné, tant par
le Collecteur que par les membres de l'Affemblée muni-

cipale, fera adreffé avec les pièces juftificatives, avant la
fin du même mois de Janvier, à la Commiffion intermédiaire d'élection ou département, qui, après l'avoir
vérifié, le fera paffer, avec fes obfervations, à la Commiffion intermédiaire provinciale, à l'effet d'être par elle
examiné & arrêté définitivement, ainfi qu'il fera prefcrit
ci-après.

SECONDE SECTION.

Fonctions des Affemblées d'Élection ou de Département.

ARTICLE PREMIER.

IL ne fera fait aucune levée de deniers, foit pour le *Levée de de-* compte du Roi, foit pour les dépenfes de la Province *niers.* ou des élections, départements, villes & communautés qui la compofent, qu'elle n'ait été préalablement or- donnée ou autorifée par Sa Majefté, lorfque la dépenfe excédera cinq cents livres; ou par le Commiffaire dé- parti, lorfqu'elle fera au deffous de cette fomme.

II. LES impofitions ordonnées par le Roi, feront *Répartition* réparties entre les différentes communautés, foit par *des Impofi-* l'Affemblée d'élection ou de département, foit par fa *tions.* Commiffion intermédiaire, d'après les extraits de brevets ou commiffions que Sa Majefté fera remettre par la voie de fon Commiffaire départi, revêtues de l'attache du

Bureau des Finances de la Généralité, aux Syndics de l'Affemblée provinciale, qui feront tenus de les faire paffer, avant le premier Septembre, aux Syndics des Affemblées d'élection du département.

Forme du Département. III. Le département entre les paroiffes fera fait pour toutes les impofitions royales, l'expédition en forme d'icelui adreffée au Bureau des Finances, & les mandemens envoyés aux communautés refpectives, avant le premier Octobre. Ce délai révolu, le Bureau des Finances informera le Commiffaire départi, de l'envoi de l'expédition du département, ou du retard de cet envoi ; & dans ce dernier cas, le Commiffaire départi procédera lui-même au département, avant le quinze Octobre, dans la forme prefcrite par le Réglement du feize Avril 1643, fur une expédition en forme des Commiffions ou extraits de brevets que les Tréforiers de France lui remettront dans trois jours au plus tard, afin que, pour quelque caufe & fous quelque prétexte que ce foit, il ne puiffe y avoir difficulté ni retard dans la répartition & levée des impofitions royales.

Correfpondance des Affemblées d'Élection. IV. Les Affemblées d'élection ou de département, ainfi que leurs Commiffions intermédiaires, feront le lien de la correfpondance qui doit exifter entre les Affemblées municipales & l'Affemblée provinciale : elles feront parvenir à celle-ci les délibérations des communautés, & transmettront tranfmettront aux Affemblées municipales les décifions qui les concerneront.

V. A l'ouverture des Séances de chaque Affemblée d'élection ou de département, les Syndics feront tenus de faire à ladite Affemblée, un rapport divifé par matières, de tous les objets qui, depuis la dernière tenue, auront été traités par la Commiffion intermédiaire, en vertu des délibérations de l'Affemblée, duement autorifées, ou des inftructions qui lui auront été adreffées, foit au nom de Sa Majefté, foit par l'Affemblée provinciale.

Rapport fait à ces Affemblées.

VI. Les Affemblées d'élection ou de département adrefferont à l'Affemblée provinciale, l'état des frais de leur adminiftration, ainfi que les propofitions & repréfentations qu'elles jugeront devoir faire fur les objets qui intérefferont tout ce qui compofera leur territoire.

Frais d'Adminift.

VII. Les Affemblées d'élection & de département, ou leur Commiffion intermédiaire, procéderont aux adjudications des ouvrages délibérés par elles dans l'étendue de tout ce qui compofera leur territoire. Elles procéderont auffi à celles qui auront été délibérées par l'Affemblée provinciale, lorfqu'elles auront été commifes à cet effet par ladite Affemblée provinciale ou la Commiffion intermédiaire.

Adjudications.

VIII. Les adjudications d'ouvrages particuliers à une

Idem.

communauté, duement autorifés, feront pareillement faites par la Commiffion intermédiaire de l'Affemblée d'élection ou de département, ou par un de fes membres par elle député à cet effet ; & il fera procédé à ladite adjudication, en préfence de l'Affemblée municipale de ladite communauté, au chef-lieu d'élection ou département, ou dans la paroiffe intéreffée, felon qu'il fera jugé plus utile par la Commiffion intermédiaire de l'Affemblée d'élection.

Pouvoirs de ces Affemblées.
IX. En général, tout ce qui intéreffera exclufivement ce qui compofera le territoire des Affemblées d'élection ou de département, fera d'abord délibéré & enfuite exécuté par elles ou leurs Commiffions intermédiaires, lorfque, fur l'avis de l'Affemblée provinciale, l'exécution en aura été autorifée par Sa Majefté.

Mais tout ce qui regardera le général de la Province, ne fera pas l'objet de leurs délibérations, & l'exécution ne leur en appartiendra, dans l'étendue de leur territoire, que lorfqu'elles auront été déléguées, elles ou leurs Commiffions intermédiaires, à cet effet par l'Affemblée provinciale ou fa Commiffion intermédiaire.

TROISIÈME SECTION.

Fonctions de l'Assemblée Provinciale.

ARTICLE PREMIER.

TOUTES les sommes nécessaires pour faire le fonds des indemnités ou décharges générales ou particulières, pour les frais d'administration, pour la construction & l'entretien des routes, ouvrages d'arts & canaux de navigation dans l'étendue de la Province, & en général pour toutes les dépenses, à la charge, soit de la Province entière, soit de quelqu'une de ses parties, ou qui auroient une utilité générale ou particulière pour objet, feront délibérées chaque année par l'Assemblée provinciale qui en proposera au Conseil l'état, avec distinction des objets, par la voie du Commissaire départi, en y joignant les plans & devis, à l'effet de recevoir l'autorisation du Roi, s'il y a lieu.

Sommes délibérées par l'Aff. prov.

II. LORSQUE les travaux auront été autorisés & l'état approuvé, les sommes auxquelles cet état se trouvera fixé, feront réparties, sans délai, par la Commission intermédiaire provinciale, entre toutes les Assemblées d'élections ou de départements ; & les mandements qui détermineront la contribution respective de chacune d'elles, avec distinction des objets, feront envoyés à leurs Commissions intermédiaires, à l'effet

Répartition de ces sommes.

D ij

d'être par chacune d'elles, procédé à la répartition entre les communautés.

Demandes en indemnités. III. TOUTES les demandes en décharge ou indemnités, formées par un particulier, feront portées à l'Affemblée municipale, & pourront l'être enfuite à l'Affemblée d'élection ou de département.

Celles du même genre qui feront formées par des paroiffes, pourront, après avoir été portées aux Affemblées d'élection ou de département, l'être une feconde fois à l'Affemblée provinciale, à laquelle feront auffi portées les demandes formées par des élections ou départements, le tout ainfi qu'il fera plus amplement réglé par Sa Majefté.

Adjudicat. & Réception des Travaux publics. IV. L'ASSEMBLÉE provinciale, pendant la tenue de fes Séances ou dans les cas très-urgents, fa Commiffion intermédiaire procédera feule, dans la forme qui fera déterminée par le Réglement que Sa Majefté fe propofe de donner fur les travaux publics, à l'adjudication, à la direction & à la réception de ceux de ces travaux que l'Affemblée aura propofés, & qui s'exécuteront fur les fonds de la Province : les dépenfes relatives à ces travaux feront acquittées fur les mandats donnés par la Commiffion intermédiaire, d'après les certificats des Ingénieurs.

Dépenfes V. LES dépenfes relatives à toutes les charges locales, communes & affifes fur les fonds communs de la *fur les fonds* Province, feront également acquittées fur les feuls man- *de la Provin-* dats de l'Affemblée provinciale ou de fa Commiffion *ce.* intermédiaire.

VI. L'ASSEMBLÉE provinciale & fa Commiffion *Correfpon-* intermédiaire pourront faire parvenir au Confeil toutes *dance avec le* les propofitions & mémoires qu'elles jugeront utiles à *Confeil.* la Province.

VII. TOUS les comptes des communautés, ainfi que *Comptes des* ceux des dépenfes qui fe feront faites fous l'Adminiftra- *Communau-* tion, tant de l'Affemblée provinciale que des Affemblées *tés.* d'élections ou départements, feront envoyés ou pré- fentés à la Commiffion intermédiaire provinciale, pour y être examinés & arrêtés dans la forme qui fera dé- terminée dans la Section fuivante.

VIII. A l'ouverture des Séances de chaque Affemblée *Rapport fait* provinciale, les Syndics feront tenus de faire à ladite *par les Syn-* Affemblée, un rapport divifé par matières, de tous les *dics.* objets qui, depuis la dernière tenue, auront été traités par la Commiffion intermédiaire, en vertu des délibéra- tions de l'Affemblée provinciale, duement autorifées, ou des inftructions qui lui auront été adreffées au nom de Sa Majefté.

IX. LES Procès-verbaux des Séances de l'Affemblée *Impreffion* provinciale feront livrés à l'impreffion pendant la durée *des Procès-ver-* *baux de l'Aff.*

des Séances, de manière qu'ils puiffent être rendus publics immédiatement après la clôture de l'Affemblée.

QUATRIÈME SECTION.

Fonctions refpectives du Commiffaire départi & de l'Affemblée provinciale.

ARTICLE PREMIER.

Ouverture& durée de l'Af. femblée. LE Commiffaire départi remplira, auprès de l'Affemblée provinciale, les fonctions de Commiffaire du Roi : aucune délibération ne pourra être prife par l'Affemblée avant qu'il en aît fait l'ouverture : il fera connoître à l'Affemblée les intentions de Sa Majefté, & en fera la clôture le trentième jour, ou même plutôt fi les ordres du Roi le lui prefcrivent, ou fi les affaires étant terminées, il en eft requis par l'Affemblée.

Délibérat. communiq. au Comm. du Roi. II. LES Syndics feront tenus d'informer chaque jour le Commiffaire du Roi, des objets qui auront été mis en délibération dans l'Affemblée, & de ce qu'elle aura déterminée.

Correfpondance avec M. le Controleur Gén. III. L'ASSEMBLÉE provinciale correfpondra, pendant la tenue de fes Séances, avec le Sieur Contrôleur Général des Finances, & les autres Miniftres de Sa Majefté, par la voie de fon Préfident, qui fera tenu d'envoyer au Sieur Contrôleur Général des Finances, immédiatement après chaque délibération, une copie du Procès-verbal de chaque Séance, des mémoires qui y auront été adoptés & des avis formés en conféquence. Pareille copie contre-fignée par le Secrétaire de l'Affemblée, fera remife en même-temps au Commiffaire départi.

IV. AUSSI-TOT après la clôture de l'Affemblée, le *Procès-verb.* Procès-verbal entier de fes Séances fera adreffé par le *adreffé à ce Minijtre, &c.* Préfident, au Sieur Contrôleur Général, & au Secrétaire d'État de la Province. Pareille copie dudit Procès-verbal fera remife au Sieur Intendant & Commiffaire départi pour y faire fes obfervations, s'il le juge convenable.

V. CHAQUE Commiffion intermédiaire fera tenue de *Délibér. de* faire remettre ou adreffer par fes Syndics, dans la hui- *la Comm. int.* taine, au Sieur Intendant & Commiffaire départi, une *envoyées à M. l'Intend.* copie des déliberations qu'elle aura pu prendre, contre-fignée & certifiée par le Secrétaire de ladite Commiffion.

VI. ORDONNE expreffément Sa Majefté à tous Re- *Toutes com-* préfentants & Secrétaires-Greffiers, foit de l'Affemblée *munications* provinciale, foit des autres Affemblées ou Commiffions *feront données à M. le Comm.* qui lui font fubordonnées, de donner, fans aucun délai, *du Roi.* à fon Commiffaire départi, tous les éclairciffements ou communications qui leur feront demandés par ledit Sieur Commiffaire départi : comme auffi à tous prépofés de fe foumettre aux vérifications qu'il pourra juger néceffaires.

VII. L'INTENTION de Sa Majefté eft auffi que fon *Éclairciffe-* Commiffaire départi procure à l'Affemblée provinciale *ments donnés par M. le* tous les éclairciffements que ledit Sieur Commiffaire dé- *Comm. du Roi.*

parti jugera lui être néceſſaires pour ſes opérations, ſans que l'Aſſemblée puiſſe, ſous aucun prétexte, prendre aucune délibération contraire aux aĉtes d'adminiſtration antérieurs à celle que Sa Majeſté veut bien lui confier.

Lettres & Mém. com-muniqués à M. l'Intend.

VIII. L'INTENTION de Sa Majeſté étant qu'il ne ſoit ſtatué en ſon Conſeil ſur aucune délibération, demande ou propoſition des Aſſemblées provinciales, ſans qu'elles aient été communiquées aux Sieurs Commiſſaires départis, & le bien du ſervice étant intéreſſé à la plus prompte expédition poſſible, les Syndics de l'Aſſemblée provinciale remettront, au nom de la Commiſſion intermédiaire, au Sieur Intendant & Commiſſaire départi, les lettres, mémoires, états & projets d'arrêts qui devront être adreſſés au Sieur Contrôleur Général, auquel ledit Sieur Commiſſaire départi fera parvenir toutes ces pièces en original, en y joignant ſes obſervations & avis. Il re-mettra de même en original ou par ampliation, ſuivant la nature des objets, aux Syndics, les réponſes, déciſions ou arrêts qu'il recevra du Sieur Contrôleur Général, pour la Commiſſion intermédiaire. N'entend néanmoins Sa Majeſté interdire, par la préſente diſpoſition, toute cor-reſpondance direĉte entre ſon Conſeil & les Commiſſions intermédiaires des Aſſemblées provinciales, pour les objets étrangers à la correſpondance courante & habituelle.

Contentieux de l'Adminiſt.

IX. LE Commiſſaire départi connoîtra ſeul de tout le

le contentieux qui peut concerner l'Adminiſtration, ſauf l'appel au Conſeil. En conſéquence toutes les diſcuſſions qui pourroient s'élever, ſoit entre des propriétaires qui auroient ſuccombé dans des demandes en indemnités, pour pertes de terrains par des ouvrages publics, & les Syndics qui ſoutiendroient la déciſion de l'Aſſemblée provinciale, ou de ſa Commiſſion intermédiaire, ſoit entre les mêmes Syndics & des adjudicataires des travaux publics, ſoit entre les Aſſemblées municipales & les contribuables qui ſe pourvoiroient pour raiſon de ſurtaxe contre leurs impoſitions, à l'exception toutefois de celles qui ſont de la compétence des Élections & Cours des Aides, & en général toutes les conteſtations & demandes de nature à être portées, par appel, au Conſeil, ſeront portées en première inſtance, devant le Sieur Intendant & Commiſſaire départi.

X. Le Commiſſaire départi procédera ſeul & ſans concours, ni de l'Aſſemblée provinciale, ni de ſa Commiſſion intermédiaire, à l'adjudication, direction & réception des ouvrages qui s'exécuteront ſur les ſeuls fonds du Roi, & les dépenſes en ſeront acquittées ſur ſes ſeules ordonnances.

Ouvrages ſur les fonds du Roi.

XI. Lorsque les ouvrages ſe feront, partie ſur les fonds du Roi, & partie ſur les fonds de la Province, toutes les opérations ſeront déterminées par la Com-

Ouvrages mixtes,

E

miffion intermédiaire, préfidée par le Commiffaire départi, qui aura voix prépondérante en cas de partage,
& les ordonnances feront expédiées par le feul Commiffaire départi.

En cas d'abfence dudit Sieur Intendant, fon Subdélégué entrera à la Commiffion intermédiaire ; il y aura
voix délibérative ; mais il ne préfidera pas : il n'aura
que la feconde place , & en cas de partage , la voix
prépondérante appartiendra au Préfident.

États des
Impofitions.
XII. Les états détaillés des diverfes impofitions faites
fur chacune des villes & communautés de la Province,
feront tous rédigés fur le même modèle, & envoyés,
à la diligence des Syndics des différentes Commiffions
intermédiaires, dans le courant du mois de Mars de
l'année qui fuivra celle de l'impofition, à la Commiffion
provinciale intermédiaire, ainfi que l'état juftifié des dépenfes faites par chaque Collecteur, pour la même
année, fur les fonds des deniers impofés pour les charges de la Province ou de la communauté.

Compte des
dépenfes fur
les fonds du
Roi.
XIII. Les Syndics feront à la Commiffion intermédiaire, préfidée par le Commiffaire départi, le rapport
de ces comptes, à l'effet par elle, de les vérifier &
d'ordonner que le montant des fommes qui n'auront
pas été valablement impofées, ou qui n'auront point
été dépenfées, fera appliqué en moins impofé au pro-

fit des communautés qui en auront supporté l'imposition.

XIV. Les comptes de toutes les dépenses faites sur *Des dépenses*
les fonds de la Province, seront également rendus dé- *sur les fonds*
vant la même Commission intermédiaire, présidée par le *de la Provin-*
Commissaire départi qui aura toujours, en cas de par- *ce.*
tage, la voix prépondérante.

XV. Tous les Arrêts & Réglements émanés de *Publications*
l'autorité de Sa Majesté, seront imprimés, publiés & *des Arrêts,*
affichés, sur l'ordonnance d'attache du Sieur Intendant *&c.*
& Commissaire départi.

CINQUIÈME SECTION.
Cérémonial.
Article Premier.

DÈs que l'Assemblée provinciale sera formée, elle *Réception de*
en fera prévenir le Commissaire du Roi par deux Dé- *M. le Comm.*
putés, l'un de la Noblesse ou du Clergé, l'autre du *du Roi à*
Tiers-État. Le Commissaire départi se rendra à l'As- *l'Assemblée.*
semblée en robe de cérémonie du Conseil, & précé-
dé de ses hoquetons : il sera reçu à la première porte ex-
térieure par les Syndics de l'Assemblée, plus loin, par
quatre Députés, un du Clergé, un de la Noblesse,
deux du Tiers-État : dans le lieu même des Séances,
par l'Assemblée debout & découverte & il sera con-

duit à un fauteuil à la gauche duquel il en fera placé un autre pour le Préfident de l'Affemblée : le Commiffaire du Roi fera reconduit avec les mêmes honneurs.

Droit d'entrée à l'Affemblée. II. Il pourra entrer à l'Affemblée toutes les fois qu'il le croira utile pour le bien du fervice de Sa Majefté, & toutes les fois qu'il y entrera, les mêmes honneurs lui feront rendus.

Députation qui lui fera faite. III. Le lendemain de l'ouverture des Séances, il fera fait une Députation au Commiffaire du Roi, pour le faluer de la part de l'Affemblée.

Sa préfence aux Cérém. publiques. IV. Le Commiffaire du Roi fera invité par l'Affemblée, à toutes les cérémonies publiques auxquelles elle fe propofera de prendre part : il fe rendra à l'heure convenue, au lieu des Séances de l'Affemblée, marchera & fera placé à côté du Préfident, & le Commiffaire du Roi aura la droite.

Fait & arrêté par le Roi étant en fon Confeil, tenu à Verfailles, le cinq Août mil fept cent quatre-vingt-fept. *Signé*, LOUIS. *& plus bas*, LE Bon. DE BRETEUIL.

INSTRUCTIONS

COMMUNIQUÉES

A L'ASSEMBLÉE,

A L'OUVERTURE DE SES SÉANCES,

PAR MONSIEUR LE COMMISSAIRE

DU ROI.

*ASSEMBLÉE
PROVINCIALE
du
Soiſſonnois,
convoquée au
17 Novembre
1787.*

Du cinq Novembre mil ſept cent quatre-vingt-ſept.

LE Sieur DE BLOSSAC, Intendant & Commiſſaire déparri en la Province du Soiſſonnois, & Commiſſaire de Sa Majeſté à l'Aſſemblée provinciale de ladite Province, convoquée par les ordres du Roi, au dix-ſept Novembre préſent mois, en la ville de Soiſſons;

Fera connoître à ladite Aſſemblée provinciale que Sa Majeſté, en donnant le Réglement du cinq Juillet dernier, pour la formation de ladite Aſſemblée provinciale, & de celles qui lui ſont ſubordonnées, a annoncé ce Réglement comme proviſoire pour deux années, à l'expiration deſquelles Elle expliqueroit définitivement ſes intentions ; & par celui du cinq Août dernier, relatif aux fonctions de ces différentes Aſſemblées, & à leurs

*Réglement
du 5 Juillet,
proviſoire.*

*Réglement du
5 Août, ſuſ-
ceptible de
changements.*

rapports avec fon Commiffaire départi, Elle s'eft réfervé d'y faire fucceffivement les changements que lui infpireroit fa fageffe.

Sa Majefté ayant reconnu qu'il étoit utile & indifpenfable qu'Elle manifeftât dès-à-préfent fes intentions fur. quelques-uns des Articles de ces Réglements qui lui ont paru exiger des développements & quelques interprétations : Elle a chargé fon Commiffaire de les notifier à l'Affemblée.

PREMIÈRE PARTIE.

§. Ier.

Cérémonie & organifation intérieure.

Du Cérémonial, des formes de la tenue de l'Affemblée provinciale & des Affemblées d'Élection, des fonctions des différents Membres ou Officiers defdites Affemblées, & autres objets relatifs à leurs formation & organifation intérieurs.

Du Commiffaire du Roi.

M. le Comm. du Roi invité à ouvrir l'Aff.

LE Sieur Intendant, Commiffaire du Roi, fera prévenu en fon hôtel, par deux Membres de l'Affemblée, choifis par le Préfident, l'un dans le Clergé ou la Nobleffe, & l'autre dans le Tiers-État, que l'Affemblée eft formée;

& il fera invité par eux à venir en faire l'ouverture.

Le Commiffaire du Roi fe rendra à l'Affemblée en *Réception de* robe de cérémonie du Confeil & précédé de fes ho- *M. le Comm.* quetons : arrivé au lieu des Séances, il fera reçu au pied *la Salle d'Af-* de l'efcalier, par les deux Procureurs-Syndics ; au haut *femblée.* de l'efcalier, par une députation de quatre Membres choifis par le Préfident, l'un dans le Clergé, un autre dans la Nobleffe, & les deux autres dans le Tiers-État.

Le Commiffaire du Roi fera reçu dans l'Affemblée, tous les Membres, autres que ceux formant la députa-tion, étant à leurs places, debout & découverts.

Le Commiffaire du Roi fera conduit à un fauteuil *Réception* d'honneur, élevé d'un degré & placé au milieu de l'Af- *dans* femblée, vis-à-vis de celui du Préfident, qui fera auffi *l'Affemblée.* élevé d'un degré, & en avant du bureau des Procureurs-Syndics & du Secrétaire-Greffier.

Il fera reconduit avec les mêmes honneurs. Le même cérémonial fera obfervé pour la clôture de l'Affemblée, & toutes les fois que le Commiffaire du Roi entrera à l'Affemblée pour y faire connoître les intentions de Sa Majefté.

Le lendemain de l'ouverture de l'Affemblée, il fera *Députation à* fait une députation compofée de quatre Députés, au *M. le Comm.* Commiffaire du Roi, pour le faluer de la part de l'Af- *du Roi.* femblée.

Quand M.
l'Intend. doit
être défigné
fous le titre
de Monfieur
le Commiff.
du Roi.

Toutes les fois qu'il fera fait mention, dans le Procès-verbal, du Sieur Intendant, relativement à fes fonctions vis-à-vis de l'Affemblée, pendant le cours de fes Séances, il fera défigné dans le Procès-verbal, fous le titre de *Monfieur le Commiffaire du Roi.*

Lorfqu'il fera queftion d'opérations antérieures à l'Affemblée, ou qui devront la fuivre, Sa Majefté veut que fon Commiffaire départi ne puiffe être défigné dans le Procès-verbal, les Rapports & autres Actes de l'Affemblée, que fous le nom de *M. l'Intendant.*

§. 2.

Du Préfident.

Le Préfident.

LE Préfident fera l'organe de l'Affemblée, pendant le cours de fes Séances ; c'eft par lui qu'elle correfpondra avec le Confeil de Sa Majefté.

Procès-verb.
fignés par lui
feul.

Les Procès-verbaux des Séances de l'Affemblée feront, jour par jour, fignés du Préfident feul, & contre-fignés du Secrétaire-Greffier ; celui de la dernière Séance fera figné de lui & de tous les membres de l'Affemblée.

Paquets ou-
verts dans
l'Affemblée.

La Commiffion intermédiaire étant entiérement fufpendue & n'exiftant plus pendant l'Affemblée, tous les paquets de la Cour & autres, adreffés, foit à l'Affemblée, foit à ladite Commiffion intermédiaire, feront ouverts dans l'Affemblée par le Préfident.

Les

Les adjudications qui feroient paffées pendant le cours *Adjudicat.* des Séances de l'Affemblée, feront fignées du Préfident *fignées du Préfident de l'Aff.* feul, & contre-fignées par le Secrétaire-Greffier.

Les mandats de payement à expédier pendant la te- *Les Mandats* nue de l'Affemblée, feront fignés du Préfident & des *fignés par le Préf. & les* Commiffaires du Bureau des fonds & de la comptabilité, *Dép. du Bur.* & contre-fignés par le Secrétaire-Greffier. *des Fonds.*

Le Préfident nommera toutes les Députations, pro- *Nominations* pofera la compofition des Bureaux, ainfi qu'il fera ci- *faites par le* après expliqué, & il fera de droit Membre de tous *Préfident.* lefdits Bureaux, qui feront préfidés par lui lorfqu'il y entrera.

§. 3.
De l'Affemblée.

TOUT ce qui eft relatif aux rangs & aux féances, *Rangs* a été prefcrit par le Réglement de formation. *& Séances.*

Il n'y aura nulle diftinction entre les Membres choifis par le Roi, & ceux nommés par l'Affemblée préliminaire.

Ainfi les rangs pour les Seigneurs laïques ne feront *Seigneurs* réglés, dans la prochaine Affemblée, que fuivant leur *laïques.* âge, leur admiffion étant cenfée de la même époque, c'eft-à-dire, du jour de la convocation de l'Affemblée complète.

Sa Majefté a ordonné que pour le Tiers-État, les *Tiers-État.*

F

féances feroient fuivant l'ordre des communautés, qui feroit déterminé d'après leur contribution.

Repréfentants des Villes. Nul membre du Tiers-État ne pourra être regardé comme repréfentant une ville où il y a un Corps municipal, s'il n'eft lui-même un des Officiers municipaux.

S'il fe trouvoit à l'Affemblée deux Députés du Tiers-État demeurant habituellement dans une même ville, celui-là feul pourra repréfenter fa ville, qui fera Officier municipal ; l'autre ne pourra repréfenter que la communauté villageoife dans laquelle il aura des propriétés.

Si l'un ni l'autre n'eft un des Officiers municipaux, ils ne pourront prendre rang à raifon de la contribution de la ville où ils demeurent, mais à raifon de la contribution des communautés où ils poffederont des biens.

Meffe du Saint-Efprit. A l'ouverture de fes Séances, l'Affemblée affiftera à une Meffe du Saint-Efprit.

Circonftances qui excluent de la Déput. Les deux frères, le père & le fils, le beau-père & le gendre, ne pourront à l'avenir être élus à la fois membres de l'Affemblée.

Députés remplacés. Sa Majefté autorife la prochaine Affemblée à remplacer, pour fe compléter, ceux des Députés nommés, foit par Sa Majefté, foit par l'Affemblée préliminaire, qui feroient morts depuis, ou qui n'auroient point accepté; mais toutes les nominations ultérieures feront faites par les Affemblées d'élection, dont les Bureaux intermédiaires feront en conféquence prévenus par la Commiffion intermédiaire provinciale, huit jours avant la convoca-tion defdites Affemblées, des remplacements auxquels elles auront à pourvoir.

Il fera formé, dans les deux premiers jours de l'Affem-blée, des Bureaux particuliers chargés de rédiger & préparer les objets fur lefquels il devra être délibéré. *Formation des Bureaux.*

Le Préfident propofera à l'Affemblée, la compofition des Bureaux, & y diftribuera tous les membres de l'Af-femblée, en fuivant, autant que faire fe pourra, les proportions établies dans la compofition de l'Affemblée.

Il y aura quatre Bureaux : l'un fera le Bureau de l'impôt ; le fecond, celui des fonds & de la comptabilité, le troifième, celui des travaux publics ; le quatrième, celui de l'agriculture, du commerce & du bien public. Outre ces quatre Bureaux, s'il étoit queftion d'examiner & de difcuter une affaire très-importante, elle pourra être confiée à une Commiffion particulière.

Il fera auffi formé une Commiffion particulière pour la vifite du Greffe & des Archives, & nommé des Com-miffaires pour la rédaction & la revifion du Procès-verbal. *Vifite du Greffe ; rédact. du Procès-verbal.*

Les délibérations de l'Affemblée pour fon régime intérieur, feront exécutées provifoirement ; mais nulle délibération à exécuter hors de l'Affemblée, n'aura d'effet *Les délibér. approuvées par Sa Majefté.*

qu'elle n'ait été fpécialement approuvée par Sa Majefté.

Aucun Député ne pourra perfonnellement propofer à l'Affemblée un nouvel objet de délibération, étranger à ceux qui feroient alors difcutés, ni lire aucun mémoire qu'il n'en ait préalablement prévenu Monfieur le Préfident, & n'ait communiqué fa propofition ou fon mémoire à celui des Bureaux de l'Affemblée qui fe trouvera chargé des objets auxquels feroit analogue la propofition ou le mémoire dudit Député.

Impreffion des Procès-verb. Les Procés-verbaux de l'Affemblée pourront être livrés à l'impreffion, à fur & à mefure de fes Séances, & ne feront rendus publics que quinze jours après celui de la clôture.

§. 4.
De la Commiffion intermédiaire.

Commiffion intermédiaire. APRÈS la féparation de l'Affemblée, la Commiffion intermédiaire rentrera en activité.

Elle repréfente l'Aff. Elle feule repréfente l'Affemblée, & a un caractère public à cet effet.

Le Préfident. Le Préfident de l'Affemblée eft auffi le Préfident de la Commiffion intermédiaire ; mais dans ce fens qu'il en eft le premier Membre, faifant corps avec elle, & n'ayant fur elle aucune fupériorité.

Correfpon- En conféquence, la correfpondance miniftérielle &

celle dans l'intérieur de la Province, après la féparation *dance ministé-* de l'Affemblée, fe tiendront toujours avec & par la *rielle.* Commiffion intermédiaire.

L'abfence du Préfident, comme celle de tout autre Membre, ne changera rien à la forme de la correfpondance.

Sur les objets importants, le Préfident pourra écrire *Elle fe fera* particuliérement aux Miniftres du Roi, pour appuyer & *par la Comm.* développer les avis de la Commiffion intermédiaire ; mais la lettre feule de la Commiffion intermédiaire fera la dépêche officielle.

Après le protocole d'ufage pour les différentes per- *Protocole* fonnes auxquelles elle écrira, la Commiffion intermé- *des Lettres.* diaire terminera ainfi fes lettres :

Vos très-. . . . . . .ferviteurs,
les Députés compofant la
Commiffion intermédiaire.

Enfuite tous les Membres préfents, & les Procureurs-Syndics, figneront.

Toutes les adjudications, les mandats de payements, *Manière de* & autres actes émanés de la Commiffion intermédiaire, *figner les Ac-* feront fignés dans la même forme, c'eft-à-dire, qu'il *tes.* fera mis au bas : *Par les Députés compofant la Com-miffion intermédiaire de la Province du Soiffonnois.* Enfuite tous les Membres figneront.

Députés qui ne peuvent être membres de la Comm. int. Les Officiers du Bureau des Finances & des Élections, pourront être membres de l'Assemblée provinciale ou des Assemblées d'élection, comme tous les autres propriétaires ; mais ils ne pourront à l'avenir être élus membres de la Commission ou d'aucun Bureau intermédiaire, attendu les fonctions qui leur font impofées par la nature de leurs charges & par les Réglements.

Nominations précédemment faites, confirmées. Confirme néanmoins Sa Majefté, pour cette fois feulement & fans tirer à conféquence, les nominations qui auroient pu être faites par les Affemblées préliminaires provinciales ou d'élection de quelques membres du Bureau des Finances ou des Élections, pour la compofition de la Commission ou des Bureaux intermédiaires : mais ces Officiers ne pourront être continués ni remplacés par d'autres membres des mêmes Tribunaux, lors des renouvellements ultérieurs des nominations, pour lefdites Commission & Bureaux intermédiaires.

§. 5.

Des Procureurs - Syndics.

Proc.-Synd. Qualités pour être élus. POUR être Procureur-Syndic pour la Noblesse & le Clergé, il ne fera pas néceffaire qu'un Gentilhomme qui auroit des titres à cette place, foit Seigneur de paroiffe, il fuffira qu'il foit propriétaire d'un fief dans la Province.

Leur Séance. Les Procureurs - Syndics prendront féance dans l'Afsemblée, à un bureau placé au milieu de l'Assemblée.

Les Procureurs-Syndics feront remettre chaque jour au Commissaire du Roi, à la fin de chaque Séance, une notice succincte & uniquement énonciative des objets qui auront été discutés ou délibérés dans l'Assemblée, pour que le Commissaire de Sa Majesté soit assuré qu'il ne s'y traite aucune matière étrangère aux objets dont elle doit s'occuper. *Leurs Fonct. envers M. le Commiss. du Roi.*

Lorsqu'un rapport aura été lu & délibéré dans un Bureau, avant qu'il en soit fait lecture à l'Assemblée, les Procureurs-Syndics feront appellés à ce Bureau pour en prendre communication & donner sur ledit mémoire, leurs observations s'il y a lieu, soit verbalement, soit par écrit, tant au Bureau qu'à l'Assemblée. *Dans les Bureaux de l'Assemblée.*

Ils n'auront point voix délibérative dans l'Assemblée.

Mais, attendu que la Commission intermédiaire doit toujours suivre ponctuellement l'exécution des délibérations de l'Assemblée, approuvées par Sa Majesté, & que les Procureurs-Syndics doivent y concourir, lesdits Procureurs-Syndics auront voix délibérative dans la Commission intermédiaire ; ils n'auront à eux deux qu'une seule voix qui sera prépondérante en cas de partage. Si leurs opinions diffèrent, leurs voix se détruiront, & ne seront point comptées ; & dans le cas où les autres voix seroient partagées, celle du Président aura la prépondérance. *Quand ils ont voix délibérative.*

Forme de leurs lettres.   Les Procureurs-Syndics écriront, en nom collectif, sur tous les objets de correspondance qu'ils devront suivre, & après avoir énoncé leur qualité de *Procureurs-Syndics de la Généralité de*. . . . . . . .ils signeront : si un des Procureurs-Syndics étoit absent, la lettre seroit toujours écrite en nom collectif, & un seul signeroit.

Leurs Pouvoirs.   Ils ne pourront intervenir dans aucune affaire sans une délibération de l'Assemblée ou de sa Commission intermédiaire, & n'agiront d'ailleurs sur aucun objet relatif à l'administration de la Province, que de concert avec la Commission intermédiaire.

Ce qui vient d'être prescrit pour les Procureurs-Syndics de l'Assemblée provinciale, sera également observé pour les Syndics des Assemblées d'élection, en tout ce qui leur est commun.

§. 6.

Assemblées d'Élection.

Ass. d'Élect. Leur Époque.   LES Assemblées d'élection se tiendront dans le mois d'Octobre de chaque année.

Leur durée.   Elles ne pourront durer plus de quinze jours : le jour précis de leur convocation sera fixé par le Président de l'Assemblée, qui se concertera à ce sujet avec le Bureau intermédiaire.

Leur indicat.   Lorsque le jour en aura été arrêté, & ce jour ne

pourra

pourra être indiqué plus tard que le 15 dudit mois d'Octobre, afin que toutes les Assemblées d'élection de la Province, soient closes & terminées le 30 du même mois au plus tard; le Président en préviendra la Commission intermédiaire provinciale un mois à l'avance, & avertira les Députés qui devront être convoqués, de l'époque précise de l'ouverture de l'Assemblée, par une lettre signée de lui.

Sa Majesté a jugé qu'il étoit indispensable que les Assemblées d'élection évitassent la dépense de l'impression de leurs Procès-verbaux; mais s'ils contiennent quelque rapport ou mémoire qui, par l'utilité de ses vues & le mérite de sa rédaction, soit de nature à fixer l'attention de l'Assemblée provinciale, & qui lui paroisse mériter une distinction particulière, l'Assemblée provinciale pourra délibérer de l'inférer dans son Procès-verbal ou à la suite; & ce mémoire fera alors imprimé avec le Procès-verbal de l'Assemblée provinciale, dont il fera partie. *Procès-verb. & Mémoires.*

L'Assemblée d'élection fera toujours former trois expéditions de ses Procès-verbaux; & ces trois expéditions feront adressées par elle à la Commission intermédiaire provinciale, laquelle enverra la première, avec ses observations, au Sieur Contrôleur Général des Finances; la seconde, au Sieur Intendant & Commissaire départi, *Trois Expéditions des Procès-verb.*

G

& la troisième restera déposée dans les archives de l'Assemblée provinciale.

Elles doivent se conformer aux délibér. de l'Ass.prov. Les Assemblées d'élection auront soin de se conformer exactement aux délibérations de l'Assemblée provinciale, lorsqu'elles auront été approuvées par Sa Majesté, & elles sentiront que tout le bien qu'elles désireront procurer à leur district, ne pourra s'opérer que par un concert & une harmonie réciproque entr'elles & l'Assemblée supérieure.

§. 7.

Des Bureaux intermédiaires.

Bur. interm. Leur Subordination. Les Bureaux intermédiaires des Assemblées d'élection se conformeront ponctuellement & litteralement à tout ce qui leur aura été prescrit, tant par l'Assemblée d'élection, que par la Commission intermédiaire provinciale.

Leur Corresdance avec la Comm. int. Comme les Assemblées d'élection & leurs Bureaux intermédiaires sont le lien réciproque entre les Assemblées municipales & l'Assemblée provinciale, & entre l'Assemblée provinciale & les Assemblées municipales, il ne sera rien prescrit ni fait aucune disposition par la Commission intermédiaire provinciale à l'égard d'aucune ville & communauté ou d'aucuns contribuables & habitants d'une élection quelconque, que par la voie du Bureau intermédiaire de ladite élection, & qu'après que ledit Bureau intermédiaire aura été préalablement entendu.

Sa Majesté recommande en conséquence aux Bureaux intermédiaires, de mettre la plus prompte exactitude & la plus grande célérité, dans toutes leurs relations & leur correspondance avec la Commission intermédiaire provinciale.

Lorsqu'un Bureau intermédiaire croira devoir faire imprimer quelques lettres circulaires, quelques états, & autres objets à adresser aux Assemblées municipales, & dont les modèles ne lui auroient pas été donnés par la Commission intermédiaire provinciale, il les communiquera préalablement à ladite Commission intermédiaire, pour qu'elle soit toujours à portée de maintenir dans toute la Province l'unité des principes, des formes & des méthodes. Au surplus, ce qui a été prescrit ci-dessus au §. 4. de la Commission intermédiaire, sera aussi observé par les Bureaux intermédiaires, en tout ce qui leur est applicable.

Impression des Lettres & autres Pièces.

§. 8.

De l'Examen des Nominations pour les Assemblées Municipales, pour les Assemblées d'Élection, & pour l'Assemblée Provinciale.

LA volonté de Sa Majesté est que les Syndics des Assemblées d'élection & subsidiairement les Procureurs-

Examen des Nominations.

G ij

Elles feront faites par les Syndics. Syndics de l'Affemblée provinciale, donnent la plus grande attention à l'examen de toutes les délibérations concernant les nominations des députés des Affemblées municipales, & provoquent, à l'avenir, la réformation de celles qui feroient irrégulières.

Taux d'Impofition, pour être éligibls. Sa Majefté défire cependant que, d'après les tableaux qu'Elle a ordonné aux Affemblées d'élection de faire former, l'Affemblée provinciale examine s'il ne feroit pas convenable de mettre dans le taux d'impofition qui avoit été fixé uniformément à *Dix* livres pour être admis dans les Affemblées paroiffiales, & à *Trente* livres dans les Affemblées municipales, quelques proportions relatives à l'état d'aifance ou de pauvreté des Communautés des campagnes, qui réfulte toujours de la nature du fol ou du genre de culture, ou enfin du plus ou moins d'induftrie auquel fe livrent les habitants de ces communautés.

D'après les obfervations que préfenteront fur cet objet les différentes Affemblées provinciales, Sa Majefté fera connoître à cet égard fes intentions, avant le mois d'Octobre 1788.

Les irrégularités doivent être expofées à la Comm. interméd. A compter de cette époque, les Syndics des Affemblées d'élection donneront avis aux Procureurs-Syndics, des irrégularités qu'ils auroient pu remarquer dans les délibérations paroiffiales ou les nominations qui y auroient été faites , & leur enverront un mémoire détaillé & figné d'eux , fur chaque nomination irrégulière.

Les Procureurs-Syndics mettront lefdits mémoires fous les yeux de la Commiffion intermédiaire ou de l'Affemblée provinciale , qui y joindra fes obfervations , & enverra le tout au Contrôleur Général des Finances, pour y être ftatué ainfi qu'il appartiendra , fur l'avis de M. l'Intendant. *Les obferva-tions à ce fu-jet feront en-voyées à M. le Cont. Gén.*

Quant aux nominations irrégulières qui pourroient être faites pour les Affemblées d'élection par celles d'arrondiffement , ou pour l'Affemblée provinciale par celles d'élection , Sa Majefté veut que la réformation en foit pourfuivie , par les Procureurs-Syndics, au Confeil qui y ftatuera après avoir entendu les obfervations & l'avis de M. l'Intendant. *Irrégularités des Aff. fupér. pourfuivies au Conf. par les Proc. Synd.*

Mais les Procureurs-Syndics informeront des diligences par eux faites , à cet effet , l'Affemblée d'élection ou l'Affemblée provinciale, fuivant l'élection pour l'une ou l'autre Affemblée, par eux arguée d'irrégularité, afin que ladite Affemblée puiffe , le jour même de l'ouverture de fes Séances, délibérer s'il y aura lieu d'admettre provifoirement, ou non , la perfonne dont la nomination fera conteftée. *Ils en infor-meront les Affemblées.*

DEUXIÈME PARTIE.

Des Fonctions des différentes Assemblées, &
de leurs relations avec M. l'Intendant.

§. 1er.

Assemblées Municipales.

Fonctions des Aff. Municip. Ordres qu'elles doivent recevoir de M. l'In. & des Aff. supérieures. EN foumettant, par l'article I du Réglement du 5 Août, les Affemblées municipales, tant aux ordres qu'elles recevront au nom du Roi, par la voie de M. l'Intendant, qu'à ce qui leur feroit prefcrit, foit par l'Affemblee provinciale, foit par l'Affemblée d'élection, foit enfin par les Commiffion & Bureaux intermédiaires, Sa Majefté n'a point entendu que MM. les Intendants & les Affemblées provinciales ou celles d'élection, puffent indifféremment donner des ordres ou des inftructions aux Affemblées municipales fur les mêmes objets, mais refpectivement fur ceux qui leur feroient attribués.

Répartition de la Taille par les feuls Taillables. Par l'article II, qui exclud de la répartition de la Taille les perfonnes qui ne font point taillables, Sa Majefté n'a fait que rappeller ce qui eft prefcrit par tous les Réglements en matière de Taille perfonnelle.

Nombre des Rôles. L'intention de Sa Majefté eft de diminuer le nombre des rôles qui avoit été porté à cinq par l'article III; mais à cet égard Sa Majefté fufpendra fa détermination,

& l'Affemblée provinciale reconnoîtra que par le vœu qu'elle fera dans le cas de préfenter fur le mode de ré- *Mode de* partition des différentes natures d'impofitions, elle peut *Répartition.* procurer à la Province une grande économie, en réuniffant plufieurs de ces impofitions dans un feul & même rôle, qui feroit feulement divifé en plufieurs colonnes. L'Affemblée provinciale remplira les intentions de Sa Majefté, en propofant le mode de répartition le plus jufte & le moins difpendieux.

M. l'Intendant fera cependant connoître dès-à-préfent *Rôle pour la* à l'Affemblée provinciale, fur la répartition de la Capi- *Capitation* tation des Nobles, Privilégiés, &c. que ce rôle au lieu *des Nobles.* d'être fait, comme le prefcrivoit l'article III, par chaque Affemblée municipale, le fera par le Bureau intermédiaire de chaque élection, pour tous les Nobles, Privilégiés, &c. compris dans fon diftrict, en le divifant toutefois par paroiffes. Il fera fait de ce rôle deux expéditions, qui feront toutes deux remifes à M. l'Intendant, par la voie des Procureurs-Syndics, pour être adreffées au Confeil. Lorfque ce rôle y aura été arrêté, M. l'Intendant en renverra l'expédition en forme au Bureau intermédiaire, pareillement par la voie des Procureurs-Syndics, pour qu'il foit dépofé dans fes archives, & rendra en même-temps exécutoires les extraits de ce rôle qui lui auront été envoyés par le Bureau intermédiaire, pour chaque paroiffe ou communauté : ces extraits feront enfuite adreffés par le Bureau intermédiaire à chaque Affemblée municipale, pour être mis en recouvrement. Par ce moyen, le taux uniforme réglé par l'Affemblée d'élection recevra plus facilement fon application ; la dépenfe de la confeftion d'un rôle particulier fera épargnée aux Affemblées municipales, & cependant chaque contribuable, demeurant dans une paroiffe, payera fes impofitions dans la même paroiffe, felon les intentions de Sa Majefté.

Triples Expéditions. Le nombre des triples expéditions des rôles qui avoient été prefcrites par l'article IV, fera infiniment diminué, d'après ce que Sa Majefté aura ftatué définitivement fur l'article III ; ainfi le bien & l'économie à opérer fur cette difpofition, réfultera également du vœu qui fera préfenté à Sa Majefté par l'Affemblée provinciale.

Article V du Réglem. du 5 Août. Les précautions indiquées par l'article V, ont pour objet de prévenir les divertiffements de deniers ; fi l'exécution peut en paroître difficile dans les commencements pour les petites paroiffes, elle s'établira fucceffivement par l'habitude & les inftruftions des Affemblées fupérieures, & les avantages en font fi frappants pour tous les contribuables, que l'Affemblée provinciale ne négligera certainement aucuns moyens auprès des Affemblées municipales pour affurer l'exafte obfervation de ces vérifications.

A

A l'égard des réparations ou reconstructions des nefs des Églises ou des Presbytères, dont il est fait mention en l'article IX, lorsque ces réparations seront demandées par l'Assemblée municipale de la paroisse, elle s'adressera à l'Assemblée ou Bureau intermédiaire d'élection qui nommera les Ingénieurs ou Sous-Ingénieurs du département, pour dresser les devis & détails estimatifs.

Églises & Presbytères.

Lorsque la demande sera formée par une partie seulement des habitants, ou par le Curé seul, le mémoire sera présenté au Bureau intermédiaire d'élection, qui le fera communiquer à l'Assemblée municipale. Si l'Assemblée municipale consent aux reconstructions ou réparations demandées, le Bureau intermédiaire chargera l'Ingénieur de dresser le devis. S'il y a contradiction ou opposition de la part de l'Assemblée municipale, alors, dans le cas où l'affaire ne pourroit être terminée par le Bureau intermédiaire par voie de conciliation, elle deviendroit contentieuse, & le Bureau intermédiaire renverroit les Parties à se pourvoir pardevant M. l'Intendant.

Avant son jugement, M. l'Intendant pourra nommer tel Expert qu'il jugera à propos, pour constater l'état des lieux, & éclairer sa religion ; mais son jugement rendu, il commettra toujours pour dresser le devis, l'Ingénieur du département.

Les Ingénieurs, Inspecteurs & Sous-Ingénieurs de la

Devis faits gratuitement par les Ing.

H

Province, feront tous les devis dont ils feront chargés, fans aucune rétribution particulière pour aucune de ces opérations ; ce qui tournera au foulagement des communautés, fauf à l'Affemblée provinciale à avoir égard, dans la fixation des traitements de ces Ingénieurs & des gratifications qui feront par elle propofées en leur faveur, au fupplément de travail qui réfultera pour eux de ces nouvelles occupations.

Confeil d'Avocats. L'article X. fera exécuté felon fa forme & teneur ; Sa Majefté exhorte feulement l'Affemblée provinciale à compofer dans la ville où eft la réfidence de M. l'Intendant, un Confeil de trois Avocats au plus, qui feront rétribués par la Province, & choifis par l'Affemblée provinciale. Les Avocats qui compoferoient ce Confeil, ne pourroient néanmoins être nommés par l'Affemblée que pour deux ans au plus, fauf à les continuer pour deux autres années, & ainfi de fuite, s'il y avoit lieu, d'après le compte qui feroit rendu par la Commiffion intermédiaire, de leur exactitude & de l'utilité de leur travail pour les communautés de la Province.

Affaires contentieufes des Communautés. Les communautés d'habitants feroient tenues d'envoyer les pièces ou mémoires relatifs aux conteftations dans lefquelles elles auroient intérêt, à la Commiffion intermédiaire provinciale, qui les feroit examiner par lefdits Avocats, & leur confultation remife enfuite à la Commiffion intermédiaire, fera par elle renvoyée auxdites communautés d'habitants, pour être jointe à la requête que ces communautés pourroient alors préfenter à M. l'Intendant, pour obtenir de lui, s'il le jugeoit convenable, la permiffion de plaider. Les communautés d'habitants feroient ainfi difpenfées de fe procurer la confultation d'aucun autre Avocat.

Par l'article XI, Sa Majefté avoit autorifé les Affem- *Traitement* blées municipales à délibérer fur la fixation des traite- *des Syndics.* ments de leurs Syndics & de leurs Greffiers ; mais Sa *&c.* Majefté défire que l'Affemblée provinciale examine s'il ne feroit pas poffible de n'accorder aucun traitement fixe aux Syndics & Greffiers, fauf à leur allouer, à la fin de chaque année, les dépenfes qu'ils juftifieroient avoir faites pour l'intérêt de la communauté.

§. 2.

Des Affemblées d'Élection.

LE ROI a ordonné, par l'article I., qu'il ne feroit *Aff. d'Élect.* fait aucune levée de deniers, qu'elle n'eût été préalable- *Levées de den.* ment ordonnée par fon Confeil, lorfque la dépenfe excéderoit cinq cents livres, ou par le Commiffaire dé- parti, lorfqu'elle feroit au deffous de cette fomme.

Sa Majefté voulant concilier, avec ce qu'elle doit à *Impofitions* fon autorité, les témoignages de confiance qu'Elle eft *ordonnées par l'Aff. prov.*

H ij

difposée à accorder à fon Affemblée provinciale, veut bien confentir à ce que les dépenfes qui feroient inférieures à cinq cents livres, foient impofées fur les communautés, lorfqu'elles auront été approuvées par l'Affemblée provinciale ou fa Commiffion intermédiaire, dont la délibération prife à cet effet, fera vifée par M. l'Intendant ; mais l'intention de Sa Majefté eft que, tous les fix mois, il foit adreffé au Confeil par l'Affemblée provinciale, un projet d'arrèt, à l'effet de valider lefdites impofitions.

Correfpond. des Aff. d'El. avec le Min.

En ordonnant, par l'article V, que les Affemblées d'élection fe conformeroient aux ordres qui leur feroient adreffés, foit au nom de Sa Majefté, foit par l'Affemblée provinciale, Sa Majefté n'a point entendu changer l'ordre de correfpondance qu'Elle a établie. Ses intentions ne parviendront jamais à l'Affemblée d'élection que par l'Affemblée provinciale ; mais Elle a voulu faire connoître que les Affemblées d'élection feroient tenues de fe conformer, non-feulement à ce que Sa Majefté auroit expreffément ordonné, mais encore à ce que l'Affemblée provinciale auroit cru jufte & convenable de leur prefcrire, quand bien même elle n'y auroit point été précédemment autorifée par un ordre fpécial de Sa Majefté.

§. 3.

De l'Assemblée Provinciale.

TOUTES les dépenses qui seront délibérées par l'Assemblée provinciale, conformément à l'article I, ne seront point pour cela un objet d'imposition nouvelle : l'intention de Sa Majesté étant de remettre à la disposition de l'Assemblée provinciale, l'emploi des fonds déja imposés, appartenant à la Province, comme il sera ci-après expliqué. L'Assemblée provinciale n'auroit à proposer d'impositions pour les dépenses de la Province, au delà de ces fonds, que dans le cas où ils ne lui paroîtroient pas suffisants pour subvenir aux besoins indispensables de ladite Province.

Aff. Prov.
Dépenses délibérées par l'Assemblée.

§. 4.

Des Fonctions respectives de l'Intendant de la Province & de l'Assemblée Provinciale.

LES Commissions & Bureaux intermédiaires ne pourront prendre aucune délibération contraire à ce qui leur aura été prescrit par les Assemblées qu'ils représentent, & celles qu'ils prendroient ne pouvant être relatives qu'à l'exécution de celles de l'Assemblée déja connues du Conseil & de son Commissaire départi, ou à des dépenses de circonstances imprévues, pour lesquelles

Relat. avec M. l'Intend.
Article V du Réglem. du 5 Août, supprimé.

l'autorifation de Sa Majefté, fur l'avis du Sieur Intendant, eft néceffaire, Sa Majefté difpenfe les Commiffion
& Bureaux intermédiaires de l'exécution de l'article V.

Communic.
mutuelle de
M. l'Int. &
de l'Aff.
Sa Majefté, en développant fes intentions fur l'exécution des articles VI & VII, veut que M. l'Intendant &
l'Affemblée provinciale fe communiquent refpectivement
tous les éclairciffements dont ils auront réciproquement
befoin, pour le plus grand bien du fervice de Sa Majefté
& celui de la Province ; n'entendant au furplus Sa Majefté
interdire à l'affemblée, les obfervations qu'elle eftimera
utiles au bien de la Province, fur tous les objets précédemment autorifés qui n'auroient point encore reçu
leur entière exécution.

Lorfque la Commiffion intermédiaire de l'Affemblée
provinciale connoîtra plus particuliérement les objets
d'adminiftration qu'elle aura à traiter, elle fera à portée
de reconnoître en quoi confiftent les objets de correfpondance courante & habituelle qui doivent être adreffés au Confeil, pour la plus grande célérité du fervice
par la voie de M. l'Intendant.

M. l'Intend.
doit envoyer,
fans délai, au
Conf. les dé-
pêches qui lui
font remifes.
Dans le cas où M. l'Intendant croiroit devoir préfenter au Confeil des obfervations dont la rédaction exigeroit quelque délai, il ne pourra, par ce motif, retarder
l'envoi des dépêches qui lui auront été remifes par
la Commiffion intermédiaire, fauf à annoncer les

obfervations ultérieures qu'il fe propofera d'envoyer.

Pour réfumer, la correfpondance de forme & celle *Correfpond.* qui a lieu chaque année, aux mêmes époques, pour les *avec les Min.* opérations du département & autres, aura lieu par la voie de M. l'Intendant. La Commiffion intermédiaire répondra auffi à toutes les lettres qui lui auront été écrites par les Miniftres de Sa Majefté ou fes Intendants des Finances, par la voie de M. l'Intendant, finon elle lui fera remettre des copies de fes réponfes. A l'égard de toutes les lettres qu'elle fera dans le cas d'écrire la première, elle aura l'option de les adreffer directement, ou par la voie de M. l'Intendant.

Relativement aux demandes formées par les Contri- *Demandes* buables en matière d'impofition & affaires contentieufes, *en matière* l'intention de Sa Majefté eft que les vingt-huit premiers *d'impofition.* articles de la troifième fection du Réglement du Con- feil, du 6 Juin 1785, rendu pour la Province de Berry, foient provifoirement exécutés felon leur forme & teneur.

Dans le cas où il s'exécuteroit, ainfi que l'avoit prévu *Ouvrages fur* l'article XI, des ouvrages, partie fur les fonds du Roi, *les fonds du* & partie fur les fonds de la Province, Sa Majefté a *Roi & ceux* confidéré que la furveillance de fon Commiffaire départi, *de la Prov.* feroit plus utile au bien de fon fervice, lorfque fon avis feroit poftérieur à la délibération de la Commiffion intermédiaire : en conféquence, l'intention de Sa Majefté eft que fon Commiffaire départi ne prenne point part aux délibérations qui feroient prifes par la Commiffion intermédiaire fur les ouvrages de ce genre ; mais qu'aucune de ces délibérations ne puiffe avoir fon effet qu'après avoir été homologuée par lui, s'il y a lieu ; &

Payements fur les fonds du Roi. qu'enfin toutes les ordonnances de payement fur les fonds du Roi foient par lui délivrées, & enfuite par lui renvoyées à la Commiffion intermédiaire, pour être vifées

Sur les fonds de la Prov. par elle & remifes à l'Adjudicataire. A l'égard des payements fur les fonds de la Province, ils auront lieu comme il fera expliqué ci-après à l'article des Ponts & Chauffées.

Examen des Comptes. Enfin, fur les articles XIII & XIV, Sa Majefté veut pareillement que les comptes foient examinés & vérifiés par la Commiffion intermédiaire, à laquelle M. l'Intendant n'affiftera point ; mais ces comptes lui feront enfuite remis, pour être par lui revifés, & clos & arrêtés par fon ordonnance.

TROISIÈME PARTIE.
Impofitions ordinaires.

État remis à l'Aff. par M. l'Intend. L'INTENTION de Sa Majefté eft que M. l'Intendant remette à l'Affemblée provinciale, 1°. Une copie du Brevet général de l'année prochaine 1788.

2°. Un Tableau contenant la diftribution, par Élection,

tion, de la Taille, des Impofitions acceffoires de la
Taille & de la Capitation taillable, ce qui compofe le
montant des commiffions expédiées pour les Impofitions
taillables ; & le montant, auffi par Élection, de la
Capitation des Nobles, Privilégiés, &c. pour laquelle il
eft formé des rôles qui font arrêtés au Confeil ; duquel
Tableau le total fera égal à celui des fommes portées
au Brevet général.

3°. Une copie pour chaque Élection du département
de 1788.

4°. Un état qui fera connoître le montant des fonds
appartenant à la Province, pour la dépenfe des Ponts
& Chauffées ; ledit état conforme à celui qui a été
formé en exécution de l'article I de l'Arrêt du 6 Novembre 1786.

5°. Un état des fommes impofées, avec les impofitions acceffoires de la Taille, pour les dépenfes à faire
dans la Province, lefquelles fommes compofent le fonds
connu fous la dénomination des *Fonds variables* ; dans
lequel état feront diftinguées les dépenfes militaires &
autres relatives au fervice de Sa Majefté, qui paroîtront
devoir continuer d'être à la difpofition de M. l'Intendant.

6°. Un état des fonds qui font partie de la Capitation, & connus fous la dénomination des *Fonds libres de
la Capitation* ; dans lefquels doivent pareillement être

I

diftingués les frais de bureaux de l'Intendance, & autres dépenfes de ce genre qui devront continuer de dépendre de l'adminiftration de M. l'Intendant.

Si M. l'Intendant ne pouvoit remettre tous ces états à l'Affemblée à l'ouverture de fes Séances, il les lui fera remettre dans les huit premiers jours de fa tenue.

Ufage que l'Affemb. doit faire de ces états. D'après tous ces renfeignements, l'Affemblée provinciale connoîtra la pofition de la Province fous le rapport des impofitions, & fera à portée de connoître les bafes aftuelles de la répartition.

Elle recherchera les moyens de l'améliorer, fera les comparaifons qui lui paroîtront poffibles d'Éleftion à Éleftion, indiquera aux Affemblées d'éleftion, comment elles devront faire par elles-mêmes ou par leurs Bureaux intermédiaires, celles de paroiffe à paroiffe, pour perfeftionner de plus en plus la répartition.

Elle examinera pareillement l'objet des contraintes relatives au recouvrement, recherchera les moyens de les fimplifier ou de les adoucir, s'il y a lieu.

Enfin, elle ne négligera rien principalement en ce qui concerne la répartition des impofitions qui portent fur la claffe la moins aifée, pour feconder les vues dont Sa Majefté eft animée, pour qu'aucun de fes fujets ne paie dans une proportion plus forte que les autres contribuables.

QUATRIÈME PARTIE.

Vingtièmes.

PAR son Édit du mois de Septembre dernier, le *Vingtièmes.* Roi a ordonné la perception de l'impofition des Vingtièmes dans toutes les Provinces de fon Royaume, felon les véritables principes de cette impofition établie par l'Édit de Mai 1749.

Par les difpofitions de l'Édit de 1749, tous les biens-fonds du Royaume avoient été foumis à cette impofition, fans aucune exception; les Apanages des Princes & les Domaines engagés y étoient affujettis. Ce n'eft que poftérieurement & par des actes particuliers d'adminiftration, que la forme & l'affiette de l'impofition ont varié à l'égard d'une partie des contribuables.

Les circonftances préfentes exigeant un fupplément de revenus, Sa Majefté a reconnu que l'impofition des Vingtièmes perçue d'une manière uniforme, offroit un moyen d'autant plus jufte de fe le procurer, que ce moyen ne fera que rétablir la proportion de l'impofition, à l'égard de ceux des propriétaires qui ne l'acquittoient qu'incomplétement, fans qu'il en réfulte pour ceux qui payoient exactement les Vingtièmes & Quatre fous pour livre du premier Vingtième de leurs revenus, aucune efpèce d'augmentation.

I ij

Ainfi, l'Édit du mois de Septembre ne contient réellement de difpofitions nouvelles que celles qui affujettiffent
auffi à l'impofition des Vingtièmes, le Domaine même
de la Couronne, & font ceffer les exceptions qui s'étoient
introduites à l'égard de quelques propriétaires ; & il ne
contient rien d'ailleurs qui n'ait déja été prefcrit par l'Édit
de Mai 1749, & les Loix générales fubféquentes.

L'ordre à maintenir dans la rentrée des deniers royaux
ne pouvant point permettre que l'arrêté des rôles de
l'année prochaine 1788, foit différé au delà de l'époque
ordinaire du 1 Janvier, il n'eût pas été poffible, dans
un intervalle de temps auffi court, de terminer, avec les
développements & détails néceffaires, une operation
générale qui ne doit avoir rien de vague ni d'arbitraire.
L'intention de Sa Majefté eft que tous les réfultats de
ce travail portent fur des bafes que les contribuables eux-
mêmes ne puiffent défavouer ; Elle veut que la plus
grande publicité démontre avec évidence, la jufteffe &
& la précifion des travaux qui feront faits en exécution
de fes ordres.

Sa Majefté a donc ordonné que pour l'année 1788,
les rôles des Vingtièmes feroient faits provifoirement
pour être mis en recouvrement pendant les fix premiers
mois feulement, dans la proportion de moitié des cotes
de 1787, en fe réfervant de faire expédier, pour être

mis en recouvrement au 1 Juillet 1788, un rôle définitif, qui contiendra les cotes véritablement proportionnées aux revenus effectifs des biens qui y feront foumis,
à la déduction des fommes qui auront été provifoirement payées en exécution du premier rôle.

Les détails mis fous les yeux de Sa Majefté, l'ayant   *Clergé.*
convaincue que la forme de répartition adoptée, quant
à préfent, par le Clergé, pour celle du Don gratuit,
étoit avantageufe aux Curés & Eccléfiaftiques pauvres,
Sa Majefté a jugé de fa fageffe de ne point ôter à ce
premier Corps de l'État fes formes anciennes ; mais
Elle veut que les revenus qui appartiennent au Clergé,
foient auffi portés fur les rôles des Vingtièmes, afin
que, quoique énoncés pour *mémoire* feulement, on
puiffe cependant connoître la jufte proportion de ce que
ces biens pourroient payer à raifon de leurs revenus,
par comparaifon avec les autres propriétés foncières du
Royaume, y compris ceux du propre Domaine de Sa
Majefté.

C'eft par l'effet de ces mefures que fa fageffe lui a inf- *Abonnement.*
pirées, que le Roi trouvera, dans la perception des
Vingtièmes, les reffources qu'exigent les circonftances ;
mais l'intention de Sa Majefté n'eft pas de refufer à
celles des Provinces de fon Royaume qui le défireroient,
les avantages qu'elles pourroient appercevoir dans une

fixation déterminée de cette impofition, après les avoir mifes à portée de connoître elles-mêmes la jufte proportion dans laquelle elles feroient dans le cas d'y contribuer.

Conditions de l'Abonn. Mais la faveur d'un abonnement ne pourra être accordée qu'à celles dont les offres feroient relatives à leurs véritables facultés, & correfpondroient à la fomme que le Roi retireroit de l'impofition, s'il jugeoit à propos de la faire percevoir en exécution de fes ordres.

Bien réfultant de l'Abonn. Sa Majefté fe portera d'autant plus volontiers à faire jouir les Provinces de fon Royaume de cette faveur, que par l'effet de l'abonnement, les recherches qui feroient néceffaires, n'auroient plus alors pour objet une augmentation de recette pour fon Tréfor royal, mais fimplement une juftice plus exacte dans l'affiette de l'impôt ; ce qui adourciroit aux yeux des contribuables ces mêmes recherches indifpenfables pour atteindre le but propofé.

États & Travaux relatifs aux Vingtièm. Pour connoître quelle feroit la proportion dans laquelle chaque Province feroit tenue de contribuer aux produits de l'impôt, Sa Majefté s'eft fait remettre, 1°. l'état des rôles de 1756 ; 2°. celui des rôles de 1787 ; 3°. des états particuliers des travaux faits par l'adminiftration des Vingtièmes, & d'après lefquels les augmentations fucceffives ont été opérées.

L'examen de ces différens états a mis Sa Majefté à

portée de juger, par le produit des travaux faits, de celui qu'il étoit possible d'espérer par l'effet des travaux qui restent à faire, & les calculs les plus exacts, mais les plus modérés, ont fait connoître la quotité de la somme qui doit être acquittée par chaque Province, & qui doit être le prix de son abonnement.

D'après tous ces détails, M. l'Intendant fera connoî- *Évaluation* tre à l'Assemblée provinciale que les Vingtièmes de la *des* *Vingtièmes.* Province du Soissonnois, perçus au profit de Sa Majesté, ont été estimés devoir produire au moins la somme de deux millions deux cents trente-cinq mille livres, sauf à tenir compte à la Province de celle de six cents treize mille livres, qui a paru pouvoir être à la charge des biens ecclésiastiques.

Si le vœu de l'Assemblée étoit de solliciter un abonnement de pareille somme, & qu'elle eût pris une délibération à cet effet, cette délibération sera envoyée au Conseil par le Président de l'Assemblée ; & lorsque l'abonnement aura été accordé par le Roi, M. l'Intendant donnera ordre au Directeur des Vingtièmes, de remettre à l'Assemblée tous les renseignements qui auront servi de base à la quotité de l'imposition, & de prendre les ordres de l'Assemblée, qui sera alors chargée de la répartition de la somme à laquelle le Roi aura fixé l'abonnement.

En énonçant le vœu d'obtenir un abonnement, l'Assemblée provinciale pourra adresser à Sa Majesté & à son Conseil tels mémoires & calculs qu'elle croira devoir présenter, à l'effet d'obtenir une modération sur la somme annoncée ; & le Roi, d'après le compte qui lui en sera rendu en son Conseil, y aura tel égard que Sa Majesté jugera convenable ; mais l'intention de Sa Majesté est que l'Assemblée remette un double desdites observations à M. l'Intendant, & qu'elle envoie sa délibération assez tôt pour que Sa Majesté puisse lui faire connoître ses intentions définitives avant sa séparation.

Dans le cas où l'Assemblée ne se détermineroit pas à demander au Roi l'abonnement des Vingtièmes, M. l'Intendant annoncera à l'Assemblée que Sa Majesté donnera les ordres nécessaires pour que les rôles soient faits en la manière accoutumée, & il l'assurera d'ailleurs qu'il sera pris les précautions les plus positives, 1°. pour que les cotes qui auront été réglées par l'effet des vérifications générales faites avant 1787, ne puissent être augmentées pendant la durée des vingt années postérieures à celle dans laquelle chacune desdites vérifications générales auroit été mise en recouvrement ; 2°. pour que les propriétaires dont les taxes se trouveront dans le cas d'être augmentées, ne soient en aucun cas exposés à payer au delà des deux Vingtièmes & Quatre

sous

foüs pour livre du premier, de leurs revenus effectifs, aux déductions portées par les Loix & Réglements.

CINQUIÈME PARTIE.

Ponts & Chauffées.

SA MAJESTÉ a déja fait connoître, par fon Édit *Ponts &* du mois de Juin 1787, & par fa Déclaration du 27 *Chauffées.* du même mois, que fon intention étoit de confier dans chaque Province aux Affemblées provinciales, tout ce qui étoit relatif à la confection & entretien des Routes & autres ouvrages en dépendants, & qu'elles en fuffent chargées, à compter de 1788.

Jufqu'à préfent, dans les Provinces & Généralités *Sous quel* où Sa Majefté vient d'établir des Affemblées provinciales, *rapport on* & même dans celles du Berry & de la Haute-Guyenne, *doit confidé-* la dépenfe des travaux des Routes avoit été regardée *rer les Routes.* comme une dette commune qui devoit être acquittée par toute la Province, & répartie fur les contribuables dans une proportion uniforme ; mais une des principales vues de Sa Majefté, feroit que déformais les Affemblées provinciales confidéraffent toujours les Routes à ouvrir, perfectionner & entretenir, fous le rapport de l'intérêt plus ou moins direct qu'ont à ces Routes les Communautés, les Élections ou la Province qui doivent en fupporter la dépenfe.

K.

De ce principe fondé en raison & justice, découle-
roient des distinctions également justes, pour la distribution du payement de la dépense entre les parties inté-
ressées, suivant la mesure de l'intérêt qu'elles auroient
à l'exécution de tel ou tel ouvrage.

Exemples
du principe
établi.
Ainsi, par exemple, un chemin qui ne s'étend que
sur le territoire d'une seule Ville ou d'une seule Communauté, & qui a uniquement pour objet de lui procurer
une communication avec une Route plus importante pour
le débouché de ses productions, doit être à la charge
de cette Ville ou Communauté seulement.

Tel autre Chemin intéresse quatre ou cinq Communautés, s'il traverse le territoire de ces quatre ou cinq
Communautés, & est pour elles un débouché commun.

S'agit-il d'une Route qui traverse toute une Élection,
Département ou District, dans une direction assez étendue pour qu'elle aboutisse à ses limites ; cette Route
doit être considérée comme appartenant à toute l'Élection, Département ou District, puisque par ses embranchements, elle doit vivifier la totalité ou une très-
grande partie de son étendue.

Cette Route intéressera deux ou trois Élections,
Départements ou Districts, si elle est tellement dirigée
qu'elle ne soit utile qu'à ces deux ou trois Élections,
Départements ou Districts.

Enfin, dans toutes les autres fuppofitions, les Routes doivent appartenir à toute la Province.

Ces diſtinctions étant ainſi poſées & bien établies, *Règle de la* elles ſerviroient, pour ainſi dire, de poids & de meſure *Contribution.* pour régler la contribution à la dépenſe.

Ainſi une Communauté, dans la première des ſuppoſitions précédemment expliquées, ou quatre ou cinq Communautés, dans la ſeconde, payeroient à elles ſeules un Chemin qui n'intéreſſeroit qu'elles ſeules.

Dans le cas où une Route intéreſſeroit tout une Élection, d'abord la Ville ou la Communauté ou les quatre ou cinq Communautés ſur le territoire deſquelles s'exécuteroient les ouvrages, n'y contribueroient que juſqu'à concurrence de la ſomme fixe qui ſeroit réglée pour chaque paroiſſe, ou, ce qui ſeroit peut-être préférable, que juſqu'à concurrence d'une portion déterminée de leurs impoſitions foncières, comme ſeroit le quart, le cinquième, le ſixième, &c. ainſi que le propoſeroit les Aſſemblées provinciales. Cette première contribution de la part de la Communauté ou des Communautés plus directement intéreſſées, étant ainſi prélevée ſur le montant de la dépenſe, le ſurplus ſeroit réparti ſur toute l'Élection, par un marc la livre uniforme ; & par l'effet d e c car c la livre général, les Communautés qui auroient déja eu à fournir leur contingent particulier, con-

K ij

tribueroient encore dans la répartition générale, mais d'une contribution infiniment plus foible.

Les mêmes régles, les mêmes formes feroient obfervées dans les autres cas, où une Route intéreffeoit non-feulement une Éleçtion, mais plufieurs, ou bien non-feulement plufieurs Éleçtions, mais toute la Province.

Aqueducs, Ponts, &c. Tout ce qui vient d'être expliqué pour les Chemins & les Routes, auroit fon application pour les Aqueducs, Ponceaux, Ponts, Canaux, &c.

Ouvrages intéreffant plufieurs Provinces. Enfin, fi un Pont ou une Digue, ou un Canal qui feroit entrepris dans une Province, avoit un caractère d'utilité qui pût faire regarder cet ouvrage comme intéreffant plufieurs Provinces ou tout le Royaume, & que la dépenfe en excédât une proportion quelconque déterminée par Sa Majefté, d'après le montant des impofitions foncières de la Province, Sa Majefté confentiroit, fur la demande de l'Affemblée, à y contribuer pour le furplus.

Une dernière obfervation effentielle, c'eft que, dans le cas où une Affemblée fupérieure fe chargeroit de fuppléer au contingent d'une Communauté inférieure, alors cette Affemblée fupérieure feroit chargée de la furveillance & direçtion de l'ouvrage, comme s'il étoit le fien propre.

Sa Majefté défire que l'Affemblée provinciale de la

Province du Soiffonnois, convoquée par fes ordres, s'occupe de ces vues ; qu'elle avife aux moyens de les réalifer, & qu'elle en faffe l'objet de fes délibérations pendant la prochaine tenue. Sa Majefté fera examiner les délibérations qui feront prifes fur cet objet par l'Affemblée, & lui fera connoître fes intentions pour 1789.

Mais pour l'année 1788, l'Affemblée provinciale *Régime pour* s'occupera provifoirement de la confection des Routes *1788.* & de tous les travaux y relatifs, fuivant l'ufage qui, dans les Affemblées provinciales déja exiftantes en Berry & en Haute-Guyenne, mettoit tous les travaux quelconques à la charge de l'univerfalité de la Province, à la feule exception des dépenfes de Communautés purement locales : & pour que l'Affemblée provinciale puiffe fe mettre fur le champ en activité, conformément au régime du Berry & de la Haute-Guyenne, telles font les intentions de Sa Majefté.

1°. L'Affemblée provinciale ou fa Commiffion inter- *Ingénieurs.* médiaire, aura fous fes ordres immédiats, les Ingénieurs, Infpecteurs, Sous-Ingénieurs & Élèves détachés des Ponts & Chauffées. Elle leur prefcrira ce qu'elle jugera convenable pour la rédaction des projets des travaux à exécuter, & pour la fuite & exécution de ces travaux ; elle rendra compte de leurs fervices, au Contrôleur Général des Finances : enfin, les gratifications qui devront leur être accordées, feront réglées fur fes propofitions.

Conducteurs & Piqueurs. 2°. Indépendamment defdits Ingénieurs, Infpecteurs, Sous-Ingénieurs & Élèves, l'Affemblée provinciale pourra établir des Conducteurs ou Piqueurs à fa nomination, par-tout où elle le croira néceffaire, & elle pourra les deftituer, en cas de mécontentement.

Rédaction des projets. 3°. Les Ingénieurs feront chargés de la rédaction des projets de tous les ouvrages quelconques à exécuter dans la Province, dont la dépenfe devra être à la charge de ladite Province ou des Villes & Communautés.

Carte des départements. 4°. L'Affemblée provinciale fe fera remettre par l'Ingénieur en chef, pendant le cours de fes Séances, une Carte de la Province indicative des départements actuels de chaque Infpecteur ou Sous-Ingénieur, des Routes entiérement finies & mifes à l'entretien, de celles qui font à perfectionner, de celles récemment ouvertes ou feulement projetées, & enfin des ouvrages d'arts y relatifs. Elle fe fera d'ailleurs remettre tous les autres détails & renfeignements néceffaires pour bien connoître la fituation actuelle de la Province fur l'objet des communications.

Diftribution des Atteliers. 5°. L'Affemblée délibérera enfuite fur ceux des travaux qui devront être exécutés en l'année 1788, & réglera le nombre, la diftribution & l'emplacement des atteliers qui feront divifés autant qu'elle le croira poffi-ble & convenable.

6°. L'Ingénieur en chef, ou les Infpecteurs & Sous-Ingénieurs, d'après les inftructions qu'il leur tranfmettra, s'occuperont en conféquence de rédiger avec tout le foin & la diligence poffibles, les projets néceffaires. Tous ces projets raffemblés & examinés par l'Ingénieur en chef, feront par lui préfentés à l'Affemblée provin-ciale ou à fa Commiffion intermédiaire, avant le 15 Décembre prochain. *Projets pré-fentés à l'Aff.*

7°. La Commiffion intermédiaire provinciale adref-fera tous ces projets, plans & devis, au Contrôleur Général des Finances, avant le 15 Janvier 1788, pour être examinés au Confeil & approuvés dans la forme ordinaire. *Adreffés à M. le Cont. Gén.*

8°. En conféquence, Sa Majefté recommande fpé-cialement à l'Affemblée provinciale, convoquée par fes ordres, de s'occuper dès fes premières Séances, de tout ce qui fera relatif à la forme de répartition, quotité & verfement de la contribution des chemins ; de confidérer cet objet comme un des points les plus importants de fes délibérations, & de préfenter à cet égard un vœu précis, pour l'année 1788. *Forme de Répartition.*

9°. Lorfque, fur la délibération de l'Affemblée pro-vinciale, le Roi aura fait connoître fes intentions & *Adjudications* approuvé les projets, plans & devis, la Commiſſion intermédiaire de l'Aſſemblée provinciale procédera par elle-même, ou par les Bureaux intermédiaires qu'elle aura délégués à cet effet, aux adjudications des travaux, dont les procès-verbaux feront enſuite tous réunis & dépoſés au Greffe de la Commiſſion intermédiaire.

Conditions des Adjud. 10°. Les adjudications de travaux de chaque attelier, ſe feront à celui ou à ceux qui feront la condition meilleure, à la charge par les Adjudicataires, d'exécuter exactement les devis, ſans s'en écarter, ſous quelque prétexte que ce ſoit, de renoncer à toute ſorte d'indemnité, pour raiſon des cas fortuits ou autre cauſe, & de ne recevoir aucune ſomme par forme d'avance ou à compte, que les travaux ne ſoient commencés.

Qualités des Adjudicatair. 11°. Nul ne pourra ſe préſenter pour les travaux, ni même être admis à faire des offres, s'il n'eſt reconnu capable & ſolvable, au jugement de la Commiſſion intermédiaire, qui jugera pareillement de la ſolvabilité de ſa caution.

Annonces des Adjud. 12°. Les adjudications feront annoncées quinze jours à l'avance, par des affiches ou publications dans les paroiſſes, afin que les Aſſemblées municipales prennent connoiſſance des travaux des atteliers, que leurs Syndics ſoient à portée de les indiquer aux différents Entrepreneurs de leur canton & de procurer ainſi, pour

l'intérêt

l'intérêt commun, les moyens d'obtenir les foumiffions les plus avantageufes. Les mêmes affiches indiqueront dans quel lieu les Entrepreneurs difpofés à fe préfenter à l'adjudication, pourront prendre connoiffance, au moins huit jours à l'avance, des devis & claufes de ladite adjudication. Enfin, les adjudications feront faites publiquement au jour indiqué.

1 3°. Le total des différents devis ne devant point s'élever au delà du montant total de la fomme à laquelle *Rabais des Adjudicat.* la contribution fera fixée, l'intention de Sa Majefté eft que la prochaine Affemblée provinciale prévoie le cas où le rabais des adjudications, fur le montant de l'eftimation des devis, produiroit des revenant-bons, pour avifer à la manière dont fera appliqué l'objet defdits rabais, foit en diminution du contingent des communautés appellées à l'adjudication qui aura procuré ledit rabais, foit en fupplément d'ouvrages dans la même année, à moins que ladite Affemblée ne juge plus convenable de tenir ces fonds en réferve pour l'année fuivante.

1 4°. Dans le cas où il y auroit néceffité & utilité *Changement dans les devis.* de faire quelques changements dans l'exécution des devis, il en fera rendu compte à la Commiffion intermédiaire, par l'Ingénieur en chef, & aucun changement ne pourra être fait qu'en vertu des ordres par écrit de ladite Commiffion intermédiaire.

L

Vifites des   15°. Les travaux feront fuivis par l'Ingénieur en
Ingénieurs.   chef de la Province, & les Infpeéteurs & Sous-Ingénieurs, & à cet effet les divers atteliers par eux vifités
le plus fouvent qu'il fera poffible.

Mandats   16°. Sa Majefté autorife la Commiffion intermédiaire
d'à compte.   provinciale, à déliver des mandats d'à compte, au profit
des Adjudicataires, jufqu'à concurrence des deux tiers
pour les ouvrages d'arts, & des quatre cinquièmes pour
les travaux des Routes.

Quand ils   17°. Les mandats d'à compte ne feront délivrés par
feront délivrés. la Commiffion intermédiaire, aux Adjudicataires, qu'à
fur & à mefure de l'avancement des ouvrages, &
lorfqu'elle fe fera affurée de leurs progrès, par les certificats de l'Ingénieur en chef ou des Sous-Ingénieurs,
ou enfin en leur abfence, des Conducteurs des ouvrages.

Réception   18°. Il fera procédé à la réception des ouvrages, par
des   la Commiffion intermédiaire ou par les Bureaux inter-
Ouvrages.   médiaires qu'elle aura délégués à cet effet, au jour qui
fera indiqué par elle ou par lefdits Bureaux intermédiaires. L'Ingénieur en chef ou les Sous-Ingénieurs, fe
tranfporteront à cet effet fur les Routes, & y feront
faire, aux frais des Entrepreneurs, en préfence de tels
des Membres de la Commiffion ou des Bureaux intermédiaires, qui pourront être délégués à cet effet, les fondes

qui feront néceffaires pour s'affurer de la bonne conftruction & de la qualité des matériaux, conformément
au devis. Lefdits Ingénieurs en drefferont leur rapport,
pour mettre la Commiffion intermédiaire ou les Bureaux
intermédiaires par elle délégués à cet effet, à portée de
faire ladite réception, dont le Procès-verbal, pour chaque
attelier, fera dépofé au Greffe de l'Affemblée Provinciale.

19°. A fur & à mefure que lefdits Procès-verbaux   *Parfait*
feront clos & arrêtés, la Commiffion intermédiaire en   *Payement.*
enverra des extraits fignés d'elle à M. l'Intendant, avec
un bordereau détaillé des mandats d'à compte, par elle
expédiés, jufqu'à concurrence des deux tiers ou des
quatre cinquièmes. M. l'Intendant, fur le vu de ces deux
pièces, expédiera pour chaque attelier une ordonnance
finale par laquelle, validant les payements d'à compte
faits en vertu des mandats de la Commiffion intermédiaire, qu'il rappellera & détaillera dans fes ordonnances,
il ordonnera le payement du dernier tiers ou du dernier
cinquième qui reftera dû fur le prix de l'adjudication.

Ladite ordonnance finale pour chaque attelier, remife
enfuite par M. l'Intendant à la Commiffion intermédiaire, fera vifée par elle & délivrée à l'Adjudicataire.

L'ASSEMBLÉE provinciale de la Province du
Soiffonnois, après avoir entendu les intentions du Roi,

L ij

fur les divers objets détaillés dans les inftruétions que
Sa Majefté fait adreffer à fon Commiffaire , pour lui
être notifiées, fentira qu'elle doit la plus vive reconnoiffance aux témoignages de confiance dont l'honore Sa
Majefté , en voulant bien être éclairée par fon zèle fur
le foin qui lui eft le plus cher, celui d'améliorer de plus
en plus le fort de fes peuples.

Animée du défir de feconder fes intentions paternelles, l'Affemblée ne perdra jamais de vue l'importance
& l'étendue des travaux qui doivent l'occuper ; &
jamais elle n'oubliera qu'elle s'eft impofé deux devoirs
effentiels & facrés , en contraétant la double obligation
de juftifier la confiance du Roi, & de répondre aux
vœux & aux efpérances de fes peuples.

Par ordre du Roi, 5 Novembre 1787.

Signé , LAMBERT.

SIXIÈME PARTIE.

Agriculture & Bien public.

Agriculture.   SA MAJESTÉ, depuis fon avénement au Trône, n'a
ceffé de donner des preuves de la proteétion qu'Elle
accorde à tout ce qui concerne l'Agriculture, perfuadée
que c'eft dans cette fource de produétions toujours re-
naiffantes, que réfide la force de l'État, & qu'elle eft
la principale bafe de la profpérité publique.

Un des plus grands bienfaits que Sa Majesté pût procurer à l'Agriculture, étoit l'abolition de la corvée : elle n'existe plus, & la prestation qui la remplace, a le double avantage de ne plus arracher aux travaux de la campagne, les bras qui leur étoient nécessaires, & de les occuper, en les salariant, pendant la saison où ils étoient en grande partie désœuvrés.

En même-temps Sa Majesté a voulu assurer au cultivateur & au propriétaire la libre disposition des productions qu'ils auroient fait naître. La circulation des grains est libre dans tout le Royaume ; & le vœu des Notables fecondant les vues que lui avoient inspirées sa sagesse, Sa Majesté a permis, par sa Déclaration du 17 Juin dernier, la libre exportation des grains à l'Étranger, en se réservant de ne la suspendre que dans les circonstances où les États & Assemblées provinciales croiroient indispensable de demander cette suspension.

Enfin, en méditant & préparant ces deux loix qui feront les fondements de la prospérité de l'agriculture, Sa Majesté encourageoit & facilitoit tous les moyens d'en accélérer les progrès. Des instructions ont été publiées, des graines distribuées, & de nouvelles cultures introduites dans des Provinces où elles avoient été jusqu'alors inconnues.

Mais les vues qui ont déterminé Sa Majesté à établir

des Affemblées provinciales dans les différentes Provinces de fon Royaume, ne feroient point complétement
remplies, fi leur établiffement ne devenoit point une
époque précieufe pour les cultivateurs. Aucune difpofition ne peut être faite, aucune entreprife ne peut être
formée en adminiftration, qu'elle n'influe fur l'agriculture : l'inégalité dans la diftribution des impôts lui ôte fon
reffort & fon énergie ; elle fe ranime lorfque le fardeau
eft diftribué avec juftice & avec proportion : l'ouverture
d'une Route ou d'un Canal de navigation peut tripler &
quadrupler la valeur territoriale de tout un canton ou
d'une Province entière : ainfi l'agriculture fouffre de tous
les abus ; ainfi elle profite de tout le bien que l'on opère.

Les Affemblées provinciales que Sa Majefté vient
d'établir, faifiront tous ces rapports ; elles fentiront d'ailleurs que le moyen le plus naturel d'alléger les charges
publiques, eft d'augmenter la richeffe territoriale, &
elles dirigeront vers ce but une partie de leurs foins &
de leur activité.

Plufieurs objets peuvent donc fixer leur attention
relativement à l'agriculture.

Engrais.   En comparant les différentes Provinces du Royaume,
foit entre elles, foit avec celles des Royaumes voifins
où la culture eft plus floriffante, on doit croire que fi
les récoltes font médiocres, même dans des terrains

fertiles, fi les effais qu'on a faits pour tirer partie des jachères ont été infructueux, fi enfin les nouvelles cultures qu'on a cherché à y introduire n'ont pas eu tout le fuccès dont on s'étoit flatté, c'eft au défaut de fumier & d'engrais qu'on doit principalement en attribuer la caufe; & ce défaut d'engrais annonce l'infuffifance du nombre des beftiaux.

Les Affemblées provinciales doivent donc s'occuper *Beftiaux.* des moyens d'introduire dans les campagnes un fyftême de culture propre à les augmenter: avant de chercher à les multiplier, il faut affurer leur fubfiftance.

Un des principaux moyens pour y parvenir, eft la *Prairies* formation de prairies artificielles; & il eft à défirer que *artificielles.* les Affemblées provinciales s'attachent à favorifer ce genre de culture. Indépendamment des inftructions qu'elles peuvent publier, des diftributions gratuites de graines, au moins fous la forme de prêt, feroient un grand encouragement: enfin, pour mieux lier l'intérêt de multiplier le nombre des beftiaux avec celui d'augmenter les pâturages, les Affemblées provinciales pourroient propofer des gratifications en beftiaux aux cultivateurs qui auroient établi fur leur exploitation, & mis en bon rapport, un certain nombre d'arpents de prairies artificielles.

Les turneps, les betteraves champêtres & les pommes *Turneps, &c.*

de terre cultivées en plein champ & à la quantité de plufieurs arpents, fourniffent encore une reffource également précieufe pour la fubfiftance des animaux pendant l'hiver.

M. l'Intendant remettra à l'Affemblée un exemplaire des Inftruftions que Sa Majefté a fait rédiger & publier fur ces différents objets : peut-être ne font-elles point applicables à tous les fols & à tous les climats ; mais elles mettront fur la voie les cultivateurs des différentes Provinces, qui en modifieront les procédés d'après les circonftances locales & leurs obfervations.

Parcage des troupeaux. Un autre moyen de multiplier les engrais fans augmenter la confommation de paille, eft de faire parquer les bêtes à laine ; & c'eft l'objet d'une autre Inftruftion rédigée par les ordres de Sa Majefté, en 1785.

Laines. Les Affemblées provinciales, en s'occupant de la multiplication des beftiaux confidérés comme un moyen de produire des engrais, ne doivent point perdre de vue tout ce qui peut contribuer à en perfeftionner les races, fur-tout celles des bêtes à laine. Le mâle influe néceffairement fur la qualité de laine de tout le troupeau : ainfi pour améliorer en peu de temps les laines d'une Province, il ne s'agit que d'en changer les beliers : on y parviendroit plus promptement par l'acquifition de beliers étrangers que l'on diftribueroit aux cultivateurs les

plus

plus intelligents ; on le peut encore à moins de frais, en choisissant constamment dans des races originairement médiocres, les plus beaux individus pour les renouveller.

Les bestiaux peuvent encore être considérés sous un autre point de vue par les Assemblées provinciales : ils partagent avec les hommes le travail de la culture des terres, & sous ce rapport les Assemblées provinciales auroient à examiner si, dans telle partie de la Province, la culture avec les chevaux, ou réciproquement celle avec les bœufs, ne feroit pas préférable, & si les usages suivis à cet égard, font bien adaptés à la nature du sol & aux circonstances locales. *Bestiaux aratoires.*

Un grand nombre d'autres pratiques particulières paroissent indifférentes au premier coup-d'œil, qui influent cependant sur le système d'agriculture de toute une Province. En Flandre, dans une partie de la Picardie, en Suisse, on laboure & on sème à plat les bleds comme les avoines ; on les recouvre à la herse, on les roule, & l'on peut ensuite les récolter à la faux, comme on le pratique généralement en Flandre. *Labour.*

On y gagne plus de célérité pour les travaux des semailles & pour ceux des récoltes, l'avantage de saisir les bons moments, une économie dans les frais, plus de sûreté pour la rentrée des grains, une plus grande longueur de paille, & le produit de la partie du terrain

M

qui, lorfqu'on le laboure en planches, forme le fond d'un fillon, & par conféquent ne produit rien.

Cet objet femble mériter d'occuper les Affemblées provinciales, & elles pourront rechercher s'il n'eft pas préférable de labourer à plat ou en planches très-fur-baiffées & très-larges, au moins les terres deftinées à recevoir les avoines ; fauf à creufer en même-temps des rigoles fuffifamment profondes & bien entendues, pour ménager l'écoulement des eaux dans les cantons humides.

Carie ou Noir. Depuis plufieurs années, les froments ont été attaqués dans une grande partie des Provinces de France, d'une maladie qui eft connue fous le nom de *Carie* ou de *Noir*, & dont il eft aifé de les garantir par le choix & par la préparation des femences. Si l'on ne connoît pas parfaitement la caufe & l'origine de cette maladie, les expériences qui ont été faites, femblent ne plus per-mettre de douter qu'elle ne foit contagieufe.

Le chaulage du bled deftiné à être femé, n'eft pas toujours un préfervatif efficace contre cette maladie ; mais on la prévient par les procédés indiqués dans l'Inftruction dont Sa Majefté a déja fait adreffer des exemplaires aux Commiffions intermédiaires des Affem-blées provinciales.

Granges & Meules. Il feroit encore important que les Affemblées pro-vinciales s'occupaffent de rechercher & de vérifier avec foin, fi l'ufage de refferrer dans les granges les bleds auffi-tôt qu'ils viennent d'être coupés, eft réellement préférable à celui de les laiffer en meules arrangées avec foin. Ce dernier moyen, s'il pouvoit être plus généralement adopté, feroit favorable à la diminution des avances néceffaires de la culture, en n'obligeant point les propriétaires à des conftruftions de bâtiments auffi étendus, & en diminuant dès-lors les frais de réparations. D'un autre côté, le cultivateur tranquille fur la confervation de fa récolte ainfi mife en meule avec précàution, ne feroit plus battre fon bled avec précipitation, comme il le fait aujourd'hui, lorfque fa grange eft infuffifante, dans la vue de le vendre fur le champ, ou de le refferrer plus promptement dans fes greniers. Le bled acquerroit peut-être plus de perfeftion, en reftant plus long-temps dans la paille ; la paille elle-même fe conferveroit peut-être mieux, & fourniroit aux beftiaux de meilleurs fourrages.

Enfin, la moutur du bled peut mériter également l'attention des Affemblées provinciales. Dans beaucoup *Mouture* de Provinces, il y a peu de moulins bien conftruits : *des Grains.* le grain fort de deffous la meule fans être fuffifamment moulu, & le blutage ne fépare qu'une portion de la farine, dont plus d'un fixième refte uni au fon & paffe à la nourriture des animaux ; perte inappréciable, &

M ij

dont l'objet, s'il pouvoit être calculé, préfenteroit un réfultat affligeant.

Chanvres & Lins. Quoique plufieurs Provinces du Royaume foient auffi propres qu'aucun autre climat à la culture du chanvre & du lin, cependant cette culture n'eft point auffi étendue qu'elle pourroit l'être. D'un autre côté, quelques contrées des États voifins femblent s'être approprié la fabrication & le commerce des toiles légères, & repouffent, pour ainfi dire, les Fabricants François des marchés d'Italie, d'Efpagne & d'Amérique, en fe contentant d'un prix plus modique. Cependant cette fabrique pourroit convenir à plufieurs Provinces du Royaume, & il feroit intéreffant d'y rappeller une branche d'induftrie que la France a poffédée autrefois prefque exclufivement, & qui fourniffoit la matière d'un commerce extérieur très-étendu. Cette induftrie répandue dans les campagnes, infpireroit au peuple l'amour du travail, & lui feroit mettre à profit les faifons perdues pour l'agriculture.

Sa Majefté défire que l'Affemblée provinciale de la Province du Soiffonnois, s'occupe de ces différents objets, & de tous ceux du même genre qui lui paroîtront tendre au progrès de l'agriculture, & à l'amélioration du fort des cultivateurs & des habitants des campagnes.

Elle paroît devoir s'attacher principalement, dans ces

premiers moments, à bien conftater l'état actuel de l'agriculture dans toute l'étendue de la Province, les différents
genres de productions cultivées jufqu'à ce jour & la diverfité des procédés, & à indiquer au Gouvernement les abus
& les obftacles qu'il paroît plus inftant de faire ceffer, &
les moyens les plus fûrs & les plus prompts d'y pourvoir.

C'eft dans la Province même qu'elle doit chercher &
indiquer, s'il en exifte, les bons procédés à imiter ; il faut
bien fe défendre de heurter trop directement la routine
& l'habitude des gens de la campagne qui répugnent
prefque toujours à de nouvelles méthodes : on ne les
amène à pratiquer ce qui leur eft plus utile, que par la
perfuafion, & on ne les perfuade que par les yeux. C'eft
donc aux riches propriétaires à donner l'exemple ; leurs
leçons feront plus utiles quand leurs effais préfenteront des
réfultats, & ils jouiront ainfi du double avantage d'accroître
leur aifance perfonnelle, en devenant les bienfaiteurs de
leurs concitoyens.

Il eft un autre objet également digne de la follicitude *Confervation*
de Sa Majefté, & des fentiments d'humanité qui doivent *des Hommes.*
animer les Affemblées provinciales, ce font les foins relatifs à la confervation des hommes.

Sa Majefté charge fon Commiffaire du Roi de remettre
à l'Affemblée provinciale, trois exemplaires d'un Ouvrage
compofé par fes ordres, fur les moyens de fecourir les

perfonnes noyées, celles qui ont été fuffoquées par des vapeurs méphitiques, telles que celles du charbon, du vin, des mines, &c. les enfants qui paroiffent morts en naif-fant, les perfonnes qui ont été mordues par des animaux enragés, & enfin celles qui ont été empoifonnées.

Le nombre d'exemplaires de cet Ouvrage que les Affem-blées provinciales pourront défirer, leur fera délivré gratui-tement à Paris, d'après les ordres du Contrôleur Général des Finances.

M. l'Intendant remettra en même-temps des extraits de cet Ouvrage, imprimés de manière à pouvoir être facile-ment répandus & diftribués dans toute la Province ; & enfin des exemplaires du même extrait imprimé en placard, & qu'il feroit peut-être avantageux de faire afficher dans le lieu qui fera deftiné dans chaque village, aux Séances de l'Affemblée municipale.

M. l'Intendant recommandera à l'Affemblée provinciale, au nom de Sa Majefté, de tranfmettre les différents détails & les vues du bien public, indiquées par la préfente Inf-truction, aux Affemblées d'élection, & de prefcrire fpé-cialement aux Commiffion & Bureaux intermédiaires, d'apporter toute leur attention & leurs foins à des objets fi dignes d'exciter l'intérêt général, par leurs rapports intimes avec l'aifance & la félicité publique.

D'après les ordres du Roi.

Du Dimanche 18 Novembre 1787.

MESSIEURS ont assisté à la Messe solemnelle du
Saint-Esprit, qui a été célébrée dans l'Église Cathédrale. *Messe du Saint-Esprit.*

Du Lundi 19, dix heures du matin.

MESSIEURS étant assemblés : Monsieur le Comte
D'EGMONT, Président, a proposé d'élire les deux
Députés qui doivent remplacer M. l'Évêque de Pergame
& M. le Comte de la Tour-du-Pin, & à cet effet,
Monsieur le Président a nommé pour Vérificateurs des
Scrutins, M. le Général de Prémontré, M. le Comte
de Noue, M. Laurens de Crespi & M. de Sessevalle.

Nomination de deux Députés.

La proposition acceptée, les Scrutins mis dans la
boîte à ce destinée, & vérifiés, les suffrages se sont
réunis en faveur de M. le PRIEUR DE LONG-PONT,
à la place de M. l'Évêque de Pergame, & de M. le
Vicomte DE LA BEDOYERE, à la place de M. le
Comte de la Tour-du-Pin.

L'Assemblée a confirmé par acclamation la nomination
Comm. int. confirmée.

de Messieurs les Procureurs-Syndics, de Messieurs qui composent la Commission intermédiaire, & du Secrétaire-Greffier.

Messieurs les Procureurs-Syndics ont fait le rapport claire & circonstancié de toutes les opérations faites, tant par l'Assemblée préliminaire provinciale & sa Commission intermédiaire, que par les Assemblées d'élection & leurs Bureaux intermédiaires,

L'Assemblée qui en a été très-satisfaite, a arrêté qu'il seroit transcrit sur le Registre, à la suite de la présente délibération.

Vérification du Greffe. Monsieur le Président, regardant comme essentiel d'établir l'ordre dans le Greffe & les Archives, a proposé de nommer des Commissaires pour cette vérification ; la proposition agréée, Monsieur le Comte D'EGMONT a prié M. l'Abbé d'Humieres, M. le Comte de Noue, M. Dubuf & M. Raux, de remplir cet objet.

Remercîments au Chapitre. L'Assemblée ayant délibéré sur les remercîments dus au Chapitre pour la Messe du Saint-Esprit, célébrée le jour d'hier dans l'Église cathédrale, Monsieur le Président a nommé M. l'Abbé Doyen, M. le Marquis de Causans, M. Raux & M. Bauchart, pour les lui faire en la Personne de M. le Prévôt.

Formation des Bureaux. Conformément aux Instructions du Roi, Monsieur le Président s'est occupé de la Formation des Bureaux, dont il a présenté la composition ainsi qu'il suit.

SAVOIR :

S A V O I R :

BUREAU DE L'IMPOT.

M. l'ABBÉ-GÉNÉRAL DE PRÉMONTRÉ.

M. l'Abbé DE MONTAZET.

M. le Comte DE NOUE.

M. le Marquis DE PUYSÉGUR.

M. LAURENS de Crespi.

M. MENNESSON.

M. BOURGEOIS.

M. POTTIER,

M. RAUX,

BUREAU DES FONDS

& de la Comptabilité.

M. l'Abbé D'AIGREVILLE.

M. l'Abbé D'HUMIERES.

M. le PRIEUR DE LONG-PONT,

M. DE L'AMIRAULT.

M. le Marquis DE CAUSANS.

M. DE LOUVERNY.

M. DE SESSEVALLE.

M. LEFEBVRE.

N

BUREAU DES TRAVAUX PUBLICS.

M. l'Abbé DE FOURMESTRAUX.

M. l'Abbé DE VREVINS.

M. le Duc DE LIANCOURT.

M. DE BOUVEROT.

M. MARGERIN.

M. DE VIEFVILLE.

M. DUBUF.

M. BRAYER.

M. HUET DE LA CROIX.

BUREAU DE L'AGRICULTURE,
du Commerce & du Bien Public.

M. l'Abbé DUBOIS.

M. l'Abbé DOYEN.

M. le Comte DE BARBANÇON.

M. le Vicomte DE LA BEDOYERE.

M. LAURENT de Laon.

M. DE CLAMECY.

M. BERNIER.

M. LEMAIRE.

M. BAUCHART.

Signé, LE COMTE D'EGMONT.

Contre-signé, BYÉTER, *Secrétaire-Greffier.*

RAPPORT *fait à l'Assemblée Provinciale du Soissonnois, complète, le 19 Novembre 1787, par MM. les Procureurs-Syndics.*

MESSIEURS,

RÉUNIS pour l'exercice des fonctions utilement importantes qui vous sont confiées, vous venez jetter les premiers fondements d'un édifice, dont la main paternelle & bienfaisante de notre auguste Monarque s'est plu à vous tracer le plan, pour le plus grand bien de son service & la félicité de ses peuples.

Rapport de MM. les Proc.-Synd.

L'amour de la Patrie, qui fixe & enchaîne tous les désirs, en est la base essentielle. Innée dans le cœur de tout bon François, cette vertu porte la noble empreinte du sentiment : la raison, d'accord avec notre intérêt, nous invite à la pratiquer.

Comme elle est éminemment l'ame de votre zèle, qu'elle enflamme, qu'elle éclaire & qu'elle vivifie, elle sera aussi sans cesse votre égide, pour vous défendre, & vous faire triompher des obstacles, des difficultés & des contradictions que vous aurez à combattre.

Vous ne vous dissimulez pas en effet, Messieurs,

N ij

que vos opérations feront laborieufes, pénibles, & quelquefois décourageantes. Auffi êtes-vous fermement décidés
à redoubler, s'il fe peut, d'ardeur & de foins, pour
atteindre le but effentiel que vous vous propofez.

C'eft même dans cette vue, qu'unis d'intérêt & de
fentiments, par les liens facrés de la confiance, vous
avez établi entre vous & tous ceux qui fe félicitent de
vous avoir pour Coopérateurs, ce commerce fi intéreffant & fi néceffaire de vos idées & de vos opinions, de
vos réflexions & de vos lumières. Vous voulez en
former un faifceau ou une maffe qui fera continuellement
en oppofition aux efforts de l'envie & de la prévention.
Difons tout, en un mot, agiffant d'un commun accord
& avec une parfaite harmonie, vous ne paroiffez compofer qu'une même famille de Citoyens vertueux.

Heureux & ineffable concert, d'où naît le préfage certain de la félicité publique, qui eft votre loi fuprême ! (*)
Delà auffi l'efpoir flatteur que votre active follicitude, &
les facrifices généreux que vous ne cefferez de faire à l'utilité générale, feront couronnés du fuccès le plus complet.

Et peut-il être douteux, Meffieurs, quand vos premiers pas dans la carrière auffi vafte qu'honorable, que
vous allez parcourir, font fi fagement dirigés & fi
efficacement foutenus par l'exemple & les confeils

_____

(*) *Salus populi, fuprema lex.*

prudents & éclairés de l'illustre Chef qui vous préside.

Vous connoissez ses éminentes vertus : elles relèvent l'éclat d'un grand Nom, & la splendeur d'une haute Naissance.

Mais arrêtons-nous. . . . Celle de ces vertus qui plaît davantage à Monsieur le COMTE D'EGMONT, sa modestie, nous a déja imposé silence sur un éloge qu'il aime mieux mériter que d'entendre ; & n'est-il pas d'ailleurs, cet éloge, gravé dans nos cœurs, qui lui font aussi sincérement que respectueusement dévoués.

Mais cette modestie ne peut, ce semble, être blessée, si nous disons, avec toute la Province, qui a généralement applaudi au choix de Sa Majesté, que de toutes les fonctions attachées à son nouveau titre, celle qui l'intéresse le plus essentiellement, & celle qui lui est la plus chère, est de devenir en quelque sorte, par état, comme il l'a toujours été par inclination, le protecteur des pauvres & des malheureux.

Vous partagez tous avec lui, Messieurs, ce sublime sentiment, & vous brûlez du désir ardent de le satisfaire.

Le bonheur & la gloire de cette Province, qui tiennent de si près à la prospérité de l'État, reposent dans vos mains. C'est à les réaliser que tend votre vœu le plus empressé.

Trop heureux si nous pouvons concourir avec vous

à le remplir, en répondant à la confiance dont vous nous honorez. Nous le favons : les Places auxquelles vous nous avez appellés, exigent de nous une vigilance continuelle & réglée fur la prudence, une application conftante & fuivie, une attention fidelle & perféverante, &, à votre imitation, un dévouement fans réferve au bien public. Mais guidés, encouragés & éclairés par la fageffe de vos confeils, la jufteffe de vos inftruétions & le fecours de vos lumières, nous ne négligerons rien pour nous acquitter, felon vos vues, des obligations auffi étendues que multipliées, que nous avons contraétées.

Celle dont nous devons nous occuper, dans ce moment, a pour objet le compte exaét & circonftancié que vous attendez de notre miniftère, pour vous inftruire de ce qui a été fait dans le court efpace qui s'eft écoulé depuis l'époque de votre exiftence, & fixer vos idées fur vos opérations ultérieures.

I. PARTIE.

Édit de Créat. des Aff. prov. & Rég. fubféq.

Préambule de l'Édit de Création.

Portons, Meffieurs, nos premiers regards fur les loix conftitutives de votre Adminiftration.

Nous apprenons, avec les tranfports & l'enthoufiafme d'une reconnoiffance illimitée, que les avantages fans nombre qu'elle préfente, ont été calculés & éprouvés par un Roi jufte & éclairé, qui ne fépare pas & fait même dépendre fon bonheur de celui de fes peuples. Les efpérances qu'il a conçues des heureux effets qu'ont produit

de pareilles inſtitutions, établies par forme d'eſſai, dans
ſes Provinces de Haute-Guyenne & de Berry, l'ont
décidé à étendre le même bienfait aux autres Provinces
ſoumiſes à ſa domination, & il prend ſoin de nous
inſtruire lui-même, que c'eſt avec une véritable ſatisfaction que ſon amour paternel a déféré, ſur ce point,
au vœu unanime des Notables qu'il a appellés auprès
de lui, parce que ce vœu étoit réellement le ſien.

Ce ſont ces puiſſantes conſidérations qu'il faut néceſſairement rapprocher de celles développées avec énergie
dans l'Arrêt du Conſeil du 12 Juillet 1778, portant
Création de la première Adminiſtration provinciale dans
le Berry, » Qui ont déterminé la bonté de Sa Majeſté
» à vous charger, ſous ſon autorité & celle de ſon
» Conſeil, de la répartition & aſſiette de toutes les im-
» poſitions foncières & perſonnelles, tant de celles
» dont le produit doit être porté en ſon Tréſor royal,
» que de celles qui ont ou auront lieu pour chemins,
» ouvrages publics, indemnités, encouragements, ré-
» parations d'Égliſes ou de Presbytères, & autres dépenſes
» propres aux Provinces. «

Voilà, Meſſieurs, vos fonctions honorables. L'importance en eſt auſſi majeure que celle des grands intérêts
qui vous ſont confiés ; c'eſt auſſi ſous ce point de
vue que vous les enviſagez, & que vous voulez en

rendre l'exercice continuellement utile à vos concitoyens.

Trois espèces d'Assemblées.　Comme les détails que doit embraffer un travail de cette nature, font multipliés, Sa Majefté a cru qu'il étoit néceffaire de divifer votre Adminiftration en trois efpèces d'Affemblées différentes, mais élémentaires les unes des autres : une Municipale, une d'Élection, une Provinciale.

Les deux dernières ne pouvant fe réunir chaque année, que pour un temps fixe & limité, il a été établi pour les repréfenter intermédiarement, une Commiffion & des Bureaux toujours permanents.

Vous voyez, Meffieurs, que nous parlons du Régle-ment du 5 Juillet dernier, qui concerne la formation & la compofition de ces Affemblées.

Affemblée provinciale préliminaire.　Dans leurs Séances tenues au mois d'Août fuivant, Monfieur le Comte D'EGMONT & MM. les premiers Députés nommés par Sa Majefté, ont complété le nombre de leurs Coopérateurs, fixé par ce Réglement à trente-fix. Ce choix, fruit d'un difcernement éclairé, a reçu le fceau flatteur de l'approbation de toute la Province.

Ils ont nommé les Perfonnes qui, avec le Préfident choifi par Sa Majefté, devoient commencer les Affem-blées d'élection.

Ils ont jetté les yeux fur nous pour vos Procureurs-Syndics, & ils ont appellé le Sieur Byéter, à la place de Greffier.

Ils

Ils ont indiqué l'ouverture de la première Assemblée des Départements d'élection, au 24 Septembre dernier, & la vôtre complète, Messieurs, au 3 du présent mois ; mais Sa Majesté a jugé à propos de remettre celle-ci à cejourd'hui.

Il ne restoit plus qu'à composer votre Commission intermédiaire : ils l'ont formé de ceux de leurs Membres qu'ils ont jugé dignes de la confiance générale, tant par leur intelligence & leur sagesse, que par leur attachement au bien public, qualités spécialement recommandées par des observations ministériélement adressées à Monsieur le Comte D'EGMONT, sur l'ordre à suivre pour votre Assemblée préliminaire.

Nous croyons la lecture de ces observations aussi essentiellement indispensable, que nous trouvons celle du Réglement du 5 Juillet superflue, parce que ce Réglement se trouve inséré dans le Procès-verbal de vos premières Séances, dont nous avons eu l'honneur d'adresser un exemplaire à chacun de vous, Messieurs, qui en avez sûrement médité à loisir les dispositions.

[*Ici, on a lu les Observations.*]

L'inaction à laquelle étoit condamnée votre Commission intermédiaire, étoit simplement relative & non absolue. Il lui étoit, en effet, recommandé des soins & des démarches pour disposer, au moins, les matériaux que l'on croiroit utiles à l'Administration.

Q

Sa Majeſté, ſous ce rapport, a conféré le pouvoir le plus précis de donner les ordres néceſſaires. Vous étiez, par exemple, autoriſés à faire rendre compte par les Ingénieurs de la Province, des chemins & ouvrages publics qui doivent avoir lieu en 1788 ; époque à laquelle a été ſagement différée la pleine & réelle aƈivité de vos opérations.

Pour ce travail, purement préparatoire, l'Aſſemblée préliminaire devoit tranſmettre à ſa Commiſſion permanente, des inſtruƈions préciſes. Elles ont été réfléchies avec prudence ; elles ont été meſurées avec circonſpeƈion, ſans ſortir du cercle tracé par le Gouvernement ; & elles ſont conſignées, en termes abſolument limitatifs, dans le Procès-verbal.

Enfin, ce même Procès-verbal contient le détail des ſommes propoſées pour le traitement de votre Commiſſion, des Procureurs-Syndics, du Greffier & de deux Commis ; mais on n'a pu qu'indiquer, ſans pouvoir les apprécier, les autres dépenſes, telles que celles d'un Agent à Paris & des Commiſſionnaires pour entretenir la correſpondance ; celles d'impreſſion & ports de lettres ; celles de location & d'établiſſement de Bureaux ; celles de fournitures ordinaires & journalières.

Voilà, Meſſieurs, le réſumé exaƈ des différents objets qui ont occupé les Séances de votre Aſſemblée prélimi-

naire ; l'expédition du Procès-verbal en a été adreſſé
à M. le Contrôleur Général.

Nous ne devons pas négliger de vous inſtruire que *Lettre de M.*
le Miniſtre, ſur le compte qu'il a eu la bonté d'en *le Baron de*
rendre au Roi, a aſſuré Monſieur le Comte D'EGMONT, *Breteuil, du*
que Sa Majeſté avoit été ſatisfaite du zèle que les Mem- *23 Août 1787.*
bres qui compoſoient votre première Aſſemblée, ont
fait paroître pour ſon ſervice & le bien de la Province.

Ce témoignage flatteur n'eſt-il pas un ſûr garant que
vous n'héſiterez pas, Meſſieurs, à approuver les opérations dont nous venons de vous donner le détail, ſauf
les modifications que votre ſageſſe vous inſpirera.

C'eſt ici le lieu de placer le récit d'une réclamation *Réclamation*
qu'a cru devoir faire le Bureau des Finances de Soiſſons. *du Bureau des*
Quatre Tréſoriers de France de ce Bureau, avoient *Finances.*
réuni les ſuffrages de votre première Aſſemblée. Un a
été appellé, & ſiège parmi vous ; il eſt auſſi un des
Membres de votre Commiſſion permanente. Deux autres ont été choiſis Députés de l'Aſſemblée d'élection
de Soiſſons. Le quatrième l'eſt de celle d'élection de
Laon. Tous ſont claſſés *dans l'Ordre du Tiers-État,*
& ne pouvoient l'être dans un Ordre ſupérieur, ſans
s'écarter de l'eſprit du Réglement.

Quoiqu'il en ſoit, Meſſieurs, un Arrêté du 22 Août
dernier, formé par leur Compagnie, & qui nous a été

O ij

notifié le 24, renferme des proteftations contre cette nomination. Elle y eft qualifiée *d'inconftitutionnelle & d'attentatoire aux différents droits, privilèges & préro-gatives de cette Compagnie.*

Cet Arrêté n'a pas eu de fuite. Monfieur le Comte D'EGMONT a pris la peine de l'adreffer à M. le Con-trôleur Général, qui a eu la bonté de répondre que Sa Majefté avoit décidé, fur pareilles repréfentations faites par le Bureau des Finances de Poitiers : Que les privilèges de ce Tribunal ne recevoient aucune atteinte d'une telle nomination.

Cette légère digreffion étoit, ce femble, effentielle. Pourfuivons notre Rapport.

I. Séance de la Comm. intérm. du 17 Août 1787. Ç'a été dès le lendemain de la clôture de votre pre-mière Affemblée, que Monfieur le Comte D'EGMONT a eu la bonté de nous appeller auprès de lui, avec les Membres de votre Commiffion intermédiaire; il venoit de recevoir & nous a communiqué un exemplaire, qui a été dépofé dans vos archives, d'un Réglement rendu par le Confeil de Sa Majefté, le 5 Août dernier, fur les fonctions des Affemblées provinciales & de celles qui lui font fubordonnées, ainfi que fur les relations de ces Affemblées avec MM. les Intendants.

Se procurer toutes les pièces, mémoires & docu-ments jugés néceffaires pour éclairer les premières opé-

rations de l'Adminiftration qui vous eft confiée, tant
par rapport aux chemins & travaux publics, que par
rapport aux tailles & autres impofitions : trouver quelques moyens pour établir une correfpondance qui réuniroit le double avantage de la célérité & de la fûreté :
en un mot, faire, avec réferve & prudence, toutes
les recherches & démarches qui paroiffoient utilement
effentielles. Tel eft en fubftance le plan qui, par vous
tracé, a arrêté les premières réflexions de votre Commiffion, & qui a depuis fixé toute fon attention.

Oui, Meffieurs, c'eft à cette attention courageufe &
infatigable, que tous les Membres de votre Commiffion
intermédiaire font redevables des découvertes & des
connoiffances, en tout genre, qu'ils ont acquifes ; ils
vous en offrent, par notre organe, le fruit, avec autant
de fatisfaction, que vous mettrez d'intérêt à en profiter.

Rien n'a paru réfifter à leurs efforts & à leurs foins,
ou fimultanés, ou féparés. Ils ont employé toutes les
reffources que leur fageffe leur a indiqué : en un mot,
ils ont tout mis en œuvre, pour fe conformer exactement à vos intentions, & fe concilier vos fuffrages.

En leur rendant ce tribut d'un éloge mérité, nous
trahirions la reconnoiffance due aux Membres eftimables
qui compofent les Bureaux intermédiaires d'élection, fi
nous diffimulions que ceux-ci les ont fecondés avec le

plus vif empreſſement, l'émulation la plus intéreſſante & la prévoyance la mieux réfléchie.

Auſſi, Meſſieurs, la correſpondance entre ces derniers Bureaux & votre Commiſſion a été auſſi active, qu'elle étoit utilement combinée.

Séances des 1 & 7 Sept. Pour y donner l'impulſion & le reſſort convenables, nous avons été chargés & nous nous ſommes empreſſés de dreſſer un état détaillé de queſtions analogues aux éclairciſſemens à recueillir, relativement à la formation des Municipalités paroiſſiales, aux chemins & ouvrages publics, à la taille & autres impoſitions acceſſoires, à la capitation des Nobles & Privilégiés, à la nature & à la conſiſtance actuelle des vingtièmes, & aux objets d'utilité générale pour la Province, ſans omettre ceux d'utilité locale & particulière aux départemens & aux paroiſſes.

C'eſt à chacun de Meſſieurs les Préſidens des Aſſemblées d'élection que nous avons eu l'honneur d'adreſſer, avant la tenue de leurs premières Séances, une copie de ces queſtions.

Séance du 25 Août. A ce moment, M. l'Intendant avoit déja eu la bonté de faire parvenir à Monſieur le Comte D'EGMONT un mémoire auſſi clair que lumineux, où il développe, avec toute la candeur & la franchiſe qu'on lui connoît, non-ſeulement les notions qu'il a acquiſes dans le cours de

fon Adminiftration, fur la taille & les autres impofitions
acceffoires, fur la capitation des villes, fur celle des
Nobles & Privilégiés, fur celle d'induftrie, fur les chemins, fur les atteliers de charité, & le moins impofé,
mais auffi les principes & les procédés qu'il a adoptés
pour la répartition & le réglement de ces différents
objets. L'intérêt que préfente ce mémoire eft un préfage heureux, difons mieux, le plus certain, que ce
fage Magiftrat éclairera vos opérations de fes lumières,
& qu'il concourra de tout fon pouvoir avec vous,
Meffieurs, à tout ce qui pourra affurer le bien d'une
Province qu'il n'a ceffé & ne ceffera de protéger.

En effet, il nous avoit annoncé, & il vient d'adref- *Séance du*
fer des pièces infiniment importantes. Ce font, d'un *5 Novembre.*
côté, les départements par lui faits des tailles dans les
fept Élections, contenant, paroiffe par paroiffe, la diftinction de la taille en elle-même, de fes impofitions
acceffoires, & de la capitation taillable pour l'année
1788 ; c'eft, d'un autre côté, un projet de répartition
de la capitation que doivent fupporter, en cette même
année, les villes franches & abonnées ; c'eft enfin le
tableau, par Élection, des fommes comprifes dans chacun des rôles de la capitation des Nobles, des Officiers
de Judicature, des Privilégiés & des Employés des
Fermes. De ces derniers rôles, Monfieur le Commiffaire

du Roi promet les doubles authentiques, quand ils feront revêtus de la fanction du Confeil.

Une Adminiftration naiffante, qui reçoit de celle qui l'a précédée, des fecours auffi étendus, ne peut débuter fous des aufpices & plus favorables & plus encourageants.

Vous vous rappellez, Meffieurs, que l'ouverture de l'Affemblée préliminaire de chacun des Départements d'élection, a été fixée au 24 Septembre dernier.

Huit jours avant cette époque, Meffieurs les Préfidents de ces différents Départements, réclamèrent de votre Commiffion permanente, des inftructions fur l'ordre a obferver, & les objets à traiter dans leurs premières Séances. La brièveté du temps contraria le défir de recourir au *Séance du* Miniftre. Votre Commiffion crut donc dans cette cir- *15 Septembre.* conftance preffante, devoir prendre fur elle de tracer la notice d'une marche uniforme : elle fut calquée fur l'efprit des Réglements ; & elle a l'avantage d'être exactement analogue, dans les points principaux, aux inftructions qui ont été adreffées depuis, par M. le Contrôleur Général, le 8 Octobre fuivant.

Nous vous devons auffi lecture de ces inftructions, & nous allons la faire, ainfi que de la lettre du Miniftre qui les accompagnoit : nous croyons même qu'elle doit être précédée de celle de la notice émanée de votre Commiffion, & dont nous venons de vous parler.

[*On*

[*On a lu cette Notice, les Inſtructions du Gouverne-*
ment & la Lettre du Miniſtre.]

En rapprochant, Meſſieurs, & en comparant les
inſtructions que votre Commiſſion s'eſt trouvée comme
forcée d'envoyer à Meſſieurs les Préſidents des Départements d'élection, & celles émanées du Gouvernement,
vous n'y appercevez qu'une légère nuance de diſparité,
qui ne touche en rien au fond des opérations qu'elles
avoient pour objet. Auſſi l'ordre à ſuivre n'en a nullement ſouffert ; ce qui n'avoit pas été fait dans un
temps, l'a été dans un autre : mais cependant avec une
égale exactitude & ſans aucun inconvénient.

Le Miniſtre, d'ailleurs, qui ſavoit que la tenue des
Aſſemblées préliminaires de ces Départements, avoit précédé l'envoi des Inſtructions de Sa Majeſté, a fixé
l'époque des Aſſemblées complètes de ces mêmes Départements, d'abord entre le 20 & le 24 Octobre, &
enſuite l'a remiſe au 5 du préſent mois, en prenant la
ſage précaution de différer votre réunion de quinze
jours.

Deux de ces ſept Départements, ceux de Noyon &
de Château-Thierry, ont profité de l'avantage du délai;
mais les cinq autres ont tenu leurs Séances d'Aſſemblée
complète, dans l'intervalle déſigné par les premiers ordres
de la Cour.

P

Ceux de Laon & de Soiſſons ont ouvert leurs Aſſemblées le 23 Octobre, & ceux de Guiſe, Clermont
& Creſpi, le 24 du même mois.

Tous nous ont fait parvenir, par le canal de leurs
Syndics, trois expéditions des Procès-verbaux de leurs
Aſſemblées reſpectives. Nous avons eu l'honneur d'en
adreſſer une à M. le Contrôleur Général, & une à M.
l'Intendant.

Quant à la troiſième, elle eſt dépoſée dans vos archives, pour paſſer ſous les yeux du Bureau, auquel
ſera ſoumiſe la vérification des délibérations qu'elle contient.

Votre Commiſſion intermédiaire, Meſſieurs, n'a pas
cru cependant devoir en négliger l'examen. Nous l'avons
même provoqué ; le réſultat en a été rapporté & diſcuté dans des comités particuliers.

Permettez-nous un tableau analytique de chacun de
ces Procès-verbaux. Nous n'abuſerons pas des moments
que vous voulez bien nous accorder, & nous n'arrêterons votre attention que ſur les points qui doivent la
fixer eſſentiellement.

Vous ne ſerez ſans doute pas étonnés, Meſſieurs,
d'apprendre que ces Aſſemblées ſe ſont ponctuellement
conformé, chacune de ſon côté, aux diſpoſitions des
Réglements, pour leur compoſition, la nomination d'un

Greffier, le choix de leurs Syndics & la formation de leurs Bureaux intermédiaires.

Tels font les principaux objets qui ont occupé les premières Séances de l'Affemblée préliminaire de ces Départements.

Qu'avoit à faire de plus, cette Affemblée préliminaire, pour accomplir fa miffion, tracée par les inftructions du Gouvernement, dont vous venez d'entendre la lecture ?

C'étoit d'abord de compofer fes différents arrondiffements, de communautés les plus voifines & toutes contigues, en les combinant de manière à préfenter, autant qu'il feroit poffible, à peu près la même fomme d'impofitions & le même nombre de paroiffes ; d'indiquer le chef-lieu de chaque arrondiffement, & d'y appliquer le nombre de Députés, pris dans les trois Ordres, en obfervant la fituation des biens & propriétés de ces mêmes Députés.

C'étoit, en fecond lieu, d'évaluer, par apperçu, avec une fcrupuleufe économie, les frais & dépenfes indifpenfablement néceffaires, pour la tenue des Affemblées, pour le Bureau intermédiaire, & le traitement des Syndics & du Greffier.

C'étoit, en troifième lieu, d'indiquer les objets & la nature des travaux auxquels devoit fe livrer le Bureau intermédiaire, pour concourir à raffembler les renseignements désirés par l'Assemblée provinciale, d'après les instructions particulières de la Commission intermédiaire de celle-ci.

C'étoit, en quatrième lieu, de charger son Bureau intermédiaire, de faire le dépouillement des délibérations prises par les Assemblées paroissiales, pour la nomination des Syndics & Membres du Tiers-État, devant composer, avec le Seigneur & le Curé, les Municipalités ; & de dresser un état général de ces Municipalités dans la forme prescrite, état qui devoit être envoyé, en expédition, à votre Commission intermédiaire, avec des observations marginales, sur celles des nominations qui ne paroîtroient pas remplir le vœu du Réglement de formation, afin d'en être référé au Conseil.

C'étoit enfin, de recommander à son Bureau intermédiaire, de former un autre état pour faire connoître si dans l'Élection, il se trouve, 1°. des paroisses qui soient actuellement divisées en deux communautés ou collectes particulières. 2°. S'il y a aussi des communautés ou collectes qui renferment plusieurs paroisses, ou qui renferment une paroisse entière, avec des hameaux, écarts ou villages dépendants des paroisses voisines, ou qui, sans comprendre un seul clocher, ne soient composées que de portions de paroisses.

Ce dernier état devoit être fourni & remis sous les

yeux de la prochaine Affemblée complète, afin de la mettre à portée de faire, à cet égard, telle propofition qu'elle eftimeroit convenable, pour fimplifier & rendre uniforme, le plus qu'il feroit poffible, l'organifation intérieure de l'Élection.

Des cinq objets que nous venons de rappeller, les trois premiers exigeoient feulement un travail actuel de l'Affemblée préliminaire, les deux autres étoient foumis aux foins des Bureaux intermédiaires. Mais tous ont-ils été exécutés ? c'eft ce que nous allons examiner.

1°. Quelques Départements, avant de clore leurs premières Séances, ont opéré une divifion des arrondiffements de leur Élection. Un feul, celui de Laon, en les formant, y a diftribué & attaché un nombre égal de fes Députés. D'autres ont différé cette divifion & en ont confié le foin à leur Bureau intermédiaire : mais tous ont donné depuis, à ce travail, le degré de perfection dont ils l'ont cru fufceptible. C'eft une vérité dont fe convaincra, Meffieurs, le Bureau qui fe livrera à l'examen des fept états d'arrondiffements que nous réuniffons actuellement.

2°. L'apperçu des frais demandoit des connoiffances que le temps feul peut procurer. Tous les Départements ont marqué, à cet égard, un certain embarras qui ne vous paroîtra pas étonnant. Les uns ont donné des idées affez étendues & affez précifes ; d'autres ont cru devoir les refferrer & les borner à certains points ; enfin, ceux de Noyon & de Crefpi s'en font conftamment rapporté à votre arbitrage. Nous avons fait extraire les propofitions faites par chaque Affemblée, de la manière la plus précife. Nous ne tracerons pas ici ce réfumé que nous réfervons pour être examiné & difcuté par MM. vos Commiffaires, qui feront chargés de donner leur avis fur ces dépenfes, dont le réglement ne peut être que l'effet & le réfultat de calculs & de combinaifons réfléchies.

Il en fera de même pour la fixation de la dépenfe qui fera relative à votre Affemblée & à fa Commiffion intermédiaire.

3°. Tous les Départements ont configné dans leurs premiers Procès-verbaux, les inftructions qu'ils devoient tranfmettre à leurs Bureaux permanents, à qui il a été remis copie du mémoire de renfeignement que nous avions fait paffer à chacun de Meffieurs leurs Prefidents.

4°. Votre Commiffion intermédiaire a reçu les fept états des Municipalités qui compofent les Élections. Six font apoftillés d'obfervations marginales. Un feul, celui de Noyon, n'en contient aucune, parce que la formation de fes Municipalités lui a paru régulière.

5°. Enfin, il a été envoyé par chaque Affemblée

d'élection, des réflexions plus ou moins satisfaisantes, sur les éclaircissements réclamés par le Gouvernement, en ce qui concerne les paroisses divisées en deux communautés ou collectes, les communautés qui renferment plusieurs paroisses, & des paroisses d'où dépendent des hameaux, écarts ou villages. En rapprochant, Messieurs, ces réflexions des notes marginales consignées dans les états des Municipalités, on pourra, ce semble, arrêter les propositions qui tendront, comme le désire Sa Majesté, à simplifier & rendre le plus uniforme possible, l'organisation intérieure de chaque Élection.

Ces cinq objets remplis, il ne restoit plus à l'Assemblée complète de chaque Élection, qu'à se livrer à une vérification générale des opérations, délibérations & propositions de celle préliminaire & du Bureau permanent, y donner son approbation, & les rendre par-là définitives.

Vous croirez sans peine, Messieurs, & les Procès-verbaux d'Assemblées complètes font foi, que cette approbation a été unanime dans chaque Département. Vous avez donc à vous féliciter du choix que votre Assemblée préliminaire a fait des premiers Membres qui devoient commencer celles d'élection. Ce choix n'a excité nulle réclamation, si nous exceptons celle qu'a jugé à propos d'élever le Corps du Bailliage de Clermont.

M. de Seffevalle, Maire de cette dernière Ville, qui a été nommé, par Sa Majefté, Député de votre Affemblée, & y fiège comme repréfentant du Tiers-État, a réuni vos fuffrages, & a été élu Membre, dans la même claffe, du Département de fon élection ; & dans l'Affemblée de ce même Département, il a été appellé à la place de Syndic : il eft Noble, & cette qualité a fondé la plainte des Officiers du Bailliage.

M. le Contrôleur Général a adreffé le mémoire de ces derniers à votre Commiffion intermédiaire, qu'il a chargé de lui faire paffer fes obfervations. Ce Miniftre avoit eu la bonté de joindre à ce mémoire, copie d'une réponfe qu'il avoit pris la peine de faire aux Réclamants: réponfe qui préparoit la folution de la prétendue difficulté.

Nous avons fait le rapport de cette affaire dans une des dernières Séances de votre Commiffion, & nous avons appuyé notre avis de raifons puifées dans les principes établis par le Réglement du 5 Juillet dernier. Il a été adopté ; & votre Commiffion nous a chargé d'avoir l'honneur de faire parvenir au Miniftre des réflexions qui tendoient à conferver à l'Adminiftration, un Membre eftimable & précieux. Sa nomination eft regulière, & nous vous apprenons avec fatisfaction que Sa Majefté l'a confirmée.

Nous

Nous croyons que le détail auquel nous venons de nous livrer, remplit la première partie de notre Rapport.

Mais ce n'eſt pas aſſez, Meſſieurs, de vous avoir rendu un compte ſommaire de toutes les opérations qui ont trait à la parfaite compoſition de votre Aſſemblée provinciale, & de celles qui lui ſont ſubordonnées ; il faut encore que vous ſoyez inſtruits du réſultat que préſente l'enſemble du travail préparatoire de votre Commiſſion permanente & des Bureaux intermédiaires des différentes Aſſemblées d'élection. Tel eſt le point qui nous reſte à traiter.

Pour éviter la confuſion, & mettre plus de clarté dans cette partie eſſentielle de notre Rapport, nous la diviſerons en autant de ſections que l'ordre & la nature des matières paroiſſent le ſolliciter.

Vous vous rappellez, Meſſieurs, les différents objets II. PARTIE, auxquels devoient ſe rapporter & tendre les réflexions, les ſoins, les démarches & les recherches des Membres qui compoſent, tant votre Commiſſion que les Bureaux intermédiaires. Les mêmes principes, les mêmes ſentiments, les mêmes vues animoient leur zèle & leur activité. Ils ont tous cherché à répondre à la confiance de leurs Aſſemblées reſpectives, avec une attention ſcrupuleuſe. Ils ont, en un mot, raſſemblé & reporté dans vos archives, comme au centre commun, les mémoires,

Q

les pièces & documents qu'ils ont cru propres à former une collection aussi abondante que la brièveté du temps le leur a permis.

Hâtons-nous donc de mettre sous vos yeux les utiles matériaux qu'ils vous ont préparés, & dont vous allez vous empresser de faire l'emploi le plus intéressant ; & pour cela, classons-les dans l'ordre que nous avons jugé le plus convenable, & qui puisse davantage se rapprocher de vos intentions.

Chemins.   Le premier objet que sollicite votre vigilance, & dont vous devez dès-à-présent, Messieurs, vous occuper, est celui relatif aux chemins & travaux publics.

Tout le monde rend hommage à l'utilité & même à la nécessité des communications, tant publiques que vicinales. Elles sont la source la plus abondante de la richesse nationale. Elles facilitent & vivifient le commerce, qu'elles étendent & rendent plus florissant : sans elles, une Province ne trouveroit dans son sol, ses productions & l'industrie de ses habitants, que des ressources qui, quoique fécondes, seroient inutiles ou peu avantageuses. Au sein de l'abondance, elle languiroit dans l'état d'une stagnation & d'une misère relatives à l'impossibilité d'échanger avec ses voisins & l'étranger.

La nôtre, Messieurs, est, sur ce point important, dans une position assez satisfaisante. Des routes ouvertes

& projettées lui offrent des avantages précieux, qui réclament cependant des foins de détails très-conféquents, & des dépenfes affez confidérables. Ce font ces détails & ces dépenfes qui feront la matière d'une difcuffion approfondie, qui fera précédée des obfervations que vous donnera M. l'Ingénieur en chef de la Généralité.

Monfieur le Comte D'EGMONT & votre Commiffion intermédiaire n'ont ceffé de preffer ce dernier de leur rendre le compte, ordonné par Sa Majefté, des chemins & ouvrages qui doivent avoir lieu en l'année prochaine. Mais cet Ingénieur n'a pu déférer à nos follicitations auffi promptement que nous l'efpérions. Il vouloit, fans doute, faciliter, par des éclairciffements auffi précis que lumineux, les moyens de fixer vos idées & vos vues. Il avoit pour cela befoin de notions fur les localités, notions que fes Coopérateurs, diftribués dans les différents Départements, devoient feuls lui procurer. Il étoit effentiel qu'il confultât ceux-ci pour avoir le réfultat de leurs réflexions. Il étoit indifpenfable qu'il fît lui-même des tournées & des vifites dans toutes les parties de la Province foumifes à fa furveillance. En un mot, Meffieurs, fon travail commandoit néceffairement des foins, des vérifications, des connoiffances, des combinaifons & des calculs auxquels il ne pouvoit fe livrer avec autant de diligence & de célérité, que fon empreffement à faire

faire nos désirs & les vôtres, sembloit l'y porter. Quoiqu'il en soit, son zèle paroît avoir vaincu tous les obstacles ; aussi ne nous laisse-t-il pas ignorer qu'il n'a rien épargné pour remplir le vœu que lui inspiroit son amour pour le bien public, & son attachement inviolable à ses utiles fonctions.

Ce sont, ainsi qu'il nous l'apprend, ces considérations qui l'ont décidé à accélérer la confection & l'envoi des deux états détaillés qu'il vient de nous adresser, (à la veille de l'ouverture de votre Assemblée,) des ouvrages qu'il pense devoir être exécutés en 1788, en conformité des principes du nouveau régime, si sagement adoptés & recommandés par le Gouvernement.

Ces états, Messieurs, donnent une connoissance entière & parfaite des routes achevées, & qui sont uniquement à l'entretien qui y est relatif, de celles à réparer, de celles ébauchées & à finir, & de celles qui ne sont que projettées. Il n'a pas omis le plus léger éclaircissement, soit sur la longueur de chaque route, soit sur la nature & le prix des matériaux, soit sur les motifs de l'utilité ou de la convenance qui en ont déterminé l'ouverture. Il vous a aussi indiqué les parties de ces routes sur lesquelles il est pressant & plus expédient de faire travailler dans le cours de l'année 1788.

Ne dissimulons pas, Messieurs, que cet Ingénieur

avoit eu l'attention de faire parvenir, prefqu'à l'inftant de votre formation, à Monfieur le Comte D'EGMONT, 1°. un mémoire affez circonftancié de réflexions générales fur les routes & chemins, & fur les ouvrages d'arts, dans lequel il donne, non-feulement la connoiffance des fonds qui ont été employés l'année dernière, pour ces deux objets de travaux publics dans la Généralité ; mais auffi le détail des différentes parties de dépenfe, des procédés fuivis pour l'examen & la furveillance des ponts & chauffées, & des fonctions des Ingénieurs, Infpecteurs & Sous-Ingénieurs, dont il défigne les noms.

2°. L'état général des routes de la Province, divifées en quatre claffes. Dans la première font rangées les routes partant de la capitale pour aboutir à un royaume étranger ou à la mer : dans la feconde, fe trouvent les routes qui communiquent de province à province : la troifième comprend les chemins de ville à ville, & dans la quatrième font rappellés les principaux embranchements.

3°. La Carte itinéraire de notre Généralité où font diftinguées les routes faites & à l'entretien, celles ouvertes & ébauchées, & celles fimplement projettées.

4°. Enfin, le Toifé général & par détail des routes & chemins fur lefquels paffe la pofte aux chevaux.

Nul doute, Meffieurs, que ces dernières pièces auront le double avantage de déterminer les connoiffances locales & topographiques que vous êtes jaloux d'acquérir, & de vous éclairer sur le nombre & l'état actuel des routes qui traversent la Généralité.

Mais ce qui a droit de se concilier spécialement votre attention, ce sont les états qu'il vient de nous faire parvenir, & dont nous venons de vous rendre compte dans l'instant. Nous les avons examinés avec le plus grand soin. Nous n'avons pas manqué aussi de les remettre sous les yeux de votre Commission intermédiaire, dont nous avons provoqué un comité particulier. S'ils avoient été susceptibles d'une analyse, nous n'aurions pas négligé de la donner ; mais pour en connoître & en apprécier le mérite & l'exactitude, il faut les lire en entier, les méditer & les discuter, d'après les connoissances qu'on peut avoir ou se procurer, de tous les objets qu'ils embrassent. Qui mieux, Messieurs, que le Bureau que vous choisirez, peut s'occuper d'un examen aussi essentiel & aussi approfondi, & vous présenter un résultat positif & satisfaisant. Nous disons plus : nous doutons même qu'il parvienne à ce but, s'il n'a pas les renseignemens locaux, qui paroissent tellement indispensables & nécessaires, que nous les aurions réclamés nous-mêmes, si le temps nous eût donné la faculté de consulter à cet égard les Bureaux intermédiaires des Assemblées d'élection, parce qu'ils ont chacun un intérêt particulier à cette branche de votre Administration.

Nous devons vous prévenir ici, Meffieurs, que le vœu le plus général des Affemblées d'élection, tend à ce que les adjudications des travaux publics foient divifées partiellement, & de manière à ne pas embraffer un trop grand efpace de routes. C'eft le moyen de réunir plus de concurrents pour le rabais. Le Département de Laon, qui ne paroît pas s'écarter de ce fyftême, défire que les adjudications aient lieu pour fix ans, afin d'attacher les Entrepreneurs, pendant cet intervalle, aux foins fuivis qu'exige un travail de cette importance. Les motifs qu'il détaille font preffants. Vous les balancerez, Meffieurs, dans votre fageffe, & vous faifirez, à cet égard, pour chaque Élection, le parti qui offrira les moyens les plus déterminants & les plus économiques.

Il nous a été dénoncé, par l'Affemblée complète de Guife, des abus commis par les Adjudicataires des ouvrages qui étoient à faire, en la préfente année, fur les chemins qui traverfent ce Département. Ceux-ci ont négligé de remplir leurs engagements dans le temps qui leur a été prefcrit. Les faits ont été exactement vérifiés, & on affure que ces ouvrages, faits à contretemps, ont rendu nul l'effet qu'ils auroient dû produire.

La Municipalité de Vic-fur-Aifne s'eft plaint auffi, que des Entrepreneurs des chemins voifins de fa paroiffe, fe font permis, fans y être autorifés, d'arracher un pavé établi sur une chauffée de cette même paroisse, chauffée qui, par-là, quoique très-essentielle, va devenir impraticable.

Un Membre de l'Assemblée d'élection de Noyon, a représenté que des Entrepreneurs d'un ouvrage à faire en pavé neuf sur un chemin dépendant de la Généralité d'Amiens, avoient fait casser & enlever des grès qui se trouvent sur les terroirs de paroisses situées dans la nôtre, quoiqu'ils fussent tenus, aux termes de leur adjudication, de les tirer d'un lieu dépendant de la première Généralité.

Nous ne parlerons pas ici de l'objet d'une autre plainte dont nous avons été instruits par les Syndics municipaux de Lieuviller, Valescourt, Saint-Remy-en-Leau & la Rue-Prévôt, Élection de Clermont, parce que ceux-ci se sont directement adressé à M. l'Intendant.

C'est à sa justice que nous avons aussi eu l'honneur de transmettre la connoissance des trois autres premières plaintes sur l'avis de votre Commission intermédiaire ; ne doutez pas, Messieurs, que ce Magistrat, ami du bien & religieux zélateur de l'ordre, fera un juste usage de son autorité, pour réprimer ces différentes contraventions.

Chaque Département, chaque ville & chaque village a un droit & un intérêt, plus ou moins étendu, à l'ouverture, à l'entretien & à la solidité des chemins qui lui font

font propres. Ainfi vous ne ferez pas étonnés, Meffieurs, de recevoir fur cette branche de votre Adminiftration, des repréfentations & des réclamations de toutes parts.

- Déja il a été adreffé à votre Commiffion intermédiaire, des mémoires de ce genre, qui méritent l'examen le plus approfondi, l'attention la plus férieufe, & les combinaifons les plus détaillées.

Prefque toutes les Affemblées d'élection vous fournif fent, à cet égard, des notions, des renfeignemens, des projets & des plans.

Il nous en eft parvenu auffi de la part des Municipalités : celle de Fère en Tardenois, Élection de Château-Thierry, follicite l'embranchement d'un chemin dont ils font fentir l'utilité ; celle de Vailly, Élection de Soiffons, demande une nouvelle direction de la route qui conduit de Soiffons à Vailly, & de ce dernier lieu, à Laon & à la route de Picardie ; celle de Neuilly-Saint-Front, Élection de Crefpi, propofe un chemin de la Ferté-Milon à Château-Thierry, qui eft également défiré par le Département de Château-Thierry ; enfin, un Citoyen de Coucy donne des idées & un plan pour la direction du chemin de Soiffons à la Fère.

Tous ces mémoires, qui portent un égal caractère d'intérêt, n'étant pas fufceptibles d'une difcuffion rapide, nous n'avons pas cru devoir vous détailler ici la

R

nature & les objets des différentes représentations qu'ils contiennent.

D'ailleurs, pour en concevoir une juste idée & pouvoir asseoir un jugement solide, il auroit été nécessaire d'entendre les observations de MM. les Ingénieurs, que vous ne négligerez sûrement pas de consulter avant de vous décider.

L'Assemblée d'élection de Soissons a eu recours à leurs lumières & à leurs connoissances sur un objet fort important dont elle s'est occupée. Le voici : la rivière d'Aisne offre une communication infiniment essentielle pour cette Province ; mais la navigation en est gênée, & même, dans certains temps, interceptée par des bancs de sable & de grosses roches qui se trouvent dans son lit, depuis le pont de cette ville jusqu'au confluent de l'Oise.

M. le Sous-Ingénieur a promis, mais n'a pas encore pu donner ses réflexions sur ce point, qui a un droit spécial à votre attention.

C'est à MM. les Commissaires auxquels sera confié le travail de cette première partie de votre Administration, qu'est réservé le soin de peser, balancer & vous développer les avantages & les motifs d'utilité qui détermineront leurs opinions & éclaireront les vôtres.

Taille & autres Si les chemins & travaux publics réclament de votre

Impositions accessoires.

zèle une surveillance exacte & rigoureuse, la répartition de la taille, des impositions accessoires, & des différentes espèces de capitations, exigera aussi une vigilance continuelle & sans borne.

La taille qui, avec ses accessoires, pèse sur la classe la plus indigente & la plus laborieuse de la société, est, par sa nature & par ses suites, l'impôt le plus onéreux. Il devient sans doute accablant, lorsque l'égalité entre les contributions individuelles n'est pas strictement observée. C'est donc à établir cet équilibre si essentiel, cette juste proportion & cette balance exacte, que vont tendre toutes vos opérations, qui seront sans cesse dirigées par cet esprit d'impartialité & d'équité dont vous êtes animés.

Aussi vous ne négligerez aucun moyen pour trouver & suivre une base fixe & sûre, & des principes exempts des funestes inconvénients de l'arbitraire & de tout système de ce genre.

C'est dans vos cœurs, Messieurs, que vous puiserez les secours & les lumières qui vous sont nécessaires pour un travail aussi digne de votre amour paternel pour le taillable, dont vous voulez vous concilier la confiance, en fixant à jamais la reconnoissance.

Quoiqu'il en soit, vous attendez de votre Commission intermédiaire, les renseignements qu'elle a pu se procurer, pour préparer vos idées, mûrir vos réflexions & arrêter votre détermination.

En déférant à vos défirs, nous vous préfentons d'abord avec la plus grande fatisfaction, le mémoire fourni par Monfieur le Commiffaire du Roi, les Départements qu'il a faits pour l'année 1788, & les différents états qu'il a pris la peine de vous remettre à l'ouverture de vos Séances, en conformité des Inftructions du cinq du préfent mois. Ces pièces font, fans contredit, fi utiles & fi intéreffantes, que nous devons nous difpenfer de vous indiquer les autres documents qui ont été recueillis.

Auffi ne vous parlerons-nous pas d'un précis contenant des réflexions que l'un de nous, Meffieurs, a compofé & remis à votre Commiffion intermédiaire, d'après le mémoire de M. l'Intendant ; elles ne tendoient qu'à fixer des doutes fur quelques procédés qui ont lieu pour la forme des Départements, & à prendre à ce fujet des éclairciffements plus étendus. Nous y avons auffi propofé de faire une analyfe raifonnée des Édits, Ordonnances & Règlements, fur la matière des Tailles.

Ce dernier travail a été fait par un Membre de votre Commiffion, avec autant de précifion que d'érudition. Nous ne vous parlerons pas non plus, d'un état général des impofitions de la Province, d'un réfumé de ce qu'elle a payé pendant vingt-cinq ans, de différentes autres pièces & de divers mémoires.

Vous en trouverez, Messieurs, l'inventaire, dans le carton où a été renfermé tout ce que votre Commission intermédiaire a pu rassembler sur ce grand objet de votre Administration.

Vous dirons-nous enfin, que nous avons été chargés d'acquérir le Code des Tailles, en six volumes, & les Mémoires de M. Moreau de Beaumont, Conseiller d'État, en quatre volumes; ces livres ont été jugés essentiellement nécessaires.

C'est ici le lieu de placer l'indication des pièces & *Vingtièmes.* mémoires servant d'instructions sur les vingtièmes : ils font peu nombreux.

Ce n'est pas que votre Commission & tous les Bureaux intermédiaires aient épargné les soins & les démarches pour s'en procurer; mais leur zèle a été arrêté par l'impuissance où ils ont été de correspondre, à cet égard, avec les personnes qui ont été chargées jusqu'ici de la répartition de ce subside. Il falloit des ordres précis de Sa Majesté, sans lesquels on n'a rien pu nous communiquer.

Nous n'avons donc, sur ce point, à vous offrir que d'abord, des notions générales, tracées dans quelques mémoires; tant sur les procédés & les principes, que

suivoient les Inspecteurs & Contrôleurs pour les vérifications, que sur la forme des déclarations à fournir
par les contribuables.

En second lieu, un état détaillé du produit des vingtièmes dans les paroisses de l'Élection de Laon, qui n'ont
pas été vérifiées depuis 1776, & dans celles qui l'ont
été depuis cette époque jusqu'en 1787. Vous êtes redevables de cet état, aux soins & aux recherches du Bureau
intermédiaire du Département de cette Élection, qui a
été assez heureusement secondé par des citoyens instruits
sur ce point.

En troisième lieu, les réflexions sur cet impôt, qui
ont été faites par le Bureau intermédiaire de l'Élection
de Crespi.

En quatrième lieu, les états d'arrondissements, tels
que celui de Clermont, où se trouve, paroisse par
paroisse, le détail de cet impôt pour l'année 1787.

Vos regrets, Messieurs, de n'avoir sur ce même impôt
que très-peu de documents, & de ne pas réunir les
lumières qui paroissent essentiellement nécessaires, doivent
être d'autant plus vifs, que par les nouvelles Instructions
du 5 du présent mois, l'intention connue de Sa Majesté est de faire jouir ses Provinces de la faveur d'un
abonnement, qui sera accordé à celles dont les offres
seront relatives à leurs véritables facultés, & correspon-

dront à la somme que le *Roi* retireroit par une perception exactement exécutée conformément à ses ordres.

Votre vœu sera sans doute, Messieurs, de solliciter
un abonnement. Mais pour en determiner la fixation ,
il vous faut des connoissances & des développemens de
détails qui puissent faciliter & éclairer les combinaisons
& les calculs auxquels vous serez obligés de vous livrer.

Il paroît donc aussi pressant qu'essentiel de supplier
Monsieur le Comte D'EGMONT, de solliciter auprès du
Ministre, les ordres que vous présumez sans doute né-
cessaires pour vous procurer la communication des dif-
férents états qui ont été remis sous les yeux de Sa
Majesté.

Passons maintenant aux objets d'utilité publique. Ils *Objets*
sont aussi multipliés, aussi variés, & aussi importants que *d'utilité*
les besoins des citoyens de tous les Ordres : ils le sont *publique.*
également en raison des différents genres de commerce,
d'arts & d'industrie. Ainsi on ne sauroit trop étendre &
employer efficacement les secours & les moyens que les
ressources, tant physiques que morales, tant générales
que particulières, peuvent offrir dans notre Province
pour lui procurer la vivification dont elle est susceptible.

C'est à quoi doit constamment s'occuper une institution patriotique ; telles sont aussi, Messieurs, vos vues
& vos désirs.

Cette partie multiple d'administration, sembloit embrasser, en quelque forte, celle relative aux chemins. Auffi avons-nous été tentés de ranger celle-ci fous la fection de celle-là. C'eft à vous, Messieurs, à les rassembler, si vous le jugez convenable, pour les foumettre cumulativement à l'examen & au travail d'un même Bureau. Vous faifirez peut-être ce parti d'autant plutôt que nous n'avons, comme vous le préfumez bien, qu'un très-petit nombre de matériaux à vous préfenter pour occuper un Bureau particulier.

En effet, il n'a été adreffé à votre Commiffion que quelques mémoires, qui contiennent fur l'agriculture des vues générales, des fyftêmes particuliers, des réfultats de quelques expériences relatives à la corruption des bleds, aux laines, aux pâturages, à la population & à la régénération des beftiaux, & à la police champêtre. Vous trouverez de plus, un état très-circonftancié des foires & marchés qui fe tiennent dans les différents lieux de l'élection de Laon, & de quelques-uns qu'il feroit utile d'établir.

Le Département de Noyon follicite auffi l'établiffement d'un marché franc, par chaque mois, dans fon chef-lieu.

Quelques autres Bureaux, tels que ceux de Clermont & Château-Thierry, nous ont auffi fait paffer des notions fur les foires & marchés qui ont lieu dans le reffort de leurs élections,

Enfin,

Enfin, vous trouverez un mémoire, qu'a pris la peine de composer un des Membres de votre Commission, qui a pour objet la destruction de la mendicité dans les campagnes, & qui indique des moyens pour arriver à ce but important.

Un projet aussi noble est digne de votre attention bienfaisante. Bannir la mendicité, c'est bannir l'oisiveté & la fainéantise, source de tous les vices. Il ne s'agit que d'occuper les bras des pauvres valides & de soulager les vieillards, les infirmes & des enfants, par des aumônes bien administrées. Nous nous plaisons à dire avec l'Auteur : *Que cette vérité a été sentie dans la capitale de cette Province, depuis l'époque heureuse de l'établissement d'un Bureau général de charité, qui assure à ses Instituteurs la reconnoissance des citoyens, auquel tous les Ordres ont applaudi, & dont l'administration est célébrée par une satisfaction universelle.*

Ce bienfait ne peut-il pas être étendu dans les campagnes ? Tel est le problème à résoudre. Ne doutons pas, Messieurs, que vous réunirez tous vos efforts pour faire réussir ce projet, parce que vous en sentez la nécessité & l'importance.

Voilà, Messieurs, le détail sommaire de tous les renseignements, pièces & mémoires que nous avons à présenter. S'il n'est pas plus ample, c'est que la chaîne

S

de relation & le lien de correspondance des différentes
Assemblées ne font pas encore pleinement formés. Les
Séances des Assemblées complètes d'élection font à peine
finies. Elles avoient le pouvoir, d'un côté, de vérifier
fi les nominations des Membres qui doivent composer
Municipalités. les Municipalités rurales, étoient régulières, & d'un autre,
de constater le nombre des collectes ou communautés
susceptibles de réunion, & même de faire telle proposition convenable, pour simplifier & rendre plus uniforme l'organisation intérieure de l'Élection.

Ce double tableau est fait, comme nous vous l'avons
déja annoncé dans la première partie de notre Rapport;
mais la confection en est toute récente. Il a donc été
impossible aux Bureaux intermédiaires des différents Départements d'élection, de demander à leurs Municipalités, & d'en recevoir des éclaircissements locaux fur tous
les objets soumis à votre Administration.

D'ailleurs, les apostilles appliquées à chaque Municipalité, prouvent qu'il y a beaucoup de nominations irrégulières. C'est ce dont vous vous convaincrez lorsque
vous en ferez la vérification. Nous en poursuivrons,
comme nous y sommes autorisés, la réformation de la
manière qui nous est prescrite.

Nous ne pouvons vous dissimuler aussi, Messieurs,
qu'il y a bien des paroisses qui, faute d'un nombre

fuffifant de membres électeurs & électifs, ne pourront régénérer leur Municipalité.

Sa Majefté, Meffieurs, par fes dernières Inftructions, défire que vous examiniez s'il ne fera pas convenable de mettre pour ces membres quelques proportions qui, quoiqu'inférieures au taux de 10 ^ℓ & de 30 ^ℓ, fixé par le Réglement du 5 Juillet, foient relatives aux circonftances locales qui fembleroient commander ce changement.

Nous vous obfervons qu'à cet égard, l'Affemblée d'élection de Soiffons a cru devoir propofer qu'il fût admis dans les Municipalités de fon Département, au moins un Membre de la claffe la moins aifée, qui feroit choifi par ceux des habitants qui payeroient 3 ^ℓ d'impofitions.

Quoiqu'il en foit, ne fera-t-il pas néceffaire de propofer des réunions de paroiffes, finon pour les collectes, au moins pour les Municipalités, qu'il importe à tous égards, de rendre plus nombreufes.

Il a été ouvert fur ce point différents avis par les Affemblées d'élections ; c'eft à vous, Meffieurs, qu'il eft réfervé d'en former un réfultat fage & judicieux, qui ait l'avantage de déterminer auffi utilement qu'immuablement, & fans le moindre inconvénient, les relations des Municipalités avec les Affemblées auxquelles elles font fubordonnées.

S ij

Arrondiſſe- Cette opération ne peut déranger l'organiſation des
ments. divers arrondiſſements formés avec le plus d'exactitude
poſſible, par les Départements d'élection.

Réunion des Nous ne devons pas omettre de vous rappeller,
Élections trop Meſſieurs, que les premières obſervations émanées du
foibles. Gouvernement, portent que vous prendrez en conſidération les Élections qui ſont trop foibles & qui ſeroient
dans le cas d'être réunies.

L'Aſſemblée d'élection de Laon s'eſt cru par-là au-
toriſée, en formant ſes arrondiſſements, de vous repré-
ſenter que leur compoſition ne pourroit comporter un
ordre convenable & conforme aux intentions du Gouvernement, qu'en réuniſſant au terroir de ſon Département, celui de l'Élection de Guiſe qui l'enclave & le
confine. Les motifs qui ont été jugés propres à conduire
à cette réunion, ſont développés, avec autant de préciſion que de prudence, tant dans des mémoires particuliers que dans le Procès-verbal de l'Aſſemblée complète
de Laon.

Sur un point auſſi délicat, nous nous interdirons
toute réflexion. D'ailleurs, il faudroit bien des connoiſſances locales qui nous manquent, pour le faire de la
manière que vous pourriez le déſirer, & que nous le
déſirerions nous-mêmes.

Ce ſont ces connoiſſances que vous recueillerez ſûre-

ment, Meſſieurs, avec le plus grand ſoin, qui pourront
éclairer les opinions auxquelles vous ne vous arrêterez
qu'après un examen approfondi.

Vous ne vous diſſimulerez cependant pas, & le fait eſt
conſtant, que l'Élection de Laon eſt la plus forte des
ſept de la Généralité, tant en ſommes d'impoſitions,
qu'en nombre de paroiſſes & communautés.

Sa Majeſté, en vous donnant le Réglement du 5 *Réglements.*
Juillet, ſur la formation des trois Aſſemblées dont eſt
compoſée votre Adminiſtration, s'eſt réſervée de faire
à ces premiers arrangements, tous les changements que
l'expérience lui feroit juger néceſſaires : c'eſt dans cette
vue qu'Elle vous a invités à lui adreſſer toutes les repréſentations qui vous paroîtroient les plus propres à
éclairer ſa ſageſſe & ſa juſtice.

Des mémoires qui ſeront remis ſous les yeux de
MM. les Commiſſaires, contiennent à ce ſujet, & ſur-
tout par rapport aux Municipalités, des réflexions très-
judicieuſes, dont vous ferez ſûrement frappés. C'eſt à
votre diſcernement à faire, avec une prudente circonf-
pection, le choix de celles qui doivent opérer les
modifications déſirées par tous les Départements, & qui
pourront être les plus analogues aux intentions du Gouvernement, dont vous ne voulez jamais vous écarter.

Vous vous ſouvenez ſûrement, Meſſieurs, que les

dernières Inſtructions que vous tenez de la bienfaiſance du Roi, & qui vous ont été apportées par Monſieur ſon Commiſſaire, vous recommandent ſur ce point un travail particulier.

Quoique juſqu'ici on ne connoiſſoit ni les Membres de ces Municipalités, ni la régularité de leurs nominations, les différents Bureaux intermédiaires des Aſſemblées d'élection, principalement ceux de Soiſſons, de Laon & de Guiſe, avoient néanmoins préparé des queſtions relatives aux éclairciſſements à ſolliciter. Votre Commiſſion les a examinées. Elles ont fait la matière d'un rapport fort étendu, qui a été accompagné d'obſervations. C'eſt à vous, Meſſieurs, à déterminer, ſuivant votre prudence, la nature, l'objet & l'utilité de ces queſtions; en les meſurant ſur le genre & la néceſſité des renſeignements à prendre. Ces queſtions ainſi corrigées & fixées, il en ſera arrêté & formé un état qui ſera envoyé à tous les Départements, pour en faire l'uſage le plus prompt & le plus intéreſſant.

Déja cependant vous avez dans différents mémoires quelques notions de détails ſur pluſieurs points de localité.

Mais il en eſt un très-méthodique & très-circonſtancié pour le territoire de l'Élection de Clermont. Il nous a été remis hier par M. le Duc de Liancourt, Préſident de ce Département & l'un de vous, Meſſieurs, qui a pris la peine de le compoſer. Nous l'avons lu avec le plus grand intérêt. Rien n'y eſt omis : tout y eſt traité & développé avec netteté & préciſion. S'il vous tranſmet & vous communique les connoiſſances précieuſes que ſon zèle & ſes recherches lui ont acquiſes, c'eſt pour vous inviter à en faire l'uſage que ſemble provoquer ſon amour pour le bien public, & pour celui particulier de ſon Élection.

MM. les Commiſſaires auront encore à s'occuper de l'examen de pluſieurs plans & projets qui nous ont été adreſſés par M. le Marquis d'Hervilly, Préſident du Département de Guiſe. Ils ſont le fruit de ſes réflexions ſages & judicieuſes, de ſa ſagacité, & de l'intérêt vif qu'il prend au bonheur de tous ſes concitoyens.

Nous le répétons, Meſſieurs, nous ne vous donnerons pas l'apperçu des frais qu'occaſionnera votre Adminiſtration. Vous en tracer ici le détail, ce ſeroit donner à notre récit une prolixité faſtidieuſe, & abuſer de vos moments précieux.

Nous avons jugé plus naturel & plus ſimple d'en faire faire le tableau, qui ſera examiné & diſcuté par MM. vos Commiſſaires, ſuivant les principes de la plus rigoureuſe économie, que vous avez unanimement adoptés.

Vous n'avez pas oublié, Meſſieurs, que Sa Majeſté

vous invite, par ses dernières Instructions, à examiner s'il ne seroit pas possible de n'accorder aucun traitement fixe aux Syndics & Greffiers des Municipalités, sauf à leur allouer les dépenses qu'ils justifieront avoir faites pour l'intérêt de la Communauté. C'est un point important sur lequel nous vous prions d'apporter la plus sérieuse attention.

Nous finissons par vous observer que désirant faciliter & accélérer le travail de tous vos Bureaux, nous avons classé distinctement dans différents cartons, les pièces & mémoires dont nous avons eu d'honneur de vous faire l'indication. Dans chaque carton se trouvera un inventaire exact des pièces qu'il renferme. Nous avons, en outre, joint l'analyse détaillée & fidelle de chacun des Procès-verbaux des Assemblées préliminaires & complètes des sept Élections. Enfin, nous avons extrait, tant de ces mêmes Procès-verbaux, que de différents mémoires & sur des feuilles séparées, les objets qui y sont traités, pour les reporter à leur place, & dans les cartons qui leur conviennent.

Si nous n'avons pas réussi à remplir notre tâche avec toute l'exactitude que vous deviez attendre de nos soins, nous nous flattons au moins que vous ne refuserez pas à nos efforts, l'indulgence que notre timide insuffisance réclame avec confiance. Regardez cet essai d'un œil

paternellement

paternellement complaifant : il eft plus le fruit de la théorie que de la pratique. Éclairez-nous fur nos erreurs : enfants dociles, nous nous empreflerons de les réparer. Plus nos premiers pas font chancelants, plus ils ont befoin d'appui. Ne nous le refufez pas. A l'aide de vos lumières & de votre fagacité, notre zèle acquerra de nouvelles forces, que nous ne cefferons d'employer felon les vues qui vous animent.

Nous aurions bien défiré, Meffieurs, vous rappeller en fubftance tout ce que contiennent les Inftructions dont vous avez entendu la lecture dans votre première Séance ; mais elles vont être dans l'inftant l'objet important de vos profondes méditations. Il n'eft pas un article qui n'aît fait fur vos cœurs la plus intéreffante fenfation ; vous les avez tous préfents à votre mémoire ; vous en avez faifi l'efprit & le développement, & vous ne vous êtes pas diffimulé que ce font des preuves nouvelles & bien précieufes de la haute bienfaifance de Sa Majefté, qui, multipliant les témoignages flatteurs de la confiance, dont fon amour perfévérant pour fes fujets vous honore, multiplie en même-temps les droits qu'il acquiert à la vive & refpectueufe reconnoiffance dont vous êtes fincérement pénétrés. Il eft donc temps de céder à la jufte impatience que vous montrez de vous livrer promptement à vos travaux

T

dont la carriere va s'ouvrir. Animés du défir patriotique de feconder les intentions paternelles de notre Souverain, vous n'oublierez jamais, comme il fe plaît à
vous le dire & à s'en convaincre : *Que vous vous êtes*
impofé deux devoirs effentiels & facrés, c'eft-à-dire, la
double obligation de juftifier fa confiance, & de répondre
aux vœux & aux efpérances de fes peuples.

Du Mardi 20, neuf heures du matin.

Compliments
des Corps.

MESSIEURS étant affemblés, Monfieur le Comte
D'EGMONT, prévenu que différents Corps de la ville
fe propofoient de venir complimenter l'Affemblée, a
prié M. l'Abbé Doyen, M. le Marquis de Caufans,
M. Laurent de Léon & M. Bernier, d'aller les recevoir
à l'entrée de la Salle.

MM. du Bureau intermédiaire du Département d'É-
lection de Soiffons ;

MM. les Officiers du Préfidial ;

MM. les Députés du Chapitre de l'Églife Cathédrale ;

MM. des Officiers de la Maîtrife ;

Et MM. les Officiers de la Jurifdiction de l'Élection,
fe font préfentés fucceffivement, & ont fait, par l'or-

gane de leurs Chefs respectifs, un discours auquel Monsieur le Comte D'EGMONT, Président, a répondu.

MM. les Procureurs-Syndics ont présenté plusieurs mémoires & états qui leur ont été envoyés; il a été arrêté qu'ils seroient distribués aux Bureaux, au travail desquels ils sont relatifs.

L'Assemblée ayant levé la Séance, Messieurs sont été travailler dans leurs Bureaux.

Signé, LE COMTE D'EGMONT.

Contre-signé, BYÉTER, *Secrétaire-Greffier.*

Du Mercredi 21, dix heures du matin.

MESSIEURS, étants assemblés, MM. les Officiers Municipaux & le Corps de la Maréchaussée, ont fait prévenir successivement l'Assemblée qu'ils désiroient la complimenter.

Introduits dans la Salle par les Députés nommés dans la Séance d'hier, chacun de leurs Chefs a fait un discours auquel Monsieur le Comte D'EGMONT a répondu.

M. le Comte d'Allonville ayant fait un mémoire sur l'organisation des Assemblées provinciales & de celles qui leur sont subordonnées, il a été invité par l'Assemblée à en faire lecture. Il a été arrêté que ce mémoire seroit déposé aux archives.

Ensuite Messieurs ont été travailler à leurs Bureaux.

Signé, LE COMTE D'EGMONT.

Contre-signé, BANIER, Secrétaire-Greffier.

_____

Du Jeudi 22, dix heures du matin.

L'Assemblée ayant pris Séance, MM. les Procureurs-Syndics ont exposé que différents Bureaux intermédiaires des Assemblées d'élection avoient intention d'envoyer des mémoires de questions aux Municipalités, à l'effet d'avoir des éclaircissements sur des objets qui doivent former leur correspondance; sur quoi il a été arrêté que ces mémoires ne seroient envoyés qu'après avoir été approuvés par l'Assemblée, sur le rapport qui lui en seroit fait par les Commissaires nommés pour les examiner.

Remerciments aux Corps de la Ville. Monsieur le Président a nommé M. l'Abbé d'Aigreville, M. de l'Amirault, M. Laurent de Laon & M. Bernier, pour aller, au nom de l'Assemblée, faire des visites de remerciements à MM. du Chapitre, à MM. les Officiers du Présidial & à MM. les Officiers de la Maîtrise.

Ensuite il a nommé M. l'Abbé de Montazet, MM. de Bouverot, M. de Louverny & M. Bourgeois, pour aller faire les mêmes visites à MM. les Officiers de la Jurisdiction de l'Élection, à MM. les Officiers Municipaux, au Corps de la Maréchauffée & à MM. du Bureau intermédiaire du Département d'Élection de Soissons.

Sur ce qui a été observé par MM. les Procureurs-Syndics, qu'il étoit parvenu, tant à la Commission intermédiaire, qu'à l'Assemblée provinciale, nombre de mémoires qui embrassent à la fois différents objets d'utilité, il a été arrêté que les Assemblées d'Élection, les Municipalités, les Sociétés Royales d'Agriculture & toutes personnes qui désireroient procurer des instructions à l'Assemblée provinciale, seroient invitées à séparer les matières & à envoyer sur chacune, des mémoires particuliers, afin qu'ils puissent être plus facilement distribués aux différents Bureaux auxquels ils sont relatifs.

Ensuite Messieurs ont été travailler à leurs Bureaux.

Signé, LE COMTE D'EGMONT.

Contre-signé, BYÈTRE, *Secrétaire-Greffier.*

Du Vendredi 23, *dix heures du matin.*

États des Dépens. faites sur les fonds libres, &c.

MESSIEURS étant assemblés, MM. les Procureurs Syndics ont présenté une lettre de Monsieur le Commissaire du Roi, par laquelle il mande qu'il envoie les états détaillés des dépenses assignées sur les fonds libres & sur les fonds variables. Lecture a été faite de la lettre, & il a été arrêté que les états y énoncés seroient communiqués à Messieurs composant le Bureau de la Comptabilité.

MM. les Procureurs-Syndics ont aussi remis plusieurs mémoires & états concernant les impositions & les travaux publics ; ils ont été distribués aux Commissaires chargés de ces objets.

Ensuite Messieurs ont été travailler à leurs Bureaux.

Signé, LE COMTE D'EGMONT.

Contre-signé, BYÉTER, *Secrétaire-Greffier.*

Du Samedi 24, *dix heures du matin.*

MESSIEURS les Députés étant réunis, MM. les Procureurs-Syndics ont fait lecture d'une lettre écrite

le 23 Novembre 1787, par M. le Contrôleur-Général,
à M. le Préſident, en réponſe à des éclairciſſements par
lui demandés à ce Miniſtre, relatifs aux impoſitions ; il
a été arrêté qu'elle ſeroit remiſe au Bureau de l'Impôt,
pour préparer à ce ſujet la délibération de l'Aſſemblée.

MM. les Procureurs-Syndics ont encore lu un mé- *Analyſe des*
moire contenant l'analyſe faite par eux des Réglemens *Réglémens.*
des 5 Juillet & 5 Août derniers, ainſi que des Inſtructions du 5 de ce mois, qui ont trait aux Aſſemblées
provinciales, en rapprochant leurs diſpoſitions & les
comparant les unes aux autres.

L'Aſſemblée a arrêté que ce mémoire ſeroit dépoſé
aux archives, & que copie en ſeroit remiſe à chacun des
Bureaux.

La Séance finie, Meſſieurs ſe ſont ſéparés pour aller
continuer le travail des Bureaux.

Signé, LE COMTE D'EGMONT.
Contre-ſigné, BYÉTER, *Secrétaire-Greffier.*

Du Lundi 26, dix heures du matin.

MESSIEURS les Députés réunis en la Salle ordinaire, où s'eſt auſſi trouvé M. le Prieur de Long-Pont,

nommé pour remplacer M. l'Évêque de Pergame ; Meffieurs compofants le Bureau de l'Impôt, ont fait le Rapport qui fuit.

MESSIEURS,

Rapport du
Bur. de l'Imp.
pour demander
le moins im-
pofé, &c.

L E Bureau des Impofitions jaloux de répondre à la
confiance que vous avez bien voulu lui témoigner, en
le chargeant du travail relatif aux fubfides, n'a rien
négligé pour connoître la nature, les bafes & la quotité de tous & chacun d'eux en particulier, afin de
vous mettre à même d'en alléger, s'il eft poffible, le
poids, ou de le rendre du moins plus fupportable par
la répartition la plus exacte. La taille, la plus ancienne
des contributions que nos Rois aient exigées de leurs
fujets, a été le premier objet de nos recherches ; la matière d'examens férieux & de difcuffions les plus appro-
fondies ; quoique nous ne foyons pas encore en état
de vous préfenter un réfultat qui puiffe remplir les
vues bienfaifantes qui vous animent, nous ne différe-
rons pas plus long-temps de vous foumettre un vœu
qui, (nous ofons le dire,) deviendra le vôtre dès qu'il
vous fera connu. En effet, Meffieurs, en cherchant à
nous pénétrer de l'efprit des loix qui fixent & règlent
cette impofition, comment n'aurions-nous pas été frappés

des

des dispositions paternelles que le meilleur des Rois s'est plû à consigner dans l'article IV. de sa Déclaration du 13 Février 1780 ? » Les contribuables, y est-il dit, » continueront de jouir des bienfaits & des secours que » Nous leur avons toujours accordé, tant par des ré- » mises sur la taille, que par l'établissement d'atteliers de » charité ; & Nous nous ferons rendre compte à cet » effet, chaque année, de la situation exacte de nos » Provinces, afin d'y proportionner sans cesse les sou- » lagements dont elles auront réellement besoin. « Vous nous prévenez, Messieurs, & vos cœurs attendris, en bénissant le Monarque, le Père tendre dont nous venons de vous rapporter les expressions, désirent, en secret, de devenir les heureux ministres d'une bien-faisance aussi signalée.

Vous brûlez que vos premiers pas, dans la vaste carrière qui vient de s'ouvrir devant vous, soient mar-qués par des bienfaits ; que des auspices aussi favorables annoncent à vos concitoyens ce qu'ils doivent attendre de vos soins, & à quel point tous leurs intérêts vous sont chers.

Bien avant l'ouverture de vos Séances, il étoit par-venu à MM. vos Procureurs-Syndics & à votre Com-mission intermédiaire des mémoires nombreux, contenant des réclamations, des exposés touchants de malheurs, de pertes, de befoins de tout genre; en étant les témoins ou les dépofitaires, vous contenteriez-vous d'une oifive & ftérile compaffion ?

Mais déja vous formez le deffein de folliciter avec inftance & fans délai, de la bonté du Roi, de fon amour pour fes peuples, la difpenfation des fecours de toute efpèce qu'il aime à répandre fur cette claffe de la fociété la plus indigente, comme la plus utile. Vous nous ordonnez, Meffieurs, de vous propofer d'adreffer à Sa Majefté les fupplications les plus vives & les plus refpectueufes, pour qu'Elle daigne jetter un regard de complaifance fur les Affemblées provinciales, fon ouvrage; préparer, affurer leurs fuccès, en leur confiant, dès cette année, la diftribution des fommes en moins impofé, de celles deftinées à des atteliers de charité, ainfi que de celles connues fous le nom de fonds variables, de fonds libres fur l'excédent de la capitation, comme faifant partie & dérivant de la taille ou de fes divers acceffoires.

Avis du Bureau. Le Bureau a donc l'honneur de vous propofer, Meffieurs, qu'il foit fait une délibération à l'effet de fupplier très-humblement Sa Majefté, par la médiation de M. le Contrôleur Général, d'accorder à l'Affemblée, pour l'année prochaine 1788, la difpenfation des fommes en moins impofé, de celles deftinées à des atteliers de cha-

rité, & de fixer les fonds variables & les fonds libres
sur l'excédent de la capitation qui resteroit à la disposition de l'Assembléc ; comme aussi de prier Monsieur le
Président de joindre ses bons offices auprès du Ministre,
afin qu'il veuille bien mettre sous les yeux de Sa Majesté, une demande si juste & si conforme au but bienfaisant que le Roi s'est proposé en établissant les
Assemblées provinciales.

L'Assemblée ayant délibéré sur le contenu en ce *Délibération.*
rapport, a arrêté que Sa Majesté seroit très-humblement
suppliée, par la médiation de M. le Contrôleur Général,
de lui accorder, pour l'année prochaine 1788, la dis-
pensation des sommes en moins imposé, de celles destinées à des atteliers de charité, & de fixer les fonds
variables & les fonds libres sur l'excédent de la capitation qui resteront à la disposition de l'Assemblée, &
& que Monsieur le Président sera prié de joindre ses
bons offices auprès de ce Ministre, afin qu'il veuille
bien mettre sous les yeux de Sa Majesté, une demande
aussi conforme à ses vues bienfaisantes.

Monsieur le Président ayant fait lecture d'une lettre
écrite par MM. les Officiers Municipaux de Laon à
l'Assemblée pour la complimenter, elle a chargé MM.
les Procureurs-Syndics de leur répondre & de les remercier en son nom.

Enfuite Meffieurs ont été continuer le travail de leurs Bureaux.

Signé, LE COMTE D'EGMONT.
Contre-figné, BYÉTER, Secrétaire-Greffier.

Du Mardi 27, dix heures du matin.

L'ASSEMBLÉE ayant pris Séance; Meffieurs compofant le Bureau de l'Impôt, ont fait le rapport qui fuit.

MESSIEURS,

Rapport du Bur. de l'Imp. fur la demande à faire des états relatifs aux Vingtièmes,

VOUS avez remis au Bureau de l'Impôt une lettre de M. le Contrôleur Général, en date du 23 Novembre, adreffée à M. le Préfident, laquelle vous avoit été lue dans votre Séance du 24. Cette lettre porte qu'il eft néceffaire que l'Affemblée Provinciale faffe connoître par une délibération, fon vœu, à l'effet d'obtenir que M. le Commiffaire du Roi foit autorifé à lui communiquer les états détaillés des vingtièmes, & qu'enfuite le Miniftre prendra les ordres du Roi à cet égard. Vous avez fouhaité, Meffieurs, que nous prif-

fions en confidération, la propofition qui vous eft faite,
& qu'après que nous en aurions conféré, nous établiffions
un avis que vous puiffiez difcuter dans votre Affemblée; nous nous fommes conformés à vos intentions,
& nous avons, Meffieurs, l'honneur de vous propofer
d'arrêter, que M. le Préfident foit prié de faire de nouvelles inftances, pour obtenir communication des états
relatifs aux vingtièmes ; cette communication pouvant
feule donner à l'Affemblée, les moyens de s'inftruire
fur l'objet de l'abonnement que Sa Majefté, d'après les
vues bienfaifantes qu'Elle lui manifefte, a cru devoir
être un avantage pour la Province.

Avis du Bureau.

La matière mife en délibération, il a été arrêté que
M. le Préfident feroit prié de faire de nouvelles inftances, pour obtenir que toutes les pièces & documents
relatifs aux vingtièmes, foient communiqués à l'Affemblée.

Délibération.

MM. les Procureurs-Syndics ayant fait lecture d'une
délibération prife par le Bureau intermédiaire du Départ-
tement d'élection de Guife, le vingt-deux de ce mois,
concernant un détail fuccinct fur les grandes routes de
ce Département, & des réflexions fur l'exécution vicieufe des adjudications d'ouvrages à faire fur les chemins, pendant la préfente année; l'Affemblée les a autorifés, 1°. à demander le mémoire concernant les routes

de cette Élection, ci-deſſus énoncé; 2°. à adreſſer à M. le Commiſſaire du Roi, copie certifiée par extrait de l'article relatif aux adjudications.

Enſuite Meſſieurs ont été travailler à leurs Bureaux.

Signé, LE COMTE D'EGMONT.

Contre-ſigné, BYÉTER, *Secrétaire-Greffier.*

Du Mercredi 28, dix heures du matin.

MESSIEURS les Députés réunis dans la Salle ordinaire, où s'eſt auſſi trouvé M. le Vicomte de la Bedoyere, nommé pour remplacer M. le Comte de la Tour-du-Pin.

Meſſieurs compoſant le Bureau des travaux publics, ont fait le rapport qui ſuit.

MESSIEURS,

Rapport du Bureau des Travaux publics. IL ſeroit ſuperflu de proteſter ici que le Bureau que vous avez bien voulu charger de la partie des travaux publics, a porté dans le travail que vous avez confié à ſes ſoins, tout le zèle, toute l'attention dont il eſt

capable ; ce devoir eft fenti de tous les Bureaux qui
compofent votre Affemblée ; leur vœu , leur volonté,
leur amour du bien eft le même, & nous croyons n'être
démentis par perfonne, en affurant que ce fentiment
intime eft commun à tout ce qui dans le Royaume,
a le bonheur d'être appellé aux fonctions honorables
des Adminiftrations provinciales.

Nous connoiffons, Meffieurs, l'importance de la partie du travail que vous nous avez affigné; elle intéreffe
au premier degré le bien de la Province. Le pays le plus
fertile, le plus riche en denrées, eft pauvre fans chemins ; quand tel autre, privé de productions & de reffources perfonnelles, eft vivifié & enrichi par des routes
qui le font participer aux richeffes de fes voifins, &
apportent dans fes foyers la commodité & l'abondance.

La Généralité de Soiffons, voifine de la Capitale, *Situation de*
entourée de toutes parts des Provinces de France les *la Province.*
plus fertiles, limitrophe, dans une de fes parties, des
Pays - Bas Autrichiens, préfente par fa pofition, plus
qu'aucune autre peut-être, la néceffité des communications
multipliées : riche par fes productions foncières au delà
de ce qu'elle peut elle-même en confommer, il lui eft
important d'en faciliter la fortie, de leur ouvrir dans
tous les fens, des débouchés commodes, & de lier ainfi
par le commerce, toutes les Provinces qui l'entourent

& qui lui demandent paſſage. La Généralité de Soiſſons arroſée, dans une petite partie de ſon territoire, par deux rivières du ſecond & du troiſième ordre, dont la navigation n'eſt même pas ſans danger, ne renferme qu'un ſeul canal d'un trajet fort court & d'une utilité peu générale. Une plus grande quantité de débouchés de cette eſpèce ſeroit néceſſaire à l'exportation de ſes denrées. Privée de ce moyen ſi précieux pour le commerce, ſi ſalutaire pour les chemins, elle éprouve davantage encore la néceſſité des routes nombreuſes ſolidement faites & bien entretenues.

Nous voudrions bien pouvoir vous rendre, Meſſieurs, de l'état de vos routes, un compte auſſi ſatisfaiſant que de leur nombre. La quantité preſque ſuffiſante aux beſoins de la Province, eſt ouverte. Toutes ne ſont pas achevées, & beaucoup ſont par la qualité des matériaux, la nature du ſol, bien éloignées encore de leur perfection.

Nombre des Routes, Le nombre de vos routes ouvertes dans diverſes claſſes, miſes à l'entretien de la Généralité, s'élève à 31.

Nous aurions propoſé à l'Aſſemblée de ſuivre, dans la diſtinction de ces routes, le principe adopté par l'Aſſemblée de Haute-Guyenne, ſi la claſſification encore plus ſimple que M. du Perron, Ingénieur en chef de cette Province, a pris pour baſe de ſon travail, ne nous ſembloit devoir être ſuivie de préférence.

Nous

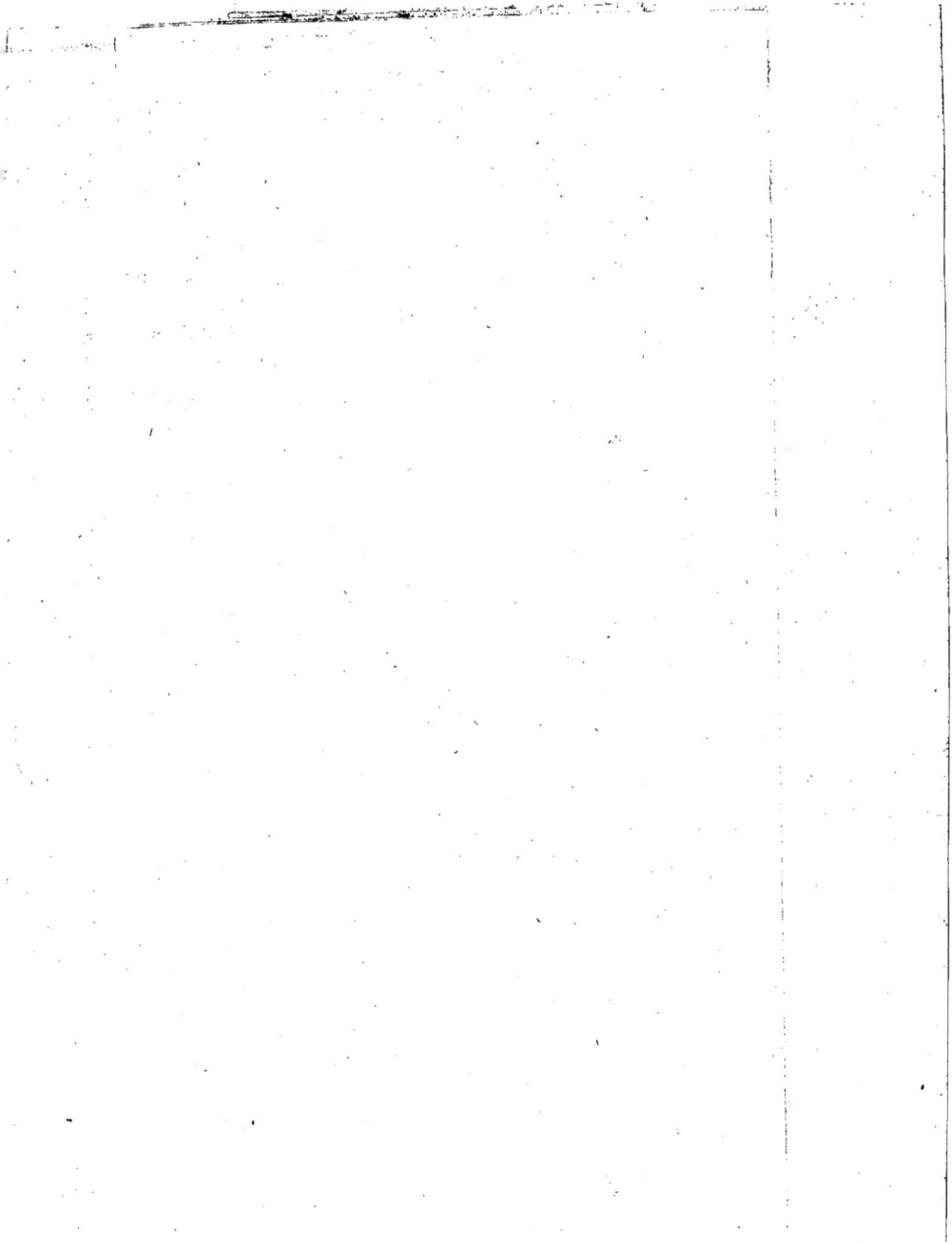

CARTE DES ROUTES ET CHEMINS DE LA GENERALITE DE SOISSONS, A L'ENTRETIEN DE LA PROVINCE

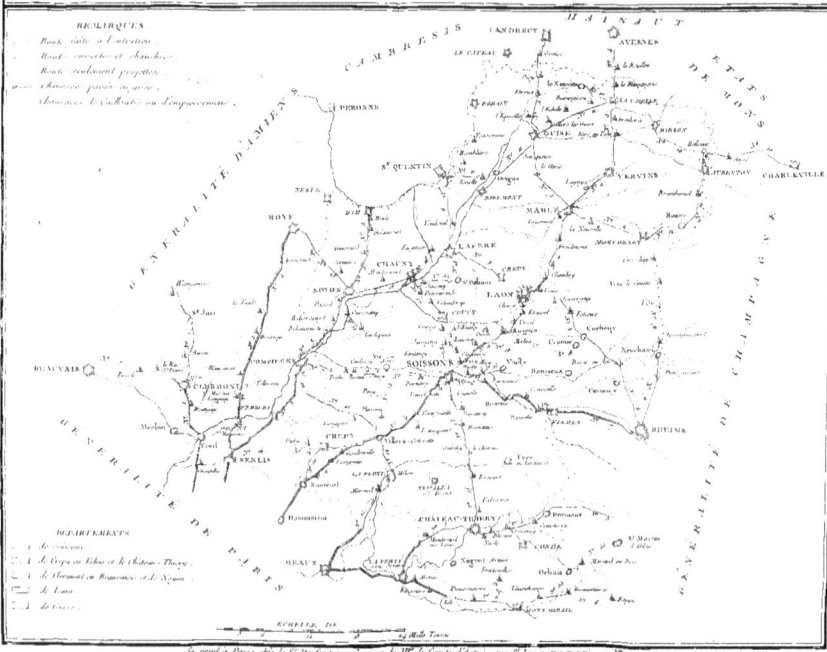

Nous diviferons donc, d'après l'idée de cet Ingénieur, *Leur*
les routes en quatre claffes. *Claffification,*

Les routes partant de la Capitale pour aboutir à un
Royaume étranger ou à la Mer. Première claffe.

Les routes de communication de Province à Province,
& traverfant la Généralité. Seconde claffe.

Les chemins de communication de Ville à Ville dans
la Généralité. Troifième claffe.

Les principaux embranchements fur les routes &
chemins des claffes précédentes. Quatrième claffe.

Les routes de la première claffe font, dans la Géné- *I. Claffe,*
ralité, au nombre de fix.

La route de Paris à Calais, paffant par Amiens &
Saint-Juft, N°. 1.

La route de Paris en Flandre, par Pont-Sainte-
Maxence, Gournay & Roye, N°. 2.

Ces deux routes ne traverfent dans cette Généralité
que l'Élection de Clermont, féparée, par la Généralité
de Paris, de toutes les Élections du Soiffonnois.

La route de Paris en Flandre, par Compiegne,
Noyon & Ham, N°. 3.

Elle traverfe l'Élection de Noyon.

La route de Paris à Mons, par Nanteuil-le-Hau-
douin, Soiffons, Laon, Marle, Vervins & la Capelle,
N°. 4.

X

Elle traverse les Élections de Crespi, Soissons, Laon & Guise.

La route de Paris en Allemagne, par Meaux, Château-Thierry, Dormans, &c., N°. 5.

La route de Paris en Allemagne, par Meaux, Montmirail, Châlons-sur-Marne, N°. 6.

Ces deux routes ne traversent que l'Élection de Château-Thierry.

Ces routes qui servent de communication avec l'Angleterre, la Flandre, les Pays-Bas & l'Allemagne, sont d'une utilité première au commerce de toute espèce qu'elles versent & reçoivent de ces Pays étrangers, & des Provinces de France qu'elles parcourent.

Toutes ces routes ont 48 pieds de large : c'est ainsi au moins qu'elles sont portées sur l'état; beaucoup ont plus de largeur.

II. Classe. Les routes de la seconde classe sont, dans la Généralité de Soissons, au nombre de sept.

La route de Champagne en Normandie, par Reims, Fismes, Soissons, Compiegne, Clermont en Beauvaisis, N°. 7.

Elle traverse les Élections de Soissons & Clermont en Beauvaisis.

La route de Champagne en Flandre, par Reims, Laon, la Fère, Saint-Quentin, &c., N°. 8.

Elle traverse les Élections de Laon & de Noyon.

La route de Champagne dans le Haynaut, par Reims, Neufchâtel, Moncornet, Marle, Guise, Landrecy, N°. 9.

Elle traverse les Élections de Laon & de Guise.

La route de Champagne dans le Haynaut, par Charleville, Hirson, la Capelle, Landrecy, &c., N°. 10.

Elle traverse l'Élection de Guise.

La route de Picardie dans le Haynaut, par Saint-Quentin, Origny-Sainte-Benoîte, Guise, la Capelle, &c., N°. 11.

Elle traverse l'Élection de Guise.

La route de Brie en Picardie, par Meaux, la Ferté-Milon, Villers-Cotterêts, Vic-sur-Aisne, Noyon, Roye, &c., N°. 12.

Elle traverse les Élections de Crespi, Soissons & Noyon.

La route de Brie en Flandre, par Montmirail, Château-Thierry, Soissons, la Fère & Saint-Quentin, N°. 13.

Elle traverse les Élections de Château-Thierry, Soissons, Laon & Noyon.

Ces routes ont ou doivent avoir 42 pieds de large, à l'exception de celle N°. 7. portée sur l'état à 48.

Toutes ces routes qui servent de communication aux

X ij

différentes Provinces de France entr'elles, font néceffaires au tranfport de leur commerce ; toutes font d'une grande utilité, & la route de Champagne en Normandie, N°. 7., pourroit, par fon importance, être comprife dans la première claffe. Elle fervira effentiellement au tranfport des productions étrangères, qui, arrivant dans les Ports de Normandie, font deftinées pour toutes les Provinces de France ; mais elle n'eft pas ouverte depuis Clermont jufqu'à Compiegne, & cette folution de continuité interrompt, dans cette partie, tout le commerce du Royaume qui réclame la confection de cette route.

III. Claffe. Les routes de la troifième claffe font au nombre de fix dans la Généralité de Soiffons.

Le chemin de communication de Villers-Cotterêts à Senlis, par Crefpi en Valois, N°. 14.

Il traverfe l'Élection de Crefpi.

Le chemin de communication de Villers-Cotterêts à Compiegne, N°. 15.

Il traverfe l'Élection de Crefpi.

Le chemin de communication de Noyon à la Fère, par Chauny, N°. 16.

Il traverfe les Élections de Noyon & de Laon.

Le chemin de communication de Chauny à Soiffons, par Coucy, N°. 17.

Il traverfe les Élections de Noyon, Laon & Soiffons.

Le chemin de communication de l'Ange-Gardien à Corbeny, par Craone, N°. 18.

Il traverse l'Élection de Laon.

Le chemin de communication de Moncornet à Aubenton, à Bellevue, par Rozoy, N°. 19.

Il traverse les Élections de Laon & de Guise.

Tous ces chemins doivent avoir 36 pieds de large.

Ils ont tous une utilité particulière, en portant vers les rivières ou les grands marchés, les denrées de la Province.

Les chemins de la quatrième classe sont, dans la Généralité de Soissons, au nombre de douze. *IV. Classe.*

Ils sont, dans le travail de M. du Perron, distingués encore en deux subdivisions.

La première est composée de quatre.

L'embranchement de Nanteuil à Crespi, N°. 20.

Il traverse l'Élection de Crespi.

L'embranchement de Chauny à Saint-Gobain, N°. 21.

Il traverse l'Élection de Laon.

L'embranchement de Vauchamps à Orbais, N°. 22.

Il traverse l'Élection de Château-Thierry.

L'embranchement de Soissons à Vailly, N°. 23.

Il traverse l'Élection de Soissons.

Tous ces chemins ont 30 pieds de large.

Les embranchements de la seconde division, font au nombre de huit.

L'embranchement fur la route N°. 1., pour communiquer à la route de Champagne en Normandie, par Liancourt & Nointel.

Il eft dans l'Élection de Clermont.

L'embranchement fur la route N°. 3, pour communiquer de Noyon à Soiffons, par Pont-l'Évêque, Sempigny, Carlepont.

Cet embranchement fait partie de la route N°. 13.

Il eft dans l'Élection de Noyon.

L'embranchement fur la route N°. 4., pour communiquer de Guife à Vervins.

Il eft dans l'Élection de Guife.

L'embranchement fur le N°. 7., pour communiquer de Clermont à Bulles, par Ramecourt.

Il eft dans l'Élection de Clermont.

L'embranchement fur la route N°. 12., dans la traverfe de la Ferté-Milon, par le Fauxbourg Saint-Waft.

Il eft dans l'Élection de Soiffons.

L'embranchement fur la route N°. 13., pour communiquer de Fère en Tardenois, par la Forêt, au Port Jaulgonne.

Il eft dans l'Élection de Château-Thierry.

L'embranchement fur la route N°. 16, pour communiquer de Chauny à Saint-Quentin, par Villequier-Aumont.

Il eft dans l'Élection de Soiffons.

L'embranchement fur la route N°. 18., pour communiquer à celle N°. 8., par la Bove.

Il eft dans l'Élection de Laon.

Les chemins de cette feconde divifion n'ont que 24 pieds de large.

Il fuffit de voir fur quelles routes portent ces embranchements pour en fentir l'utilité première ; ils fervent effentiellement au débouché des productions de la campagne. C'eft par ces chemins particuliers que les grands chemins acquièrent leur plus grande utilité.

Longueur des Routes.

En raffemblant les nombres de toifes de chemins de chacune des quatre claffes dans lefquelles toutes vos routes font divifées, vous trouverez, Meffieurs, qu'elles s'élèvent à la quantité de 534, 895, dont 292, 368 en cailloutis, 128, 314 en pavés, & 114, 198 projettées ou à perfectionner.

Cette étendue équivaut à une longueur de 267 lieues $\frac{1}{4}$.

Leur Entretien.

Le commerce confidérable & du roulage le plus lourd qui fe fait par les routes de la première claffe, le nombre multiplié des voitures de pofte, de diligences, de voyageurs de toute efpèce qui en font ufage, rend néceffaire qu'elles foient entretenues dans l'état le plus folide & le meilleur. Les Ingénieurs affurent que les matériaux font dans prefque toute cette Généralité d'une nature trop friable, pour pouvoir être utilement employés fur des routes auffi fréquentées. L'Élection de Château-Thierry a feule, fuivant leur rapport, des cailloux fort bons ; fes deux grandes routes N°. 5. & 6. en font entretenues, & font dans un excellent état. La fituation de celles des autres routes de la Province entretenues en cailloutis, a déterminé le projet de leur convertiffement en pavés de grès. La route N°. 2. eft déja totalement de cette nature ; 300 toifes, environ, vont être, en 1788, converties fur la route N°. 1. ; 215 fur celle N°. 3. ; 236 fur celle N°. 4. Il en reftera encore, dans la totalité, 10, 083 en cailloutis. Le projet de tous les convertiffements en pavés des routes de la première claffe, en y comprenant 4, 013 toifes qui ne font pas ouvertes fur la route N°. 4., éleveroit à la fomme de 521, 956 £, cette partie de dépenfe pour la Généralité.

L'attention va être doublée cette année ; les précautions multipliées pour que l'entretien en cailloutis foit fait avec plus de méthode, plus de foins ; les petits accidents momentanés plus promptement réparés que les circonftances n'ont permis de le faire jufqu'ici ; & nous ne perdons pas encore tout-à-fait l'efpérance de pouvoir vous annoncer l'année prochaine, que le convertiffement en pavés n'eft plus jugé néceffaire dans toutes les parties de ces routes.

Les fept routes de la feconde claffe ne font pas, pour

la

la plus grande partie, moins fréquentées que celles de
la première, ou feront d'un paffage auffi commun lorfqu'elles feront achevées.

La même efpèce de matériaux employés pour les
entretenir en cailloutis, a les mêmes inconvénients que
pour les grandes routes. Auffi la coûteufe détermination
de convertir encore 14, 121 toifes en pavés eft-elle
prife. 34, 386 toifes le font déja dans la totalité de
cette claffe ; 700 toifes environ feront, en 1788 ,
converties fur la route N°. 7., dans la partie de Soiffons à Compiegne ; 1, 800 fur celle N°. 8. dans
les fables de Laon à Crefpi. La vigilance plus active
que l'on fe propofe d'apporter fur les routes à l'entretien en cailloutis, laiffe encore l'efpérance de pouvoir
propofer à l'Affemblée une diminution dans les projets
de convertiffements qui leur étoient deftinés.

Les fix routes de la troifième claffe font d'un paffage
moins fréquent & fur-tout moins général que celles des
deux claffes précédentes. La même efpèce de matériaux,
les pavés en blocage ou en pierres parmentées y font
plus utilement employés que dans les routes fupérieures.
46 toifes font feulement propofées à convertir en pavés
dans le chemin N°. 16., à l'entrée de Chauny, du côté
de Noyon. 21, 555 toifes reftent à ouvrir, & la dépenfe de ces projets fucceffifs s'élève à 296, 537 *l.*.

Y

Les chemins de la quatrième claſſe, ceux des embranchements moins fréquentés encore que ceux de la troiſième claſſe, ſont généralement en cailloutis. Une partie eſt en pavés de blocage ; mais 17, 982 toiſes qui reſtent à ouvrir ou à perfectionner, offrent en projet une dépenſe de 405, 236 *£*.

La différence en augmentation de prix ſur les chemins de la quatrième claſſe, qui préſentent cependant à peu près 3, 500 toiſes de longueur de moins que ceux de la troiſième, doit être attribuée à la quantité beaucoup plus grande de terraſſements à faire dans les projets de la quatrième claſſe, & au plus grand éloignement de matériaux.

Tel eſt, Meſſieurs, l'état ſommaire des grands chemins de la Généralité de Soiſſons. Nous aurions voulu n'avoir pas à vous préſenter des détails auſſi arides. Nous les avons abrégés autant qu'il a été en nous ; mais il falloit vous faire connoître vos routes dans tous leurs rapports ; & ſi malgré le déſir qui nous a occupé de ne pas abuſer de vos moments, les comptes que nous venons de vous rendre, n'ont pas été auſſi courts que nous l'euſſions ſouhaité, la néceſſité de ne rien omettre de ce qui nous ſembloit important, ſera notre excuſe.

Preſque toutes les Élections de cette Province vous

ont préfenté des projets pour des chemins nouveaux ; beaucoup follicitent de nouveaux embranchements dont ils démontrent l'importance ; & le Bureau des Travaux publics voudroit bien pouvoir vous propofer d'ordonner que quelques-uns fuffent commencés. Mais vous êtes bien éloignés du temps heureux où il vous fera libre de vous livrer à de nouveaux projets ; & vous apprendrez avec effroi, fans doute, que les calculs de l'Ingénieur en chef de cette Province, portent à la fomme de 4, 000, 000 ℒ le perfeftionnement de vos routes déja ouvertes ou projettées. Le même calcul éloigne jufqu'à la révolution de trente-une années & plus, la fin de ces travaux ; car l'entretien feul de vos routes monte annuellement à la fomme de 3 1 0, 402 ℒ.

Peut-être le nouveau régime que vous prefcrirez fur les routes, les foins plus affidus que vous exigerez, la furveillance plus divifée que vous établirez, avanceront-elles de quelques années le terme où vous devez afpirer. Peut-être même, ainfi que nous vous en avons déja donné l'efpérance, pourrez-vous vous préferver de la quantité de convertiffement en pavés de grès, dont la fomme en projet s'élève à 1, 035, 300 ℒ. Mais quelques foient vos fuccès, le terme eft encore bien éloigné où vous pourrez favorifer les demandes de chemins nouveaux, qui vous font adreffées de toutes les parties de la Province, & qui préfentent prefque toutes une utilité réelle.

Inftruƈtions du 5 Novemb. Après vous avoir fait connoître, Meſſieurs, ſous tous les rapports, l'état des routes que le Roi confie à votre Adminiftration, nous devons mettre fous vos yeux les Inftruƈtions que Sa Majefté vous a fait parvenir à cet égard, & préfenter à votre délibération les moyens qui nous ont paru les plus propres à remplir les intentions de Sa Majefté.

L'Inftruƈtion qui vous a été remife par Monfieur le Commiffaire du Roi, vous annonce, pour l'année 1789, un nouveau fyftême dans l'ordre & l'emploi des contributions pour les travaux des routes, felon l'intérêt qu'auront à ces routes les contribuables. Elle vous autorife à propofer à Sa Majefté fur ce projet de loi, les obfervations que l'examen que vous en ferez, vous portera à croire néceffaires. Votre délibération à ce fujet doit être faite avant que votre Affemblée fe fépare, & nous efpérons pouvoir, avant ce terme, préfenter nos réflexions à votre jugement, & vous mettre en état de vous former une opinion motivée.

Mais Sa Majefté exige que les premiers jours de vos Séances foient employés à délibérer quels travaux doivent être, en 1788, exécutés fur les routes de votre Province : elle s'en remet à votre décifion fur

la forme & la quotité de la contribution, fur le verfement des fonds, fur l'emplacement & la diftribution des
atteliers, fur les précautions à prendre pour les entretiens, fur les meilleurs moyens enfin, de conduire les
travaux dont elle veut bien vous abandonner la direction. Elle vous prefcrit feulement de fuivre provifoirement, pour cette année, dans la diftribution des fonds,
l'ufage qui, dans les Affemblées déja exiftantes en
Berry & en Haute-Guyenne, met les travaux quelconques à la charge de l'univerfalité de la Province.

Le Bureau a cru voir que le fyftème propofé à vos *Syftéme des*
délibérations pour l'année prochaine pouvoit être, à *Inftructions*
beaucoup d'égards, adapté au régime qui vous étoit *modifié.*
ordonné cette année, & que l'intention favorable à
l'intérêt des contribuables qui a dirigé la loi projettée
pour 1789, pouvoit, finon dans tous les détails des
communautés, au moins dans la maffe des Élections,
être appliquée au bien commun de la Généralité, principe de la loi fuivie en Berry & en Haute-Guyenne,
& à laquelle vous devez vous conformer en 1788.

Voici, Meffieurs, par quelle fuite de réflexions nous
avons cru pouvoir établir notre opinion.

La contribution en argent que paient aujourd'hui
les corvéables, au lieu de faire eux-mêmes le travail fur
les chemins, eft un échange qu'ils font des tâches de

travail qu'eux & leurs chevaux doivent, contre une somme qui les en difpenfe.

Les corvéables étoient rarement appellés à des atteliers éloignés de leurs foyers de plus de deux ou trois lieues ; & plus rarement encore d'une Élection dans une autre, d'où dérive la conféquence que, n'employant pas leurs journées hors de leur Élection, ils ne doivent point en voir fortir leur contribution, impôt repréfentatif de leurs peines, & les remplacant pofitivement.

Cependant l'intérêt général a fes droits : ces droits font facrés à tout citoyen ; ils font le principe des facrifices de tous les genres que chaque individu fait au bien de la fociété : s'ils font vrais, s'ils font irrévocablement reconnus par chaque individu, ils ont la même vérité pour chaque réunion d'hommes ; ils font vrais de toutes les Provinces à l'État, ils font vrais de chaque Élection à la Généralité, & l'application de ce principe au fyftême de contribution pour les chemins, eft que chaque Élection doit une partie de fa contribution à l'utilité commune de fa Province, dont l'adminiftration générale doit faire l'emploi dans la partie, ou dans les parties où cette utilité eft plus reconnue.

Cette utilité commune eft même une utilité particulière pour les individus ; car à quoi ferviroit à l'habitant d'un village que ses rues fuffent bien entretenues, s'il ne pouvoit sortir de son village ? A quoi le chemin qui l'en sortiroit lui seroit-il utile, si, arrivé à la grande route, il la trouvoit impraticable ? Enfin, de quelle utilité bornée ne seroit pas une grande route pour une Élection, si elle se terminoit à sa limite, & si cette Élection ne pouvoit communiquer avec les autres parties de la Province qui l'avoisinent ? Le Bureau se croiroit obligé de s'excuser auprès de vous, Messieurs, de s'être autant étendu sur une vérité aussi reconnue, si la nécessité de persuader tous les individus de la Province qui pourroient réclamer, à leur utilité plus rapprochée, toutes les parties de leur contribution, ne faisoit un devoir à ceux à qui la bonté du Roi à confié le soin de leurs intérêts, de leur rendre cette vérité aussi démontrée qu'il est possible.

Le sacrifice des parties d'une Province à l'avantage général de cette Province, doit cependant encore être proportionné à la masse première d'où elle tire ce sacrifice, & aux sacrifices que font les autres parties de cette Province.

Ces principes ont servi de base au travail du Bureau, & s'il ne s'est pas abusé, les conséquences en sont aussi exactes qu'utiles à l'intérêt de la Généralité.

Chacune des Élections doit, à quelque proportion

que ce foit du marc la livre de la taille, une contribution pour les chemins.

Quotité
de la
Contribution.
Le Bureau a long-temps agité quelle devoit être la
proportion de cette contribution. L'efpoir de diminuer
dans ce rapport la charge de la Province, & de pouvoir
propofer à l'Affemblée d'entrer dans la carrière de l'Adminiftration par un foulagement procuré aux contribuables, étoit pour lui, on le croira fans peine, l'idée la
plus précieufe, le but le plus cher de fon travail; il s'eft
vu contraint d'y renoncer. La néceffité d'opérer les tâches
propofées & l'incertitude du bénéfice des rabais qui pourroient réfulter des adjudications faites avec le foin le
plus fcrupuleux, l'ont forcé de reconnoître qu'il ne doit
rien donner au hafard, & que les adjudications de
l'année prochaine devant fervir de mefure pour les années fuivantes, il devoit fe reftreindre à propofer dans
ce moment à l'Affemblée, d'appliquer le bénéfice poffible, mais incertain, de ces rabais, en augmentation de
travail au plus grand avantage des Élections dans lefquelles ces bénéfices feroient opérés.

Cette contribution a donc été eftimée devoir être,
comme l'année dernière, au fixième de la taille : c'eft
fur cette proportion qu'eft établi le travail de l'Ingénieur
en chef de la Province. Son calcul porte, ainfi qu'il
vous en a été rendu compte, à 310, 402 *l'entretien
des

des chemins déja faits. Cet entretien eft un travail effentiel, premier, un travail appartenant à chaque Élection, à laquelle appartiennent les chemins à entretenir.

Cependant une des fept Élections qui compofent la Généralité du Soiffonnois, paie en contribution repréfentative de la corvée, 17, 098 *£* 8 *ſ* 2 *ᴎ* de moins qu'elle n'auroit de fommes à fournir pour l'entretien des routes qui la traverfent ; & c'eft ici qu'il a femblé que devoit d'abord agir l'intérêt général de la Province, en couvrant, par les contributions proportionnées des fix autres Élections, cette fomme dont l'Élection de Guife fe trouvoit manquer pour l'entretien de fes chemins. Chacune a donc été jugée devoir contribuer, au marc la livre, de ce que l'entretien de fes routes perfonnelles lui laiffoit de libre.

Déficit de l'Élection de Guife.

La partie de la contribution de chaque Élection, échappée à l'entretien de fes propres routes, & à fa portion de l'entretien de celles de l'Élection de Guife, appartenoit donc de droit pofitif au perfectionnement, à l'ouverture, à la confection enfin de fes chemins. Mais l'intérêt général de la Province demande des chemins à faire ou à perfectionner dans des Élections, dont le reftant de la contribution ne peut fuffire à ce qui eft jugé devoir être fait.

Contribution de chaque Élection aux routes de la Province.

C'eft le fecond facrifice eftimé néceffaire à l'avantage

Z

de la Généralité : il a paru au Bureau, d'après les principes qu'il vient d'expofer à l'Affemblée, que ce facrifice pouvoit être du tiers de la fomme qui reftoit à chaque Élection, de fes dépenfes déja faites, & que ce tiers mis en maffe, devoit être employé à la confection des chemins neufs de la première & feconde claffe, jugés par l'Affemblée provinciale les plus utiles à l'intérêt de la Généralité.

Somme employée dans l'enceinte de l'Élection. Il refte donc à chacune des fix Élections une fomme à employer dans fon enceinte : fans doute l'intérêt de chacun des contribuables appelleroit cette fomme à la confection des chemins vicinaux. C'eft par les chemins vicinaux particuliérement qu'eft augmentée la richeffe des campagnes ; & l'agriculteur, le propriétaire qui, éloigné à quelque diftance de la grande route, n'a point de chemin pour y arriver, & paie cependant la repréfentation de la corvée, préféreroit que le grand chemin fût moins commode aux voyageurs, aux rouliers, & qu'un débouché praticable lui fût ouvert pour faire parvenir fes denrées au marché voifin. L'intention de la loi annoncée pour 1789, paroît même favorable à fes défirs.

Cependant il a paru au Bureau que la conduite des routes étant encore, cette année, fur l'ancien régime, qui n'appliquoit la corvée ou fa repréfentation qu'à la

TABLEAU

Des Impositions sur les Chemins, & de leurs différentes Répartitions.

ÉLECTIONS.	IMPOSITION.	ENTRETIEN.	SOMMES RESTANTES APRÈS L'ENTRETIEN.	CONTRIBUTION DE CES ÉLECTIONS à la somme de 17,098 £ 8 ſ 2 ᵈ., pour couvrir le *déficit* de Guife, & pour les 6, 187 £ 9 ſ réſervés pour les cas imprévus.	SOMMES RESTANTES APRÈS CETTE CONTRIBUTION.	TIERS POUR LES ROUTES DE LA PREMIÈRE CLASSE à la diſpoſition DE LA GÉNÉRALITÉ.	SOMM RESTAN APR LE PRÉLÉV DE CE T
	£ ſ ᵈ	£ ſ ᵈ	£ ſ ᵈ	£ ſ ᵈ	£ ſ ᵈ	£ ſ ᵈ	£
CLERMONT,......	52,747 0 0	28,115 10 3	24,631 9 9	3,381 19 6	21,249 10 3	7,083 3 5	14,166
NOYON,........	44,095 0 0	38,292 0 1	5,802 19 11	796 15 0	5,006 4 11	1,668 14 11 ⅓	3,337
CRESPI,........	61,046 0 0	45,182 2 2	15,863 17 10	2,178 3 10	13,685 14 0	4,561 18 0	9,123
SOISSONS,......	91,480 0 0	47,939 4 8	43,540 15 4	5,979 5 4	37,561 10 0	12,520 10 0	25,041
LAON,........	128,664 0 0	71,533 19 9	57,130 0 3	7,844 5 5	49,285 14 10	16,428 11 7 ⅓	32,857
GUISE,........	33,579 0 0	50,677 8 5	0 0 0	0 0 0	0 0 0	0 0 0	0
CHATEAU-THIERRY,	51,272 0 0	28,662 7 4	22,609 12 8	3,105 8 1	19,504 4 7	6,501 8 2 ⅓	13,002
TOTAUX......	462,883 0 0	310,402 12 5	169,578 15 9	23,285 17 2	146,292 18 7	48,764 6 2 ⅓	97,528

confection des grandes routes, les fommes reftées aux Élections devoient être appliquées fur les grands chemins qu'elles renfermoient, foit en converfion de cailloux en pavés de grès, foit en ouverture de routes nouvelles, l'une & l'autre de la première ou deuxième claffe, & il a fait dreffer en conféquence le tableau qu'il foumet ici au jugement de l'Affemblée.

Ce tableau vous fera voir en détail que la maffe des contributions s'élevant à 462, 883 ᴸ, l'entretien général des routes à 310, 402 ᴸ 12 ˢ 5 ᴆ, le *déficit* de Guife pour l'entretien de fes routes, à 17, 098 ᴸ 8 ˢ 2 ᴆ, la fomme de 48, 764 ᴸ 6 ˢ 2 ᴆ $\frac{1}{3}$, tiers des contributions a été mife en maffe pour l'utilité commune de la Province, & la fomme de 97, 528 ᴸ 12 ˢ 4 ᴆ $\frac{2}{3}$, formant les deux autres tiers, a été deftinée à la confection d'ouvrages neufs dans les Élections auxquelles ces deniers appartiennent, après cependant en avoir diftrait la fomme de 6, 187 ᴸ 9 ˢ, réfervée pour les cas imprévus qui néceffiteroient des réparations urgentes & extraordinaires fur les chemins de la Généralité.

Par cette diftribution, l'Élection de Soiffons aura, pour les deux tiers de fa contribution, la fomme de 25, 041 ᴸ, employée fur les chemins de première & deuxième claffe ; celle de Laon, la fomme de

Z ij

32, 857 £ 3 ſ 2 ᵈ ⅔ ; celle de Noyon 3, 337 £ 9 ſ 11 ᵈ ⅓; celle de Creſpi 9, 123 £ 16 ſ; celle de Clermont 14, 166 £ 6 ſ 10 ᵈ ; celle de Château-Thierry 13, 002 £ 16 ſ 4 ᵈ ⅔ ; celle de Guiſe ne doit rien avoir, puiſqu'une partie de ſes chemins eſt déja entretenue ſur la contribution des ſix autres Élections.

Cette répartition ſera auſſi exactement ſuivie, que l'enſemble des ouvrages neufs, impoſſible quelquefois à diviſer dans la proportion fidelle des ſommes à y appliquer, pourra le permettre ; mais cette différence, ſi elle exiſte, ſera ſi peu conſidérable, qu'elle pourra à peine être apperçue.

Quant à la ſomme de 48, 764 £ 6 ſ 2 ᵈ ⅓, produit de l'hommage de chaque Élection au bien de la Généralité, elle doit être portée en ouvrages neufs ſur la route, ou ſur les routes jugées les plus importantes à terminer. Et nous croyons que ſi le ſyſtême que nous vous propoſons de ſuivre cette année, peut, d'après les Inſtructions de Sa Majeſté pour l'année prochaine, être établi comme ſtable dans cette Province, vous penſerez, Meſſieurs, que cette contribution générale des Élections doit être annuellement employée au travail de la route jugée par l'Aſſemblée provinciale, la plus utile à la Généralité, juſqu'à ce qu'elle ſoit entiérement terminée, pour enfuite en conduire une autre à fa perfection ; vous réfervant toutefois de diftraire de cette fomme entière, ce que les circonftances rendroient néceffaires; mais toujours avec une fcrupuleufe épargne.

Le projet de l'emploi de cette fomme, que d'après ces principes nous vous préfentons pour l'année 1788, eft,

	$\pounds$	$\int$	∂
Dans l'Élection de Soiffons, de	12, 555	4	7
Dans celle de Clermont, de. .	1, 342	1	2
Dans celle de Noyon, de. . .	9, 050	17	5 $\frac{2}{3}$
Dans celle de Laon, de. . . .	999	6	10 $\frac{1}{3}$
Dans celle de Guife, de. . . .	25, 693	3	5
Dans celle de Château-Thierry, de.	357	1	6 $\frac{2}{3}$
	49, 997	15	0 $\frac{1}{3}$

Dans celle de Crefpi,
1, 233 $\pounds$ 8 $\int$ 10 ∂
font employés fur fes routes de moins que les deux tiers qui lui appartenoient, parce qu'une auffi légère fomme n'eût pu être employée utilement à la nouvelle communication de Crefpi à Compie-

	£	s	ə
De l'autre part, . . 49,	997	15	0 $\frac{1}{3}$

gne, feul ouvrage qui refte à
faire dans cette Élection &
qui n'eft même pas compris
dans la première & deuxième
claffe des routes. Ainfi retran-
chant de la fomme ci-deffus,
celle de 1, 233   8 10

Il reftera celle de . . . . . . 48, 764 6 2 $\frac{1}{3}$

En adoptant ce projet de travail, vous placerez la
contribution mife en maffe par toutes les Élections : dans
l'Élection de Soiffons, fur les routes N°. 7.; dans celle
de Laon, N°. 4.; dans celle de Noyon, N°. 3., 16
& embranchement fur 16; dans celle de Clermont,
N°. 1.; dans celle de Guife, N°. 4, & 9.; & vous
ferez 3, 756 toifes en conftruction de pavés, 1, 196
toifes en cailloutis. L'état des ouvrages que nous avons
l'honneur de vous propofer, eft réuni dans le Tableau
que nous mettons fous vos yeux.

Adjudications Après avoir pris une détermination fur l'efpèce & la
quantité d'ouvrages à faire fur vos grandes routes, en
l'année 1788, vous aurez à examiner, Meffieurs, à

GÉNÉRALITÉ
DE SOISSONS.

TRAVAUX
DES
ROUTES.

ANNEE 1788.

DISTRIBUTION GÉNÉRALE
Des Fonds levés pour l'Entretien des Routes.

NOMS des ÉLECTIONS.	MONTANT de la CONTRIBUTION.	MONTANT DES ENTRETIENS en Pierris, Caillouris, Graviez, &c.	DES OUVRAGES NEUFS.	SOMMES employées dans chaque ÉLECTION.	SAVOIR: DU FONDS provenant de ses deux Tiers.	DU TIERS mis en masse pour l'usage commun de la Généralité.	OBSERVATION.
CLERMONT,......	52,747 0 0	28,113 10 3	15,508 7 0 Sur le N°. 1. & sur l'embranchement.	43,643 17 3	14,126 6 10	1,342 1 2	
NOYON,........	44,095 0 0	38,294 0 1	12,388 7 3 Sur les N°s. 7. & 16. & de l'Étoile ***, fur le N°. 16.	50,680 7 6	3,337 9 11	9,030 17 3	
CRESPI,........	61,046 0 0	43,382 2 5	7,890 8 2 Sur les N°s. 15. & 20.	53,072 10 4	9,113 16 0	0 0 0	*L'Élection de Crespi n'a que employé 53,072 10 4 ... employés sur ses Routes, ...*
SOISSONS,......	91,480 0 0	47,939 4 8	37,596 4 7 Sur les N°s. 6. 7. 8. 18.	85,535 9 3	23,041 0 0	12,333 4 7	
LAON,.........	128,664 0 0	74,513 19 9	32,876 10 1 Sur les N°s. 4. 8. N. 16.	107,390 9 10	31,857 3 2	999 6 10	
GUISE,........	33,379 0 0	50,672 8 2	25,697 3 3 Sur les N°s. 4. 20. p.	76,370 11 7	0 0 0	25,693 1 1	
CHATEAU-THIERRY,	51,472 0 0	28,661 7 4	13,359 17 11 Sur les N°s. 6. & 13.	42,021 5 3	13,022 18 4	317 1 6	
						49,957 13 0 Remboursement de cette somme aux de .... 1,253 8 10 pour la raison ci-contre.	
						à retenir cette de 48,704 6 3	
TOTAUX....	462,883 0 0	310,402 13 3	146,192 18 7	456,695 11 0	97,528 13 4	48,704 6 3	

RÉCAPITULATION GÉNÉRALE ET DÉTAILLÉE des Ouvrages de tous genres à exécuter pendant l'année 1788, fur les différentes Routes & Chemins de cette Généralité, suivant l'imposition au sixième de la Taille, montant à 462,883 livres.

DÉPARTEMENS.	ENTRETIENS.	RÉPARATIONS.	CONTINUATION d'Ouvrages Neufs.	NOUVEAUX OUVRAGES.	TOTAUX.	L'IMPOSITION au sixième de la Taille montée à 462,883 0 0
Clermont,.....	28,113 10 3	0 0 0	13,473 15 0	3,033 12 0	43,643 17 3	
Noyon,.......	38,394 0 1	0 0 0	7,951 14 4	4,433 13 1	50,680 7 6	
Crespi,.......	43,382 2 5	0 0 0	7,010 13 3	639 13 0	53,072 10 4	
Soissons,.....	47,939 4 8	3,041 14 9	34,114 9 10	0 0 0	85,535 9 3	456,695 11 0
Laon,........	74,513 19 9	0 0 0	33,856 10 1	0 0 0	105,390 9 10	
Guise,........	50,677 8 2	133 12 8	0 0 0	27,559 10 9	76,370 11 7	
Château-Thierry,	28,661 7 4	0 0 0	13,359 17 11	0 0 0	42,021 5 3	
TOTAUX...	310,402 13 3	3,175 7 1	109,310 0 4	35,567 10 10	456,695 11 0	

SOMME réservée pour ces imprévus,...................... 6,187 9 0

PAREILLE,.............................. 462,883 0 0

qui vous devez réserver le foin des adjudications des ouvrages déterminés.

Nous croyons, Meffieurs, que vous n'héfiterez pas à penfer que ces adjudications d'ouvrages neufs & d'entretiens, exigeant des connoiffances particulières & multipliées de localité, tant pour l'état des routes que pour la folvabilité des adjudicataires, les Bureaux intermédiaires de vos Élections devront être de préférence chargés de ce travail. Pourvus des moyens de fe procurer tous les renfeignements néceffaires pour cette opération, ils auront un intérêt perfonnel au meilleur état, à l'entretien plus foigné des routes qui traverfent leur territoire. En leur confiant d'ailleurs cette commiffion dès cette année, l'Affemblée préviendra le vœu de la loi pour l'année 1789.

Si vous vous déterminez, Meffieurs, à cette délibération, votre Commiffion intermédiaire recevra des Bureaux intermédiaires, des renfeignements certains fur le nombre des atteliers qui doivent être placés fur les routes & fur leur diftribution. L'Inftruction de Sa Majefté prononce le défir que ces divifions foient auffi multipliées qu'il eft poffible. Cette intention étoit celle de la Déclaration du Roi du mois de Juin 1787, portant Converfion de la Corvée en Preftation en argent : elle en étoit la fuite naturelle. Le Roi en affranchiffant fes fujets

ds l'afferviffement pénible & défaftreux de la corvée en
nature, a voulu dans fa bienfaifance, que la contribution
qui la remplaçoit, pût être reverfée en autant de parts
qu'il fe pourroit, fur les contribuables, par le travail
qu'ils trouveroient fur les routes, & qui leur feroit payé.
Il a efpéré qu'ainfi les pauvres n'éprouveroient qu'un
fecours de ce changement de fyftême tant défiré dans
le Royaume, & que les gens aifés fupporteroient feuls
réellement cette impofition. C'eft dans cet efprit de bonté
qu'Il ordonne encore aujourd'hui la divifion des adjudications. Ces divifions, fans doute, ont leurs bornes;
mais le principe de les multiplier autant qu'il fe peut,
une fois adopté, les Bureaux intermédiaires pourront
encore avec plus de certitude connoître quelle en doit
être l'application. Telle partie de chemin mife à l'entretien ou en conftruction, qui traverfe beaucoup de
villages rapprochés, peut être, quoique d'une étendue bornée, divifée dans fes adjudications en plufieurs lots,
quand tel autre chemin, fouvent même telle autre partie du même chemin, ne rencontrant, dans une grande
étendue que des plaines, ne peut être dans ce long trajet confié pour fes ouvrages qu'à un feul adjudicataire.
La Commiffion intermédiaire acquerra cette connoiffance
par les rapports que lui feront les Bureaux intermédiaires,
& elle fera en état de prononcer.

L'Inftruction

L'Inftruction remife à l'Affemblée par Monfieur le Commiffaire du Roi, porte encore que les Affemblées provinciales doivent prévoir le cas où les adjudications d'entretien & autres étant moins fortes que le devis eftimatif qui leur a fervi de bafe, il réfulteroit par ces
rabais une fomme en bénéfice, & qu'elles doivent s'ex-
pliquer fur la manière dont ces rabais feroient employés.

Le Bureau perfuadé que les foins & l'intelligence
des Adminiftrateurs, peuvent beaucoup influer fur le
montant de ces bénéfices, a penfé que leur zèle devoit
être encouragé par l'efpérance qui leur feroit donnée
de procurer un plus grand bien à leur Élection, unique
récompenfe de ceux qui font de l'intérêt de leurs concitoyens, leur premier plaifir comme leur premier devoir ; & qu'en conféquence, ce bénéfice de rabais, tel
qu'il pourra être, devoit être employé en fupplément
d'ouvrages dans chaque Élection. C'eft feulement par
une plus grande quantité d'ouvrages faits avec les
mêmes fommes, que vous pouvez vous flatter de procurer cette année quelques avantages fur les impofitions,
& cette économie en fera une véritable pour les contribuables : ils en connoîtront le prix & la devront à
vos foins.

Mais en propofant à l'Affemblée de confier aux Bureaux intermédiaires le foin des adjudications de leurs

divifions, de l'emploi des bénéfices de rabais, le Bureau des Travaux publics croit, Meffieurs, que vous devez ordonner que les projets & plans de ces Bureaux, foient préalablement envoyés à votre Commiffion intermédiaire, appuyés d'un mémoire raifonné, dans lequel feront développés les motifs qui auront déterminé les avis qu'ils lui foumettront.

Une grande Adminiftration doit être dirigée par des principes uniformes & fixes ; & fi les circonftances de plufieurs genres en font varier les applications, ce ne doit jamais être que par une conféquence même de ces principes : d'après les propofitions que nous vous foumettons, les Bureaux de vos Élections ne pouvant dans les cas importants, prendre aucuns partis qui ne foient approuvés de votre Commiffion intermédiaire, vous ferez sûrs, Meffieurs, de l'obfervation exacte de vos délibérations.

Recette de la Contribution. Le Roi prefcrit encore à l'Affemblée de prononcer fur le verfement des fommes qui forment la contribution des chemins. En vous abandonnant la difpofition de cette fomme, Sa Majefté veut encore qu'elle foit confiée aux mains que vous choifirez : vous vous trouverez vous-mêmes intéreffés, Meffieurs, à réduire, autant qu'il fe pourra, les frais de ce recouvrement, qui doivent être encore confidérés comme une charge des

contribuables, puisqu'ils diminuent la maffe des ouvrages
à faire, & vous vous occuperez des moyens les plus
fûrs, les plus économiques à la fois pour ce verfement.
Le Bureau des Travaux publics a penfé, Meffieurs, que
l'emploi de ces fommes fe faifant prefqu'en entier dans
les Élections qui y contribuent, le choix des perfonnes
dans les mains de qui ces contributions recueillies par
les Collecteurs, feroient dépofées, devroit appartenir
aux Bureaux intermédiaires, en leur prefcrivant de donner la préférence pour cette place, à celui des citoyens
honnêtes & cautionnés qui exigeroient moins de rétribution. Vous favez, Meffieurs, que l'année dernière
MM. les Receveurs Généraux ont fait la remife de celle
qui leur avoit été allouée pour les avances que le Gouvernement les a chargés de faire d'une partie de ces
fommes ; que les Receveurs des tailles ont auffi renoncé
à celle qui leur avoit été affignée pour ce dépôt. Leur
généreux exemple facilitera, fans doute, à vos Bureaux
intermédiaires, les moyens de trouver des dépofitaires
dans lefquels ils puiffent avoir confiance, & qui fe con-
tenteront d'un léger intérêt. Ces Caiffiers devront attendre les ordres de la Commiffion intermédiaire de votre
Affemblée, pour lui faire parvenir la partie de la contribution qui ne fera pas employée dans l'enceinte de
leur Élection ; mais vous jugerez, fans doute, que le

Aa ij

choix de ces Caiffiers doit encore, pour être reconnu
bon, avoir la fanction de la Commiffion intermédiaire.

Vous aurez vu, Meffieurs, que dans le projet de
diftribution de fonds que nous avons foumis à vos délibérations, nous vous avons propofé de prélever fur
la contribution de la Généralité, une fomme pour les
accidents qui néceffiteroient des réparations imprévues ;
cette prévoyance néceffaire eft l'ufage ordinaire obfervé
pour les dépenfes dans toutes les entreprifes confidérables. Le Bureau des Travaux publics penfe que ces
fonds ne devant avoir d'autre emploi que celui de pourvoir aux accidents malheureufement trop fréquents, mais
impoffibles à prévoir, de ravines, d'éboulements, de
dégradations de toute efpèce, de non-valeurs dans la
perception, votre Commiffion intermédiaire doit recevoir de vous l'ordre le plus pofitif de fe rendre difficile
fur la diftribution de ces fonds; de ne leur donner
aucune autre application, même dans le cas où, vers la
fin de l'année prochaine, ces accidents n'auroient pas eu
lieu, & fur le compte qui vous en fera rendu, vous
aurez, Meffieurs, à délibérer fi leur totalité, ou ce qui
pourra être réfervé de ces dépenfes, doit être reverfé
dans la caiffe des Élections qui auront contribuées, ou
fi, reftant dans la vôtre, ils vous donneront le moyen
de demander pour cet objet, l'année prochaine, une

contribution moins forte, dans le cas où cette maſſe vous paroîtroit toujours néceſſaire à conſerver.

L'Adminiſtration que vous remplacez, Meſſieurs , *Cantonniers.* avoit déterminé que des cantonniers placés de lieue en lieue, feroient chargés de l'entretien journalier des rou-tes en empierrement. L'utilité reconnue de ce genre d'ouvriers, a fait penſer au Bureau des Travaux pu-blics, que vous ſuivriez le projet de les établir : ils ſont même au nombre de 119 compris dans vos états d'en-tretien. Ces ouvriers qui ne doivent jamais ſortir de la partie des routes dont ils ont le ſoin, réparent à cha-que inſtant, les petites dégradations ; répandent les pierres avec une ſorte d'art que leur donne l'habitude de ce métier ; entretiennent continuellement les foſſés ; donnent à propos de l'écoulement aux eaux : ils peuvent, s'ils ſont intelligents & aſſidus, diminuer de beaucoup la dé-penſe des entretiens. Peut-être même croirez-vous pou-voir un jour, ſans nuire à leurs fonĉtions, les employer avec avantage à d'autres objets d'utilité publique. Si vous croyez devoir les établir, vous donnerez ordre à vos Bureaux intermédiaires de les mettre en exercice au commencement de l'année prochaine ; temps auquel vous pourrez diſpoſer des fonds qui leur ſeront deſtinés.

Tels ſont, Meſſieurs, les objets ſur leſquels vous devez prononcer. Nous ſommes aſſurés de n'être que l'organe de vos fentiments, en répétant ici les regrets de n'avoir pu préfenter, dès ce moment, la poſſibilité des moyens de diminuer la proportion de l'impôt pour les chemins. Mais cette année doit être conſidérée dans cette Adminiſtration, comme une année d'eſſai ; elle vous donnera, pour l'avenir, les moyens de connoître quelle doit être la véritable dépenſe des travaux des routes ; quel eſpoir vous pouvez conſerver de les diminuer encore. Vous preſcrirez à vos Bureaux intermédiaires, la plus grande économie dans les ouvrages neufs de vos routes ; vous ordonnerez les ſoins les plus multipliés & les mieux entendus pour les entretenir. L'intelligence & la volonté des Ingénieurs de la Province vous ſont connues ; vous leur recommanderez de redoubler encore de zèle & d'aſſiduité ; vous donnerez aux Bureaux d'Élection une ſurveillance active : et lorſque nous pourrons propoſer à votre Aſſemblée des moyens d'adoucir l'impoſition qui remplace la corvée , nous croirons préſenter à vos travaux le prix le plus précieux, le ſeul qui en ſoit digne ; & vous faire goûter, Meſſieurs, la plus douce ſatisfaction que vous puiſſiez eſpérer dans les fonctions honorables que vous avez à exercer.

D'après les motifs développés dans le rapport qui vient d'être lu, le Bureau a l'honneur de vous propoſer , Meſſieurs , d'arrêter ;

1°. Que la contribution pour les chemins repréfen- tative de la corvée, continue d'être impofée, pour l'année 1788, à raifon du fixième de la taille & des impofitions qui en font acceffoires, dans la même forme & ainfi qu'il a été pratiqué en la préfente année 1787.

2°. Que la totalité de cette contribution, montant à 462, 883 $\pounds$, foit d'abord employée à l'entretien des routes de chaque Élection, jufqu'à la concurrence des fommes fixées par les plans & devis des Ingénieurs de la Province, qui s'élèvent à 3 10, 402 $\pounds$ 12 $\int$ 5 ∂.

3°. Qu'il foit enfuite prélevé fur chaque Élection, au marc la livre, de ce qui lui reftera après l'entretien de fes routes, la fomme de 17, 098 $\pounds$ 8 $\int$ 2 ∂, jugée néceffaire pour l'entretien de celles de l'Élection de Guife.

4°. Sur ce qui reftera à chacune des Élections, ces deux objets remplis, qu'il foit encore prélevé une fomme de 6, 187 $\pounds$ 9 $\int$ pour les befoins imprévus & les non-valeurs ; & que le furplus foit employé, favoir : pour un tiers, fur les routes de première & feconde claffe de la Généralité, & pour les deux autres tiers, fur les routes de même claffe appartenantes à chaque Élection, en forte que chacune d'elles aît les deux tiers du reftant net de fon impofition, appliqués à des conftructions ou réparations à neuf fur des routes de première & feconde classe situées dans son enceinte, suivant les plans & devis qui en ont été dressés par l'Ingénieur en chef de la Province, & conformément au Tableau qui est joint au présent Rapport.

5°. Que l'Assemblée provinciale, ou sa Commission intermédiaire, adresse à M. le Contrôleur Général, incessament un état des sommes jugées nécessaires pour les grandes routes, avec tous les projets, plans & devis de l'Ingénieur en chef, pour être examinés au Conseil, & approuvés dans la forme ordinaire.

6°. Qu'aussi-tôt que Sa Majesté aura fait connoître ses intentions, & approuvé les projets, plans & devis, la Commission intermédiaire en envoie une expédition aux Bureaux intermédiaires de chaque Élection.

7°. Que les Bureaux intermédiaires ayant connoissance des intentions de Sa Majesté, ainsi que des projets, plans & devis par Elle approuvés, s'occupent, sans délai, de diviser les atteliers, tant pour les entretiens, que pour les constructions ou réparations à neuf, en autant de tâches qu'ils croiront possibles & convenables; d'en régler le nombre, la distribution & l'emplacement; d'en dresser des états nets & précis, avec des projets d'adjudication; & qu'ils envoient les états & projets à la Commission intermédiaire, avec les motifs qui les auront déterminés, pour être examinés par ladite

ladite Commiſſion intermédiaire, & par elle approuvés.

8°. Que les Bureaux intermédiaires des Élections, ſoient chargés, par l'Aſſemblée ou ſa Commiſſion intermédiaire, de procéder aux adjudications des ouvrages qui auront lieu dans chacune d'elles ; que ces adjudications ſoient faites publiquement, en préſence des Membres de l'Aſſemblée provinciale, députés par elle ou par ſa Commiſſion intermédiaire, ſi elle le juge à propos ; & que celui qui offrira de faire l'ouvrage à meilleur marché, ſoit préféré.

9°. Qu'immédiatement après l'adjudication, les Bureaux intermédiaires ſoient tenus d'envoyer à la Commiſſion intermédiaire, une expédition des Procès-verbaux de ces adjudications, pour être dépoſée au Greffe de ladite Commiſſion.

10°. Que les principales clauſes de l'adjudication renferment toujours l'obligation, par les adjudicataires, d'exécuter exactement les devis, ſans s'en écarter ſous quelque prétexte que ce ſoit ; de renoncer à toutes ſortes d'indemnités pour raiſon de cas fortuits & autres cauſes ; de donner bonne & ſuffiſante caution, & de ne recevoir aucune ſomme, par forme d'avance ou à compte, que les travaux ne ſoient au moins au quart de leur confection, ſans préjudice des autres conditions que l'Aſſemblée ou ſa Commiſſion intermédiaire, ou les Bureaux

Bb

intermédiaires jugeront convenables, eu égard aux localités.

11°. Que les adjudications soient annoncées quinze jours au moins à l'avance, par des affiches & publications, dans les principaux marchés des environs, & spécialement dans les paroisses les plus voisines des routes où les atteliers se trouveront placés ; & que ces affiches indiquent les lieux où l'on pourra prendre connoissance des devis & clauses de l'adjudication.

12°. Que les travaux soient suivis par l'Ingénieur en chef de la Province, les Inspecteurs & Sous-Ingénieurs, & à cet effet les divers atteliers visités le plus souvent qu'il sera possible.

13°. Qu'il soit, en outre, fait choix dans chaque arrondissement où se trouvent des atteliers, d'un ou de plusieurs Membres des Assemblées d'élection, ou d'autres personnes honnêtes & intelligentes pour surveiller les adjudicataires, & rendre compte du progrès ou du retard des travaux aux Bureaux intermédiaires, qui en instruiront la Commission intermédiaire.

14°. Que s'il y avoit nécessité ou utilité de faire quelque changement dans l'exécution des devis, il en soit rendu compte à la Commission intermédiaire par l'Ingénieur en chef ou les Bureaux intermédiaires ; & que ces changements ne puissent se faire qu'en vertu des ordres par écrit de la Commission intermédiaire.

15°. Que dans le cas où le rabais des adjudications sur le montant des devis produiroit des revenant-bons, ces bénéfices soient employés en supplément d'ouvrages dans les Élections où ils auront été obtenus, après toutefois que les plans & devis de ces ouvrages auront été dreffés par l'Ingénieur en chef de la Province, & approuvés par la Commission intermédiaire.

16°. Qu'il en soit de même pour la somme de 6, 187 ♯ 9 ♂, mise en réserve pour les besoins imprévus & les non-valeurs, si des circonstances majeures, attestées par des Procès-verbaux de l'Ingénieur du Département, n'en ont pas nécessité l'emploi, & que le revenant-bon en soit alors compté à chaque Élection, pour être employé, si l'Assemblée le juge à propos, en supplément d'ouvrages à son profit, ou pour être laiffé en maffe en diminution de la contribution que chacune des Élections doit fournir pour faire annuellement une somme de 6,000 ♯, ou environ.

17°. Que la somme des contributions recueillies par les Collecteurs, soit verfée dans les mains du Caiffier nommé par les Bureaux intermédiaires ; que ces Bureaux donnent la préférence à ceux des citoyens honnêtes qui feront, pour se charger de cette recette, les propositions les plus avantageufes, & qu'enfin ce Caiffier donne une caution folvable, laquelle fera approuvée par la Commiſſion intermédiaire.

18°. Que ce Caiſſier ne délivre aucune fomme, que fur des mandements de la Commiſſion intermédiaire.

9°. Que la Commiſſion intermédiaire ne puiſſe délivrer de mandats aux adjudicataires, que juſqu'à la concurrence des deux tiers pour les ouvrages d'art, & des quatre cinquièmes pour les travaux des routes.

20°. Que les mandats à compte ne foient délivrés, par la Commiſſion intermédiaire, qu'à fur & à meſure de l'avancement des ouvrages, & lorſqu'elle fe fera aſſurée de leur progrès par les certificats de l'Ingénieur en chef ou des Sous-Ingénieurs, & d'après l'avis des Bureaux intermédiaires.

21°. Qu'il foit procédé à la réception des ouvrages par la Commiſſion intermédiaire ou par les Bureaux intermédiaires qu'elle aura délégués à cet effet, au jour qui fera indiqué par elle ou par les Bureaux intermédiaires ; que l'Ingénieur en chef ou les Sous-Ingénieurs fe tranſportent à cet effet fur les routes, & y faſſent faire, aux frais des Entrepreneurs, en préſence de tels des Membres de la Commiſſion intermédiaire ou des Bureaux intermédiaires qui pourront être délégués, les fondes qui feront néceſſaires pour s'aſſurer de la bonne conſtruction & de la qualité des matériaux, conformément au devis ; que lesdits Ingénieurs en dressent leur rapport, pour mettre la Commission intermédiaire ou les Bureaux intermédiaires par elle délégués, à portée de faire ladite réception ; & que le Procès-verbal pour chaque attelier soit déposé au Greffe de l'Assemblée provinciale.

& 22°. Qu'à l'époque où les travaux adjugés en 1787, seront reçus, il soit établi sur des routes en empierrement, des cantonniers ou stationnaires uniquement occupés de poser les pierres, régaler les terres & entretenir journellement les routes ; & que ces cantonniers soient distribués sur les différents atteliers, d'après l'indication faite par l'Ingénieur en chef dans ses devis pour l'année 1788, sauf à en augmenter ou diminuer le nombre suivant les circonstances.

L'Assemblée a remis sa délibération sur le présent rapport à la Séance de demain.

Ensuite Messieurs ont été travailler à leurs Bureaux.

Signé, LE COMTE D'EGMONT.

Contresigné, BYÉTER, *Secrétaire-Greffier*.

Du Jeudi 29, dix heures du matin.

Délibération sur le Rapport lu dans la Séance d'hier, par MM. les Commissaires du Bureau des Trav. publics.

L'ASSEMBLÉE a pris Séance, & après avoir délibéré sur le Rapport fait hier, par Messieurs composant le Bureau des Travaux publics, a arrêté:

Premièrement, que la contribution pour les chemins représentative de la corvée, continuera d'être imposée pour l'année 1788, à raison du sixième de la taille & des impositions qui en sont accessoires, dans la même forme & ainsi qu'il a été pratiqué en la présente année 1787.

2°. Que la totalité de cette contribution, montant à 462,883 £, sera d'abord employée à l'entretien des routes de chaque Élection, jusqu'à la concurrence des sommes fixées par les plans & devis des Ingénieurs de la Province, qui s'élèvent à 310,402 £.

3°. Qu'il sera ensuite prélevé sur chaque Élection, au marc la livre, de ce qui lui restera après l'entretien de ses routes, la somme de 17,098 £ jugée nécessaire pour l'entretien de celles de l'Élection de Guise.

4°. Sur ce qui restera à chacune des Élections, ces

deux objets remplis, qu'il fera encore prélevé une somme de 6, 187 ℔ 9 ʃ pour les befoins imprévus & les non-valeurs ; & que le furplus fera employé, favoir : pour un tiers, fur les routes de première & feconde claffe de la Généralité, & pour les deux autres tiers, fur les routes de même claffe appartenantes à chaque Élection, en forte que chacune d'elles ait les deux tiers du reftant net de fon impofition, appliqués à des conftructions ou réparations à neuf fur des routes de première & feconde claffe fituées dans fon enceinte, fuivant les plans & devis qui en ont été donnés par l'Ingénieur en chef de la Province, & conformément au Tableau joint au préfent Rapport.

5°. Que l'Affemblée provinciale ou fa Commiffion intermédiaire, adreffera à M. le Contrôleur Général, inceffamment, un état des fommes jugées néceffaires pour les grandes routes, avec tous les projets, plans & devis de l'Ingénieur en chef, pour être examinés au Confeil, & approuvés dans la forme ordinaire.

6°. Qu'auffi-tôt que Sa Majefté aura fait connoître fes intentions, & approuvé les projets, plans & devis, la Commiffion intermédiaire en enverra une expédition aux Bureaux intermédiaires de chaque Élection.

7°. Que les Bureaux intermédiaires ayant connoiffance des intentions de Sa Majefté, ainfi que des projets,

plans & devis par Elle approuvés, s'occuperont, sans
délai, de diviser les atteliers, tant pour les entretiens,
que pour les constructions ou réparations à neuf, en
autant de tâches qu'ils croiront possible & convenable ; d'en régler le nombre, la distribution & l'emplacement ; d'en dresser des états nets & précis, avec des
projets d'adjudication ; & qu'ils enverront les états &
projets à la Commission intermédiaire, avec les motifs
qui les auront déterminés, pour être examinés par
ladite Commission intermédiaire, & par elle approuvés.

8°. Que les Bureaux intermédiaires des Élections,
feront chargés par l'Assemblée ou sa Commission intermédiaire, de procéder aux adjudications des ouvrages qui auront lieu dans chacune d'elles ; que ces adjudications feront faites publiquement, en préfence d'un
des Membres de l'Assemblée provinciale, député par
elle ou par sa Commission intermédiaire, si elle le juge
à propos ; & que celui qui offrira de faire l'ouvrage à
meilleur marché, fera préféré.

9°. Qu'immédiatement après l'adjudication, les Bureaux intermédiaires feront tenus d'envoyer à la Commis-
fion intermédiaire, une expédition des Procès-verbaux
de ces adjudications, pour être dépofée au Greffe de
ladite Commission.

10°. Que les principales claufes de l'adjudication ren-
fermeront

fermeront toujours l'obligation, par les adjudicataires d'exécuter exactement les devis, sans s'en écarter sous quelque
prétexte que ce soit, de renoncer à toutes sortes d'indemnités pour raison de cas fortuits & autres causes;
de donner bonne & suffisante caution, & de ne recevoir
aucune somme par forme d'avance ou à compte, que
les travaux ne soient au moins au quart de leur confection, sans préjudice des autres conditions que l'Assemblée, ou sa Commission intermédiaire, ou les Bureaux
intermédiaires jugeront convenables, eu égard aux localités.

11°. Que les adjudications seront annoncées quinze
jours au moins à l'avance, par des affiches ou publications, dans les principaux marchés des environs, &
spécialement dans les paroisses les plus voisines des routes
où les atteliers se trouveront placés, & que ces affiches
indiqueront les lieux où l'on pourra prendre connoissance
des devis & des clauses de l'adjudication.

12°. Que les travaux seront suivis par l'Ingénieur en
chef de la Province, les Inspecteurs & Sous-Ingénieurs,
& à cet effet que les divers atteliers seront par eux visités
le plus souvent qu'il sera possible.

13°. Qu'il sera, en outre, fait choix dans chaque
arrondissement où se trouveront les atteliers, d'un ou de
plusieurs Membres des Assemblées d'élection, ou d'autres

perſonnes honnêtes & intelligentes, pour ſurveiller les adjudicataires, & rendre compte du progrès ou du retard des travaux aux Bureaux intermédiaires, qui en inſtruiront la Commiſſion intermédiaire.

14°. Que s'il y avoit néceſſité ou utilité de faire quelque changement dans l'exécution des devis, il en ſera rendu compte à la Commiſſion intermédiaire par l'Ingénieur en chef ou les Bureaux intermédiaires ; & que ces changements ne pourront ſe faire qu'en vertu des ordres par écrit de ladite Commiſſion intermédiaire.

15°. Que dans le cas où le rabais des adjudications ſur le montant des devis produiroit des revenant-bons, ces bénéfices ſeront employés en ſupplément d'ouvrages dans les Élections où ils auront été obtenus, après toutefois que les plans & devis de ces ouvrages auront été donnés par l'Ingénieur en chef de la Province, & approuvés par la Commiſſion intermédiaire.

16°. Qu'il en ſera de même pour la ſomme de 6,187 ℓ 9 �ſ, miſe en réſerve pour les beſoins imprévus & les non-valeurs, ſi des circonſtances majeures, atteſtées par des Procès-verbaux de l'Ingénieur du Département, n'en ont pas néceſſité l'emploi, & que le revenant-bon en ſera alors compté à chaque Élection, pour être employé, ſi l'Aſſemblée le juge à propos, en ſupplément d'ouvrages à ſon profit, ou pour être laiffé en maffe en diminution de la contribution que chacune des Élections doit fournir pour faire annuellement une fomme de 6,000 *£*, ou environ.

17°. Que la fomme des contributions recueillies par les Collecteurs, fera verfée dans les mains du Caiffier qui fera nommé par les Bureaux intermédiaires ; que ces Bureaux donneront la préférence à ceux des Citoyens honnêtes qui feront, pour fe charger de cette recette, les propofitions les plus avantageufes ; & qu'enfin ce Caiffier donnera une caution folvable, laquelle fera approuvée par la Commiffion intermédiaire.

18°. Que ce Caiffier ne délivrera aucune fomme, que fur les mandements de la Commiffion intermédiaire.

19°. Que la Commiffion intermédiaire ne pourra délivrer des mandats aux adjudicataires, que jufqu'à la concurrence des deux tiers pour les ouvrages d'art, & des quatre cinquièmes pour les travaux des routes.

20°. Que les mandats d'à compte ne feront délivrés, par la Commiffion intermédiaire, aux adjudicataires, qu'à fur & à mefure de l'avancement des ouvrages, & lorfqu'elle fe fera affurée de leur progrès par les certificats de l'Ingénieur en chef ou des Sous-Ingénieurs, & d'après l'avis des Bureaux intermédiaires.

21°. Qu'il fera procédé à la réception des ouvrages par la Commiffion intermédiaire ou par les Bureaux intermédiaires qu'elle aura délégués à cet effet, au jour qui fera indiqué par elle ou par les Bureaux intermédiaires ; que l'Ingénieur en chef ou les Sous-Ingénieurs fe tranfporteront à cet effet fur les routes, & y feront faire, aux frais des Entrepreneurs, en préfence de tels des Membres de la Commiffion ou des Bureaux intermédiaires qui pourront être délégués, les fondes qui feront néceffaires pour s'affurer de la bonne conftruction & de la qualité des matériaux, conformément au devis ; que lefdits Ingénieurs en drefferont leur rapport, pour mettre la Commiffion intermédiaire ou les Bureaux intermédiaires par elle délégués, à portée de faire ladite réception ; & que le Procès-verbal pour chaque attelier fera dépofé au Greffe de l'Affemblée provinciale.

A l'égard des cantonniers, l'Affemblée en a reconnu unanimement l'utilité, & a remis à délibérer fur l'époque de leur établiffement, après un nouveau Rapport que des obfervations faites par l'Affemblée, ont paru néceffiter.

Lecture a été faite, par MM. les Procureurs-Syndics, d'une lettre de Monfieur le Commiffaire du Roi, en réponfe aux plaintes qui lui avoient été adreffées fur l'exécution vicieufe des chemins faits, par adjudication, dans l'Élection de Guife, & par laquelle il annonce avoir donné les ordres les plus précis, pour que les adjudicataires remplissent les conditions auxquelles ils se sont soumis.

MM. les Procureurs-Syndics ont aussi présenté un mémoire qui leur a été envoyé, par les habitants de Chauny, pour l'ouverture d'un chemin conduisant de Soissons à Chauny & à la Fère. Ce mémoire sera remis au Bureau des Travaux publics.

Messieurs composant le même Bureau ont fait ensuite les Rapports qui suivent.

I. RAPPORT.

PRÉCIS de ce qui reste à faire à l'Assemblée provinciale, après avoir délibéré sur le Rapport des ouvrages à exécuter sur les chemins, en 1788, d'après l'Instruction du 5 Novembre, remise à l'Assemblée, dans la partie des Ponts & Chaussées.

MESSIEURS,

L'INGÉNIEUR en chef qui doit recevoir les ordres de *Article 6. des* l'Assemblée sur les travaux qu'elle propose pour l'année *Instructions,* 1788, doit en conséquence rédiger, avec tout le soin & la diligence possibles, les projets nécessaires, afin qu'avant le quinze Décembre, ils puissent être remis à l'Assemblée provinciale ou à sa Commission intermédiaire.

Article 7. La Commission intermédiaire doit adresser à M. le Contrôleur Général des Finances, tous ces projets, plans & devis, avant le 15 Janvier 1788, pour être examinés au Conseil & approuvés dans la forme ordinaire.

Nous sommes avertis, Messieurs, que l'Ingénieur en chef doit vous remettre promptement tous les états & plans exigés dans l'article précédent. Son travail étoit préparé avant votre Assemblée, & votre délibération y apporte peu de changements. Vous reconnoîtrez dans tous ces états, & particuliérement dans le grand état des routes, N°. 2. une clarté & un ordre peu communs.

L'Assemblée trouvera, sans doute, à propos d'envoyer, le plutôt qu'il lui sera possible, ce travail à M. le Contrôleur Général : car il est intéressant de terminer, aussi promptement qu'il se pourra, l'adjudication des routes.

Tous les autres articles sur lesquels vous n'avez pas délibéré, doivent composer en grande partie, l'instruction que vous laisserez à la Commission intermédiaire : ils ordonnent quelques précautions de plus à prendre relativement aux adjudications & à la réception des ouvrages. Il ne vous restera plus à ajouter à ces articles, que quelques détails relatifs aux délibérations que vous avez prises aujourd'hui. Vous ordonnerez sans doute, Messieurs, qu'il foit dreffé une inftruction à ce fujet, & vous prefcrirez que vos Bureaux intermédiaires faffent, avant de recevoir les routes, conftater, par les moyens que vous leur indiquerez, l'état pofitif de ces routes.

L'Affemblée ayant entendu le Rapport ci-deffus, a *Délibération.* arrêté qu'elle auroit égard aux obfervations qui y font contenues, & a chargé le Bureau de faire un projet relatif aux articles du Réglement concernant les travaux publics, & aux délibérations prifes par l'Affemblée fur ce fujet, pour être laiffé à la Commiffion intermédiaire & être envoyé par elle aux Bureaux intermédiaires.

II. RAPPORT.

MESSIEURS,

L'INSTRUCTION qui a été remife à l'Affemblée pro-*États & Pièces* vinciale, lui prefcrivant de fe faire donner un état des *remis* Ingénieurs, Sous-Ingénieurs & Élèves des Ponts & *à l'Affemblée.* Chauffées, des Conducteurs & des Piqueurs employés fur les routes de la Généralité, & des ouvrages d'art exiftants dans la Province, le Bureau des Travaux publics joint ici ces différents états. L'Affemblée y verra que le projet des ponts, ponceaux & aqueducs qui reftent encore à conftruire dans cette Province, s'élève, par apperçu, à la dépenfe de 1, 103, 000 *£.*

En conféquence de cette même Inftruction, l'Ingénieur en chef de la Province vous a remis auffi, Meffieurs, toutes les cartes, mémoires & états propres à vous faire connoître la fituation actuelle de la Province fur l'objet des communications.

L'Affemblée a arrêté que les cartes & états ci-deffus mentionnés, feroient dépofés aux archives.

III. RAPPORT.

MESSIEURS,

Route de Champagne en Normandie, N°. 7. Nous vous avons rendu compte de l'utilité première dont devoit être confidérée, pour le commerce de la Généralité du Soiffonnois & pour celui de tout le Royaume, la route de Champagne en Normandie, N°. 7. Cette route fera, fans doute, une de celles fur lefquelles vous croirez, à vos prochaines Affemblées, devoir porter les premiers fonds dont vous pourrez difpofer. Elle n'eft pas ouverte dans l'Élection de Clermont, & elle eft finie prefqu'en entier dans la partie de la Généralité de Paris, qui fe trouve au milieu de la Généralité de Soiffons.

Le Bureau des Travaux publics, ne prétend pas propofer à votre Affemblée, une délibération prématurée fur la confection de cette route, arrêtée au Confeil depuis vingt-cinq ans ; mais il penfe que les projets de

fa

fa direction, ayant varié plufieurs fois depuis cette époque, & fon alignement précis ne fe trouvant pas, d'après le rapport de M. l'Ingénieur en chef, encore aujourd'hui déterminé, l'Affemblée croira peut-être à propos de prier cet Ingénieur de lui préfenter les plans, projets & mémoires de cette route, pour qu'après en avoir propofé la direction, elle puiffe demander, dès cette année, une approbation du Confeil qui l'arrête définitivement. Cette précaution mettra l'Affemblée en état d'ordonner l'ouverture & les premiers ouvrages fur cette route, dès qu'elle aura des fonds à y porter.

Sur quoi il a été arrêté que M. l'Ingénieur en chef *Délibération.* fera engagé à préfenter à l'Affemblée, les plans, projets & mémoires relatifs à la direction de la route de Champagne en Normandie, pour qu'après en avoir propofé la direction, elle puiffe demander, dès cette année, une approbation du Confeil qui l'arrête définitivement.

IV. RAPPORT.

MESSIEURS,

M. DU PERRON, Ingénieur en chef de cette Pro- *Roues à larges* vince, a fait paffer à MM. les Procureurs-Syndics de *Jantes.* votre Affemblée, une lettre qu'il a reçue de M. DE LA MILLIERE, avec ordre de vous la communiquer.

Dd

Cet Adminiftrateur dont le zèle infatigable cherche fans ceffe à s'appuyer de toutes les autorités, pour pouvoir faire, dans le Département dont il eft chargé, tout le bien qu'il croit poffible, défire connoître l'opinion de l'Affemblée provinciale fur la propofition d'une loi qui ordonneroit l'établiffement des roues à bandes larges de fix pouces à la femelle pour les charrettes & chariots, & qu'il croit utile au bon entretien des chemins. La lettre qu'il a écrite à M. Du Perron, eft accompagnée de quatre certificats de rouliers, entrepreneurs de convois, qui atteftent que ce genre de roues donne même plus de facilité au tirage que les roues ordinaires, fatigue moins les chevaux & fait voiturer plus commodément les marchandifes qu'elles portent. Votre Commiffion intermédiaire a défiré préparer votre opinion par celles des Bureaux intermédiaires des Affemblées d'éleftion, à qui elle a donné communication de ces lettre & certificats. Les Bureaux de Laon, de Crefpi, de Château-Thierry, de Clermont, de Guife, vous ont envoyé leur opinion. Elle eft, en général, favorable à l'établiffement des roues larges.

Le Bureau des Travaux publics à qui vous avez remis l'examen de cette queftion, a lu les lettre, certificats & délibérations ci-deffus mentionnés. Il penfe, Meffieurs, que l'avantage des roues à larges bandes eft indubitable pour la confervation des routes; que l'ufage même pourroit en être rendu plus utile encore, en augmentant la largeur des bandes, & en exigeant fur-tout que l'effieu fur lequel tournent les roues de devant, foit plus court que l'effieu fur lequel les roues de derrière font montées. L'effet de cette inégalité dans les effieux eft que les roues de derrière comblent le bord extérieur de l'ornière faite par les roues de devant, & font rouler la voiture fur une bafe plus large, & par con-féquent, plus utile à la confervation des chemins que fi les roues du même côté fuivoient abfolument la même voie. Ce bon effet eft juftifié par l'ufage des effieux de cette efpèce, univerfellement pratiqué en Angleterre. Pour affurer l'exécution d'une nouvelle loi à cet égard, & pour en tirer plus d'utilité, le Bureau penfe qu'il feroit défirable qu'en ne bornant pas, pour les voitures à larges jantes & à effieux inégaux, le nombre des chevaux dont elles pourront être attelées, elle prefcrivît la quantité de chevaux qui pourroient tirer les voitures à bandes étroites & celles à brancard. Cette loi préfer-veroit encore du dégât que font les chevaux attelés feul à feul, lorfque les voitures font très-chargées. Le Confeil du Roi a rendu déja, en 1724 & en 1783, des loix dont celle propofée dans ce moment, ne feroit que la conféquence & le renouvellement.

Dd ij

Avis du Bureau.   Le Bureau ne penſe pas cependant que les certificats qui ont été mis ſous ſes yeux pour prouver la plus grande facilité du roulage des voitures, produite par l'uſage des roues à larges bandes, s'accordent avec les principes de la bonne phyſique ; & croit au contraire que les voitures ainſi montées néceſſiteront, dans les chemins qui ne ſeront pas dans le meilleur état, un plus grand nombre de chevaux. Néanmoins penſant que l'établiſſement des roues à larges bandes eſt eſſentiel à la conſervation des chemins, il croit que l'Aſſemblée provinciale ne peut que s'en rapporter à la ſageſſe du Gouvernement ſur l'utilité de la loi propoſée, conſidérée dans tous les rapports.

D'après ces conſidérations, le Bureau eſt d'avis, ſi l'Aſſemblée adopte cette opinion, que MM. les Procureurs-Syndics ſoient priés d'en faire part à M. Du Perron, pour qu'il la faſſe parvenir à M. de la Milliere.

Délibération.   L'Aſſemblée adhérant à l'avis du Bureau, a arrêté que MM. les Procureurs-Syndics enverront copie du Rapport ci-deſſus à M. l'Ingénieur en chef, pour être par lui remiſe à M. l'Intendant des Finances au Département des Ponts & Chauſſées.

La Séance a été indiquée à Samedi prochain, dix heures du matin.

Signé, LE COMTE D'EGMONT.

Contre-ſigné, BYETER, Secrétaire-Greffier.

Du Samedi 1 Décembre, dix heures du matin.

L'ASSEMBLÉE ayant pris Séance, lecture a été faite d'un mémoire adressé à MM. les Procureurs-Syndics, par les habitants de Neuilly-Saint-Front, contenant un supplément d'observations sur la demande qu'ils ont faite que le chemin projetté de Château-Thierry à la Ferté-Milon passât par leur Ville. Ce mémoire sera remis au Bureau dont le travail est relatif à cet objet.

Le Bureau des Travaux publics a ensuite fait le Rapport qui suit.

MESSIEURS,

VOUS nous avez prescrit dans vos dernières Séances de remettre sous vos yeux le dernier article des délibérations que nous vous avions proposées dans le Rapport que nous avons fait de l'état de vos routes & des travaux à y ordonner pour l'année 1788.

Rapp. du Bur. des Trav. pub. sur l'Établiss. des Cantonn.

En admettant unanimement l'opinion de l'utilité des cantonniers à établir pour l'entretien des routes en empierrement, vous êtes restés indécis sur l'avantage de les établir dans ce moment, au nombre de 119, qui vous a été proposé. Vous avez été incertains si vous ne deviez les adopter que pour les routes déja mises en excellent état ; si vous deviez autoriser les Bureaux intermédiaires d'élection, à en proposer à votre Commission intermédiaire l'établissement pour le nombre qu'ils jugeroient convenable, ou si votre Assemblée arrêteroit avant de se séparer, de faire l'essai d'un certain nombre, d'assigner quelle seroit la diminution du nombre proposé, & d'arrêter dans quelle partie de vos routes ces restrictions auroient lieu. Tels ont été les différents avis qui nous ont paru partager l'Assemblée, & le vœu général a été que cette question vous fût présentée avec plus de détails.

Nous nous sommes empressés, Messieurs, de nous occuper à rassembler ceux qui pourroient porter plus de lumières sur cette question.

Pour pouvoir se former une opinion motivée de l'utilité ou de l'inconvénient d'établir des cantonniers sur les routes dans un état plus ou moins bon d'entretien, il est important d'observer qu'il y a, pour parvenir à l'entretien des chemins, six différentes espèces d'ouvrages.

1°. L'extraction ou le ramassage des pierres & sable propres à être mis sur les routes.

2°. Le transport de ces matières sur les routes, & leur approvisionnement en tas, à des distances, & dans des quantités désignées par l'Ingénieur.

3°. Le cassage des pierres au degré jugé nécessaire, pour être utilement employées.

4°. La pose de ces matières sur les routes.

5°. Le régalement des terres & le soin de donner un écoulement aux eaux.

6°. L'entretien des fossés.

Chacun de ces ouvrages est détaillé dans le devis des Ingénieurs, & chacun d'eux a un prix différent.

La nécessité, ou au moins le plus grand avantage de donner à l'entreprise les trois premiers ouvrages, (*) ne peut laisser aucun doute ; c'est d'ailleurs le vœu de la loi, & vous y avez souscrit dans votre délibération du 29 de ce mois. Vous n'avez pas prononcé encore sur le parti à prendre pour les trois autres ouvrages, & c'est la question à décider.

Le parti de comprendre ces ouvrages dans l'adjudication, présente cet inconvénient pour la pose des matières, que les adjudicataires n'étant pas assujettis à faire un travail suivi & journalier, les dégâts qui se font dans les routes ne peuvent se réparer qu'à des époques éloignées ; qu'il en est de même de l'écoulement à donner aux eaux,

(*) Extraction ou ramassage, transport, cassage.

& de l'entretien des fossés. Il est facile de comprendre que les dégradations de toute espèce, réparées seulement deux fois par année, sont, quand le moment du travail arrive, & plus considérables & plus difficiles à rétablir.

L'établissement des cantonniers remédie avec avantage à ces inconveniens : les ouvriers dont la station unique est sur les chemins, réparent les dégâts à chaque instant qu'ils s'en apperçoivent, & ils s'en apperçoivent au moment où ils arrivent, puisque leur instruction première est de parcourir une fois au moins par jour, toute l'étendue de leur district : ce qui, dans trois mois, eût été une considérable dégradation, est réparé aujourd'hui par une brouette de cailloux ; cette eau qui se jette aujourd'hui dans les fossés, eût, sans un coup de bêche donné à propos, été dans quatre mois un cloaque que vingt tombereaux de terre n'auroient pas relevé au niveau de la route. Enfin, l'établissement des cantonniers donne à l'Administration des hommes affidés qui contrôlent l'exécution des conditions des adjudicatai-res, en ayant eux-mêmes intérêt, pour leur propre tra-vail, à ce que les conditions soient bien remplies. Leur soin eût prévenu cette année, sur l'entretien de certaines routes de cette Généralité, quelques plaintes qui, n'étant pas encore de votre ressort, Messieurs, ne vous en font pas moins parvenues. M. l'Intendant de cette Province,

à

à l'Administration de qui nous fommes heureux de trouver ici l'occafion de rendre hommage, regardoit l'établiffement des cantonniers comme un préfervatif affuré contre le mauvais entretien des routes, & il fe propofoit de l'ordonner inceffamment.

Sans doute, fi une route eft neuve & bien faite, le foin des cantonniers eft plus facile & leur fuccès plus affuré que fi les routes fur lefquelles on les établit, font dans un plus mauvais état. Mais les routes en plus mauvais état feront beaucoup plus dégradées dans fix mois fans cantonniers, c'eft-à-dire, fans foins journaliers, fans cette vigilance de tous les moments, qui répare à propos & avec art, tous les accidents de ces routes.

A l'avantage de l'établiffement des cantonniers dans le rapport de la folidité des routes, nous en ajouterons un autre qui ne feroit rien fans cette folidité, condition première de toutes les réparations, mais qui en double l'utilité lorfqu'il lui eft réuni : l'avantage de l'économie.

Une dégradation confidérable à un certain point, telle, par exemple, qu'une rupture de quelques toifes dans fon encaiffement, accident affez fréquent dans les chemins tenus à l'adjudication ordinaire, eft mife fur l'état, dans le chapitre appellé des réparations à neuf. Cette partie de chemin occafionne donc une dépenfe particulière quinze ou vingt fois plus grande que

E e

celui de l'entretien, l'établissement d'un cantonnier eût probablement préservé de cette dépense : une petite réparation du moment dans cette route, eût réparé l'accident que le temps & le manque de soins ont dû nécessairement rendre plus considérable, & eût apporté, dans l'emploi des deniers & dans l'emploi des matières, une économie doublement avantageuse.

A ces calculs qui seront jugés au moins probables par la plupart de vous, Messieurs, nous en ajouterons de positifs.

Le genre de travail donné habituellement aux cantonniers, est compris dans les adjudications, on en est distrait selon que les adjudicataires ont la charge de tout l'ouvrage du chemin, ou que la pose des matières, l'écoulement des eaux & l'entretien des fossés, sont confiés à des ouvriers particuliers.

Sur une route en mauvais état, la dépense de l'éboulement de la chaussée, du rechargement de cette chaussée & des terrasses des accottements & fossés, peut s'évaluer à cinq sols la toise courante ; elle vaut trois sols sur une route en très-bon état. Le prix réduit est donc de quatre sols.

Supposant un canton de 2,400 toises réduites, la dépense dudit canton seroit pour ces objets, de 480 ʟ par adjudication ; plus, 48 ʟ pour le dixième du bénéfice accordé à l'Entrepreneur, fuivant l'ufage ordinaire, en tout 528 £. Un cantonnier fe charge de cet ouvrage & l'exécute bien pour 300 £.

L'objet d'économie pour un canton, fera donc de 228 £, & pour 120 cantons dans lefquels les routes de la Province peuvent être réparties, de 27,360 £.

Ces détails nous font fournis par M. l'Ingénieur en chef.

Tels font, Meffieurs, les renfeignements plus détaillés que nous pouvons vous préfenter aujourd'hui, fur la queftion dont vous avez différé la délibération; nous ajouterons avec confiance à ces détails, l'opinion de toutes les Provinces qui ont, depuis quelques années, l'adminiftration de leurs chemins, la certitude du bon état de leurs routes & de celles de toutes les parties du Royaume où de pareils établiffements font faits. Enfin, Meffieurs, nous ajouterons encore que fi malgré toutes ces préfomptions, il peut vous refter quelques doutes, vous acquerrez par l'établiffement des cantonniers, que vous pouvez ne faire que par effai, une expérience perfonnelle, qui ne laiffera plus aucune incertitude à votre amour du bien, & au défir qui vous anime de l'opérer d'une manière affurée.

D'après ces obfervations, le Bureau a l'honneur de vous propofer, Meffieurs, qu'auffi-tôt que les ouvrages

Avis
du Bureau.

Ee ij

adjugés en l'année 1787 seront reçus, il soit établi sur les routes en empierrements, des cantonniers uniquement occupés de poser les pierres, régaler les terres & entretenir journellement les routes ; & que ces cantonniers soient distribués sur les différents atteliers, d'après l'indication faite par l'Ingénieur en chef, dans ses devis pour 1788, sauf à en augmenter ou diminuer le nombre suivant les circonstances.

Délibération. La matière mise en délibération, l'Assemblée a arrêté qu'aussi-tôt après la réception des ouvrages adjugés en 1787, il sera établi sur les routes en empierrements, des cantonniers qui seront uniquement occupés de poser les pierres, régaler les terres & entretenir journellement les routes, & que ces cantonniers seront distribués sur les différents atteliers indiqués par l'Ingénieur en chef, dans ses devis pour 1788, sauf à en augmenter ou diminuer le nombre suivant les circonstances.

Commission pour rédiger les observations des Bur. sur les Réglem. Monsieur le Président a proposé de former une Commission particulière pour rédiger les observations que les différents Bureaux ont été chargés de faire sur les articles des Instructions & Réglements relatifs à leurs opérations.

Cette proposition agréée, M. l'Abbé Général de Prémontré, M. le Vicomte de la Bédoyere, M. Dubuf & M. Bernier ont été nommés à cet effet.

Messieurs composant le Bureau du bien public, ont fait les Rapports suivants.

I. RAPPORT.

MESSIEURS,

LA Municipalité de Jussy, Paroisse de l'Élection de Noyon, se plaint par sa délibération du 2 Novembre dernier, présentée à l'Assemblée provinciale, de ce que dans sa Paroisse, la proximité des cendres de houille auprès des arbres & des plantes nuit à la végétation & y cause un dommage notable; les habitants d'une Paroisse de cette Élection, ayant porté en pareil cas leurs plaintes au Bailliage de Noyon, d'après une visite judiciaire, ont obtenu à l'amiable le dédommagement qu'ils désiroient. Cette Municipalité propose de pourvoir à ces inconvénients qu'elle éprouve depuis quelques années.

Le Bureau du Bien public estime qu'avant de prendre un parti sur cette affaire, il est indispensable de prendre les avis des Assemblées d'élection de Soissons, Laon & Noyon, dans l'étendue desquelles il s'exploite de pareilles cendres, & à cet effet de leur envoyer copie de cette délibération, & qu'il conviendroit pour mieux diriger leur décision sur cette matière, que ces Assemblées consultassent les Sociétés Royales d'Agriculture de la Généralité

Rap. du Bur. du Bien pub. sur les inconvéniens des cendres de houille.

Avis du Bureau.

Le Bureau défireroit également que l'avis de ces Affemblées indiquât à quelle diftance des habitations des arbres & des végétaux, les propriétaires & acquéreurs de ces cendres de houille, doivent placer leurs amas pour les brûler, & quel feroit le temps propre à cette opération ; la diftance pour placer ces amas, & le temps pour les brûler, eft d'autant plus important, que leur fixation tend à éviter le danger du feu, l'infalubrité de l'air, & à conferver les arbres & les plantes.

Arrêté de l'Affemblée. L'Affemblée, avant de prendre une délibération précife fur cet objet, a chargé MM. les Procureurs-Syndics d'envoyer copie du préfent Rapport aux Bureaux intermédiaires de Soiffons, Noyon & Laon, pour avoir leur avis, & de les engager à confulter les Sociétés Royales d'Agriculture.

II. RAPPORT.

MESSIEURS,

Rapport du même Bureau fur ce qu'il eft utile d'obferver dans l'envoi ou la réception des Mémoires. LE défaut d'inftruction, ayant empêché le Bureau du Bien public de vous préfenter la queftion des habitants de Juffy, en état de recevoir une décifion, pour éviter ce retard, à l'avenir, vous propofe d'y pourvoir, & d'arrêter, 1°. Que les Affemblées d'élection en envoyant à votre Affemblée ou à fa Commiffion intermédiaire, des mémoires & inſtructions, y joindront leur avis.

2°. Que l'Aſſemblée provinciale ou ſa Commiſſion inter-médiaire, lorſqu'un mémoire offrira un intérêt particulier à quelques Aſſemblées d'élection, ou un intérêt général à la Province, conſultera préalablement toutes les Aſſemblées, ou celles auxquelles ce mémoire pourroit être commun.

3°. Enfin, que tous mémoires ou inſtructions adreſſés directement à l'Aſſemblée provinciale ou à ſa Commiſſion in-termédiaire, feront également renvoyés aux Aſſemblées d'é-lection qu'ils intéreſſeront, pour avoir de même leurs avis.

L'Aſſemblée a approuvé les diſpoſitions du préſent Rapport, & a arrêté que la Commiſſion & les Bureaux intermédiaires feront tenus de s'y conformer. *Délibération.*

Monſieur le Préſident a ouvert pluſieurs lettres adreſ-ſées à l'Aſſemblée, de la part du Bureau intermédiaire d'élection de Laon, de la Société Royale d'Agriculture, & de MM. les Officiers de la Maîtriſe des Eaux & Forêts de la même Ville, dans leſquelles ces Compagnies expriment le déſir qu'elles ont de concourir au Bien public dont s'occupe l'Aſſemblée. MM. les Procureurs-Syndics ont été chargés de répondre à ces trois Com-pagnies, & de les remercier en ſon nom. *Lettres de Félicitation à l'Aſſemblée.*

La Séance a été indiquée à Lundi prochain, 3 de ce mois, dix heures du matin.

Signé, LE COMTE D'EGMONT.

Contre-ſigné, BYÉTER, *Secrétaire-Greffier.*

Du Lundi 3, dix heures du matin.

L'ASSEMBLÉE ayant pris Séance, Monsieur le Président a ouvert un paquet qui contenoit un mémoire adressé à l'Assemblée, de la part de Madame l'Abbesse d'Origny-Sainte-Benoîte & des Officiers Municipaux de cette Paroisse, par lequel ils demandent la continuation du chemin de Guise à Saint-Quentin, passant par Origny, & un pont sur l'Oise près de ce Bourg.

Ce mémoire sera remis au Bureau des Travaux publics.

Commissaires pour surveiller l'impression du Proc.-verb. Monsieur le Président a proposé de nommer des Commissaires pour surveiller l'impression du Procès-verbal des Séances de l'Assemblée, & en vérifier les épreuves.

M. l'Abbé d'Aigreville, M. l'Abbé Dubois, M. le Marquis de Caufans, & M. Brayer ont été nommés.

Ensuite Messieurs ont été travailler à leurs Bureaux.

Signé, LE COMTE D'EGMONT.

Contre-signé, BYÉTER, *Secrétaire-Greffier.*

Du

Du Mardi 4, dix heures du matin.

MESSIEURS ayant pris Séance, Monsieur le Commissaire du Roi a remis à l'Assemblée, plusieurs exemplaires imprimés, contenant des instructions, observations & avis qui lui ont été envoyés par le Ministre, savoir :

1°. Une instruction sur la culture, l'usage & les avantages de la betterave champêtre, extraite d'un mémoire de M. l'Abbé de Commerell.

2°. Une autre instruction sur les prairies artificielles.

3°. Une autre sur la culture des turneps, ou gros navets.

4°. Une autre sur le parcage des bêtes à laine.

5°. Une brochure intitulée : *Observations sur les effets des vapeurs méphitiques dans l'homme ; sur les noyés ; sur les enfants qui paroissent morts en naissant & sur la rage*, par M. Portal, Médecin consultant de MONSIEUR.

6°. Un avis sur les moyens pratiqués avec succès pour secourir, 1°. les personnes noyées ; 2°. celles qui ont été suffoquées par des vapeurs méphitiques ; 3°. les enfants

F f

qui paroiſſent morts en naiſſant ; 4°. les perſonnes qui ont été mordues par des animaux enragés ; 5°. celles qui ont été empoiſonnées : le tout extrait des mémoires de M. Portal.

7°. La ſixième partie des Inſtruĉtions du 5 Novembre dernier, intitulée : *Agriculture & Bien public.*

L'Aſſemblée, après la leĉture faite de cette dernière Inſ-truĉtion, a unanimement manifeſté ſa vive reconnoiſ-ſance envers Sa Majeſté, pour les détails vraiment paternels qui y ſont contenus, leſquels, en préſentant les vues les plus ſages pour perfeĉtionner toutes les parties de l'agriculture, & porter dans les campagnes les moyens d'utilité qui peuvent concourir à leur proſ-périté, ſont une nouvelle marque de ſon amour pour ſes peuples, & de ſa proteĉtion particulière pour cette Province.

Il a été arrêté que la ſixième partie des Inſtruĉtions ſeroit imprimée à la ſuite des cinq autres données par Monſieur le Commiſſaire du Roi à la première Séance; qu'un exemplaire de toutes les pièces ci-deſſus détail-lées, ſeroit dépoſé aux archives, & que MM. les Procureurs-Syndics ſe chargeroient d'en envoyer un nombre ſuffiſant à chacun des Bureaux intermédiaires d'éleĉtion, pour être, par eux, rendus publics; & de leur preſcrire en même-temps d'apporter toute leur attention & leurs foins, pour que ces principes & ces inftruétions puiffent être généralement fuivis dans les campagnes.

Enfuite Meffieurs ont été travailler à leurs Bureaux.

Signé, LE COMTE D'EGMONT.

Contre-figné, BYÉTER, *Secrétaire-Greffier.*

Du Mercredi 5, dix heures du matin.

MESSIEURS étant réunis, Monfieur le Préfident a fait part à l'Affemblée d'une lettre de M. le Contrôleur Général, par laquelle, en répondant à la délibération du 27 Novembre dernier, ce Miniftre mande que M. le Commiffaire du Roi remettra à l'Affemblée, les pièces & documents relatifs aux vingtièmes. *Lettre de M. le Cont. Gén. relativement aux Vingtièm.*

MM. les Procureurs-Syndics ont préfenté plufieurs mémoires à eux adreffés. Le premier, fur les Péages qui peuvent avoir lieu dans la Province. *Divers Mémoires.*

Le fecond, fur la direétion à donner à la grande route de Soiffons à la Fère.

Le troifième, fur le paffage du Bac de Varennes, appartenant à M. le Comte de Barbançon, réclamé par

Ff ij

la Municipalité de Blérancourt & plusieurs habitants de Noyon.

Les deux premiers mémoires seront remis aux Bureaux qui doivent s'en occuper.

A l'égard du troisième, l'Assemblée a prié MM. composant le Bureau des Travaux publics, d'examiner cette affaire le plutôt possible, & de donner le résultat de ses réflexions, après avoir consulté M. l'Ingénieur en chef, afin de mettre l'Assemblée à portée de statuer définitivement sur cet objet.

Le Bureau du Bien public a fait les Rapports qui suivent.

I. RAPPORT.

MESSIEURS,

Rap. du Bur. du Bien public sur la suppression de la Mendicité.

VOTRE dessein n'est pas de consacrer par des monuments de luxe & de vanité, les prémices de l'Administration qui vous est confiée. Ceux qui tiennent dans leurs mains le sort des Provinces, ne les ont que trop souvent rendues tributaires de leur goût pour l'éclat & la splendeur, & tandis que les arts enfantent des chef-d'œuvres, pour transmettre à la postérité le nom des Administrateurs, l'habitant infortuné gémit à côté d'une stérile magnificence, qui ne fait qu'étonner ses regards & lui rappeller sa misère. Le titre flatteur d'Adminiſtration paternelle qui a devancé, dans toutes les parties de ce Royaume, le ſuccès des opérations, ſera toujours la règle de vos combinaiſons & de vos ſyſtêmes. Nous avons éprouvé cette douce eſpérance, lorſque vous nous avez impoſé le devoir de rechercher les moyens de bannir le fléau de la mendicité.

C'eſt la cauſe de la claſſe la plus malheureuſe, c'eſt *Motifs de ce projet.* celle de tous les hommes, c'eſt celle de la ſociété que vous allez défendre. Les anciens vouloient que le bonheur du peuple fût la loi ſuprême ; & les États n'ont été floriſſants, qu'à proportion que le bonheur du peuple a été établi. Ce ſont les malheurs du peuple qui font naître les abus, qui les entretiennent & qui les renouvellent. Ce ſont les malheurs du peuple qui le jettent dans le déſordre, & qui le portent au crime. S'il étoit poſſible de calculer les maux que la mendicité entraîne après elle, le tableau en ſeroit trop effrayant pour être expoſé à votre ſenſibilité. La liberté de mendier eſt l'école de tous les vices, & l'anéantiſſement de toute vertu morale & civile. Elle fomente l'oiſiveté, d'où naiſſent tous les crimes : elle s'exerce par la fourberie & le menſonge : elle ne connoît d'autre frein que les loix pénales, qu'elle ſeule rendroit néceſſaires. La mendicité enlève l'induſtrie aux arts, l'activité au commerce, les bras à l'agriculture.

C'est un impôt effrayant pour les Fermiers de cette Province, forcés de donner l'hospitalité à des vagabonds, qui n'inspirent d'autres sentiments que ceux de la crainte, tout prêts à se venger d'un refus, sur les habitations & les biens qu'elles renferment.

Telles sont, Messieurs, en abrégé les raisons qui nécessitent l'abolition de la mendicité. Nous aurons l'honneur de vous exposer succinctement les moyens qui nous ont paru les plus sûrs & les plus expédients pour obtenir le succès que vous désirez.

Avantages qui en résulteroient.   Quelle est intéressante la révolution que nous osons espérer ! L'appareil de la misère disparoissant avec elle; la mendicité fuyant avec les désordres qui marchent à sa suite ; nos Concitoyens tirés du sein d'une oisiveté coupable, pour rendre à la Société leur force & leur activité ; la caducité & la langueur confiées aux soins d'une Administration bienfaisante ; tel est le fort que vous restituerez à l'indigence abandonnée.

Difficultés de l'entreprise.   Cependant nous ne devons pas dissimuler les difficultés & les obstacles qui ont combattu les efforts de tous les siècles & de tous les peuples, pour arrêter le cours & tarir la source de la mendicité. Tandis que vous admirez la sagesse des Législateurs, livrant l'oisiveté à l'infamie, cherchant les moyens de rapprocher les conditions, attirant les peuples au travail par la crainte des châtiments ou l'appas des récompenfes ; vous voyez la funefte paffion de mendier luttant contre les loix qui la profcrivent, & toutes les Provinces infeftées par la pauvreté errante.

Ces confidérations, Meffieurs, nous ont plus d'une fois arrêté, dans le défir que nous avons de feconder votre généreux deffein : mais notre zèle s'eft toujours ranimé par la conviction de votre fageffe dans le choix des moyens ; de votre activité dans leur application ; & de la noble émulation des habitants de la Province, à manifefter leur bienfaifance & leur fenfibilité pour les malheureux.

Un préalable néceffaire à tout fyftême fur la fup- *Caufes de la*
preffion de la mendicité, eft la connoiffance de fes *Mendicité.*
caufes, & des reffources qui la fomentent & la perpé-
tuent malgré les efforts multipliés pour lui fubftituer le travail. Il eft inutile de rechercher les caufes de la mendicité, communes à tous les peuples ; mais nous devons indiquer celles qui font locales. Il en exifte, fans doute, puifque le nombre des mendiants varie comme la localité. Il faut auffi avoir égard au caractère & aux inclinations du peuple dont on fe propofe d'améliorer le fort : la nuance qui fe trouve dans les qualités morales des hommes, eft la règle qui doit décider le choix des moyens propres à changer leurs habitudes.

La pauvreté des habitants d'une Province tient essentiellement à la nature du sol & à l'industrie de l'habitant. Le territoire de celle du Soissonnois est connu par sa fécondité, & le cultivateur fait faire rendre à la terre les richesses qu'elle renferme dans son sein. Mais la fertilité même du sol entraîne la pauvreté ; parce que le peuple, n'étant pas propriétaire, la terre est cultivée par des fermiers peu nombreux dans chaque Paroisse, qui partagent la jouissance de tout le territoire, & ne laissent d'autres moyens de subsister au reste des habitants, que la faculté de les servir dans l'exploitation de leurs biens. Le mercenaire malheureux, qui ne peut sustenter sa famille que du fruit de ses sueurs, est forcé, lorsque son corps est accablé sous le poids des ans, de demander le pain qu'il ne peut plus se procurer par son travail.

La seconde cause de la mendicité, est le défaut d'arts & de manufactures, qui sont la seule ressource pour les hommes sans propriété. Les travaux dans ces établissements sont proportionnés à tous les âges : tous les individus y sont admis ; les enfants y travaillent sous les yeux de leurs pères, & trouvent, dans leur éducation même, le salaire de leurs peines.

Il est une troisième cause de la mendicité, commune à toutes les Provinces ; c'est le penchant à l'oisiveté qui

a

a des charmes pour tous les hommes, fans être com-
battue par aucun fentiment d'honneur & d'énergie, dans
cette portion du genre humain, qui faifit fans peine,
comme fans pudeur, les moyens les plus vils de foutenir fon exiftence. Il n'eft pas donné aux hommes de
réformer les inclinations de tout un peuple ; mais il eft
néceffaire d'examiner la difficulté qu'il y auroit de le
condamner au travail, & la nature des obftacles qu'il
pourroit apporter aux réglements qui l'y contraindroient.

En quatrième lieu, la Province du Soiffonnois excite
& fomente la mendicité, mais par des moyens qui atteftent fa charité bienfaifante. Les villes & les campagnes
offrent une multitude de Monaftères, monuments célè-
bres de la piété de nos Rois & des premiers Seigneurs
de la Monarchie. Il fe fait à la porte des Cloîtres, une
diftribution journalière d'aumônes, dans laquelle il eft
impoffible d'apporter cette difcrétion qui foulage le vrai
néceffiteux & écarte l'impofteur que la fainéantife &
la certitude d'obtenir des fecours font groffir la foule
des véritables indigents.

Il n'eft pas difficile, Meffieurs, d'expofer les abus & *Moyen de la*
des maux de la Société, d'en calculer les progrès & même *réprimer.*
d'en découvrir la fource : mais l'erreur eft facile dans
le choix des moyens propres à les déraciner. Cependant
nous aurons l'honneur de vous propofer ceux que nous

Gg

croyons devoir produire les meilleurs réfultats, & dont l'application peut rendre les pauvres moins malheureux & la Société plus floriffante.

Nous n'exigerons pas une nouvelle contribution des riches, pour nourrir les pauvres : leurs aumônes font fuffifantes pour les faire fubfifter. Mais fi, dans le principe d'un nouvel ordre de chofes, il étoit néceffaire de demander aux riches des aumônes plus confidérables, on les trouveroit dans l'humanité des habitants de cette Province, dans cette affection à fecourir les pauvres, toujours graduée fur les malheurs des temps & les défaftres qui fouvent fe fuccedent avec les faifons.

Faire travailler les Pauvres. Le travail eft la pierre fondamentale de l'édifice que vous éleverez à l'indigence. Le plan que nous avons l'honneur de vous propofer, fe réduit, non à nourrir des pauvres, ce qui eft l'amorce de la faineantife, mais à empêcher par le travail, qu'il n'y ait des pauvres, ce qui eft la fource de tout bien. La loi qui rendroit à la Société les êtres qui lui doivent leur force & leur activité, en favorifant le bonheur public, faciliteroit la fubfiftance que l'on doit aux vieillards & aux infirmes. Cette derniere claffe eft la plus intéreffante aux yeux de toute ame fenfible, parce que fouvent elle manque des organes néceffaires pour demander les fecours dont elle a befoin. Si les indigents valides étoient appliqués au travail que la nature leur impofe, les aumônes que prodigue la charité, feroient un tréfor abondant, pour les pauvres que les années ou les infirmités retiennent dans une innocente oifiveté. Les aumônes confiées à des Adminiftrateurs fages & éclairés, ne feroient pas détournées dans leur cours, pour être diftribuées à l'impofture. Elles feroient auffi portées dans ces retraites où la honte retient la pauvreté captive. Il exifte, Meffieurs, des familles honnêtes, qu'un refte d'honneur, joint au fouvenir d'une fortune anéantie, a placé dans l'affreufe alternative de publier leur indigence ou de mourir de faim. Les pauvres infirmes & les pauvres honteux fentiront mieux que les autres, le prix d'un établiffement de charité, parce que leur fubfiftance ne peut être affurée que fur les fecours d'une Adminiftration bienfaifante, dont l'activité ira chercher les vrais indigents pour les foulager.

Un autre moyen de diminuer le nombre des pauvres, eft leur renvoi dans leur pays natal. De tous les moyens, propofés jufqu'à préfent, celui-ci paroît réunir le plus de fuffrages ; mais, s'il eft praticable dans le fyftême de l'abolition générale de la mendicité, il eft fufceptible de beaucoup de reftrictions dans l'hypothèfe d'un établif- fement particulier à une partie du Royaume. Renvoyer les mendiants dans une Province étrangère, où leur licence ne fera pas réprimée par les loix auxquelles ils

Faire travail-
ler les Pauvres.

Renvoyer les
Étrangers
dans leur pays.

feront fournis dans la nôtre, c'est faire refluer chez nos voisins des hommes dangereux, que les circonstances seules rendront bientôt coupables. Nous n'entendons pas néanmoins parler de ces vagabonds sans aveu, dont on ignore l'origine & la patrie, & dont le domicile est errant comme eux : leur fort doit être décidé par les dépositaires de la Justice. Mais les pauvres domiciliés quoiqu'étrangers, peuvent être appliqués au travail, s'il leur reste des forces suffisantes ; s'ils sont au contraire invalides & caducs, ce sont des hommes, le droit naturel nous prescrit de les nourrir.

Quant aux pauvres nés dans la Province, nous pensons qu'il est expédient de renvoyer dans leur pays, ceux qui l'ont abandonné, pour trouver ailleurs plus de facilités de subsister sans travail. Il y a plus de honte à exercer l'art avilissant de mendier dans sa patrie, au milieu de ses parents : il est d'ailleurs constant que les hommes éloignés de leur pays natal, sont plus portés aux désordres, parce qu'ils sont retenus par moins de considérations, & qu'ils ont plus d'espérance d'impunité. Il est sur-tout important de renvoyer dans les campagnes, les pauvres que l'appas des secours abondants attire dans les villes : il en résultera, en outre, une économie, parce que la nourriture & l'entretien des pauvres, entraînent une dépense plus considérable dans les villes que dans les campagnes.

Nous penfons donc, Meffieurs, qu'avant de faire un établiffement pour les pauvres, il faut les réduire au plus petit nombre poffible. Vous parviendrez à ce but en obtenant que les vagabonds foient jugés ; que les pauvres errants, nés dans la Province, foient renvoyés dans leur pays natal, & en appliquant au travail ceux qui en font capables. Plufieurs, fans doute, s'y livreront d'eux-mêmes ; plufieurs reprendront les métiers que la pareffe leur avoit fait abandonner ; & les enfants, dont les pères ne mendieront plus, ne feront pas portés à fuivre cette profeffion humiliante. Nous fuppofons déja, Meffieurs, que vous êtes chargés du foin des pauvres. Pour les forcer à travailler, vous les y inviterez en leur propofant différents genres d'occupations proportionnées à leur âge, à leur force & même à leur goût. Vous exciterez l'émulation, en récompenfant les plus laborieux, & les plus affidus ; la furveillance fur les travaux ne fera pas exercée avec cette dureté qui rappelle le fouvenir d'un odieux efclavage ; enfin, vous ne négligerez rien pour établir la confiance, feule bafe de toute bonne Adminiftration.

Nous ne parlerons pas, Meffieurs, des moyens coactifs de réprimer la mendicité : ils ne fervent qu'à aigrir des malheureux dont la condition doit plutôt exciter la fenfibilité de leurs femblables, que la févérité des loix,

Vous voulez que les pauvres ne mendient plus, mais vous voulez adoucir leur malheur; vous voulez les rendre utiles à la société : il n'y a qu'une voie pour parvenir à cette fin si désirable, c'est de les faire travailler, & de leur fournir le supplément d'un salaire qui souvent ne suffit pas.

Différents genres de travaux. Lorsque les mendiants sont interrogés pourquoi ils ne mettent pas en usage les moyens de subsister que la force & la santé leur permettent, ils ne manquent pas de donner pour excuse le défaut d'ouvrage; il est donc à propos de ne laisser aucun prétexte à l'oisiveté & à la fainéantise. Les Municipalités pourroient employer un grand nombre de leurs pauvres, aux ouvrages qui leur sont particuliers, & par-là conserver les ouvriers appliqués aux travaux champêtres. Les pauvres pourroient être aussi appliqués à rendre l'accès des terres & des villages plus praticables aux laboureurs, à épargner aux troupeaux la fange & la pourriture; à rendre les habitations des campagnes plus saines & plus heureuses.

Après les travaux publics des Municipalités auxquels nous pensons que les pauvres doivent être employés de préférence, pour ne point enlever les bras nécessaires à la culture; le second moyen de les occuper, sont les ateliers de charité, ouverts dans les époques de l'année où toute autre ressource paroît manquer aux manouvriers.

Ils trouveront aussi ce genre de travail dans la plupart des Communautés; les Seigneurs de paroisse les emploieront dans leurs ouvrages d'utilité & d'agrément: la masse des aumônes partielles qu'ils distribuoient journellement, deviendra un fonds considérable pour occuper & soulager un grand nombre des malheureux de leurs terres. Les riches propriétaires suivront aussi cet exemple généreux, & par-là les campagnes ne compteront qu'un petit nombre de mendiants invalides qui seront soulagés du produit des aumônes recueillies & sagement distribuées.

Pour occuper les pauvres dans tous les lieux & dans toutes les saisons, il seroit à propos de faire différents établissements tels que les ressources locales pourroient le permettre: par exemple, des fabriques ou manufactures, en calculant le plus ou moins d'utilité qu'il y auroit à choisir un lieu de préférence à tout autre. Nous n'ignorons pas que les manufactures sont pour l'ordinaire une pépinière de mendiants, & sous ce rapport, elles seroient en opposition directe avec l'effet que vous en attendriez; mais le mal ne vient-il pas de ce que des étrangers y sont admis comme les habitants du pays; de ce que les travaux manquent quelquefois dans ces établissements, & de ce qu'il n'y a aucune ressource pour les ouvriers invalides. Cet objet seul exigeroit une dissertation particulière qui nous éloigneroit du devoir que vous nous avez impofé, de vous préfenter un tableau fom-maire des moyens les plus propres au fuccès du projet que vous avez conçu.

Les filatures offrent une reffource d'un grand prix, parce qu'elles occupent la portion des pauvres la moins robufte & la moins active ; qu'elles n'exigent aucun apprentiffage, & que l'on ne court aucun rifque dans l'acquifition des fonds néceffaires pour les établir. Il ne fuffit pas d'employer les bras & l'activité des mendiants valides ; l'équité & le bien public veulent que l'on faffe rendre aux invalides mêmes, les fervices dont leurs forces & leur âge font fufceptibles. La prudence de l'Adminiftration fixera la limite entre les pauvres qui doivent travailler, & ceux qui doivent être nourris du produit des aumônes.

Nous avons expofé fommairement, Meffieurs, les moyens qui nous ont paru les plus propres à détruire la mendicité dans cette Province : il nous refte à dire de quelle manière nous croyons qu'ils devroient être appliqués.

Application des moyens proposés. Le problême a été fouvent propofé par des Sociétés amies de l'humanité : elles ont couronné les efforts des écrivains vertueux qui en ont cherché la folution. Ces écrivains difcutent dans leurs ouvrages, tous les fyftêmes connus ; & après avoir expofé une infinité de projets oppofés

oppofés entre eux, ils paroiffent fe réunir pour l'établiffement des Bureaux de charité, dans chaque Ville &
dans chaque Paroiffe de campagne. Cette inftitution a
fixé nos avis, & nous exprimons nos vœux avec confiance, parce que vous êtes les témoins du fuccès de
l'établiffement que le zèle & la charité ont formé dans
cette Ville pour le bonheur des pauvres & la fatisfaction des riches. Le Prélat refpectable qui gouverne ce
Diocèfe, faintement prodigue d'un revenu qu'il n'aime
à dépofer que dans le fein de l'indigence, défiroit
depuis long-temps, que fes charités puffent être sûrement appliquées au véritable pauvre, fans nourrir la
fainéantife & fomenter l'impofture. Son projet d'arrêter
le cours de la mendicité étoit à peine connu, que
tous les Citoyens marquèrent leur défir de le voir exécuter. M. l'Intendant, qui porte dans chaque partie de l'Adminiftration, cette fageffe de vues & cet amour du bien
atteftés par toutes fes opérations, ne laiffa pas échapper
une circonftance auffi favorable de prouver fon humanité, en concourrant au nouvel établiffement. Les Magiftrats donnèrent de nouvelles preuves de leur zèle
pour le maintien de l'ordre & de la tranquillité publique, en faifant obferver la prohibition de la mendicité;
& dans peu de temps la Ville fut délivrée du fpecta-
cle & de l'importunité des mendiants : le fort de ceux-

Hh

ci fut affuré, fans que les riches aient été obligés de faire de plus abondantes aumônes. Nous nous eftimons heureux de pouvoir ici rendre hommage à la noble bienfaifance de Monfeigneur le Duc d'Orléans, dont les aumônes annuellement accordées avec une magnificence digne du Premier Prince du Sang, pourroient feules affurer la ftabilité à cette pieufe Adminiftration.

Le Bureau de charité établi en cette Ville, eft fimple dans fon organifation. Il eft compofé de Monfeigneur l'Évêque, de MM. les Curés, de plufieurs Magiftrats, des Dames de charité, du Tréforier & du Secrétaire. Ces Adminiftrateurs, citoyens vertueux, rendent compte chaque mois à l'Affemblée, de leur geftion ; & deux fois chaque année, les principes & les réfultats de l'Adminiftration font mis fous les yeux des Députés de tous les Ordres de la Ville. Les Pafteurs font tous les trois mois, une quête dans leur Paroiffe refpective ; le produit en eft verfé dans la caiffe, pour être diftribué dans la jufte proportion des befoins, de façon que la fomme à diftribuer aux familles & aux individus, eft toujours fixée par l'Affemblée, d'après l'expofé qui lui eft fait du nombre des pauvres & de leur état.

Nous avons cru, Meffieurs, devoir nous inftruire des principes de cette intéreffante Adminiftration, pour, qu'après avoir eu l'honneur de vous les expofer, vous jugiez s'il eſt facile de les mettre à exécution dans l'étendue de la Province. Le Bureau du bien public eſt perſuadé qu'il eſt poſſible de faire de ſemblables établiſſements dans les Villes & même dans les Campagnes. Il exiſte dans toutes les Sociétés & dans tous les Ordres, des ames honnêtes & ſenſibles, qui ne cherchent d'autre récompenſe de leurs peines, que le bonheur d'être utiles à leurs ſemblables. Les Municipalités rurales qui participent à vos fonctions, ne ſe refuſeroient pas, ſans doute, à ſeconder vos deſſeins, & à faire exécuter vos projets.

Ces principes établis nous conduiſent à la néceſſité d'une Adminiſtration générale chargée de la nourriture & de l'entretien des pauvres. Dans notre opinion, les Bureaux intermédiaires feroient chargés des pauvres de leur diſtrict, ſous l'autorité de l'Aſſemblée provinciale. En conſéquence, celle-ci travailleroit à la confection d'un réglement qui feroit communiqué à l'autorité ſpirituelle, à qui le ſoin des pauvres eſt ſpécialement confié. MM. les Évêques approuveroient le projet de réglement, & exhorteroient leurs diocéſains à le ſoutenir & à le protéger, en dirigeant leurs aumônes ſuivant les loix qui feroient établies. L'intervention de M. l'Intendant feroit auſſi néceſſaire: Chargé du maintien de la police & du bon ordre dans la Province, ſon autorité feroit d'un grand poids pour ſoutenir & conſolider le nouvel éta-

Hh ij

bliffement. Le réglement revêtu de toutes ces formes feroit envoyé aux Élections, avec toutefois les modifications que chaque Département exigeroit ; il ne pourroit être obfervé avant la promulgation d'une nouvelle loi prohibitive de la mendicité ; mais elle n'auroit fon exécution qu'après les mefures prifes pour affurer le fort des pauvres. Nous n'entrerons pas dans les détails particuliers à chaque Département, à chaque Ville, à chaque Paroiffe. Nous croyons que les différents Réglements à établir, doivent avoir pour bafe plufieurs connoiffances locales que vous n'avez encore pu vous procurer ; mais votre Affemblée prochaine, ayant acquis tous les renfeignements néceffaires, pourra fans doute exécuter un projet, pour le fuccès duquel nous ne pouvons qu'exprimer nos défirs.

Cependant nous vous prions, Meffieurs, de manifefter à la Province le noble deffein que vous avez conçu, & d'inviter les Bureaux intermédiaires, à favorifer dès à préfent, dans leur diftrict, l'établiffement des Bureaux de charité, principalement dans les Municipalités rurales, & à vous rendre compte pendant le cours de l'année, de ces effais, des moyens que l'on aura pris pour les établir, & de ceux qui paroîtroient les plus propres à en affurer le fuccès. Nous vous prions auffi de donner ordre à votre Commiffion intermédiaire, de fe procurer

par la voie des Bureaux d'élection, les connoiffances &
les renfeignements que nous avons cru préalablement
néceffaires à toute détermination fur l'établiffement que
vous avez projetté, & qui peuvent être renfermés dans
ces queftions.

Le nombre des pauvres de chaque Élection & celui de *Queftions à*
chacune des Villes, en diftinguant ceux qui font valides, *propofer aux*
ceux qui font infirmes ou caducs, ceux qu'une trop nom- *Municipalités.*
breufe famille force d'envoyer mendier leurs enfants ; les
vieillards fans appui & fans habitation ; les orphelins
abandonnés à eux-mêmes ; les fous, les infenfés, & ceux
qui font affectés de maladies incurables.

Le nombre des pauvres d'une Province étrangère, fixés
dans l'Élection, le temps depuis lequel ils y demeurent ;
le nombre des mendiants de la campagne qui font retirés
dans les Villes, ou qui viennent y folliciter des aumônes.

Le nombre, par apperçu, des vagabonds que l'on re-
marque habituellement, celui des mendiants de race.

S'il y a des charités dans quelque Ville ou Paroiffe de
l'Élection, quel en eft le revenu, comment & par qui
il eft adminiftré. S'il fe fait des diftributions d'aumônes
aux portes des Monaftères ; combien à peu près de
pauvres y font alimentés.

Les reffources que les différentes Communautés de
chaque Élection, peuvent fournir pour occuper les pau-

vres : s'il y a quelques manufactures dans les Paroisses ou à proximité : si l'on y file le chanvre, le lin, le coton : enfin, si le sol, les arts, les chemins & le commerce particulier au district, préfentent quelque genre de travail qui puisse être proportionné au sexe, à l'âge & aux forces des pauvres.

Il paroît inutile de détailler d'avantage ces demandes: les Bureaux intermédiaires, qui partagent votre zèle comme vos fonctions, feront d'eux-mêmes toutes les recherches & prendront tous les renfeignements dont la connoissance vous est nécessaire. D'après ces obfervations, qui font le réfultat de nos réflexions & de nos conférences, le Bureau du Bien public défirant que l'Assemblée prenne les moyens les plus prochains d'assurer le fort des pauvres & de leur interdire la faculté de mendier, est d'avis :

Avis du Bureau. 1°. Que la Commission intermédiaire foit chargée de fe procurer tous les renfeignements dont la connoissance est nécessaire pour parvenir à fupprimer la mendicité, & assurer le fort des pauvres dans la Province.

2°. Que les queftions ci-dessus énoncées, foient envoyées aux Bureaux intermédiaires, pour être par eux réfolues refpectivement à leur Élection.

3°. Que les Bureaux intermédiaires foient exhortés à favorifer l'établissement des Bureaux de charité, dans les

Paroiffes de leur Département qui leur paroîtroient préfenter plus de reffources pour en affurer le fuccès.

4°. Qu'à cet effet, la Commiffion intermédiaire faffe
connoître aux Bureaux d'élection, les principes & réglements obfervés dans l'adminiftration de charité établie
à Soiffons, pour être communiqués aux Municipalités
& par elles mis en ufage, avec les modifications que les
circonftances locales exigeroient.

5°. Que la Commiffion intermédiaire foit autorifée à
fe faire rendre compte du fuccès des effais formés dans
les Municipalités, des obftacles qui pourroient les contrarier, & de la meilleure forme qu'il feroit expédient
de leur donner, pour en être par elle référé à la prochaine Affemblée.

6°. Que les Affemblées d'élection délibèrent à leurs
prochaines Séances, fur les obfervations faites par leurs
Bureaux ; qu'elles donnent leur avis fur les moyens de
fupprimer la mendicité dans leur Département, & fur les
réglements qu'il conviendroit de former à cet effet.

7°. Que Meffieurs les Députés de l'Affemblée provinciale, foient invités à fe procurer, chacun dans leur
diftrict, les connoiffances locales qui pourroient faciliter
l'application des principes énoncés dans le préfent Rapport.

8°. Qu'il foit prefcrit à la Commiffion intermédiaire,
de recueillir tous les matériaux qui paroîtroient un préa-

Table néceffaire à l'obtention d'une nouvelle loi prohibitive de la mendicité, & de minuter un projet de réglement à cette fin, pour préparer la délibération de
l'Affemblée.

Délibération. L'Affemblée ayant unanimement adopté ce Rapport,
a arrêté, 1°. Que la Commiffion intermédiaire fe procurera tous les renfeignements dont la connoiffance eft
néceffaire pour parvenir à fupprimer la mendicité, &
affurer le fort des pauvres dans la Province.

2°. Que les queftions ci-deffus énoncées, feront envoyées aux Bureaux intermédiaires, pour être, par eux,
réfolues refpectivement à leur Élection.

3°. Que les Bureaux intermédiaires feront exhortés
à favorifer l'établiffement des Bureaux de charité dans
les Paroiffes de leur Département, qui leur paroîtront
préfenter plus de reffources pour en affurer le fuccès.

4°. Que la Commiffion intermédiaire fera connoître,
à cet effet, aux Bureaux d'élection, les principes & les
réglements obfervés dans l'Adminiftration de charité établie à Soiffons, pour être communiqués aux Municipalités, & par elles mis en ufage avec les modifications
que les circonftances locales exigeront.

5°. Que la Commiffion intermédiaire demeure autorifée à fe faire rendre compte du fuccès des effais formés dans les Municipalités, des obftacles qui pourroient

les

les contrarier, & de la meilleure forme qu'il feroit
expédient de leur donner, pour en être par elle référé
à la prochaine Affemblée.

6°. Que les Affemblées d'élection délibéreront, à
leurs prochaines Séances, fur les obfervations faites par
leurs Bureaux; qu'elles donneront leur avis fur les moyens
de fupprimer la mendicité dans leurs Départements, &
fur les réglements qu'il conviendra de former à cet effet.

7°. Que MM. les Députés de l'Affemblée provinciale
feront invités à fe procurer, chacun dans leur diftrict,
les connoiffances locales qui pourroient faciliter l'application des principes énoncés dans le Rapport ci-deffus.

8°. Que la Commiffion intermédiaire aura foin de
recueillir tous les matériaux qui paroîtront un préalable néceffaire à l'obtention d'une nouvelle loi prohibitive de la mendicité, & de minuter un projet de Réglement fur cet objet, qui prépare la délibération de
l'Affemblée.

II. RAPPORT.

MESSIEURS,

NOUS avons l'honneur de vous remettre un tableau
des Foires & Marchés de la Province, divifé par Élection, & puifé dans les différents mémoires adreffés à

Foires & Marchés.

Ii

votre Commiffion, par les Bureaux intermédiaires. En nous demandant ce détail, l'Affemblée nous a chargé de lui préfenter les demandes qui lui font faites de pareils établiffements, dans plufieurs Paroiffes où ils feroient jugés néceffaires.

D'après l'examen que nous avons fait de ces différents mémoires, & la protection que doit l'Affemblée au commerce & à tout ce qui peut intéreffer le bien de la Province, nous croyons devoir entrer dans fes vues, en lui propofant ceux des établiffements qui nous ont paru les plus utiles.

L'Affemblée d'élection de Laon follicite un marché de plus pour Coucy-le-Château, le Mardi. Le commerce de cette Ville & la quantité de Paroiffes voifines qui s'y approvifionnent, le font regarder comme néceffaire.

Elle demande pour la Ville de Crefpi en Laonnois, où il n'y a que deux foires, l'établiffement d'un marché le Mardi ; & au lieu de ces deux foires, un marché franc le premier Mardi de chaque mois. Cette petite Ville, fituée entre Laon & la Fère, a une Prévôté Royale, une chauffée qui depuis peu la traverfe & conduit de Champagne en Flandre, en paffant par Laon ; elle eft à proximité d'une quantité de Paroiffes affez confidérables : tous ces motifs rendent néceffaires les établiffements défirés pour cette Ville.

L'Assemblée d'élection de Crespi, demande aussi un marché le Lundi, pour la Ferté-Milon. Les besoins de cette Ville, son commerce, l'affluence des passagers qu'y attire la grande route, le rendent également nécessaire.

Celle de Noyon sollicite aussi pour cette Ville, un marché franc par mois, qui n'y est pas moins nécessaire.

L'Assemblée d'élection de Guise ne demande aucun établissement de ce genre : nous sommes cependant instruits, que M. le Prince DE CONDÉ, a obtenu, en 1769, un marché pour Estreux-Landerna, l'une des Paroisses de son Duché, & que Madame DE NARBONNE, Abbesse d'Origny-Sainte-Benoîte, a également obtenu, en cette année, des Lettres-Patentes pour un marché le Jeudi, & deux foires franches dans ce Bourg, dont l'effet est suspendu par les réclamations des Villes voisines. Ce dernier Bourg est considérable ; il est arrosé par la rivière d'Oise, environné de pâturages ; il contient une Abbaye de la première classe, une Collégiale, un Corps Municipal, une grande route qui le traverse, & il est voisin de plusieurs Paroisses très-peuplées ; ces différentes considérations doivent faire préférer l'intérêt général au particulier, & faire accueillir ces établissements.

Le Bureau du Bien public estime, Messieurs, que le tableau qu'il vient de vous donner des foires & mar-

Avis du Bureau.

Ii ij

chés de la Province, doit être dépofé aux archives, pour y avoir recours au befoin ; qu'avant de prendre un parti fur ces différentes demandes, il convient d'envoyer aux Bureaux intermédiaires des élections de Laon, Noyon, Guife, & Crefpi, copie de ce Rapport, en ce qui les concerne, pour donner leur avis fur icelui, après toutefois en avoir donné communication, tant à ces différentes Municipalités, qu'à celles des Villes & Bourgs qui les avoifinent ; & que fi ces demandes ne fouffrent pas de difficultés, votre Commiffion intermédiaire doit être autorifée à en folliciter l'effet au Confeil du Roi.

Délibération.   Sur quoi il a été arrêté que le tableau des Foires & Marchés de la Province, fera dépofé aux archives, & qu'avant de prendre un parti fur ces différentes demandes, il fera envoyé copie de ce Rapport aux Bureaux intermédiaires des élections de Laon, Noyon, Guife & Crefpi, chacune en ce qui le concerne, pour donner leur avis, après toutefois qu'ils en auront donné communication, tant à ces Municipalités qu'à celles des Villes & Bourgs qui les avoifinent, & que fi ces demandes ne fouffrent pas de difficultés, la Commiffion intermédiaire demeure autorifée à en folliciter l'effet au Confeil du Roi.

La Séance a été continuée à cejourd'hui cinq heures & demie.

Messieurs ont été ensuite travailler à leurs Bureaux.

Signé, LE COMTE D'EGMONT,

Contre-signé, BYÉTER, *Secrétaire-Greffier*.

Du même jour, cinq heures & demie du soir.

MONSIEUR le Président a communiqué à l'Assemblée deux états concernant les vingtièmes, qui lui avoient été remis par Monsieur le Commissaire du Roi.

Lecture en a été faite par MM. les Procureurs-Syndics, & l'Assemblée a arrêté qu'ils seroient remis à MM. du Bureau de l'Impôt, pour les examiner, & le Rapport en être par eux fait incessamment.

Après quoi elle a chargé MM. les Procureurs-Syndics de demander au Directeur des Vingtièmes, les états & pièces concernant cette imposition, qu'il a eu ordre de lui communiquer.

L'Assemblée s'est séparée pour aller travailler aux Bureaux.

Signé, LE COMTE D'EGMONT.

Contre-signé, BYÉTER, *Secrétaire-Greffier*.

États concernant les Vingtièm. Délibération.

Du Jeudi 6, dix heures du matin.

L'ASSEMBLÉE ayant pris Séance, Messieurs les Procureurs-Syndics ont présenté plusieurs états qui leur avoient été remis par M. le Directeur des Vingtièmes.

1°. L'état des rôles des vingtièmes de la Généralité de Soissons, divisés par Élection, pour 1787.

2°. L'état des rôles de cette imposition, divisés par Élection, placés dans l'ordre des dates de leur vérification, & mis en recouvrement.

Ils ont aussi présenté un mémoire qui leur a été adressé sur la taille d'exploitation des propriétaires forains des Villes.

Ces états & mémoires feront remis au Bureau de l'Impôt.

Messieurs composant le Bureau de la Comptabilité, ont fait le Rapport suivant.

MESSIEURS,

Rap. du Bur. de la Comptabilité sur la CHARGÉS de l'examen de la formation des Municipalités établies dans les Élections de cette Généralité, d'après les Réglements des 5 Juillet & 5 Août derniers, *Formation des* & de celui des mémoires & obfervations relatifs à cet *Municipalités.* objet, nous allons avoir l'honneur de mettre fous vos yeux le réfultat de notre travail. Permettez-nous d'abord de vous rappeller quelques articles du Réglement du 5 Juillet, qui fert de bafe à l'établiffement des Municipalités.

L'article I. porte que dans toutes les Communautés où il n'y a pas aĉtuellement d'Affemblée municipale, il en fera formé une ; Sa Majefté n'entendant pas changer, pour le moment, la forme des Municipalités établies.

L'article II. fixe le nombre des membres qui doivent être élus, par chaque Communauté, à trois, fi elle contient moins de cent feux ; à fix, fi elle en contient deux cents ; & à neuf, fi elle en contient davantage.

Par l'article V. Sa Majefté veut que le Syndic & les membres éleĉtifs, foient élus par l'affemblée de toute la Paroiffe.

L'article VI. porte que l'Affemblée de la Paroiffe fera compofée de tous ceux payant 10 £ & au deffus d'impofitions.

L'article XI. que toute perfonne payant au moins 30 £ d'impofitions, pourra être élue membre de l'Affemblée municipale, & par l'article 10. les éleĉtions doivent être faites par la voie du fcrutin.

Nous ne pouvons vous diffimuler, Meffieurs, que le plus grand nombre des Municipalités, n'a pas été établi conformément aux difpofitions des articles du Réglement que nous venons de vous citer. Nous allons vous faire l'expofé des vices de leur formation, le plus fuccinctement qu'il nous fera poffible.

Vices de Formation des Municipalités nouvelles. Dans l'Élection de Soiffons, foixante-neuf Communautés ont élu des membres qui ne paient pas 30 ₶ d'impofitions. Treize Communautés dans celles au deffus de cent feux, n'ont nommé que trois ou quatre membres au lieu de fix. Dix Communautés, depuis dix feux jufqu'à cinquante-fept, n'ont élu que deux membres. Dans quelques-unes les votants fe font trouvés en fi petit nombre, qu'ils ont été obligés de fe nommer eux-mêmes. Les fignatures ont été irrégulières dans un très-grand nombre d'autres Paroiffes. Plufieurs Procès-verbaux n'ont été fignés ni du Syndic ni du Greffier ; enfin, la loi qui profcrit certains degrés de parenté, n'a point été obfervée.

Dans l'Élection de Laon, foixante Communautés ont élu des membres qui ne paient pas le taux d'impofitions fixé ; une de vingt feux n'a élu que deux membres ; un hameau de onze feux n'en a élu qu'un feul pour former la Municipalité ; quatre Paroiffes fe font volontairement réunies, fans y être autorifées, pour former deux Municipalités.

Dans

Dans l'état des Municipalités de l'Élection de Noyon, on a omis de faire mention du nombre des feux qui compofent chaque Communauté, ce qui nous empêche, Meffieurs, de vous rendre compte des irrégularités qui ont pu avoir lieu dans le nombre des membres qui forment les Municipalités de cette Élection. Nous avons trouvé feulement une Communauté dans laquelle cinq membres ont été élus, & une autre n'a élu qu'un feul membre ; mais nous avons reconnu que trente-quatre Communautés ne fe font pas conformées au Réglement fur le taux d'impofitions prefcrit pour les membres électifs.

Dans l'Élection de Guife, vingt-quatre Municipalités font atteintes du même vice ; dans prefque toutes, les Syndics élus ne paient pas le taux d'impofitions prefcrit. Un hameau de deux feux a formé une Municipalité de deux membres ; enfin, dans une Paroiffe de fix cents deux feux, le tumulte a été fi grand qu'on en eft venu aux mains avant de fe féparer.

L'Élection de Crefpi offre dix-neuf Communautés qui ont nommé des membres qui ne paient pas 30 £ d'impofitions ; une Paroiffe de cent cinquante feux n'a élu que cinq membres ; dans un grand nombre de Paroiffes les Syndics ne paient pas le taux fixé ; dans d'autres, ils font en même-temps membres de la Municipalité ; trois votants feuls dans une autre Communauté fe

K k

font nommé membres tous les trois ; enfin, dix Communautés n'ont point formé de Municipalité, faute de fujets éligibles.

Dans l'Élection de Clermont, la ville de Bulles a formé une nouvelle Municipalité, quoiqu'elle en aît une anciennement établie. Cette même Élection offre vingt & une Municipalités dont les membres ne paient pas le taux fixé. Une Paroiffe n'a pas nommé de Syndic ; dans deux autres Paroiffes, plufieurs habitants ont réclamé contre la nomination de leurs Syndics, dont l'un avoit été déclaré, par une Ordonnance de M. l'Intendant, incapable de remplir aucune charge publique ; dans huit Communautés, les Greffiers font en même-temps membres de la Municipalité ; un particulier a été nommé à la fois Syndic de deux Communautés ; dans une Paroiffe, une femme eft comprife dans le Procès-verbal au nombre des votants, & dans une autre, une femme a été élue membre de la Municipalité ; les fignatures enfin ont été généralement irrégulières, & les élections dans plufieurs Paroiffes, ne fe font faites qu'au milieu du tumulte & de la cabale.

Dans l'Élection de Château-Thierry, onze Communautés fe font écartées du Réglement fur le taux d'impofitions des membres électifs. Dans trois Communautés, les Greffiers font membres de la Municipalité ; trois autres font en difcuffion fur leurs élections ; dans une Communauté on a pris un Greffier qui ne fait pas écrire ; un hameau de treize feux s'eft détaché de fa Paroiffe pour former une Municipalité féparée ; enfin, des Communautés ont nommé trop de membres, d'autres n'ont pas élu le nombre prefcrit ; & plufieurs fignatures ont été irrégulières.

Par le tableau que nous venons de mettre fous vos yeux, Meffieurs, vous avez vu que deux cents trente-neuf Communautés fe font écartées des difpofitions du Réglement fur le taux d'impofitions qu'il prefcrit ; plufieurs autres n'ont pu fe former de Municipalité faute de fujets éligibles ; dans quelques-unes, on en eft venu aux voies de fait ; dans d'autres, l'intrigue & la cabale ont régné dans les élections : mais dans le nombre des irrégularités qui viennent de vous être expofées, fi plufieurs doivent être attribuées à la négligence & au défaut de lumières, d'autres, & c'eft le plus grand nombre, ont été néceffitées par le taux d'impofitions fixé par le Réglement du 5 Juillet dernier.

Avant de vous propofer de prendre une délibération fur cet objet, le Bureau croit devoir vous rendre compte des obfervations contenues dans les différents mémoires foumis à fon examen, & qui ont quelque rapport aux vices des Municipalités ; en joi-

K k ij

gnant fes obfervations à celles contenues dans ces mémoires, vous ferez à portée, Meffieurs, d'établir votre
opinion fur les différents moyens que notre travail nous
a fuggérés, & que nous foumettrons à la fageffe de
vos délibérations.

Municipalité *des Villes.* Un mémoire de l'Élection de Soiffons expofe, fur
le premier article du Réglement du 5 Juillet, l'incon-
vénient qu'il y auroit à laiffer aux anciennes Municipalités établies dans les Villes & Paroiffes de Campagnes,
le pouvoir de faire feules la répartition des impôts. (*)
Il obferve que les Paroiffes de Soiffons en particulier,
jouiroient d'un fort moins avantageux que celles qui
ont la prérogative de nommer leurs repréfentants. Le
choix de ces derniers eft libre & volontaire ; il eft le
fruit de leur confiance. Ces repréfentants font leurs
pairs dans la chofe publique ; leurs rapports, leurs
liaifons, & quelquefois même leurs conteftations les
éclairent parfaitement fur les propriétés & facultés de
chaque contribuable, d'où il réfulte une juftice & une
exactitude dans la répartition qu'on ne peut efpérer des
Officiers Municipaux qui ne doivent leur nomination
qu'à une volonté arbitraire, & non à la confiance
publique. Les Officiers Municipaux de la ville de Soif-

(*) Les villes de Crefpi & de Bulles ont formé de nouvelles Municipalités,
quoiqu'en ayant déja d'anciennes.

fons en particulier, font nommés par Monfeigneur le
Duc d'Orléans, fans même que les difpofitions prefcrites par l'Édit du mois d'Août 1764. foient obfervées.
Il ajoute que des Officiers Municipaux ainfi inftitués,
peuvent défendre les droits & privilèges des Villes,
adminiftrer leurs biens patrimoniaux, mais nullement
faire, d'une manière jufte, la répartition des impôts,
dont ils ne connoiffent pas même le mode, la plupart
d'entre eux étant privilégiés. Enfin, que l'intention du
Roi étant que la répartition des impôts foit faite par
des perfonnes choifies dans le nombre des contribuables & par les contribuables eux-mêmes ; ce double
avantage ne fe trouve pas dans les Municipalités anciennement établies.

    Ces obfervations, Meffieurs, nous paroiffent fondées,
& en nous occupant des moyens d'obvier aux inconvéniens réels qu'elles préfentent, nous avons penfé
qu'on pourroit accorder aux Paroiffes des Villes & des
Campagnes qui ont une Municipalité anciennement établie,
le droit de former des Municipalités diftinctes & particulières pour la répartition des impôts, ou au moins de nommer chacune trois ou fix députés, fuivant l'étendue de
leur population, pour concourir, avec les Officiers de
ces Municipalités, à cette répartition.

    Le fecond objet du même mémoire concerne l'art. VIII *Préfidence des*
Aff. paroif.

du Réglement qui exclut le Seigneur & le Curé de l'Assemblée paroissiale ; leur présence y est regardée comme nécessaire pour prévenir le tumulte, les brigues, la cabale & tous les désordres qui doivent avoir lieu dans ces sortes d'Assemblées, par la nature même de leur composition. Le Syndic chargé de les présider, ne peut avoir le poids & l'autorité nécessaires pour leur en imposer. Les Seigneurs & les Curés, en remplissant ce devoir important, offrent encore l'avantage de pouvoir éclairer ces Assemblées sur les objets de leurs délibérations, le véritable esprit de la loi & les moyens de s'y conformer.

Ces observations qui nous ont été faites par d'autres Élections, Messieurs, nous paroissent devoir mériter d'autant plus votre attention, qu'elles sont justifiées par les vices & les abus qui ont régné dans un grand nombre d'Assemblées paroissiales, dont le tableau vient d'être mis sous vos yeux. A l'exception de quelques Paroisses, nulle part les articles les plus clairs & les plus simples du Réglement n'ont été entendus ni suivis, & le tumulte a été si grand dans quelques-unes qu'on en est venu aux voies de fait, avant de se séparer.

Le vœu du Bureau est donc, Messieurs, que la présidence des Assemblées paroissiales soit attribuée au Seigneur, & à son défaut, au Curé.

Il nous a été fait, par plufieurs Élections ainfi que *Scrutin.*
par le même mémoire, des obfervations fur l'article X
du même Réglement, qui prefcrit la forme du fcrutin
pour toutes les élections ; cet article ne pouvant être
exécuté dans toute fon étendue, parce qu'un grand
nombre des votants ne fait point écrire.

Le Bureau eft d'avis, Meffieurs, pour lever cet
obftacle, en fe rapprochant le plus poffible de l'efprit
de la loi, que ceux qui ne fauront point écrire, foient
tenus, au moment du fcrutin, de déclarer, à voix baffe,
le nom de celui pour lequel ils votent, au Syndic qui
le mettroit par écrit, & ce en préfence de deux témoins
capables d'en vérifier l'exactitude.

Le même mémoire, Meffieurs, préfente des réflexions *Taux d'im-*
fur les articles VI & XI du même Réglement, par *pofitions pour*
lefquels les Affemblées paroiffiales ne peuvent être com- *être éligible.*
pofées que d'habitants payant 10 ℓ au moins, & les
Affemblées municipales, de ceux payant au moins 30 ℓ
d'impofitions foncières ou perfonnelles. Les mêmes obfervations nous ont été auffi communiquées par plufieurs
Élections, & elles nous paroiffent fort juftes. En effet,
Meffieurs, dans le Rapport qui vient de vous être fait,
par le Bureau, des vices des Affemblées municipales,
vous avez pu remarquer qu'un très-grand nombre de
membres élus ne paient pas la fomme d'impofitions

preferite par le Réglement : que dans la plupart des Paroiffes, le nombre des votants a égalé à peine celui des membres à élire ; que dans plufieurs Paroiffes même, faute des uns & des autres, on n'a pu procéder à la formation de l'Affemblée. (*)

Une autre confidération bien digne de votre attention, Meffieurs, c'eft que dans nombre de Paroiffes, le choix tombant néceffairement fur les mêmes fujets qui feroient les plus opulents ; & dans d'autres, la régénération étant impoffible, la claffe indigente fe trouveroit toujours fans appui & fans repréfentant pour défendre fes intérêts.

Il eft évident par ce que nous venons d'avoir l'honneur de vous expofer, que les taux d'impofitions, fixés par les articles VI & XI du Réglement du 5 Juillet, font trop élevés ; & nous héfitons d'autant moins à vous propofer d'en folliciter la réduction, que Sa Majefté vous y autorife elle-même, par l'Inftruction du 5 Novembre dernier.

Mais à quel taux d'impofitions feroit-il convenable de s'arrêter ? D'après les Procès-verbaux de formation de toutes les Affemblées municipales de cette Généralité, & les obfervations faites fur chacune d'elles, par

_____

(*) Deux cents trente-cinq Paroiffes ont élu des membres qui ne paient pas le taux d'impofitions fixé par le Réglement.

les

les Affemblées d'élection, que nous avons examinées avec le plus grand foin, il réfulte que dans la plupart des Paroiffes, & même dans quelques-unes de celles qui ont plus de deux cents feux, il ne fe trouve qu'un très-petit nombre d'habitants payant 10 £ d'impofitions, ce qui paroîtroit néceffiter que tous les habitants qui paient 3 £ d'impofitions, euffent la faculté d'élire &, d'être élus.

L'adoption de ce taux, Meffieurs, femble d'abord favorable à la claffe indigente dont vous ferez toujours les protecteurs ; mais n'auroit-elle pas l'inconvénient de donner à cette même claffe une prépondérance nuifible à fes propres intérêts & à ceux de la chofe publique. Nous le penfons, & c'eft ce qui nous engage à vous propofer un terme moyen qui nous a paru concilier tous les intérêts : ce feroit de fixer le taux d'impofitions, pour les deux tiers des membres de chaque Municipalité, à 10 £, & que l'autre tiers fût toujours choifi dans le nombre de ceux qui ne paient que 3 £ : ce même taux de 3 £, fuffiroit auffi pour être électeur. Nous ne pouvons vous diffimuler que cette nouvelle fixation, toute modique qu'elle peut vous paroître, ne pourra être appliquée à un certain nombre de Communautés, en forte qu'il deviendra indifpenfable de fupplier Sa Majefté, de la

L l

modérer encore pour ces mêmes Communautés, defquelles il feroit dreffé un état par votre Commiffion intermédiaire, pour être mis fous les yeux de Sa Majefté.

Droit de préfider en l'abfence du Seigneur.

Les articles XIV & XV du Réglement, qui accordent au Syndic, au défaut du Seigneur, le droit de préfider l'Affemblée municipale en la préfence du Curé, forment le cinquième objet du mémoire & des obfervations de plufieurs Affemblées d'élection. Elles s'accordent à trouver les plus grands inconvénients à une difpofition qui équivaut, pour les Curés, à une exclufion formelle. Le vœu du Bureau, Meffieurs, fe trouve entiérement conforme à celui que les Élections vous préfentent fur cet objet qu'il croit mériter l'attention la plus férieufe de votre part. Ne craindrez-vous pas comme nous, Meffieurs, que cet article du Réglement, en éloignant les Curés des Affemblées municipales, & en privant par-là celles-ci de leurs lumières, ne produife encore l'effet de nuire à la confiance & à la confidération dues à leur miniftère, & d'affoiblir la chaîne des devoirs réciproques qui unit les Peuples à leurs Pafteurs, & concoure, d'une manière auffi douce qu'efficace, au maintien du bon ordre & à la profpérité publique ?

L'Affemblée à laquelle nous foumettons le poids de ces motifs, jugera fi elle ne croit pas de fa fageffe de fupplier Sa Majefté d'accorder la préfidence au Curé en l'abfence du Seigneur, ou au moins de ftatuer que le Curé aura dans l'Affemblée municipale une place diftincte & en face du Préfident, & que cette place ne pourra être occupée par perfonne en fon abfence.

Nous allons encore, Meffieurs, vous faire connoître les obfervations qui nous ont été faites fur les Affemblées d'arrondiffement ; la plupart de ces Affemblées feront compofées de deux & de trois cents perfonnes. Si nous avons témoigné des inquiétudes fur le tumulte & le défordre qui peuvent régner & qui ont régné en effet dans les Affemblées paroiffiales, combien ne devons-nous pas en avoir de plus fortes fur tous les défordres que pourront produire l'intrigue, la cabale, & nous ajouterons l'intempérance trop ordinaire aux habitants de la campagne dans des Affemblées auffi nombreufes. Trois moyens nous ont paru capables d'obvier à ces inconvénients. Le premier feroit que chaque Municipalité préfentât un fujet dont elle enverroit le nom à l'Affemblée d'élection qui feroit libre d'adopter, dans le nombre des préfentés, celui qu'elle eftimeroit le plus digne de fon choix.

Affemblées d'Arrondiff.

Le fecond moyen feroit de laiffer abfolument le choix du fujet à l'Affemblée d'élection qui, par fes fréquents rapports avec les membres de chaque Municipalité, fera à portée de les connoître & d'en apprécier le mérite.

LI ij

Le troisième & dernier moyen que nous allons avoir l'honneur de mettre sous vos yeux, seroit de diviser chaque arrondissement en un certain nombre de districts proportionnés à son étendue, & toujours de manière à ce que le nombre des membres qui composeroit ces Assemblées de district, n'excédât pas celui de vingt-cinq à trente personnes. Chacune de ces Assemblées procéderoit, par la voie du scrutin, à l'élection d'un membre, & nommeroit ensuite quatre députés, dont un du Clergé, un de la Noblesse & deux du Tiers-État, pour porter leur vœu à l'Assemblée d'arrondissement, & cette dernière procéderoit aussi par la voie du scrutin, à l'élection d'un des membres proposés par les Assemblées de district. Ce moyen, Messieurs, a l'avantage de diminuer le trop grand nombre de votants, sans contrarier l'esprit de la loi sur le mode de la régénération des différentes Assemblées. Pour assurer enfin le bon ordre, chaque Assemblée de district & d'arrondissement, pourroit être présidée par le Seigneur de Paroisse le plus âgé, & au défaut de Seigneur, par le plus ancien Curé. Ainsi en supposant une Assemblée d'arrondissement, composée de quarante Paroisses & divisée en six districts, le nombre des membres de chaque Assemblée de district, sera de trente personnes au plus, & celui de l'Assemblée d'arrondissement, de vingt-quatre feulement. Cependant, Meffieurs, le Bureau ne croit par devoir vous propofer de prendre une délibération formelle à cet égard, mais de vous en rapporter à la prudence & à la fageffe du Gouvernement.

Nous ne vous arrêterons pas, Meffieurs, fur quelques obfervations qui vous ont été faites concernant l'article V du Réglement du 5 Août, qui impofe aux Syndics des Affemblées municipales, diverfes obligations relatives au recouvrement des impofitions. Nous penfons que fi l'exécution d'un article fi important pour la fûreté des deniers publics & pour l'intérêt des contribuables, peut éprouver des obftacles dans une inexpérience momentanée, le zèle des Syndics, aidé des inftructions des Affemblées fupérieures, les fera bientôt difparoître. Notre avis eft donc que vous recommandiez à vos Bureaux intermédiaires, de s'affurer de l'exactitude des vérifications & autres objets prefcrits aux Syndics par le Réglement du 5 Août, en éclairant, fur cette partie effentielle de leurs devoirs, ceux qui pourront en avoir befoin.

Devoirs des Syndics.

Les dernières obfervations du mémoire de Clermont, portent fur le danger qu'il y auroit de laiffer aux Affemblées municipales la faculté que leur accorde l'article XI du Réglement du 5 Août, de délibérer fur le traitement de leurs Syndics & Greffiers. Sa Majefté

Danger de laiffer aux Mun. le droit de fixer leur traitement.

prévient vos vœux fur la réforme de cet article, en vous invitant, Meffieurs, à vous occuper vous-mêmes de cet objet, & à examiner s'il eft indifpenfable d'accorder un traitement aux Syndics & Greffiers.

Avant de nous occuper de ce traitement, Meffieurs, nous nous fommes demandé fi l'on ne pourroit pas unir les deux fonctions de Syndic & de Greffier ; nos réflexions & plufieurs exemples d'une pareille réunion fans inconvénients dans plufieurs Paroiffes de cette Généralité, nous déterminent à le croire, & fi votre opinion eft d'accord avec la nôtre, nous n'avons plus à vous propofer que de délibérer fur le fort des Syndics; mais cet objet eft encore d'une conféquence à mériter toute votre attention ; car quelque modiques que fuffent les traitements que vous accorderiez aux Syndics des Municipalités, la maffe s'en éleveroit à une fomme très-confidérable. Nous aimons à croire que la diftinction honorable attachée aux fonctions des Syndics, la confiance de leurs concitoyens, & la confidération qui naîtra de leur zèle à concourir au bien de leur Communauté, fera pour eux une récompenfe fuffifante & plus flatteufe que le traitement très-modique auquel ils pourroient prétendre, fauf à leur allouer les débourfés & les dépenfes qu'ils juftifieront avoir faites pour la chofe publique.

Nous terminerons ce Rapport, Meffieurs, par deux

obfervations confignées dans un mémoire de l'Élection de Château-Thierry.

La première nous paroît mériter de votre part la plus férieufe attention : elle a pour objet la confection du premier rôle de la taille attribuée aux feuls taillables, par les difpofitions de l'article II du Réglement du 5 Août. Il eft repréfenté que les Eccléfiaftiques, les Nobles & autres Privilégiés non fujets à la taille, ont toujours intérêt, & fouvent plus d'intérêt que les taillables eux-mêmes, à cette répartition : que la taille d'exploitation fe lève fur les fonds appartenants à ces Privilégiés quand ils ne les font pas valoir eux-mêmes : que les fermiers n'apprécient les redevances qu'ils peuvent offrir aux propriétaires, que déduction faite des charges, & par conféquent de la taille : qu'enfin fi cette difpofition du Réglement fubfiftoit, elle nuiroit évidemment à tous les Privilégiés qui ne font pas fuffifamment repréfentés par leurs fermiers, ceux-ci étant toujours fûrs de reprendre fur leurs propriétaires la taille & fes acceffoires.

En reconnoiffant, Meffieurs, toute la juftice de cette réclamation, nous ne devons pas vous laiffer ignorer que la difpofition du nouveau Réglement dont il s'agit, eft conforme à celles des anciens Réglements, mais la forme de répartition n'étant plus la même, & de-

Répartition de la Taille.

vant s'opérer par les Membres des Assemblées municipales, nous croyons, Messieurs, que vous ne pouvez
vous dispenser de mettre cette observation sous les yeux
de Sa Majesté, & nous devons d'autant plus espérer de
sa justice qu'Elle daignera y avoir égard, qu'Elle a
déja bien voulu changer de son propre mouvement,
la disposition du même Réglement du 5 Août, qui
attribuoit aux Municipalités rurales la confection du
second rôle pour la Capitation des Nobles & des Privilégiés, en chargeant de cette confection les Bureaux
intermédiaires des élections.

La seconde observation du mémoire de Château-
Thierry tombant sur le mode de cette dernière répartition que Sa Majesté a bien voulu changer d'Elle-
même, il est inutile d'en occuper votre attention.

Nous avons tâché, Messieurs, dans l'examen que
vous nous avez confié, & dans le choix des moyens
que nous soumettons à vos lumières, de nous conformer, autant qu'il nous a été possible, à l'esprit de la
loi, qu'un Monarque aussi juste que bienfaisant, vient
de donner à ses peuples, & qui lui assure à jamais leur
reconnoissance & leur amour. Heureux si nos efforts
peuvent obtenir vos suffrages!

Avis
du Bureau.
Pour se résumer, le Bureau a l'honneur de vous proposer, Messieurs, d'arrêter; 1°. Que la Commission intermédiaire

termédiaire fera chargée de pourſuivre la réformation des vices qui exiſtent dans les Municipalités nouvellement établies, ſoit en procédant à une nouvelle élection dans toutes les Paroiſſes où la première élection a été contraire aux Réglements, ou le fruit d'une cabale ou d'une intrigue évidemment reconnue, ſoit en procédant à la nomination partielle des membres qui, dans une élection régulière d'ailleurs, auroient contre eux de juſtes motifs d'excluſion.

2°. Que dans les Municipalités où il n'exiſte d'autre vice que celui de l'élection d'un ou pluſieurs membres qui ne paient pas le taux d'impoſitions fixé par le Réglement du 5 Juillet, la Commiſſion intermédiaire ſuſpendra la provocation d'une nouvelle nomination, juſqu'à ce que les intentions de Sa Majeſté à cet égard, ſoient plus amplement connues, l'Inſtruction du 5 Novembre dernier, annonçant, de la part de Sa Majeſté, une diſpoſition à modifier le taux preſcrit.

3°. Qu'à l'égard des Paroiſſes, Fermes ou Hameaux qui, faute d'un nombre d'habitants ſuffiſant, n'ont pu former de Municipalité complète, la Commiſſion intermédiaire ſuſpendra encore toute provocation, juſqu'à ce que les réunions deſdites Paroiſſes, Fermes ou Hameaux à des Paroiſſes voiſines, aient été propoſées à Sa Majeſté, & approuvées par Elle.

4°. Que l'intention bienfaisante de Sa Majesté étant que la répartition des impôts, soit faite par des personnes choisies dans le nombre des contribuables & par les contribuables eux-mêmes, Elle soit très-humblement suppliée de faire jouir de ce double avantage, les Villes & autres lieux qui ont des Municipalités établies selon les anciennes formes, & de leur accorder à cet effet le droit de former des Municipalités distinctes & séparées pour la répartition des impôts ; ou au moins celui de nommer trois ou six députés par Paroisse, pris dans le nombre des contribuables, pour concourir avec les Officiers des Municipalités déjà établies, à ladite répartition.

5°. Que pour assurer la régularité des élections, l'exacte observance des Réglements, écarter les cabales & veiller au maintien du bon ordre dans les Assemblées paroissiales, Sa Majesté sera très-humblement suppliée d'accorder aux Seigneurs, & en leur absence, aux Curés, la présidence desdites Assemblées, sans qu'ils aient toutefois voix délibérative, excepté dans le cas de partage.

6°. Que la forme proposée d'obliger les votants qui ne savent pas écrire, de déclarer & faire écrire par le Syndic, en présence de deux témoins, le nom de ceux pour lesquels ils votent, sera adoptée par l'Assemblée, comme se rapprochant le plus de l'esprit du Réglement, après toutefois que Sa Majesté l'aura approuvée.

7°. Que la plupart des Paroisses ne pouvant former ou régénérer leurs Assemblées municipales, en se conformant au taux de 10 £, d'impositions fixé par l'article VI du Réglement, pour le droit de voter, & de 30 £ fixé par l'article XI du même Réglement, pour celui d'être élu ; & pour accorder en même-temps aux habitants les plus pauvres, le secours de représentants pris dans leur classe, Sa Majesté sera très-humblement suppliée d'ordonner que les deux tiers des membres de chaque Municipalité seront toujours choisis dans le nombre des habitants payant au moins 10 £ d'impositions ; que l'autre tiers sera formé d'habitants payant au moins 3 £ d'impositions ; que ce dernier taux donnera le droit d'élire, & que si une nouvelle réduction devenoit nécessaire à l'égard de certaines Communautés, Sa Majesté seroit suppliée de l'ordonner pour elles seules, & sur l'état qui en seroit mis sous ses yeux par l'Assemblée ou sa Commission intermédiaire.

8°. Que pénétrée de l'avantage important de conserver aux Peuples le secours du zèle & des lumières des Curés, & à ceux-ci le respect & la confiance des Peuples, l'Assemblée ne peut que faire à Sa Majesté les instances les plus vives & les plus respectueuses, pour qu'Elle daigne accorder aux Curés la préfidence des Affemblées municipales en l'abfence du Seigneur, ou au moins de ftatuer que le Curé aura dans l'Affembléc municipale, une place diftinéte & en face du Préfident, (& que cette place ne poutra être occupée par perfonne en fon abfence.

9°. Que, pour prévenir les troubles qui peuvent régner dans les Affemblées d'arrondiffement, & les accidents qui peuvent en être la fuite, l'Affemblée propofe très-refpectueufement à Sa Majefté, l'un des trois moyens fuivants. Le premier, que chaque Municipalité préfente un fujet à l'Affemblée d'élection, qui fera libre d'adopter tel des membres préfentés qu'elle jugera à propos.

Le fecond, de laiffer entiérement à l'Affemblée d'élection, le choix d'un membre dans les Municipalités.

Le troifième enfin, de divifer chaque arrondiffement en un certain nombre de diftriets qui formeroient une Affemblée particulière ; que chaque Affemblée de diftrict, procède par la voie du fcrutin à la propofi- tion d'un membre, & nomme enfuite quatre députés, dont un du Clergé, un de la Nobleffe & deux du Tiers-État ; lefquels députés fe réuniront dans le chef- lieu d'arrondiffement, pour procéder de même par la voie du fcrutin, au choix de l'un des membres propoſés par l'Aſſemblée de diſtrict, pour remplacer celui qui manquera dans les Aſſemblées d'élection ; & afin d'aſſurer le bon ordre dans les Aſſemblées de diſtrict & d'arrondiſſement, chacune d'elles pourra être préſidée par le Seigneur de Paroiſſe le plus âgé, & à défaut de Seigneur, par le plus ancien Curé.

10°. Que la Commiſſion intermédiaire veillera avec la plus grande attention, à ce que les Bureaux intermédiaires de chaque élection, s'aſſurent de l'exécution conſtante de l'article V du Réglement du 5 Août, qui preſcrit aux Syndics des Municipalités de conſtater toutes les ſemaines, par l'examen des différents rôles, l'état de recouvrement des deniers publics, leur exiſtence entre les mains des Collecteurs, ou la validité de leur décharge ; & que les Bureaux intermédiaires ſeront tenus de donner aux Syndics ſur cette partie eſſentielle de leurs devoirs, tous les ſecours & les lumieres dont ils pourront avoir beſoin.

11°. Que l'Aſſemblée n'accordera aucun traitement pécuniaire aux Syndics ; que les débourſés & dépenſes qu'ils juſtifieront avoir faits pour la choſe publique, leur ſeront alloués, & que Sa Majeſté ſera ſuppliée de réunir les fonctions de Greffier à celles de Syndic.

12°. Que Sa Majeſté ayant déja bien voulu de ſon propre mouvement, changer une des diſpoſitions de fon Réglement du 5 Août, en attribuant aux Bureaux intermédiaires des élections, la confection du fecond rôle concernant la Capitation des Nobles & Privilégiés qu'Elle avoit d'abord accordée aux Municipalités rurales, fera très-humblement fuppliée de faire jouir, par une fuite de fa juftice, les membres du Clergé, de la Nobleffe & autres Privilégiés qui ont des propriétés foncières, du droit de concourir avec les taillables, à la confection du rôle de la taille, vu l'intérêt que ces propriétaires ont, dans la perfonne de leurs fermiers fujets à la taille d'exploitation, à la jufte répartition de cet impôt.

Délibération.   La matière mife en délibération, il a été arrêté : 1°. Que la Commiffion intermédiaire fera chargée de pourfuivre la réformation des vices qui exiftent dans les Municipalités nouvellement établies, foit en faifant procéder à une élection nouvelle, dans toutes les Paroiffes où la première a été contraire aux Réglements, foit en faifant procéder à la nomination partielle des membres qui, dans une élection régulière d'ailleurs, auroient contre eux de juftes motifs d'exclufion.

2°. Que dans les Municipalités où il n'exifte d'autre vice que celui d'élection d'un ou plufieurs membres qui ne paient pas le taux d'impofitions fixé par le Réglement du 5 Juillet, la Commiffion intermédiaire fufpendra la provocation d'une nouvelle nomination, jufqu'à ce que les intentions de Sa Majesté à cet égard, soient plus amplement connues ; l'Instruction du 5 Novembre annonçant, de la part de Sa Majesté, une disposition à modifier le taux prescrit.

3°. Qu'à l'égard des Paroisses, Fermes ou Hameaux qui, faute d'un nombre suffisant d'habitants, n'ont pu former de Municipalité complète, la Commission intermédiaire suspendra encore toute provocation, jusqu'à ce que les réunions de ces Paroisses, Fermes ou Hameaux, à des Paroisses voisines, aient été proposées à Sa Majesté, & par Elle approuvées.

4°. Que Sa Majesté sera très-humblement suppliée d'accorder aux Villes & Bourgs qui ont des Municipalités établies selon les anciennes formes, & qui ne sont point au nombre porté par les Réglements, le droit de nommer trois ou six députés choisis parmi les contribuables, en nombre proportionné à leur population, pour concourir avec les Officiers des Municipalités déja établies, à la répartition des impôts.

5°. Que l'on se conformera aux dispositions du Réglement du 5 Juillet dernier, sur la tenue des Assemblées paroissiales.

6°. Que sous le bon plaisir de Sa Majesté, les députés des Assemblées paroissiales qui ne sauront pas écrire, seront tenus de déclarer & faire écrire par le Syndic, en préfence de deux témoins, les noms de ceux pour lefquels ils votent.

7°. Que par les raifons énoncées au Rapport ci-deffus, Sa Majefté fera très-humblement fuppliée d'ordonner que les deux tiers des membres de chaque Municipalité, feront toujours choifis dans le nombre des habitants payant au moins 10 *£* d'impofitions, & l'autre tiers, dans celui des habitants payant au moins 3 *£*, & que ce dernier taux donnera droit d'élire, fauf à l'Affemblée à folliciter, & à Sa Majefté à ordonner une nouvelle réduction à l'égard de certaines Communautés, fi elle étoit jugée néceffaire, d'après l'état qui en feroit envoyé au Confeil par l'Affemblée ou fa Commiffion intermédiaire.

8°. Que Sa Majefté fera très-humblement fuppliée d'ordonner que fi le Seigneur ne préfide point, il aura la liberté de déléguer un Préfident, pourvu que la perfonne qu'il nommera à cet effet, foit un Eccléfiaftique ou un Gentilhomme, ou l'un des premiers Officiers de fa Juftice, & que dans le cas où il ne préfenteroit pas des perfonnes qui euffent ces qualités, le Curé préfidera de droit.

9°. Qu'il ne fera pris de délibération fur les moyens propofés pour prévenir les abus qui réfulteroient des Affemblées d'arrondiffement, qu'après le Rapport qui

fera

fera fait à l'Assemblée, par les Commissaires nommés pour l'examen des Réglements, sur le mode de régénérer les Assemblées.

10°. Que la Commission intermédiaire veillera avec la plus grande attention, à ce que les Bureaux intermédiaires de chaque élection, s'assurent de l'exécution constante de l'article V du Réglement du 5 Août, qui prescrit aux Syndics des Municipalités, de constater toutes les semaines, par l'examen des différents rôles, l'état de recouvrement des deniers publics, leur existence entre les mains des Collecteurs, soit en deniers, soit en quittances des Receveurs, & que les Bureaux intermédiaires seront tenus de donner aux Syndics, sur cette partie essentielle de leurs devoirs, tous les secours & les lumières dont ils peuvent avoir besoin.

11°. Que pour se conformer aux intentions de Sa Majesté, & dans l'espérance que les Officiers Municipaux tiendront à honneur la confiance de leurs concitoyens & l'avantage précieux de leur être utiles, il ne sera attribué aucuns traitements aux Syndics & Greffiers, dont les fonctions resteront divisées, mais que leurs frais & débourfés leur seront alloués tels qu'ils auront été déterminés par les Assemblées d'élections, ou leurs Bureaux intermédiaires.

12°. Que Sa Majesté ayant déjà bien voulu de son

propre mouvement, changer une des difpofitions de
fon Réglement du 5 Août, en attribuant aux Bureaux
intermédiaires des élections, la confection du deuxième
rôle concernant la capitation des Nobles & Privilégiés,
qu'Elle avoit d'abord accordée aux Municipalités rurales,
fera très-humblement fuppliée de faire jouir, par une
fuite de fa juftice, les membres du Clergé, de la Nobleffe
& autres Privilégiés qui ont des propriétés foncières,
du droit de concourir avec les taillables, à la confection du rôle de la taille, vu l'intérêt que ces propriétaires ont, dans la perfonne de leurs fermiers fujets à
la taille d'exploitation, à la jufte répartition de cet
impôt.

Signé, LE COMTE D'EGMONT.
Contre-figné, BYÉTER, *Secrétaire-Greffier.*

Du Vendredi 7, dix heures du matin.

MESSIEURS les Députés étant réunis, le Bureau
de l'Impôt a fait le Rapport qui fuit.

MESSIEURS,

VOUS nous avez chargé de nous occuper de ce *Rap. du Bur.* qui regarde l'Impôt. Presque tous étrangers à une ma- *de l'Impôt sur la Répartition* tière qui présente des difficultés, même à ceux qui en *des impositions* ont fait une étude approfondie, nous ne pouvons *ordinaires.* guerres nous flatter d'avoir autre chose à vous offrir qu'un essai, & le fruit des efforts que nous avons faits pour remplir notre mission.

Les Vingtièmes ont été le premier objet de notre travail ; mais votre délibération sur ce point important, ayant été remise à un autre moment, nous n'avons à vous entretenir que de ce qu'on appelle impositions ordinaires.

Elles consistent dans la taille, les impositions accessoires, & la capitation avec les quatre sols additionnels.

La Taille est la première & la plus ancienne branche *Origine &* des Finances du Royaume. Établie dans son origine *progrès de la* pour les plus pressants besoins de l'État, on ne la leva, *Taille.* pendant le cours de plusieurs siècles, que pour des termes fixes & limités.

Charles VII. fut le premier qui en fit un impôt perpétuel, en 1444. Elle montoit à deux millions, somme que vous savez être bien supérieure à celle que représenteroit aujourd'hui cette expression, tant à cause du prix du marc d'argent, à cette époque, qu'à caufe de la valeur qu'avoient alors les denrées.

Cette impofition ne fut point augmentée jufqu'à François I. Il y en joignit une autre fous le nom de *Grande-crüe*, à caufe des guerres qu'il avoit à foutenir.

Taillon. En 1549, Henri II. introduifit ce qu'on appelle *Taillon* ; mais il eft à remarquer que cette augmentation d'impôt étoit elle-même un acte de bienfaifance, étant deftinée à fixer une folde aux gens de guerre, qui auparavant vexoient le peuple par l'exaction fouvent arbitraire des vivres qu'on étoit obligé de leur fournir dans les logements.

Capitation. Enfin, en 1705, Louis XIV. augmenta la taille & fes acceffoires d'un dixième. Le même Prince avoit établi, dès 1695, la capitation fur chaque individu des différents Ordres ; il introduifit encore, en 1710, dans toutes les Provinces de fon Royaume, le dixième du produit annuel des biens-fonds. Telle eft, Meffieurs, en abrégé, l'hiftoire de nos contributions. Il s'enfuit delà que la taille proprement dite repréfente l'impôt perpétuel de 1444 ; que les impofitions qui en font acceffoires font la réunion des *Accrües militaires* poftérieures à 1549 ; & qu'enfin les impôts réunis à la capitation, fes fols additionnels, & aux deux vingtièmes avec les quatre fols pour livre du premier, forment la maffe entière des impofitions à la répartition defquelles vous êtes appellés ; à quoi néanmoins il faut encore ajouter la fomme repréfentative des corvées, évaluée au fixième des impofitions, & les charges locales à répartir fuivant les circonftances fur les Communautés qui doivent les fupporter.

Avant 1780, les impofitions ordinaires faifoient la matière de deux Brevets. Le premier que l'on appelloit *l'ancien*, ne comprenoit que la taille principale : c'étoit fur le *fecond Brevet* qu'étoient portées les impofitions accefloires & la capitation. Ces impôts payés par la partie la moins fortunée du Royaume, s'étoient accrus confidérablement. N'ayant point de détermination fixe, & pouvant s'augmenter promptement & prefque à volonté, la facilité qui en réfultoit étoit devenue une des reffources les plus ordinaires des Finances. Le Roi crut qu'il étoit de fon amour pour fes peuples, de les déli-vrer des tourments auxquels les affujettifloient ces va-riations continuelles, & des augmentations quelquefois peu néceffaires aux véritables befoins de l'État, & tou-jours inattendues. Ces vues bienfaifantes donnèrent lieu à la Déclaration du 13 Février 1780. Cette loi dont on doit regarder toutes les difpofitions comme un mo-nument de juftice & de bonté, réunit, dans un feul Brevet, le montant de toutes les impofitions, en ordon-

Brevets des Impofitions ordinaires.

Leur fixation. Difpofition de la Déclar. de 1780.

nant néanmoins qu'elles y feront énoncées d'une manière *diftincte & féparée ;* & elle les fixe invariablement, tant pour les vingt-quatre Généralités, que pour les Pays conquis, à la fomme à laquelle elles étoient portées pour la même année. Sa Majefté ajoutant que » Si jamais Elle juge néceffaire de l'augmenter, ou pour » le befoin du Royaume, ou par des raifons d'utilité » publique, Elle fera connoître fes intentions à fes » Cours dans les formes ordinaires. «

Il ne fera pas inutile, Meffieurs, de vous dire que par un autre article de cette même loi, Sa Majefté a la bonté d'affurer aux contribuables la jouiffance des bienfaits & des fecours qu'Elle leur a toujours accordés, tant par des remifes fur la taille, que par l'établiffement d'atteliers de charité. Nous avons penfé que vous nous verriez avec fatisfaction rapprocher de cette difpofition bienfaifante, celle par laquelle Sa Majefté a la bonté de vous affurer de nouveau dans les Inftructions qu'Elle vous a adreffées, qu'en vous permettant par l'article I de la III Section du Réglement du 5 Août, de propofer au Confeil l'état de toutes les fommes néceffaires pour faire les fonds *des indemnités ou décharges générales ou particulières,* ainfi que pour les autres objets y mentionnés, Elle n'entend pas que ce foit un objet d'impofition nouvelle ; « Son intention

» étant de remettre à la difpofition de l'Affemblée pro-
» vinciale, l'emploi des fonds déja impofés, appartenants
» à la Province ; « & par conféquent, fans doute, do
lui faire aufli les remifes ordinaires.

Après vous avoir parlé des Impofitions en général,
nous devons, Meffieurs, vous dire un mot de la manière dont elles fe répartiffoient.

M. le Contrôleur Général adreffoit à M. l'Intendant, *Département.*
au Bureau des Finances, & aux Préfident, Lieutenant
& Élus, l'extrait du Brevet général, avec l'expofition
énonciative des fommes auxquelles étoient portées les
différentes contributions, en leur demandant leur avis
pour la diftribution qui devoit en être faite entre les
Éleftions. C'étoit en conféquence de ces avis qu'il éma-
noit du Confeil des Lettres ou Commiffions de répartition, adreffées au Bureau des Finances qui en ordonnoit
l'exécution, en les revêtiffant de fon attache. Elles
étoient enfuite envoyées dans chaque Élection pour y
être vérifiées.

Ces formes remplies, M. l'Intendant, après avoir
prévenu les Officiers de l'Éleftion de fe préparer à la
diftribution de la taille par leurs *Chevauchées*, procédoit
à cette diftribution au jour qu'il avoit indiqué. C'eft
cette opération que l'on nomme *Département*, & qui
fe faifoit, M. l'Intendant y préfidant, en préfence de

deux Tréforiers de France, du Procureur du Roi, des Officiers & Greffier de l'Élection, & même du Receveur des Tailles. On y répartiffoit les fommes portées aux Mandements ou Commiffions extraites du Brevet géné-ral pour chaque Élection. On y impofoit, fur les Pa-roiffes & Communautés qui les compofent, la quote-part de taille principale que chacune d'elles devoit fupporter, & auffi fa quote-part d'impofitions acceffoi-res & capitation, au marc la livre de cette première impofition. Quant à ce qui regarde la capitation des Nobles, Officiers de Judicature, Employés dans l'Ad-miniftration, & autres Privilégiés, le foin de la répar-tir étoit remis, par autorité du Confeil, à la pru-dence & à l'équité de M. l'Intendant qui en rendoit le rôle exécutoire.

Les états de chaque Paroiffe ou Communanté ayant été arrêtés dans le département, on en expédioit le Mandement ou Commiffion particulière. Il énonçoit la fomme que devoit payer chaque Paroiffe, & les impo-fitions diverfes y étoient *diftinctement* indiquées. Ce Mandement étoit envoyé au Collecteur qui procédoit à la confection du rôle dans la forme prefcrite. On en dreffoit deux expéditions, lefquelles étoient portées à l'Officier de l'Élection qui avoit fait la *Chevauchée*, pour être par lui procédé à leur vérification; & en

être

être ordonné l'exécution. L'une de ces expéditions devoit être remife au Greffe dans les trois jours, & l'autre rendue au Collecteur qui en faifoit la publication, & s'occupoit enfuite de la collecte.

L'inftitution des Affemblées provinciales établit, Meffieurs, un autre ordre de chofes. C'eft à elles qu'eft confiée dorénavant, la répartition de ces mêmes impofitions. Il nous a paru qu'un des objets de notre travail devoit être de comparer & de vous mettre fous les yeux ce que les opérations, dont nous venons d'avoir l'honneur de vous rendre compte, ont de commun avec celles dont vous êtes chargés, & en quoi elles diffèrent. Les Réglements du 5 Juillet & du 5 Août, étant les feules pièces qui établiffent vos fonctions, c'eft dans leurs difpofitions, & dans celles de l'Inftruction du 5 Novembre, que nous avons dû puifer les points de comparaifon ou de différence.

Forme de Répartition que doit fuivre l'Affemb.

Il nous paroît d'abord, Meffieurs, que ce n'eft qu'après l'expédition du Brevet général & des Commiffions de répartition entre les différentes Élections, que commencent vos fonctions. L'article II de la II Section du Réglement du 5 Août, dit expreffément : » Que les impo- » fitions ordonnées par le Roi, feront réparties entre » les différentes Communautés, foit par l'Affemblée » d'élection ou de département, foit par la Commiffion

O o

» intermédiaire , d'après les extraits de Brevets ou Com-
» millions que Sa Majefté fera remettre par la voie
» de fon Commiffaire départi , revêtus de l'attache du
» Bureau des Finances de la Généralité , aux Syndics
» de l'Affemblée provinciale , qui feront tenus de les
» faire paffer avant le premier Septembre, aux Syndics
» des Affemblées d'élection ou de département. « Rien
ne dit qu'avant l'expédition de ces Commiffions, il vous
fera demandé votre avis , ou permis de le donner ; fur
les facultés & forces refpectives des Élections , comme
cela avoit lieu pour M. l'Intendant. Cependant ces facultés & forces refpectives font la feule bafe fur laquelle
puifle être appuyée une jufte répartition. Vous regarde-
rez, fans doute, comme un droit précieux, celui de les
faire connoître au Souverain , & de l'éclairer fur les
ménagements que la fituation de chaque Élection peut la
mettre dans le cas de réclamer. Nous croyons, Meffieurs,
devoir vous propofer de fupplier Sa Majefté de permettre que l'Affemblée provinciale , ou votre Commiffion
intermédiaire, foit autorifée *à donner fon avis avant qu'il*
foit procédé dans le Confeil, à la répartition des fommes
portées au Brevet général, entre les différentes Élections.

C'eft des mains de Monfieur le Commiffaire départi,
que MM. vos Syndics recevront l'extrait du Brevet général
& les Mandements ou Commiffions. Ils doivent les faire

paſſer au Bureau intermédiaire de chaque Élection, & c'eſt la première opération dont ils ſoient chargés, quant à la répartition des impôts.

Lorſqu'elle a reçu le Brevet & les Commiſſions, l'Aſſemblée d'élection procède au département. Elle doit le faire *inceſſamment*, parce que, ſuivant l'article III de la même Section, l'expédition en forme du département, doit être adreſſée au Bureau des Finances, & les Com-miſſions ou Mandements envoyés aux Communautés reſ-pectives, avant le premier Octobre. *Ce délai paſſé,* les fonctions du département ſont dévolues à M. l'Intendant, à qui, par le même article II, le Réglement enjoint d'y procéder avant le quinze Octobre, dans la forme preſ-crite par le Réglement du 16 Avril 1643.

Nous vous obſervons, Meſſieurs, qu'aucun des Ré-glements relatifs aux Aſſemblées provinciales, ne déter-mine la forme du département. Nous ignorons ſi le Gouvernement ſe propoſe d'en établir une nouvelle, ou ſi celle qui a été ſuivie juſqu'ici, & qui eſt con-ſignée dans la Déclaration du 16 Avril 1643, con-tinuera d'être obſervée. Dans tous les cas, nous avons jugé qu'il ſeroit important que votre Commiſſion in-termédiaire prit à ce ſujet les éclairciſſements conve-nables, aſſez tôt pour que l'opération ne ſouffrit aucun retard. Il nous paroît donc néceſſaire qu'elle ſache:

Différents points à éclaircir.

O o ij

1°. qui fixera le jour du département? 2°. Quel rang doivent avoir dans l'Adminiftration nouvelle, MM. les Tréforiers de France affiftant au département ? 3°. A qui appartiendra la préfidence qu'avoit M. l'Intendant ? 4°. Par qui MM. les Officiers de l'Élection y feront invités, dans quel ordre ils y fiégeront, & fi le Receveur des Tailles doit y être appellé ? 5°. Qui fera préparer le travail accoutumé & préliminaire au département ? Vous penferez, fans doute, qu'il eft d'autant plus néceffaire d'avoir à cet egard des renfeignements précis & affez à temps, que la moindre incertitude, le trop long délai & la plus légère difficulté qui s'éleveroit, retarderoit infailliblement une opération pour laquelle le Réglement n'accorde qu'un temps fort court.

En fuppofant la forme ancienne, il faudra que les Bureaux intermédiaires fe faffent repréfenter par les Greffiers des élections & autres Officiers, les départements des années précédentes, les Procès-verbaux de *Chevauchée*, & même les rôles des Paroiffes & toutes les expéditions dont ils peuvent avoir befoin.

Lorfque les départements feront faits, l'Affemblée d'élection ou fon Bureau intermédiaire les remettra entre les mains du Greffier, qui fera auffi-tôt expédier les Commiffions. Elles étoient intitulées des noms de M. l'Intendant, des Tréforiers de France & des Officiers de l'Élection; il nous paroît encore que votre Commiſſion intermédiaire ne peut ſe diſpenſer de s'informer au nom de qui elles doivent déſormais être faites. Toutes ces formes au reſte, étoient expreſſément preſcrites par la Déclaration du 16 Avril 1643, déja citée, & ne font des objets de difficultés, que parce qu'elles deviennent relatives à une nouvelle Adminiſtration.

Les Commiſſions expédiées, celles qui regardent les Villes franches & abonnées, doivent être envoyées à leurs Maire & Échevins. Les autres, ainſi que nous avons eu l'honneur de vous le dire, étoient remiſes aux Collecteurs, & le feront déſormais aux Aſſemblées municipales, puiſque ſuivant l'article II de la I Section du Réglement du 5 Août, ces Aſſemblées font chargées d'en faire la répartition entre les contribuables.

Il doit être procédé à cette répartition » au moins » par les deux tiers des membres qui compoſent les » Aſſemblées municipales ; « & quant à celles de la taille & de ſes acceſſoires, elle doit être faite » par les » ſeuls membres taillables, « ſi bien à l'excluſion de tous les autres, que » s'il ne ſe trouvoit pas dans l'Aſſem- » blée municipale, les deux tiers des membres payant » taille dans la Paroiſſe, ce nombre ſera complété » à la pluralité des voix de l'Aſſemblée paroiſſiale, par » le choix d'un ou pluſieurs autres taillables de la Pa-

» roiffe, pour, tous lefdits députés taillables réunis,
» procéder conjointement à l'affiette & à la répartition de la Taille.

Le même Réglement, Meffieurs, attribuoit la répartition de la capitation des Nobles & Privilégiés, à l'Affemblée municipale, quoique jufques-là, ainfi que nous
l'avons remarqué, elle eût été remife abfolument à M.
l'Intendant. Mais une difpofition des Inftructions du 5
Novembre y déroge, & Sa Majefté permet que le rôle
de cette capitation foit arrêté par l'Affemblée d'élection
où fon Bureau intermédiaire.

Nombre des Rôles. Les mêmes Inftructions modifient encore l'article III
du Réglement du 5 Août. Il prefcrivoit cinq rôles ; &
non-feulement Sa Majefté vous autorife, elle vous
invite même à lui exprimer votre vœu pour la réduction de ce nombre trop confidérable, duquel il ne
pouvoit réfulter qu'une grande augmentation de frais.
Nous avons penfé que trois pourroient fuffire. Le premier divifé en plufieurs colonnes, contiendroit : 1°. le
principal de la taille ; 2°. les impofitions qui en font
acceffoires ; 3°. la capitation ; 4°. l'impôt repréfentatif
de la corvée ; 5°. les charges locales. Et nous croyons
que fi les contribuables y étoient rangés par ordre alphabétique, il en réfulteroit une grande facilité pour les Collecteurs. Nous joignons ici un modèle & projet de ce rôle.

Le fecond contiendroit les vingtièmes ; & le troifième enfin, feroit deftiné à la capitation des Nobles & Privilégiés, qui étant impofés par l'Affemblée d'élection, doivent néceffairement en avoir un à part.

L'article IV du même Réglement, prefcrit de faire trois expéditions de chacun de ces rôles. L'une doit être » confervée au Greffe de l'Affemblée municipale, » & les deux autres adreffées par le Syndic de l'Affem- « blée municipale, avant le premier Novembre, aux » Syndics du Bureau intermédiaire, lefquels feront re- » mettre deux expéditions du rôle de la taille, au Greffe » de l'Élection pour y être vérifiées, & l'une des deux » rendue exécutoire.

» A l'égard des autres rôles, le Syndic de l'Affem- » blée d'élection doit adreffer les deux expéditions aux » Syndics de l'Affemblée provinciale, pour être par eux » préfentées au Sieur Intendant & Commiffaire départi, » qui les vérifiera, confervera une defdites expéditions, » & remettra la feconde en forme exécutoire, aux » Syndics de l'Affemblée provinciale, qui la remet- » tront aux Syndics de l'Affemblée d'élection, avant » le premier Décembre, & les Syndics des Commif- » fions intermédiaires d'élection ou de département, » feront repaffer tous les rôles exécutoires, aux Syn- » dics de chaque Paroiffe, avant la fin de Décembre,

» pour qu'ils foient mis en recouvrement au premier
» Janvier de l'année fuivante. « Ce font les propres
termes du Réglement.

Il n'y eft point dit, Meffieurs, fi une copie du rôle
doit être remife aux Commis de l'Adjudicataire au
Grenier à Sel, comme c'étoit l'ufage. Il n'y eft non
plus aucunement parlé du Collecteur, excepté à l'article
V, où la vérification des différents rôles eft prefcrite.
Mais il eft clair qu'il ne fera plus aujourd'hui qu'un
fimple Prépofé au recouvrement des impofitions individuelles que les Affemblées municipales auront affifes, &
il ne peut y avoir à prefcrire que les formes de fa nomination, & fes relations de fubordination, foit à
l'égard de l'Affemblée municipale, foit à l'égard de celle
d'élection.

Montant du
Brevet pour
la Généralité.
Les fonctions de MM. vos Syndics, celles des Affemblées d'élection ou Bureaux intermédiaires, & celles
des Affemblées municipales, quant à la répartition de
l'impôt, étant bien déterminées, il nous refte dans cette
première partie de notre travail, à vous faire connoître
la fituation de la Généralité, à l'égard des impofitions
ordinaires. Nous vous mettrons donc fous les yeux
l'extrait du Brevet général, & le tableau des Commiffions ou Mandements des fept Élections pour l'année
1788, vous verrez qu'il en réfulte :

1°.

1°. Que le total des impofitions ordinaires pour   *£ ſ ℈*
  ladite année 1788, ſe monte à la ſomme de . 2, 819, 174 13 9

2°. Que cette ſomme eſt
  formée des ſuivantes,
  ſavoir :   *£ ſ ℈*

Pour le Principal de la
  Taille, ... 1, 062, 392 0 0
Pour Impoſitions accef-
  ſoires, ...   911, 883 11 4   } 2, 819, 174 13 9
Pour la Capitation , . .   844, 899 2 5

3°. Que l'Élection de Soiſſons paie pour Tailles,
  Impoſitions acceſſoires, Capitation taillable ,   540, 450 2 5
4°. Celle de Laon, pour *idem* , ...   753, 686 0 0
5°. Celle de Guiſe , pour *idem*, ...   198, 873 0 0
6°. Celle de Noyon, pour *idem* , ...   251, 520 0 0
7°. Celle de Clermont, pour *idem* , ...   313, 482 0 0
8°. Celle de Creſpi, pour *idem* , ...   355, 480 0 0
9°. Celle de Château-Thierry, pour *idem* , . .   295, 683 11 4

Dont le TOTAL eſt de 2, 709, 174 13 9

Laquelle ſomme différant de celle portée au
  Brevet général, d'une ſomme de 110, 000 *£* , il
  s'enſuit que c'eſt à ladite ſomme de 110, 000 *£*
  que ſe monte la Capitation des Nobles, Privilégiés, &c.
En ajoutant à celle ci-deſſus, ...   110, 000 0 0

Il en réſulte la ſomme égale de 2, 819, 174 13 9

Nous ne vous parlons pas , Meſſieurs, de l'état
des fonds libres & variables , ni de celui des dépenſes

Pp

dont ils font chargés. Ces objets ayant été remis au Bureau de la Comptabilité, nous avons fuppofé qu'il vous en rendroit compte. Nous ne vous difons rien non plus du *moins impofé*. Vous favez que c'eft une fomme accordée par le Roi après que les rôles font vérifiés; qu'elle eft un effet de fa bienfaifance, & qu'elle fe répartit fur les particuliers qui ont fait des pertes. Nous avons lieu de penfer, comme nous vous l'avons déja dit, que le cœur paternel de Sa Majefté, ne retirera point cette grace à la claffe fouffrante de fes fujets, & la demande que vous en avéz faite, ne peut que contribuer à la leur affurer.

Nous bornerons donc ici ce Rapport, dans lequel nous croyons vous avoir rendu un compte fuffifant de toutes les opérations qui peuvent être relatives à la répartition des impofitions. Nous efpérons pouvoir vous mettre inceffamment fous les yeux l'autre partie de notre travail, dans laquelle nous nous propofons d'examiner les bafes aftuelles de cette répartition; ce qu'elle peut avoir de vicieux; les inconvéniens qui en réfultent, & ce qu'on pourroit faire pour l'améliorer.

En nous réfumant, nous avons l'honneur de vous propofer de délibérer:

Avis du Bureau. 1.°. Si vous ne trouveriez pas convenable de fupplier Sa Majefté d'ordonner qu'avant que les Commiffions ou

Mandements pour la répartition entre les Élections foient arrêtés au Confeil, vous foyez autorifés, ou votre Commiffion intermédiaire, à donner votre avis fur cette répartition, ainfi que le faifoit M. l'Intendant.

2°. Si vous ne croiriez pas utile que votre Commiffion intermédiaire prit des mefures pour faire fixer le plutôt poffible, les points fuivants qui font relatifs au département, favoir : 1°. Qui fixera le jour du département ? 2°. Quel rang doivent avoir, dans l'Adminiftration nouvelle, MM. les Tréforiers de France affiftant au département ? 3°. A qui appartiendra la préfidence qu'avoit M. l'Intendant ? 4°. Par qui MM. les Officiers de l'Élection y feront invités ; dans quel ordre ils y fiégeront, & fi le Receveur des Tailles doit y être appellé ? 5°. Qui fera préparer le travail accoutumé & préliminaire au département ? 6°. Au nom de qui feront intitulées les Commiffions, qui précédemment l'étoient à celui de M. l'Intendant, MM. les Tréforiers de France, & des Officiers de l'Élection ?

3°. Enfin, nous croyons qu'il feroit néceffaire que vous fuppliaffiez Sa Majefté de permettre que le nombre des rôles qu'Elle avoit fixé à cinq, foit réduit à trois ; cette réduction fera pour la Province un objet confidérable d'économie ; & dans la fuppofition que Sa Majefté auroit la bonté de fe prêter aux vues de l'Affemblée à

Pp ij

cet égard, nous vous propofons encore d'arrêter que le rôle des tailles foit divifé fuivant le modèle ci-joint, & que les noms des taillables y foient rangés par ordre alphabétique.

Délibération. La matière mife en délibération, il a été arrêté, 1°. Que Sa Majefté fera fuppliée d'ordonner qu'avant que les Commiffions ou Mandements pour la répartition entre les Élections foient arrêtés au Confeil, l'Affemblée ou la Commiffion intermédiaire fera autorifée à donner fon avis fur cette répartition, & fur les forces & facultés refpectives des Élections.

2°. Que la Commiffion intermédiaire fera chargée de folliciter près du Gouvernement, & affez tôt pour que l'opération du département n'en fouffre pas, l'éclairciffement des points fuivants qui y font relatifs, favoir : 1°. Qui fixera le jour du département ? 2°. Quel rang doivent avoir dans l'Adminiftration nouvelle, MM. les Tréforiers de France affiftant au département ? 3°. A qui appartiendra la préfidence qu'avoit M. l'Intendant ? 4°. Par qui MM. les Officiers de l'Élection y feront invités ; dans quel ordre ils y fiègeront, & fi le Receveur des Tailles doit y être appellé ? 5°. Qui fera préparer le travail accoutumé & préliminaire au département ? 6°. Au nom de qui feront intitulées les Commiffions qui précédemment l'étoient à celui de M.

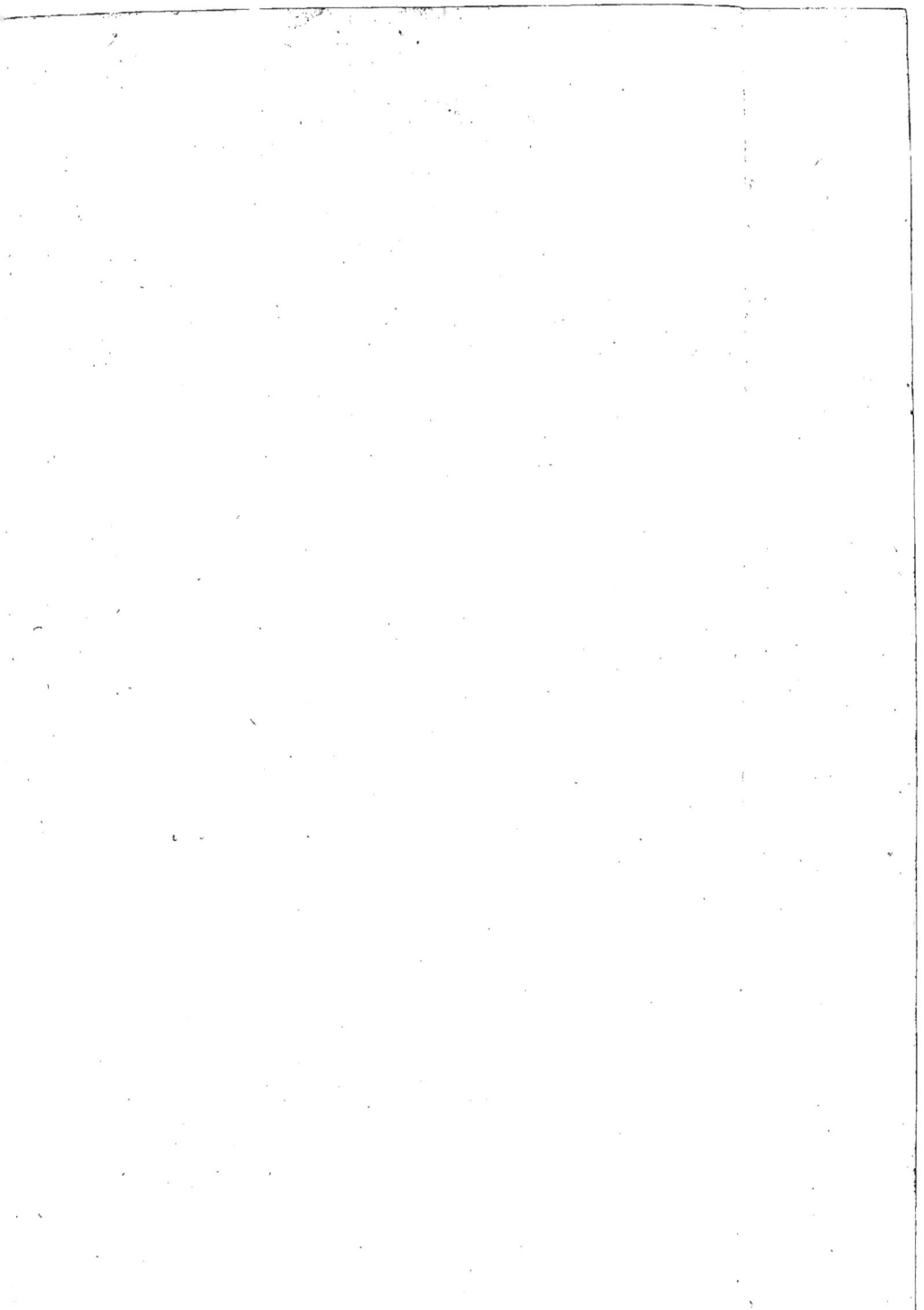

ÉLECTION
DE
~~~~~~~
ANNÉE 178

ROLE DE LA TAILLE & autres Impositions de la Paroiffe de
pour l'année 178 , fait par Nous Syndic & Officiers Municipaux de
cette Paroiffe ; ledit Rôle montant à la fomme de

SAVOIR:

	£	f	d
Pour le Principal de la Taille, ...	1000	0	0
Pour les Impofitions acceffoires de la Taille, ...	800	0	0
Pour la Capitation, y compris les 4 f p'. £ , ...	560	0	0
TOTAL	2360	0	0

Obfervation faite qu'il faut ajouter au Principal de la Taille, porté ci-deffus
pour 1000 0 0

Nous. Les Impofitions
acceffoires & la Capita-
tion ont été réparties au
marc la livre de la Taille,
favoir : les Impofitions
acceffoires à raifon de

& la Capitation à raifon
de

1°. Les 6 & p'. £ attribués aux Collecteurs pour leur droit de Collecte,
revenant à. 15 0 0
2°. Le droit de Quittance, qui eft de 2 0 0

Ce qui porte la Taille à 1017 0 0

Le tout fuivant le Mandement à Nous adreffé par M. lefquelles
fommes Nous avons réparties fur le *verfo* du préfent Rôle, ainfi qu'il fuit.

SAVOIR:

ANCELIN, (Claude) Laboureur de deux Charrues.

	£	f	d
Pour le Principal de la Taille, deux cents livres, ci.	200	0	0
Pour les Impofitions acceffoires de la Taille, cent foixante livres, ci. . .	160	0	0
Pour la Capitation, cent quarante livres, ci.	140	0	0
Payera cinq cents livres, ci.	500	0	0

TRAVAUX DES ROUTES.

R ÉPARTITION de la fomme que la
Paroiffe de
doit fournir pour fa part de la contribution aux Travaux des Routes de
l'année 178 , montant à

SAVOIR:

	£	d
En Principal , ...	396	0
Six deniers à livre, pour Fraisde Recouvrement, aux Collecteurs , . .	9	18
TOTAL . . .	405	18

Laquelle Répartition a été faite au
marc la livre des impofitions de chaque
Contribuable, à raifon de p'. £
ainfi qu'il fuit.

SAVOIR:

Ledit Ancelin, quatre-
vingt-fept liv. dix fous, ci. 87 10 | 87 10

CHARGES LOCALES.

R ÉPARTITION de la fomme de
que la
Paroiffe de doit
fupporter en l'année 178 , pour fes
Charges locales ; laquelle a été faite
au marc la livre des Impofitions de
chaque Contribuable, à raifon de

ainfi qu'il fuit.

SAVOIR:

Ledit Ancelin,
ci. . . . .

l'Intendant, MM. les Tréforiers de France, & des Officiers des Élections ?

3°. Enfin, que Sa Majefté fera fuppliée de permettre que le nombre de rôles qu'Elle avoit fixé à cinq, foit réduit à trois, pour diminuer les frais qui réfulteroient d'un nombre plus confidérable, favoir : Le premier qui comprendra la taille, les impofitions acceffoires, la capitation, la fomme repréfentative de la corvée, & les charges locales. Le fecond, les vingtièmes. Le troifième, la capitation des Nobles, des Privilégiés & des Employés des Fermes ; & qu'en fuppofant que Sa Majefté ait la bonté de fe prêter aux vues de l'Affemblée à cet égard, le rôle de la taille fera divifé conformément au modèle propofé, & le nom des taillables y fera infcrit par ordre alphabétique des noms de familles.

Signé, LE COMTE D'EGMONT.

Contre-figné, BYÉTER, *Secrétaire-Greffier.*

Du Dimanche 9, dix heures du matin.

MESSIEURS les Procureurs-Syndics ont fait lecture, 1°. d'un mémoire adreffé par la ville de Laon, conte- *Mémoires; Lettres, &c. remis à l'Aff.*

nant des réclamations fur la contribution à laquelle les
Villes ont été affujetties pour les travaux des routes.

Ce mémoire fera remis au Bureau de l'Impôt.

2°. De deux lettres écrites à l'Affemblée, l'une par
le Bureau intermédiaire d'élection de Clermont en Beauvaifis, l'autre par MM. les Officiers de la Maîtrife des
Eaux & Forêts de la même Ville, par lefquelles ces
deux Compagnies manifeftent le défir qu'elles ont de
concourir au bien de la Province.

MM. les Procureurs-Syndics ont été chargés de les
remercier.

Lecture a été auffi faite d'une lettre adreffée à
Monfieur le Comte D'EGMONT par M. le Duc de
Charoft, dans laquelle il demande la confection d'un
chemin de communication de Rouffy à Reims & à
Laon.

Le plan du chemin demandé & un mémoire y relatif qui étoient joints à cette lettre, feront remis au
Bureau des Travaux publics.

Monfieur le Préfident ayant préfenté à l'Affemblée
plufieurs exemplaires imprimés d'un état de la recette &
de la dépenfe pour les Incendiés du diocèfe de Soiffons, année 1787, qui lui avoient été remis par Monfeigneur l'Évêque de Soiffons, a propofé de nommer
des Commiffaires pour remercier ce Prélat ; M. le

Prieur de Long-Pont, M. le Vicomte de la Bedoyere, M. Laurens de Crefpi, M. Pottier ont été nommés à cet effet.

MM. les Procureurs-Syndics ont enfuite préfenté, 1°. une délibération du Bureau intermédiaire de Guife, qui a trait aux foires, marchés & autres objets qui intéreffent ce Département, ainfi qu'aux adjudications des routes faites, en 1787, dans cette Élection.

Cette délibération fera remife au Bureau des Travaux publics, & il fera fait un extrait de la partie qui a rapport aux adjudications, pour être envoyé à Monfieur le Commiffaire du Roi.

2°. Deux mémoires adreffés par la Société Royale d'Agriculture de Laon : l'un fur l'utilité de l'ufage qui autorife les laboureurs, n'ayant qu'un petit nombre de moutons, à les réunir à un autre troupeau.

L'autre, fur le moyen d'encourager la population par le rétabliffement des Privilèges accordés, en 1666, aux Chefs de familles taillables, ayant dix ou douze enfants.

Ces deux mémoires feront remis au Bureau du Bien public.

Et enfin MM. les Procureurs Syndics ont remis : 1°. Un mémoire de M. du Royer, Seigneur de Flavy-le-Martel, fur plufieurs objets qui intéreffent l'Élection

de Noyon, & contenant quelques observations sur l'inégalité de la répartition des vingtièmes.

2°. Plusieurs requêtes adressées par les Municipalités
de Frières-Faillouel, Essigny-le-Grand, Jussy, Flavy-
le-Martel & autres, qui contiennent des plaintes sur le
mauvais état des grandes routes, sur-tout de celle de
Chauny à Saint-Quentin, & sur ce que des Piqueurs
on Entrepreneurs d'ouvrages à faire sur les chemins
dépendants de la Généralité de Picardie, enlèvent des
grès & autres matériaux, dans les lieux dépendants de
la Généralité de Soissons.

Il a été arrêté que le mémoire de M. du Royer
sera remis au Bureau de l'Impôt, pour être ensuite
passé à celui du Bien public.

Et qu'à l'égard des requêtes des différentes Municipalités ci-dessus, il en seroit envoyé copie à Monsieur le Commissaire du Roi, qui sera prié de donner des ordres pour faire cesser les abus qui résultent
de ces enlèvements de pavés.

Messieurs composant le Bureau des Travaux publics,
ont fait le Rapport qui suit.

MESSIEURS,

MESSIEURS,

LEs Habitants de Blérancourt vous ont adreffé une requête, dans laquelle ils ont détaillé les dommages que leur caufe l'interdit qui a été mis par M. le Comte de Barbançon, fur fon chemin & fur fon bac de Va-rennes. En effet, pour le bourg de Blérancourt & pour un grand nombre de Villages voifins, dont plufieurs, tels que ceux de Caifne, de Nancelle, de Cus, de Camelin, qui ont figné cette requête, il n'exifte d'autre chemin de communication avec Noyon, que celui de Varennes. Ces différentes Communautés font accoutumées à ufer de ce chemin depuis que la chauffée de Pontoife a été tellement dégradée, qu'elles ont été forcées de l'aban-donner. Mais quelque foit le befoin qu'elles ont d'ob-tenir l'ufage du chemin de Varennes, elles conviennent que M. le Comte de Barbançon ne le leur doit plus depuis que l'Adminiftration lui a retiré le fecours de la corvée de cinq Communautés, fans lui rendre l'équivalent en argent, pour fubvenir à l'entretien de fon chemin. M. le Comte de Barbançon vous ayant repréfenté qu'il ne feroit pas jufte qu'il fût chargé de réparer à fes frais, un chemin que l'ufage public dégraderoit journellement, vous avez cru devoir confulter fur cette difficulté, le Bureau intermédiaire de l'Élection de Noyon.

Rap. du Bur. des Trav. pub. fur l'ufage du Bac de Varen-nes follicité par plufieurs Paroiffes.

Qq

Ce Bureau, en reconnoiſſant la néceſſité indiſpenſable de rouvrir la communication entre la ville de Noyon & le bourg de Blérancourt par le chemin de Varennes, a été d'avis que la Communauté de Blérancourt & les autres Communautés voiſines, doivent ſeules être chargées de l'entretien de ce chemin.

Mais ces différentes Communautés n'étant point de l'Élection de Noyon, le Bureau a l'honneur de vous obſerver que cet avis, s'il étoit ſuivi par votre Aſſemblée, la mettroit en contradiction avec elle-même, relativement au régime qu'elle a adopté pour l'entretien des chemins de la Province pendant 1788.

D'après cet expoſé & les aveux des Communautés plaignantes, le Bureau eſtime que, puiſqu'il paroît démontré que le chemin de Varennes n'eſt pas ſeulement utile aux habitants de Varennes, mais qu'il eſt néceſſaire à pluſieurs autres Communautés de la Province, il auroit dû, à l'inſtar des autres chemins de même eſpèce, être compris dans le travail de l'Ingénieur pour 1788. Cependant il ne s'y trouve pas, & nous ne pouvons plus vous propoſer de l'y comprendre ; mais il vous reſte un moyen.

Avis du Bureau. Vous avez arrêté dans une de vos délibérations, que le bénéfice à faire ſur le rabais des adjudications, ſeroit employé en ſupplément d'ouvrages au profit de chaque Élection ; en conséquence, le Bureau a l'honneur de vous proposer d'inviter M. le Comte de Barbançon, à permettre l'usage de son chemin & de son bac, & que le bénéfice, provenant du rabais des adjudications de l'Élection de Noyon, soit employé de préférence à l'entretien de ce chemin, jusqu'à concurrence de la somme que fixera la Commission intermédiaire, d'après les plans & devis de l'Ingénieur de la Province.

Sur quoi l'Assemblée ayant égard à la nécessité *Délibération.* reconnue de donner aux Communautés plaignantes un débouché vers Noyon, a arrêté que M. le Comte de Barbançon sera invité à rendre au public, l'usage de son chemin & de son bac ; & qu'à cette condition le bénéfice à espérer sur le rabais des adjudications des ouvrages, qui doivent être faits, dans l'Élection de Noyon, sera employé à l'entretien & à la réparation de ce chemin, jusqu'à concurrence de la somme que fixera la Commission intermédiaire, d'après les plans & devis qui lui en seront présentés par l'Ingénieur de la Province.

Signé, LE COMTE D'EGMONT.

Contre-signé, BYÉTER, *Secrétaire-Greffier.*

Du Lundi 20, dix heures du matin.

L'ASSEMBLÉE ayant pris Séance, Messieurs composant le Bureau de l'Impôt ont fait le Rapport qui suit.

MESSIEURS,

Rap. du Bur.
de l'Impôt sur
l'Abonnement
des Vingtièm.

C'EST d'une des affaires les plus importantes qui
puissent être soumises à votre discussion que nous allons
vous entretenir. Vous vous en êtes occupé dès l'ouverture de votre Assemblée ; mais comme vous n'aviez
aucune des pièces qui vous étoient nécessaires pour
établir une résolution éclairée, vous avez cru que vous
deviez commencer par vous les procurer. Les lettres
écrites à cet effet & les réponses qu'il a fallu attendre
ont pris un temps considérable. Le moment fixé pour
votre séparation s'avance ; il faut prendre un parti,
& ce parti, convenons-en, quelque soit celui auquel
vous vous déterminiez, est du plus grand intérêt pour
la Province, à l'Administration de laquelle vous êtes
appellés.

Pour mieux vous mettre à portée d'asseoir votre

délibération fur un objet qui mérite autant d'attention, nous croyons devoir, Meſſieurs, vous rappeller ce qu'en diſent les Inſtructions que vous avez reçues.

Elles articulent que » Les circonſtances préſentes exi-
» geant un ſupplément de revenus, Sa Majeſté a
» reconnu que l'impoſition des vingtièmes perçus d'une
» manière uniforme, offriroit un moyen d'autant plus
» juſte de ſe le procurer, qu'il ne fera que rétablir
» la proportion de l'impoſition à l'égard de ceux des
» Propriétaires qui ne l'acquittent qu'incomplétement,
» ſans qu'il en réſulte pour ceux qui payoient exacte-
» ment les vingtièmes & les quatre ſols pour livre du
» premier vingtième de leurs revenus, aucune eſpèce
» d'augmentation. «

Elles ajoûtent : » Que l'arrêté des rôles de l'année
» prochaine ne pouvant ſouffrir aucun délai, & n'étant
» pas poſſible dans un terme auſſi court, de terminer
» avec ſes développements, une opération qui ne doit
» rien avoir de vague & d'arbitraire, & Sa Majeſté
» voulant que tous les réſultats de ce travail portent
» ſur des baſes que les contribuables eux-mêmes ne
» puiſſent déſavouer, & qu'ils ſoient revêtus de la
» plus grande publicité, Elle a ordonné que pour
» l'année 1788, les rôles des vingtièmes ſoient faits
» proviſoirement, pour être mis en recouvrement pen-

» dant les six premiers mois seulement, dans la pro-
» portion de moitié des cotes de 1787 ; en se réser-
» vant de faire expédier, pour être mis en recouvre-
» ment au premier Juillet 1788, un rôle définitif qui
» contiendra les cotes véritablement proportionnées aux
» revenus effectifs des biens qui y seront soumis, à la
» déduction des sommes qui auront été provisoirement
» payées en exécution du premier rôle. «

Ces observations présupposées, lesquelles vous ins-
truisent, Messieurs, des intentions de Sa Majesté à
l'égard de la perception future des vingtièmes, elles
laissent aux différentes Provinces qui le désireroient &
qui croiroient y appercevoir de l'avantage, la liberté
de préférer la faveur d'un abonnement. » Après les
» avoir mises à portée, disent les mêmes Instructions,
» de connoître elles-mêmes la juste proportion dans
» laquelle elles seroient dans le cas d'y contribuer ;
» en déclarant néanmoins que cette faveur ne peut
» être accordée qu'à celles dont les offres seroient
» relatives à leurs véritables facultés, & correspon-
» droient à la somme que le Roi retireroit de l'impo-
» sition, s'il jugeoit à propos de la faire percevoir en
» exécution de ses ordres. «

Il vous est donc permis, Messieurs, si vous le
croyez avantageux, de désirer un abonnement, & si

vous ne vous déterminez point pour ce parti, toutes les cotes des vingtièmes, lesquelles sont supposées aujourd'hui trop foibles, doivent subir, dès le mois de Juillet prochain, une augmentation proportionnée à ce qui sera regardé comme *le revenu effectif.*

Telle est précisément *l'alternative* qui vous est proposée, & qui paroît l'avoir été également à toutes les Assemblées provinciales.

Quant à la proportion qui vous est particulière, & suivant laquelle vous pouvez prétendre à la faveur de l'abonnement, elle est de 2,235,000 £, dont néanmoins il faut déduire, pour ce qui concerne le Clergé, la somme de 613,000 £, laquelle vous est portée pour mémoire. Ce qui réduit le prix de l'abonnement à 1,622,000 £.

Nous devons encore observer que les biens des Domaines, des Apanages, les revenus patrimoniaux des Princes, de l'Ordre de Malte & des Hôpitaux, vous sont donnés comme *matière imposable* à la proportion de tous les autres, & que par conséquent, la somme qu'ils supporteront doit venir en déduction de celle de 1,622,000 £ qui vous est demandée.

Vous avez jugé, Messieurs, que dans une affaire aussi importante, votre conduite ne devoit pas être sans bases sûres, & que vous ne pouviez mieux faire que de l'appuyer de celles de la bonne foi & de la prudence. Vous vous êtes dit qu'il étoit juste de payer autant qu'il étoit dû ; mais ne s'agissant point ici d'une chose qui vous soit propre & dont vous puissiez disposer, vous avez ajouté, qu'avant d'offrir, il falloit être sûr que l'offre ne seroit point une surchage pour une Province sur laquelle pèsent déjà des impositions onéreuses.

Cette sage réflexion a donné lieu à votre arrêté du 27 Novembre, par lequel vous avez supplié Sa Majesté d'ordonner que toutes les pièces & documents relatifs aux vingtièmes, vous fussent communiqués.

Sa Majesté a eu la bonté de se rendre à votre demande. Elle vous a fait passer, par l'organe de Monsieur son Commissaire, les états relatifs aux conditions qui vous sont proposées, & ils vous ont été remis dans votre Séance du soir, le Mercredi cinq Décembre. Elle a ordonné en même-temps que les états des Paroisses vérifiées & autres documents vous fussent fournis ; ils vous ont été apportés le Jeudi 6, & le Bureau s'en est aussi-tôt occupé.

Nous allons, Messieurs, commencer par vous rendre compte en bref des états.

Ils articulent que le nombre des Paroisses de la Généralité, est de 1090 ; que 66 avoient été mises en recouvrement avant 1780, & que depuis cette époque

124

124 ont été vérifiées, ce qui a produit une augmentation de 55,730 £, d'où l'on conclut que 900 restant à vérifier, elles produiroient 405,000 £.

Ils supposent que l'augmentation dont sont susceptibles les vingtièmes de 14 Villes de la Généralité, pourront produire une somme de 10,000 £, & ils portent enfin à la somme de 253,687 £ 10 s 6 d, le montant des vingtièmes des biens du Domaine, Forêts du Roi, Apanages, biens patrimoniaux des Princes, Ordre de Malte & Hôpitaux.

Nous ne parlerons pas de la somme de 613,000 £, puisqu'elle ne nous est articulée que pour mémoire; mais toutes celles ci-dessus forment un total de 668,687 £ 10 s 6 d, que d'après ces données vous auriez à percevoir.

Quant aux pièces & documents concernant les vingtièmes, Monsieur le Commissaire du Roi ayant donné des ordres pour qu'on vous les remît, il a été apporté à l'Assemblée deux états, l'un contenant les sommes qui forment les cotes actuelles des vingtièmes pour chaque Paroisse de la Généralité, & l'autre un état des Paroisses vérifiées.

Mais ce dernier qui nous étoit si nécessaire, suffisant sans doute lorsqu'il ne s'agit que de quelques recherches, n'a pu nous servir aussi-bien que nous l'aurions

R r

défiré, pour une opération qui fuppofe des calculs com-
paratifs affez compliqués par eux-mêmes, pour qu'on
n'aît pas befoin de rencontrer d'autres difficultés ; qui
d'ailleurs demande une grande précifion, & à laquelle
cependant nous n'avions que quelques moments à
donner.

Nous avons donc fouhaité, Meffieurs, des éclairciffements ultérieurs ; nous ne les avons eu qu'avant-
hier 8 du mois, malgré la bonne volonté des Prépofés aux vingtièmes. Comme ils n'ont reçu des ordres que depuis peu de jours, ils n'avoient pu rien
préparer.

En général, nous regardons l'abonnement comme
une chofe utile, & par conféquent l'offre qu'en fait Sa
Majefté à cette Province, comme une faveur. Nous avons
cru, Meffieurs, appercevoir que c'étoit auffi votre opinion : nous avons en outre le témoignage du Berry &
de la Haute-Guyenne qui ont fouhaité d'être abonnés,
& peut-être même l'exemple de plufieurs Affemblées
provinciales.

Nous ne détaillerons point ici, Meffieurs, les motifs
que nous avons de penfer ainfi, quoiqu'un abonnement
aît le défavantage de rendre les cotes folidaires, incon-
venien qui ne laiffe pas que d'avoir quelque poids. Qui
ne fait combien un impôt qui porte particuliérement fur

le produit des terres & qui n'eft jamais fixe, décourage l'agriculture ? Qui ne fait combien de dommages ont caufé à cette première fource de richeffes, les vérifications, juftes, fans doute, dans l'intention du Souverain qui les fuppofe faites avec modération & droiture, mais qui ne peuvent être garanties des effets du faux zèle des agents fubordonnés, même par les foins des chefs les plus vigilants ? Il s'enfuit delà que nous ferions, (fans obfervation aucune,) de l'avis de l'abonnement, fi nous pouvions être fûrs que celui qui vous eft offert n'excède point vos facultés.

Ainfi donc, les vingtièmes de la Province portés à la véritable proportion de fes *revenus effectifs*, & augmentés de ce que produira la contribution de la nouvelle *matière impofable*, monteront-ils à la fomme de 1,622,000 £, ou en y comprenant la contribution du Clergé, donnée pour mémoire, à celle de 2,235,000 £ ? Telle eft, à ce qu'il nous a femblé, la queftion *précife* que nous avons à traiter, & fur laquelle nous vous devons des éclairciffements.

Nous avons déja eu l'honneur de vous dire qu'il étoit impoffible que nous vous en donnaffions de bien parfaits, les états qui nous ont été remis ne nous préfentant rien d'affez fûr. Les vingtièmes actuels de la Province, y compris ceux de l'induftrie & des offices & droits,

Rr ij

montent à 1, 120, 154 ᶠ, laquelle somme étant déduite de celle de 1, 622, 000 ᶠ, prix de l'abonnement, la différence de 501, 846 ᶠ, donne la somme
à ajouter pour parfaire celle qui vous eſt demandée.

Obſervons d'abord, Meſſieurs, que ces données por-
teroient environ à 20 millions la totalité des revenus
de la Généralité, ſomme qui vous paroîtra, comme à
nous, être beaucoup au deſſus de leur valeur.

Sa Majeſté, il eſt vrai, vous offre comme nouvelle
matière impoſable, les biens du Domaine, les Forêts du
Roi, les Apanages, les biens patrimoniaux des Princes,
l'Ordre de Malte & les revenus des Hôpitaux, évalués
dans les états qui vous ont été remis à 253, 687 ᶠ
ce qui ne porte plus qu'à 248, 159 ᶠ, le prix effectif
de votre abonnement.

Mais cette ſomme, toute réduite qu'elle eſt, nous
paroît encore bien ſupérieure à vos moyens & à vos
facultés.

Les vingtièmes de l'induſtrie & ceux des offices &
droits, n'étant pas ſuſceptibles d'accroiſſement, ne peuvent vous fournir aucune reſſource pour cette augmentation. Il ne vous eſt pas poſſible non plus de rien
prendre ſur les Paroiſſes dont les cotes ont ſubi l'effet
des vérifications générales, puiſqu'une loi enregiſtrée les
met à l'abri de toute augmentation pendant les vingt

années qui suivent celles où elles ont été mises en recouvrement, & dans les Inftructions qui vous ont été
adreffées, le Roi leur réferve, expreffément cet avantage fondé d'ailleurs fur la juftice.

Ainfi, Meffieurs, les feuls objets fur lefquels vous
pourriez répartir cette fomme de 248, 159 ₶, feroient
les 14 Villes de la Généralité qu'on affure pouvoir
fupporter une augmentation de 1 0 0, 0 0 0 ₶, & les
Paroiffes qui n'ont pas été vérifiées. Nous vous avons
dit que dans les états qui vous ont été mis fous les
yeux, l'effet des vérifications futures étoit porté pour une
fomme de 405, 000 ₶; & nous ne pouvons nous
difpenfer de vous obferver que nous croyons que cette
fomme a été très - exagérée aux yeux de Sa Majefté.
Les raifons que nous avons de le penfer font, 1°. Que
dans ces états nous avons trouvé qu'au lieu de 190
Paroiffes dites vérifiées depuis 1777, on doit en compter, d'après ceux qui nous ont été fournis par les Prépofés aux vingtièmes, près de 600 qui avoient fubi,
ou la vérification, ou au moins une augmentation qui
les en rapproche.
2°. Qu'il eft vraifemblable que la fomme de 55, 730 ₶
qui eft dite avoir été le réfultat de ces vérifications, a
elle-même éprouvé une réduction affez confidérable par
les modérations accordées à des Paroiffes furchargées,

ce qui dans la proportion doit diminuer de beaucoup la fomme de 405, 000 ℓ, à laquelle les vérifications futures font eftimées.

Enfin, on ne peut fe diffimuler que le taux de cette proportion ne porte fur la fauffe fuppofition de rapports exacts entre des objets qui peuvent être très-diſproportionnés, puifque 124 Paroiffes d'un revenu inférieur, ne pourroient, après la vérification, donner la même augmentation que donneroient 124 Paroiffes plus opulentes. Rien donc ne nous affurant que les Paroiffes qui reftent à vérifier, foient d'une valeur égale à celles qui l'ont été, il eft impoffible de conclure des vérifications faites aux vérifications à faire.

On peut même préfumer fans témérité, que les Paroiffes qui ont été vérifiées font, non-feulement les plus riches, mais encore celles qui, depuis le plus long-temps, n'avoient point fubi d'augmentation, d'où il réfulte néceffairement qu'elles ont dû produire davantage.

D'ailleurs, quoique les vérifications autorifées par une loi enregistrée, ne datent que de l'année 1777, il n'en eft pas moins certain que depuis 1768, jufqu'à cette époque, beaucoup de Paroiffes ont été augmentées. En fuppofant donc qu'aux termes de la loi, elles ne foient pas exemptes d'une nouvelle vérification, il n'en est pas moins vrai qu'elles ont été portées à peu près à leur juste valeur, & que par conséquent elles ne pourroient être susceptibles que d'une augmentation très-médiocre.

Ajoutons que quelques Communautés, & en général les petits & moyens propriétaires, ont été forcés ; que beaucoup de ceux-ci paient, soumis à des taxes, jusqu'à la concurrence de trois vingtièmes, & qu'en supposant que le Roi accorde à la Province l'abonnement, ils ne manqueront pas, dès qu'elle sera chargée de l'administration de cette imposition, de venir réclamer près d'elle, des modérations qu'il sera impossible de leur refuser ; en sorte qu'au lieu de leur proposer des augmentations, il faudra les diminuer.

Enfin, Messieurs, il n'en est point du vingtième comme de la taille. C'est un impôt individuel qui ne souffre point de rejet, & les moyens partiels de le répartir, ne sont pas pour vous une obligation moins impérieuse, que le soin d'en trouver le contingent.

Peut-être, pourrions-nous encore observer que la valeur attribuée aux revenus des Princes, n'a pas été moins exagérée. Du moins la connoissance que nous avons d'une partie de ces objets, doit être à cet égard la matière d'un doute qui n'est pas, à beaucoup près, sans fondement.

Quant aux biens des Hôpitaux, portés auffi pour *matière impofable*, indépendamment du motif pris de leur modicité, nous ofons croire que dans tous les cas, leur deftination vous porteroit à en réclamer la franchife abfolue. C'eft le patrimoine de la fouffrance & de la mifère ; ces établiffements auront toujours d'autant moins de fuperflu, que vraifemblablement les maux ne cefferont jamais de furpaffer les foulagements. Croyons donc que vos répréfentations à cet égard, ne peuvent manquer d'être écoutées. Sa Majefté n'affeoira point un impôt fur des œuvres d'humanité & de bienfaifance. Ces fonds facrés, libres jufqu'ici de toute contribution, continueront de l'être, & ce ne fera pas fous le règne de LOUIS XVI. , que la claffe la plus malheureufe de fon peuple, fe verra ôter une portion de la foible, la feule, l'infuffifante reffource qui n'eft point encore enlevée à fon infortune.

Il eft donc douteux, Meffieurs, que les objets qui vous font préfentés comme nouvelle *matière impofable*, produifent les fommes confidérables auxquelles ils ont été évalués. Il l'eft encore plus que les vérifications futures puiffent procurer beaucoup d'augmentation, & nous croyons être fûrs que fi vous vous déterminez pour l'abonnement, la pofition de la Généralité vous force à être très-circonfpects dans vos offres.

Des

Des circonstances fâcheuses se joignent à des raisons de calculs, pour vous retenir dans un moment où la Province du Soissonnois, toujours attachée à ses Princes, auroit, sans doute, saisi l'occasion de donner des preuves de son zèle. Appauvrie par plusieurs mauvaises récoltes, ayant pour branche considérable de sa richesse des vignes dont le produit est toujours incertain, sans industrie, sans autre commerce que celui de ses bleds qui depuis quelques années se vendent à un prix modique; déja taxée fort haut pour la taille & les autres impositions; grevée de tous les genres d'impôts indirects en usage dans le Royaume; affoiblie par leurs effets onéreux, elle est dans une situation qui ne lui permet que de médiocres efforts.

Persuadés néanmoins de l'avantage d'un abonnement, utile sur-tout à une Province agricole; & convaincus, Messieurs, d'après les connoissances que nous avons prises, que vous trouverez la valeur du sacrifice qu'il exigera, dans les économies de la perception, & dans le petit nombre d'augmentions auxquelles quelques Paroisses peuvent être soumises, sans que cela excède les vingtièmes de leurs revenus effectifs, nous avons pensé que vous deviez en présenter le vœu, & nous avons espéré que la bonté du Roi voudroit bien l'accueillir, même au prix modéré, mais juste, auquel nous croyons

Sf

que vous devez vous borner. Nous aurions souhaité
pouvoir vous indiquer, d'après des calculs précis, à
quoi peuvent s'élever les vingtièmes dans la Généralité,
mais s'il nous est impossible de vous rien dire à cet
égard, d'absolument positif, nous croyons du moins
pouvoir vous présenter deux résultats qui nous paroif-
sent assurés, savoir : l'un, que toute somme au dessus
de 100, 000 ℓ, ajoutée à celle que paie déja la
Province du Soissonnois, seroit une surcharge pour
elle ; & l'autre, que vous avez lieu d'espérer, que sans
surtaxe ou augmentation au dessus de la proportion des
contribuables, vous pourrez trouver cette même somme
de 100, 000 ℓ dans les deux sources que nous avons
pris la liberté de vous indiquer.

Avis
du Bureau.   Le Bureau est donc d'avis, Messieurs, de proposer
à Sa Majesté, une somme de 1, 473, 840 ℓ pour
l'abonnement des vingtièmes de la Province du Soissonnois, y compris ceux des Domaines, Forêts du Roi,
Apanages, Biens patrimoniaux des Princes, Ordre de
Malte, Hôpitaux, lesquels Sa Majesté a jugé à propos
d'estimer une somme de 253, 687 ℓ 10 s. ou ce
qui revient au même, en prenant les objets ci-dessus
nouvellement imposés, seulement pour mémoire, de
proposer pour le même abonnement une somme de
1, 220, 154 ℓ pour les deux vingtièmes & quatre

fols pour livre du premier, des biens-fonds, industrie, offices & droits de la Province, & de la supplier en outre de permettre que l'Assemblée provinciale du Soissonnois n'entende aucunement garantir l'évaluation des vingtièmes desdits objets nouvellement imposés, du recouvrement desquels elle ne pourroit se charger que pour la somme qui seroit leur véritable valeur ; & aux conditions encore que s'il plaisoit à Sa Majesté, pour quelque raison que ce fût, d'exempter ses Domaines ou autres objets, du tout ou de partie de ladite contribution, le *moins-payé* lui seroit passé en compte & défalcation jusqu'à concurrence.

Nous espérons d'après tous ces motifs, que Sa Majesté daignera ne point rejetter le vœu que vous lui porterez, & qu'Elle fera jouir la Province du Soissonnois, de la faveur de l'abonnement pour la somme ci-dessus énoncée.

Nous croyons au reste qu'en lui demandant cette grace, & en supposant qu'Elle daigne vous l'accorder, vous devez la supplier, 1°. De laisser à son Assemblée provinciale du Soissonnois, l'Administration pleine, entière & absolue de cette imposition ; cette Administration pouvant seule lui donner les moyens d'opérer par une juste répartition, & par l'économie sur les frais de perception, le soulagement que Sa Majesté désire être accordé à ſes peuples, eſpérant qu'Elle voudra bien lui permettre de prélever, comme il étoit d'uſage, les frais de régie ſur le montant de ladite impoſition.

2°. D'accorder à la Province ſur les vingtièmes, la même ſomme qu'il en coûtoit précédemment à Sa Majeſté pour les décharges, modérations & non-valeurs qu'Elle croyoit juſtes & néceſſaires ; ladite ſomme arbitrée, en faiſant de dix années une année commune.

3°. Que d'après les Inſtructions du 5 Novembre dernier, il ſoit permis à l'Aſſemblée de porter les revenus du Clergé, leſquels entrent pour leur proportion & quote-part, dans la totalité des biens de la Province, ſur les rôles des vingtièmes, afin que quoiqu'énoncés *pour mémoire* ſeulement, on puiſſe cependant connoître la juſte proportion de ce que ces biens pourroient payer par comparaiſon avec les autres propriétés fonciéres, tant pour que cet Ordre ne ſoit point obligé de payer au delà de ſa proportion, qu'afin que ſi par la ſuite il obtenoit la diminution de ſa quote-part, *le moins qu'il payeroit*, ne pût retomber ni directement ni indirectement à la charge des autres contribuables.

4°. De permettre qu'il ſoit prélevé ſur les tailles, les ſommes qu'Elle a coutume d'accorder, tant pour le moins impoſé que pour les atteliers de charité ; cette reſſource

étant néceffaire à ceux qui ont éprouvé des malheurs,
& aux pauvres valides qui n'ont que leur travail pour
fubfifter, & de permettre encore que fi l'excédent dif-
ponible des fonds libres ne fuffifoit pas aux frais
d'adminiftration de la Province, le furplus foit auffi prélevé en défalcation fur le montant des impofitions, étant
impoffible que les Affemblées provinciales opèrent le bien
auquel la bonté de Sa Majefté les a deftinées, fi leur
établiffement devient un nouvel objet de contribution.

5°. D'affranchir de la contribution les Hôpitaux, la
feule reffource des malheureux. Ces établiffements, particulièrement dans cette Province, étant reconnus n'avoir
que des revenus fort inférieurs à leurs befoins, & n'ayant
jamais été impofés, quoiqu'ils foient compris comme
matière impofable dans tous les contrats paffés entre le
Roi & le Clergé.

6°. Enfin, de daigner affurer la Province, qu'à l'époque
fixée pour l'abolition du fécond vingtième, la diminution
lui en fera faite, *au prorata*, fur le prix de l'abonnement
qu'elle tiendra de la bonté de Sa Majefté.

Tels font, Meffieurs, les objets fur lefquels le Bureau
vous propofe de délibérer.

Sur l'expofé fait par le Bureau de l'Impôt, touchant *Confidérations*
l'abonnement des vingtièmes, l'Affemblée a confidéré *préalables à la*
    Délibération.
1°. Que les états qui lui avoient été fournis, n'a-

voient pu lui procurer des renseignements aussi précis
qu'elle les attendoit.

2°. Qu'il en étoit cependant résulté que les proportions d'après lesquelles avoient été calculées les augmentations proposées, n'étoient établies que sur les vérifications de trois années, qui pouvoient d'autant moins
servir de règle, que pendant cet espace de temps, les
grains avoient été chers.

3°. Qu'à compter depuis 1777, époque des vérifications générales, le nombre des Paroisses vérifiées est
beaucoup plus considérable que celui énoncé dans les
états qui lui ont été remis.

4°. Que le produit de 55,730 £, qui sert de
base au calcul de proportion, avoit été considérable-
ment diminué par des modérations sur les augmentations qui avoient résulté des 124 vérifications, ce qui
prouvoit en même-temps, & leur surtaux, & combien
peu on pouvoit compter sur le résultat de la règle de
proportion.

5°. Que par son Instruction du 5 Novembre, Sa
Majesté annonçant que son intention n'est point que
les Paroisses qui ont subi l'effet des vérifications générales, puissent être augmentées pendant la durée des
vingt années postérieures à celles où elles auroient été
mises en recouvrement, que d'ailleurs les Paroisses non

comprifes dans les vérifications faites depuis 1777, ayant été vérifiées dans les dix années précédentes & mifes en recouvrement, il en réfulte qu'on ne peut en efpérer qu'une légère augmentation.

6°. Qu'environ 50 ou 60 Paroiffes ont réclamé contre les vérifications, & qu'on a déja été obligé d'accorder la réduction de leurs taxes, à plufieurs d'entre elles.

7°. Ayant néanmoins encore confidéré que d'après les connoiffances qu'elle avoit prifes, il feroit poffible de trouver dans les économies de la perception, & dans le nombre des Paroiffes non vérifiées, une fomme de 100, 000 £.

La matière ayant été mife en délibération, il a été *Délibération.* arrêté que Sa Majefté feroit fuppliée, 1°. D'accorder à fa Province du Soiffonnois, la faveur de l'abonnement des deux vingtièmes & quatre fols pour livre du premier, pour la fomme de 1, 473, 841 £, y compris les vingtièmes des Domaines, Forêts du Roi, Apanages, Biens patrimoniaux des Princes, Ordre de Malthe, Hôpitaux, lefdits vingtièmes évalués par Sa Majefté à une fomme de 253, 687 £ 10 f, bien entendu que fi lefdits objets valoient moins, ou qu'il plût à Sa Majefté de les exempter, en tout ou en partie, de la contribution aux vingtièmes, il en feroit tenu compte à la Province.

2°. De laiffer à fon Affemblée provinciale, la pleine

entière & abfolue Adminiftration de cette impofition, & de lui permettre de prélever, fur le montant de ladite impofition, ainfi qu'il étoit d'ufage, les frais de régie.

3°. Que fur les vingtièmes, il foit accordé à la Province la même fomme qu'il en coûtoit précédemment à Sa Majefté, pour les décharges, modérations & non-valeurs qu'Elle croyoit juftes & néceffaires, ladite fomme arbitrée en faifant de dix années, une année commune.

4°. Que d'après les Inftructions du 5 Novembre, il foit permis à l'Affemblée de porter les revenus du Clergé, lefquels entrent pour leur quotité & quote-part dans la totalité du bien de la Province, » Sur les rôles des ving-» tièmes, afin que quoiqu'énoncés pour mémoire, on » puiffe cependant connoître la jufte proportion de ceque » ces biens pourroient payer par comparaifon avec les » autres propriétés foncières ; « tant pour que cet Ordre ne foit pas obligé de payer au delà de fa proportion, qu'afin que fi par la fuite il obtenoit la diminution de fa quote-part, le *moins* qu'il payeroit ne pût retomber, ni directement ni indirectement, à la charge des autres contribuables.

5°. De permettre auffi qu'il foit prélevé fur les tailles, tant pour le moins impofé que pour les atteliers de charité, les fommes que le Roi eft en ufage d'accorder pour ces deux objets ; & de permettre encore que, fi l'excédant

dans disponible des fonds libres ne suffisoit pas aux frais d'Administration de la Province, le surplus soit aussi prélevé en défalcation sur la masse des impositions, étant impossible que les Assemblées provinciales fassent quelque bien, si leur établissement devient l'objet d'une nouvelle contribution.

6°. D'affranchir de la contribution aux vingtièmes les Hôpitaux ; ces établissements, particuliérement dans la Province, étant reconnus n'avoir que des revenus fort inférieurs à leurs besoins, & n'ayant jamais été imposés, quoique compris comme *matière imposable*, dans tous les contrats passés entre le Roi & le Clergé.

7°. Enfin, de daigner assurer la Province, qu'à l'époque fixée pour l'abolition du second vingtième, la diminution lui en sera faite, *au prorata*, sur le prix de l'abonnement qu'elle tiendra de la bonté de Sa Majesté.

Signé, LE COMTE D'EGMONT.

Contre-signé, BYÉTER, *Secrétaire-Greffier.*

Du même jour, cinq heures & demie du soir.

MONSIEUR le Comte D'EGMONT a remis plusieurs exemplaires qu'il a reçus de Monseigneur l'Évêque de

Tt

Soiſſons, de la Lettre paſtorale de ce Prélat & du projet de Réglement concernant l'Adminiſtration du Bureau de Charité établi dans cette Ville.

Il a été arrêté qu'un de ces exemplaires ſeroit dé-poſé aux Archives, & qu'il en ſeroit envoyé un à chaque Bureau intermédiaire.

Il a été fait lecture d'une lettre adreſſée à l'Aſſem-blée, par les Adminiſtrateurs de l'Hôpital général de Laon, pour la féliciter, & lui recommander les intérêts des pauvres de cette maiſon de Charité. MM. les Procu-reurs-Syndics ont été chargés d'y répondre, & de faire part à cette Compagnie de l'intérêt que l'Aſſemblée a déja témoigné pour le bien des pauvres en général.

MM. les Commiſſaires de la Comptabilité ayant pris le Bureau, ont dit :

MESSIEURS,

Rap. du Bur. LE Bureau de Comptabilité chargé par vous de
de la Compta- s'occuper de toutes les parties de finances qui doivent
bilité ſur les
Fonds libres & faire la baſe de votre Adminiſtration, de vous rendre
variables, & compte de vos pouvoirs actuels, de vous détailler
les frais des
Aſſemblées. ce qui eſt néceſſaire pour entretenir le mouvement
que déja cette Adminiſtration a reçue par l'impulſion de l'honneur, & de vous propoſer les moyens

qui peuvent convenir à une organisation solide, sans
doute, dans ses principes, mais qui dans son action
doit s'attendre à des soins réparateurs, aura l'honneur
de vous présenter le tableau des fonds, quant à présent connus, & celui des dépenses faites & à faire
qu'il a mûrement réfléchies, & que vous peserez dans
votre sagesse & dans votre justice.

Nous ne nous sommes point dissimulé, Messieurs,
ce que notre mission, toute flatteuse qu'elle est, puisqu'elle est la marque de votre confiance, a de délicat
& d'épineux. Être auprès de notre Province les organes
de la bonté paternelle du Roi, c'est la félicité de vos
cœurs & du nôtre ; mais une nécessité indispensable
dans une grande Administration, ne nous console pas
de ce que nous vous croyons obligés d'y employer en frais : nous sommes assurés d'être entrés
dans vos vues patriotiques, & dans celles de tous ceux
qui coopèrent à ce grand ouvrage, en vous présen-
tant toutes les dépenses & tous les traitements sous la
fixation la plus foible. Nous avons encore laissé, Messieurs, à ceux que vous avez honorés de votre confiance, la récompense toujours la plus digne d'un vrai
citoyen, celle d'être généreusement utiles à la Patrie.

Nous diviserons le Rapport que nous allons avoir
l'honneur de vous faire, Messieurs, en un chapitre

unique de recette, qui eſt celui des fonds variables &
des fonds libres ou excédants de la capitation, ſuivant
les états remis à l'Aſſemblée par Monſieur le Commiſſ-
ſaire du Roi, & communiqués au Bureau : en trois
chapitres de dépenſes concernant l'Aſſemblée provinciale, qui ſont les dépenſes annuelles fixes, les dépenſes annuelles variables, les dépenſes d'établiſſement,
& en autant de chapitres portant les mêmes titres,
concernant les ſept Aſſemblées d'élection.

Chapitre unique de Recette.

Fonds varia-
bles & Fonds
libres.

Fonds des dépenſes variables, 152, 845ᶫ 0ᵈ 0ᵈ

Fonds libres, ou excédant de la

Capitation, ... 104, 402 0 0

TOTAL. . . . 257, 247 0 0

Il a été remis à l'Aſſemblée, comme nous l'avons
dit, par Monſieur le Commiſſaire du Roi, deux états
diſtinčts que nous avons l'honneur de vous préſenter,
Meſſieurs, & qui nous donnent la connoiſſance du
montant de recette que nous venons d'établir, ainſi
que de l'emploi annuel & fixe de chacun de ces fonds.
Nous allons vous rendre compte de cet emploi, ſom-
mairement ſeulement, les états étant ſous vos yeux.

Premier Titre, énoncé : *Fonds des Dépenses variables.*

Les dépenses annuelles & fixes fur ce premier ob-jet, confiftent dans le payement des logements mili-taires & cafernements des troupes ; dans les frais de levée de foldats provinciaux, & loyers de leur maga-fin ; dans ceux des loyers & entretien des pépinières ; dans ceux des loyers des cafernes de la Maréchauffée ; dans ceux de différentes conftructions autorifées & fai-tes, & dans ceux de quelques entretiens & réparations ; toutes ces dépenfes fe montent à la fomme de 115,794 £

Fonds variables.

Il paroîtroit donc refter de net, une
fomme de . . . . 37,051 £

Mais nous trouvons au bas de cet état, les obfer-vations générales fuivantes.

» Ce n'eft que de cette année que l'impofition des
» logements militaires & celle de l'Intendance, préfen-
» tent des fonds libres ; ces fonds ont été deftinés d'a-
» vance par le Miniftre, à mefure qu'ils feront difpo-
» nibles, à acquitter les dettes de l'ancienne Adminiftra-
» tion & les indemnités.

» Jufqu'à préfent, lorfqu'il y a eu quelque refte de
» fonds fur cette partie, il a fervi à reconftruire des
» ponts, à favorifer des établiffements publics, &
» à procurer des fecours aux malheuréux ; en fuppléant
» à l'infuffifance des fonds libres. «

La première partie de ces obſervations ne regarde que l'excédant ſur l'impoſition des logements militaires, & ſur celle de l'Intendance ; cet excédant monte à une ſomme de 24,304 £, laquelle déduite de celle de 37,051 £ ci-deſſus, reſte net 12,747 £.

Second & dernier Titre, énoncé : Fonds libres, ou excédant de la Capitation.

Fonds libres. Les dépenſes annuelles & fixes ſur ce ſecond & dernier objet, conſiſtent dans le payement des appointements, bois & lumières, fournitures & frais des Bureaux de l'Intendance, gratifications aux Bureaux & aux Subdélégués, frais d'exprès, de couriers & de tournées, de ſecours accordés à des Perſonnes nobles qui éprouvent les malheurs de l'infortune, d'autres ſecours, traitements & gratifications de ceux qui, nés eſtropiés, ne peuvent ſe procurer leur ſubſiſtance, & de ceux dont les talents & les ſoins ſont employés au ſoulagement de l'humanité, en payements d'indemnités, de frais d'impreſſion, d'adminiſtration, enfin d'établiſſements utiles, & ſe montent à la ſomme de 613,230 £.

Elles conſiſtent encore dans une ſomme de 33,178 £, ſous la dénomination de fonds deſtinés aux décharges & modérations, leſquels

Ci-contre, ... 61, 230^{c} 0^{s} 0 $\partial\!\!\!\!\partial$

font principalement employés à accorder des décharges & modérations
fur les Impositions aux Officiers de
Judicature, dont la capitation est
communément fort au deffus des facultés de la plupart d'entre eux,
aux pères & mères ayant dix enfants
& plus à leur charge, aux garde-
étalons, aux incendiés & aux particuliers qui, par des circonftances
malheureufes, fe trouvent hors d'é-
tat d'acquitter leurs impofitions, . 33, 178 0 0

$\overline{\qquad\qquad\qquad\qquad}$

TOTAL. 94, 408 0 0

Nous avons l'honneur de vous obferver, Meffieurs,
que dans cette fomme eft comprife celle 1, 200^{c}, pour
les honoraires de deux Jurifconfultes formant le Confeil
établi pour les affaires contentieufes des Communautés;
partant refte des fonds libres, la fomme de 9, 994^{c}.

En conféquence nous avons l'honneur de vous propo-   *Avis*
fer, Meffieurs, d'arrêter 1°. Que Sa Majefté fera fuppliée   *du Bureau.*
de vous laiffer la difpofition de l'excédant fur les fonds
variables, pour avoir la même application que celle qui

en a été faite jufqu'à préfent, favoir : à aider à reconftruire des ponts, à favorifer des établiffements publics, &
à procurer des fecours à ceux qui en ont befoin, en
fuppléant à l'infuffifance des fonds libres.

2°. Que l'excédant des fonds libres de la capitation,
vous fera pareillement laiffé par Sa Majefté, pour pourvoir aux fecours à donner aux malheureux.

3°. Que l'Affemblée, fi elle obtient la difpofition de
ces fonds, voudra bien continuer, pour cette année, les
penfions & gratifications portées fur l'état qui lui a été
remis par M. l'Intendant.

4°. Que fous le bon plaifir de Sa Majefté, MM.
Charpentier, Lieutenant-Général aux Bailliage & Siège
Préfidial, & Brocheton, Avocat & Lieutenant en
l'Élection de cette Ville, établis par M. l'Intendant pour
être le Confeil des Communautés dans leurs affaires contentieufes, choix que ce Magiftrat a fait dans fa fageffe
ordinaire, feront continués feuls quant à préfent; l'é-
tendue de leur lumière & leur zèle ayant fuffi pour le
fecours de ces Communautés; & que les honoraires de
600 £, qui ont été attribués à chacun d'eux, fi cette
fomme eft laiffée à la difpofition de l'Affemblée, leur
feront pareillement continués.

DÉPENSES

DÉPENSES

Concernant l'Assemblée Provinciale.

CHAPITRE PREMIER.

Dépenses annuelles & fixes.

Honoraires de MM. les Procureurs-Syndics, au nombre de
deux, à raison de 2,400 $^{\pounds}$ à
chacun, ci . . . . . . 4, 800 $^{\pounds}$ 0 0

Logements de MM. les Pro-
cureurs-Syndics, à chacun 600 $^{\pounds}$.
Un seul a transféré son domicile,
ci 600 0 0

Honoraires de MM. de la Commission intermédiaire, au nombre
de quatre, à raison de 600 $^{\pounds}$ à
chacun, ci. 2, 400 0 0

Logements de MM. de la Commission intermédiaire, à chacun
200 $^{\pounds}$, *Il n'en est aucun d'effectif*, 0 0 0

Au Greffier, ... 1, 500 0 0
Vous lui aviez, Messieurs, dans

9, 300 0 0

Vv.

*Dépenses
annuelles de
l'Ass. Prov.*

De l'autre part , . . .   9, 300 £ 0 ʃ 0 ♌

le Procès-verbal de vos premières
Séances, attribué cette fomme ;
nous croyons devoir vous propofer de lui continuer les mêmes
appointements ; mais toujours
guidés par les mêmes loix d'économie , nous avons penfé que
vous pouviez lui accorder de plus
une fomme de 120 £, en le chargeant des fournitures pour lui &
les Commis, d'encre, de plumes,
de canifs, de cire d'efpagne, de
pouffière , de faveurs pour les
mémoires, & de lumières pour les
Bureaux du Greffe & des Commis ; il nous a paru auffi plus
économique, & plus avantageux
aux expéditions, que le Greffier
fe tint dans le même lieu que les
Commis, ci   120   0   0

Appointements de deux Commis, à raifon de 800 £ à cha-

9, 420   0   0

Ci-contre, ...	9, 420 *£*	0 *s* 0 *d*
cun, ci.	1, 600	0 0

Il avoit d'abord été attribué à
l'un d'eux 800 *£*, & à l'autre
600 *£*, ce qui ne montoit pour
les deux qu'à 1,400 *£*. MM. de
la Commiffion intermédiaire n'ont
pu traiter plus avantageufement
qu'au prix de 800 *£*, pour chacun de ceux qui font employés;
ils nous ont rapporté en être très-
fatisfaits ; le travail le plus affidu
les tient affujettis ; il eft même
exigé les Dimanches & Fêtes.

Appointements de l'Huiffier
pour le fervice de l'Affemblée, ... 150 0 0

Il lui avoit été attribué 300 *£*,
qu'une diminution dans fon fervice a fait réduire à moitié.

Gratification annuelle du Concierge de l'Hôtel-de-Ville, . . . 50 0 0

Location de l'Hôtel, rue du
Coq-lombard, pour les Bureaux, . . . 450 0 0

11, 670 0 0

V ij

De l'autre part, ... 11, 670 £ o s o d

Au Concierge & Garçon des
Bureaux, pour le service de toute
l'année de la Commission intermédiaire & des Bureaux, y
compris celui du Greffier & des
Commis, ... 280 o o

Correspondance de la Com-
mission intermédiaire, avec les
Bureaux intermédiaires des sept
Élections, toutes les semaines, . 900 o o

Cette correspondance s'opérera par deux moyens, savoir : par
celui d'un Commissionnaire de
cette Ville, homme connu, qui
a fait sa soumission par écrit, de
partir de Soissons tous les Lundis,
d'arriver à Château-Thierry à
midi, à Crespi le même jour au
soir, le lendemain Mardi à midi, à Clermont, le même jour
coucher à Compiègne, le lendemain Mercredi à Noyon, à dix

12, 850 o o

Ci-contre, ... 12, 850

heures du matin , & le même
jour Mercredi à Soiſſons. Cet
homme s'eſt engagé à ſe faire remplacer à ſes frais & dépens par quelqu'un en état de faire le même
ſervice ; & qui ſeroit agréé par
l'Aſſemblée ou ſa Commiſſion
intermédiaire, en cas d'accident,
maladie ou autre empêchement
légitime, & ce, tout le temps
que dureroit l'empêchement ; à
ne pas retarder le ſervice de plus
d'un jour en cas d'accident, ſans
ſe faire ſubſtituer ; à rapporter
du Bureau d'élection le plus près,
en cas de retard, un récépiſſé où
il en ſeroit fait mention. Il ſe
ſoumet en outre à ne pas quitter Soiſſons les autres jours, pour
ne pas ſe mettre hors d'état de
faire les courſes ci-deſſus, & à ne
point abandonner ſon ſervice,

12, 850   0   0

De l'autre part , ... 12, 850ᵈ 0ˢ0ᵈ

qu'après avoir prévenu l'Affemblée ou fa Commiffion intermédiaire, au moins trois mois d'a-
vance. Cette foumiffion eft du
23 Novembre dernier ; elle eft
faite moyennant 800ᵈ d'appoin-
tement par année, payables par
mois.

La correfpondance de la Com-
miffion intermédiaire avec les Bu-
reaux intermédiaires de Laon &
Guife, s'opérera par le moyen du
Commiffionnaire de l'Abbaye de
Prémontré , qui remettra les pa-
quets, le Dimanche au foir, à
Laon ; le Meffager de Laon à
Guife, remettra les fiens, à cette
dernière ville, le Lundi au foir, &
les paquets de ces deux Élections
reviendront, ceux de l'Élection de
Guife à Laon, les Samedis par le
Meffager, & ceux de toutes les

12, 850   0   0

Ci-contre, ... 12, 850 £ o s o d

deux, à Prémontré, le Dimanche, par le Commiffionnaire de cette Abbaye, & à Soiffons enfin, le Lundi, par l'autre Commiffionnaire de la même Abbaye.

On n'a pu encore avoir un prix déterminé pour cette dernière correfpondance ; le Bureau a cru pouvoir l'apprécier à 100 £ par an.

Honoraires de deux Jurifconfultes, formant le Confeil établi pour les affaires contentieufes des Communautés, à raifon de 600 £ à chacun, ci . . . . I, 200 o o

A la perfonne qui fera choifie pour Agent à Paris, . . . 400 o o

Le Bureau ne vous propofe, Meffieurs, cette fomme que par apperçu, & eft d'avis que vous autorifiez votre Commiffion intermédiaire à traiter, foit avec le Sr. Regnier, déja chargé de la cor

14, 450 o o

De l'autre part, ... 14, 450 0 0

respondance de l'Affemblée de
Haute-Guyenne à Paris, ou avec
tout autre Agent, aux conditions
les plus avantageufes.

Total des Dépenfes annuelles
fixes, concernant l'Affemblée pro-
vinciale, ... 14, 450 0 0

Tels font, Meffieurs, les objets & les fommes que
nous avons l'honneur de vous propofer, comme devant compofer votre premier Chapitre de dépenfe, qui
eft celui des dépenfes annuelles & fixes, concernant l'Affemblée provinciale.

CHAPITRE SECOND.

Dépenfes annuelles variables de l'Affemblée Provinciale.

Dépenfes   Ces dépenfes, Meffieurs, nous paroiffent devoir
variables   confifter en frais d'impreffion, en fournitures de bois,
de l'Aff. Prov. de bougies, de papiers, en frais de ports de lettres,
que le Bureau ne peut déterminer; non plus que quel-
ques autres objets qui feroient trouvés néceffaires, &
fur lefquelles dépenfes l'Affemblée prononcera d'après
les mémoires que repréfentera la Commiffion intermédiaire

diaire, nous croyons pouvoir les évaluer à une somme de 2,000 *£*.

Le Bureau doit ici, Messieurs, vous rendre compte d'une soumission du 30 Novembre dernier, donnée par le Sieur Waroquier & Compagnie, Imprimeur-Libraire en cette Ville, par laquelle il s'engage à imprimer les Procès-verbaux de vos Séances, en même papier & en mêmes caractères que ceux qui ont été employés pour le Procès-verbal du mois d'Août de cette année, au prix porté dans cette soumission que nous avons l'honneur de mettre sous vos yeux, & à condition de fournir à l'Assemblée 220 exemplaires.

Frais d'impression, papier, cire d'espagne, registres & ouvrages relatifs à l'Administration, . .	340 *£*	10	0
Fournitures de bois, y compris le sciage, ...	309	19	0
Frais de bougies & chandelles,	101	12	6
Ustensiles nécessaires pour le frotteur ou garçon des Bureaux,	20	3	0
Appointements de Commis & frais de Bureaux , ...	127	3	0
	899	7	6

Dépenses faites.

X x

De l'autre part, ... 899 . 7 6

Ports de lettres & paquets, . . . 24 18 0

TOTAL, ... 924 5 6

CHAPITRE TROISIÈME.

Dépenses d'Établissement concernant l'Assemblée Provinciale.

Dépenses d'Établissem. de l'Ass. Prov. Ces dépenses, Messieurs, consistent en différentes réparations & arrangements nécessaires pour la salle d'Assemblée & l'établissement des Bureaux ; nous en remettons les mémoires sous vos yeux ; ils sont au nombre de dix-huit, & se montent à la somme de 2,895 17 7.

Nous pensons, Messieurs, qu'il est encore une dépense à vous proposer & qui doit entrer dans ce chapitre, ce sont des cachets pour vos Bureaux, savoir : un aux armes réunies des sept Élections de la Province, pour l'Assemblée provinciale, autour duquel seroient gravés ces mots : *Assemblée Provinciale du Soissonnois*, & sept autres pour chacune de vos Assemblées d'élection, aux armes des Villes qui en sont les Chef-lieux, autour desquels seroient gravées les lettres suivantes : *Ass. d'Élect. de* . . . (Ici le nom de l'Élection.)

Nous allons, Messieurs, passer aux dépenses qui concernent les Assemblées d'Élection.

DÉPENSES

Des sept Assemblées d'Élection.

CHAPITRE PREMIER.

Dépenses annuelles & fixes.

§. 1er.

Pour les Assemblées d'Élection de Laon & de Soissons, dont on a jugé que les traitements devoient être égaux, mais différents des autres Élections, eu égard au plus grand nombre de Paroisses qu'elles contiennent.

Honoraires de MM. les Syndics, deux dans chacune de ces deux Élections, à raison de 1000 £ à chacun, pour les quatre, . .	4,000 £	0 s	0 d
Logements de MM. les Syndics, à chacun 300 £. Celui de la Noblesse dans l'Assemblée d'Élection de Soissons, est le seul qui ait transféré son domicile , . .	300	0	0
	4,300	0	0

Dépenses annuelles & fixes des Ass. d'Élection de Soissons & Laon.

De l'autre part, . . . 4, 300 o o

Honoraires des Membres des deux Bureaux intermédiaires, au nombre de huit, à raison de 400 ʟ à chacun, ci . . . . 3, 200 o o

Logements des Membres des deux Bureaux intermédiaires, à chacun 200 ʟ. Un seul de l'Élection de Laon a transféré son domicile, ci . . . . 200 o o

Appointements des Greffiers des deux Assemblées d'Élection, à raison de 800 ʟ à chacun, ci . 1, 600 o o

Appointements des Commis, un seul pour chacune de ces deux Assemblées, à raison de 500 ʟ à chacun, ci . . . . . . 1, 000 o o

Appointements des Huissiers, un pour chacune des deux Assemblées, à raison de 120 ʟ à chacun, ci . . . . 240 o o

10, 540 o o

Ci-contre 10, 540

§. 2.

Pour les cinq autres Assemblées
d'Élection qui sont celles de
Noyon, de Guise, de Château-
Thierry, de Clermont & de Crespi, auxquelles nous croyons
devoir vous proposer, Messieurs,
de faire des traitements uniformes, vu le peu de différence
qui se trouve dans leur étendue.

Mêmes Dépenses des cinq autres Élections.

Honoraires de MM. les Syndics,
deux dans chaque Assemblée, à
raison de 800 [£] à chacun, ci . . 8, 000

Logements de MM. les Syndics,
à raison de 200 £ à chacun. Un à
Noyon & un à Crespi seulement,
ont transféré leur domicile, ci . 400

Honoraires des Membres des
Bureaux intermédiaires, à raison
de 300 £ à chacun, pour vingt,
ci 6, 000

24, 940

De l'autre part, . . . 24, 940 £ 0 ʃ 0 ♌

Logements des Membres des Bureaux intermédiaires, à raison de 150 £ à chacun. Un à Clermont & un à Crespi seulement ont transféré leur domicile, ci.   300   0   0

Appointements des Greffiers des cinq Assemblées d'élection, à raison de 600 £ à chacun, ci.   .   3, 000   0   0

Appointements des Commis, un seul pour chaque Assemblée, à raison de 400 £ à chacun, ci.   .   2, 000   0   0

Appointements des Huissiers, un seul pour chaque Assemblée, à raison de 100 £ à chacun, ci.   .   500   0   0

Total des Dépenses annuelles & fixes des sept Assemblées d'É-lection , ... 30, 740   0   0

CHAPITRE SECOND.

Dépenses annuelles variables.

Dépenses variables des Aff. d'Él.   Ces dépenses, Messieurs, doivent consister en fournitures de bois, de bougies, de chandelles, de papier, de cire d'espagne, de plumes, d'encre & autres choses néceffaires aux Bureaux, & en ports de lettres, loyers des Bureaux & frais de Copiftes, que les états envoyés feront connoître, & que nous eftimerions pouvoir mon-ter, pour chacune des Affemblées d'élection de Soiffons & de Laon, à 1,200 ⱡ, & pour chacune des autres Affemblées, à 1,000 ⱡ, ce qui feroit pour les fept Affemblées d'élection, la fomme de 7,400 ⱡ

CHAPITRE TROISIÈME.

Dépenfes d'Établiffement des fept Affemblées d'Élection.

Il ne nous a été remis, Meffieurs, aucun état relatif à ce chapitre, qui puiffe déterminer d'une manière pré-cife les dépenfes faites par chaque Affemblée.

Dépenfes d'Établiffem. des Aff. d'Él.

Pourquoi le Bureau penfe que vous ne pouvez rien ftatuer à cet égard, qu'après que votre Commiffion intermédiaire aura réuni les mémoires circonftanciés & foutenus de pièces juftificatives que lui enverront les Bureaux intermédiaires, auxquels ils feront demandés par MM. les Procureurs-Syndics.

Nous ne vous préfentons point, Meffieurs, de dé-penfes relatives aux Affemblées municipales. Vous avez arrêté de ne faire aucun traitement aux Syndics & Gref-fiers de ces Affemblées, mais que leurs frais & débourfés leur feront alloués tels qu'ils auront été déterminés par les Affemblées d'élections, ou leurs Bureaux intermédiaires.

RÉCAPITULATION.

Assemblée Provinciale.

Dépenses annuelles fixes, . 14, 450 $^0_0$ $^0_0$

Dépenses annuelles variables,
évaluées par apperçu, . . . 2, 000 $^0_0$ $^0_0$

Dépense d'établissement , . 3, 820 3 1

Assemblées d'Élection.

Dépenses annuelles fixes, . 30, 740 $^0_0$

Dépenses annuelles variables,
évaluées par apperçu , . . . 7, 400 $^0_0$ $^0_0$

TOTAL 58, 410

Avis du Bureau. Nous avons donc l'honneur de vous proposer, Messieurs, d'arrêter : 1º Que Sa Majesté sera suppliée d'approuver les dépenses faites & portées aux mémoires qui sont sur votre Bureau , montant à la somme de trois mille huit cents vingt livres trois sous un denier. 2º Celles des frais généraux de votre Administration, montant, pour l'Assemblée provinciale en frais fixes, à la somme de 14, 450 f; en frais variables, évalués par apperçu, à celle de 2, 000 f; & pour les Assemblées d'élection réunies , en frais fixes, à celle de 30, 740 f; & en frais variables évalués par apperçu, à celle de 7, 400 f.

3º.

3°. De vouloir bien affigner à l'Affemblée les fonds néceffaires & fuffifants pour toutes ces dépenfes.

4°. Que votre Commiffion intermédiaire demandera inceffamment à tous les Bureaux intermédiaires de vos Élections, les états détaillés & les pièces juftificatives des dépenfes faites jufqu'à préfent, & qu'elle les chargera de lui envoyer tous les trois mois, l'état de toutes les dépenfes courantes, détaillé de même, & auffi avec les pièces juftificatives, pour être mis fous vos yeux l'année prochaine.

5°. D'autorifer votre Commiffion intermédiaire, à traiter avec le Sr. Regnier, ou tout autre Agent, aux conditions les plus avantageufes, pour la correfpondance de vos affaires à Paris ; comme auffi à faire graver les cachets propofés.

L'Affemblée ayant approuvé toutes les difpofitions de ce Rapport, a arrêté : 1°. Que Sa Majefté fera fuppliée de lui laiffer la difpofition de l'excédant fur les fonds variables, pour être appliqués ainfi qu'ils l'ont été jufqu'à préfent, & de lui abandonner également l'excédant des fonds libres de la capitation, à l'effet de pourvoir aux fecours à donner aux malheureux.

2°. Que fi elle obtient la difpofition de ces fonds, elle continuera, pour cette année, les penfions & gratifications portées fur l'état qui lui a été remis par M. l'Intendant.

Yy

3°. Que MM. Charpentier, Lieutenant-Général au Bailliage & Siège Préfidial, & Brocheton, Avocat & Lieutenant de l'Élection de cette Ville, choifis dans la préfente Séance, pour être le Confeil des Communautés, dans leurs affaires contentieufes, feront prévenus de leur nomination, par MM. les Procureurs-Syndics, & qu'il fera annuellement attribué, à chacun d'eux, la fomme de 600 £ pour honoraires.

4°. Que Sa Majefté fera fuppliée d'approuver les frais généraux
d'Adminiftration, montant, pour
l'Affemblée provinciale en frais
fixes, à 14,450 £, ci . . . . . .   14, 450 £

En frais variables, par apperçu,
à la fomme de 2,000 £, ci . .   2, 000

Pour les Affemblées d'élection
réunies, en frais fixes, à la fomme
de 30,740 £, ci 30, 740

Et en frais variables, évalués par
apperçu, à celle de 7,400 £, ci.   7, 400

Lefquelles fommes font un total
de 54,590 £, ci. 54, 590

5°. Que Sa Majefté fera auffi priée d'allouer les dépenfes faites & portées aux mémoires qui ont été remis fur le Bureau, lefquelles fommes montent à celle de 3,820 *£* 3 *f* 1 *d*.

6°. Que Sa Majefté fera également fuppliée de vouloir bien affigner à l'Affemblée, les fommes néceffaires & fuffifantes pour ces dépenfes.

7°. Que la Commiffion intermédiaire demandera, inceffamment aux Bureaux des élections, les états détaillés & les pièces juftificatives des dépenfes faites jufqu'à préfent, & qu'elle les chargera de lui envoyer tous les trois mois, l'état de toutes les dépenfes courantes, auffi détaillé, avec leurs pièces juftificatives, pour être remis fous les yeux de la prochaine Affemblée.

8°. Enfin, que la Commiffion intermédiaire fera autorifée à traiter avec le Sr. Regnier, ou tout autre Agent réfident à Paris, aux conditions les plus avantageufes, pour la correfpondance; comme auffi de faire graver les cachets propofés.

MM. des Travaux publics ont fait de fuite les Rapports fuivants.

I. RAPPORT.

MESSIEURS,

LE Bureau des Travaux publics doit avoir l'honneur de vous rendre compte du mémoire de la ville de Laon,

Rap. du Bur. des Trav. pub. fur la récla-

mation faite contre l'affujettiffement desVilles, à la contribution repréfentative de la Corvée.

fur lequel vous lui avez preſcrit de vous donner ſon opinion.

Ce mémoire renferme deux queſtions : la première, commune à toutes les Villes qui réclament contre l'affujettiſſement à la preſtation en argent, pour le remplacement de la corvée.

La feconde, plus générale encore, a rapport aux différences établies dans les diverſes claſſes de citoyens, pour la contribution des chemins, à laquelle ce mémoire appelle tous les propriétaires ſans diſtinction.

Ce mémoire eſt bien fait, & n'eſt pas dépourvu de raiſons, au moins ſpécieuſes dans la feconde partie; mais il ne vous préſente la poſſibilité d'aucune délibération.

Avis du Bureau.

Le Bureau des Travaux publics penſe, Meſſieurs, que vous devez charger MM. les Procureurs-Syndics de répondre à la ville de Laon, que la diſpoſition de la loi étant contraire aux repréſentations qu'elle fait ſur l'affujettiſſement des Villes à la contribution repréſentative de la corvée, l'Aſſemblée ne peut rien changer à ſon exécution.

Que quant aux principes que le Corps de Ville avance ſur la répartition des charges pour les chemins ſur tous les propriétaires ſans diſtinction, ils ſont encore contraires au prononcé de la loi ; mais que ſi l'Aſſemblée croit devoir dans ſa ſageſſe faire parvenir à Sa Majeſté quelques obſervations relatives à ces deux queſtions, elle pesera avec soin toutes les raisons contenues dans ce mémoire.

II. RAPPORT.

MESSIEURS,

PARMI les différents mémoires que vous avez donné ordre de faire remettre au Bureau des Travaux publics, nous croyons devoir vous en faire distinguer un qui nous semble intéresser la législation des chemins, & mériter une délibération particulière. La ville de Vervins expose que dans le trajet de 230 toises que parcourt, dans son enceinte, le chemin de Mons, cinquante maisons sont, d'après le projet d'alignement, destinées à être reculées de plusieurs pieds, soit pour redresser une courbe de 8 à 10 pieds, sur une longueur de plus de 100 toises, soit pour donner à toutes les rues la largeur complète de 30 pieds; elle demande que l'alignement & la position actuelle de ses maisons, ne soit changée que pour donner aux rues que traverse la grande route, une largeur de 24 pieds.

Cette Ville expose encore qu'en conséquence de ce projet d'alignement, les rues sont pavées comme si l'alignement projeté avoit déjà lieu, & que le ruisseau se trouvant par cet arrangement approcher les murs des maisons qui entrent dans la proscription, en mine les fondements & en avance la ruine. Elle demande en conséquence que les rues continuent d'être pavées d'après leur largeur actuelle.

La ville de Vervins expose aussi que, s'étant chargée dans le temps du régime de la corvée, de l'entretien du pavé de ses rues, à la condition que le travail de ses corvéables seroit employé au transport des grès, sables, &c. nécessaires à cette confection, elle réclame à cet usage la contribution qu'elle paie en représentation de la corvée.

Ces trois objets de demande ont paru au Bureau des Travaux publics, présenter, Messieurs, deux questions différentes : une sur laquelle vous pouvez prononcer dans vos Assemblées, & l'autre qui n'est point de votre ressort, & sur laquelle vous ne pouvez qu'adresser vos vœux à Sa Majesté.

La demande que vous fait la ville de Vervins, de destiner au transport des pavés & grès pour ses rues, sa contribution pour la corvée, est celle sur laquelle votre décision fera loi. Le Bureau des Travaux publics croit la réclamation de la ville de Vervins mal fondée ; pense que si vous y aviez égard, toutes les villes de la Généralité éleveroient à autant de titres les mêmes prétentions, & qu'une grande partie des fonds deftinés à vos grandes routes, feroient employés à un entretien qui doit être à la charge des Villes. Il a l'honneur de vous propofer en conféquence d'arrêter Que la ville de Vervins continuera d'être, l'année prochaine, chargée, comme l'année paffée, de l'entretien total de fon pavé.

La demande de cette Ville relative à l'élargiffement de fes rues, & à la manière dont font pavées celles deftinées à un nouvel alignement, n'eft pas de votre reffort, elle tient à la légiflation des chemins dont Sa Majefté s'eft réfervée la compétence. Mais vous pouvez lui adreffer vos réclamations ; nous favons que la fûreté des habitants des villes & villages, a déterminé la décifion donnée par le Roi, fur la largeur de trente pieds pour les rues où paffe la grande route ; ce projet d'alignement ne fe réalifant que quand les propriétaires croient devoir rebâtir leurs maifons, facrifie auffi peu qu'il eft poffible l'intérêt particulier à l'intérêt général. Mais il femble que la direction abfolument droite des rues, n'intéreffant pas le bien général, & que la manière dont on pave celles deftinées à être alignées, expofant à une ruine prochaine les maifons, qui par-là fe trouvent trop rapprochées des ruiffeaux, vous pourriez folliciter de Sa Majefté : 1°. Que dans les petites Villes, Bourgs ou Villages, où les routes & grands chemins paffent, il ne foit point abfolument né-

Avis du Bureau.

ceffaire de tirer d'alignement parfait : 2°. Que les pavés ou cailloutis qui feront faits dans ces Villes ou Bourgs, foient provifoirement placés au milieu des rues, en fuivant leur courbe, en attendant toutefois que les maifons qui doivent fournir une partie à l'emplacement des routes, foient tombées en ruine.

Vous êtes, Meffieurs, chargés par Sa Majefté, de veiller au bien de vos concitoyens, & de porter au pied du Trône les réclamations de la Province. Le Bureau des Travaux publics a penfé que cette circonftance étoit une de celles dans laquelle vous deviez ufer de ce droit précieux qu'a bien voulu vous accorder Sa Majefté.

III. RAPPORT.

MESSIEURS,

Rapport du même Bureau fur l'état du Pont de Guifcar.

UN mémoire qui vous a été préfenté par un des Membres de l'Affemblée, vous expofe, Meffieurs, qu'un Pont à Guifcar fur la rivière de Verfe & fur la grande route de Paris en Flandre par Saint-Quentin, n'a point de parapets, & demande d'ailleurs dans fes voûtes des réparations inftantes.

Avis du Bureau.

Le Bureau des Travaux publics croit que vous devez, Meffieurs, envoyer ce mémoire au Bureau intermédiaire de Noyon, en lui enjoignant de vous envoyer

voyer l'opinion du Sous-Ingénieur de ce Département, son devis, & d'y joindre ses observations.

Ce genre de dépense doit être fait sur les fonds accordés à la Province pour ses ouvrages d'art, & dont l'Administration est remise à l'Assemblée provinciale : nous ne savons que depuis deux jours, que cette attribution sera de votre ressort, & nous nous mettrons en état de vous en rendre un compte détaillé avant votre séparation.

Un autre mémoire présenté par Madame l'Abbesse d'Origny, & par les Officiers Municipaux de ce Bourg, sollicite le perfectionnement du chemin qui le traverse, dans l'étendue de 50 toises qui ne sont pas achevées, & représente le mauvais état de ce chemin dans cette partie, comme essentiellement nuisible à tout le commerce de Flandre, qui se fait par Origny & Saint-Quentin.

Ce mémoire demande aussi la confection d'un Pont solide sur la rivière d'Oise, & pour le même chemin.

Le Bureau des Travaux publics pense, Messieurs, que vous devez demander sur ce mémoire, l'opinion du Bureau intermédiaire de Guise, qui, d'après l'avis & le détail estimatif de l'Ingénieur, sera envoyé à votre commission intermédiaire. Si le travail de la route est de nécessité urgente, & que la dépense n'en soit

Sur l'État de la Route passant par Origny, & la Demande d'un Pont sur l'Oise.

Avis du Bureau.

pas trop confidérable, le Bureau intermédiaire vous propofera, fans doute, d'affigner à cet emploi une partie de fes rabais.

Quant à la demande relative au Pont, elle eft d'une trop grande conféquence pour que vous puiffiez l'accueillir dans le moment. Sa dépenfe fera portée fur les fonds attribués aux ouvrages d'art, & nous favons que la confection de ce Pont étoit un des premiers projets que l'Adminiftration que vous remplacez, fe propofoit de mettre à exécution.

L'Affemblée a approuvé ces trois Rapports dans tout leur contenu.

Signé, LE COMTE D'EGMONT.

Contre-figné, BYÉTER, *Secrétaire-Greffier*.

Du Mardi 11, dix heures du matin.

MESSIEURS étant affemblés, il a été fait lecture d'une lettre de félicitation écrite à l'Affemblée, par MM. les Officiers du Préfidial de Laon. MM. les Procureurs-Syndics ont été chargés d'y répondre, & de les remercier.

Messieurs composant le Bureau des Travaux publics, ont fait le Rapport qui suit.

MESSIEURS,

LORSQUE nous eûmes l'honneur de vous présenter le Rapport de l'état de vos grandes routes, & du travail à ordonner pour l'année 1788, quelques soins que nous ayons apporté pour vous présenter les moyens d'adapter à un principe juste, raisonnable & conséquent, le travail dont nous vous avons soumis le projet, nous vous avons prévenu que le parti que vous croiriez devoir prendre, n'auroit d'effet que pour l'année prochaine, & que Sa Majesté annonçoit une nouvelle loi sur les chemins, qui, différente dans ses principes de celle suivie jusqu'à présent, devoit être fixe & invariable.

Rap. du Bur. des Trav. pub. sur le projet de la Loi annoncée pour 1789.

Nous venons aujourd'hui, Messieurs, vous entretenir de cette loi ; car Sa Majesté qui n'en prépare la publication que pour l'année 1789, qui ne la médite que pour le plus grand bien de ses sujets, qui la croit fondée sur des principes d'équité & de raison, veut encore interroger ses Provinces sur les moyens de réaliser ses vues de justice & de bienfaisance ; veut s'éclairer de leurs observations, & se montre disposée à y avoir égard, si dans sa sagesse Elle les croit fondées & véritablement utiles à ses peuples.

Le Bureau des Travaux publics qui, depuis le commencement de vos Séances, est pénétré de l'importance
de la question dont vous devez vous occuper aujourd'hui,
a fait, de l'examen de cette loi, son étude la plus suivie.
Il eût désiré y apporter autant de lumières que de zèle,
il seroit alors sans inquiétude sur le travail qu'il a l'honneur de vous soumettre.

Il nous semble, Messieurs, que pour guider vos délibérations d'une manière plus assurée, nous devons remettre sous vos yeux la loi, vous en développer les principes, vous en exposer l'application, vous offrir enfin
les réflexions qu'a fait naître en nous l'étude de cette loi,
& les modifications que nous pensons que vous y pourriez
désirer pour l'avantage des peuples, sur l'intérêt desquels
Sa Majesté veut bien vous consulter aujourd'hui.

Principes   L'Instruction qui vous a été remise porte expressé-
contenus dans ment, qu'une des principales vues de Sa Majesté seroit
les Instructions
du 5 Novemb. que déformais les Assemblées provinciales considérassent
toujours les routes à ouvrir, perfectionner ou entretenir, sous le rapport de l'intérêt plus ou moins direct
qu'ont à ces routes les Communautés, les Élections ou
les Provinces qui doivent en supporter la dépense. Ce
principe posé, l'Instruction de Sa Majesté établit quelques suppositions de routes de toutes les classes, utiles
à un plus ou moins grand nombre de Communautés,

d'Élections, à la Province entière, & indique quelle devroit être en conséquence, la proportion de la contribution de chacune de ces Communautés, dans le rapport de leurs intérêts isolés ou composés. Telle route dans ces suppositions doit être ouverte, entretenue par une seule Communauté ; telle autre par plusieurs ; telle autre par une Élection entière ; telle autre, enfin, par la totalité de la Province.

Une Assemblée supérieure qui consentiroit à suppléer au contingent d'une Communauté inférieure, doit être chargée de la surveillance & direction de l'ouvrage, comme si c'étoit le sien propre.

Tels sont, Messieurs, les principaux articles de la loi que Sa Majesté se propose de rendre pour l'année 1789. Vous avez tous cette loi sous les yeux, & nous croirions abuser de vos moments, si nous vous en répétions en détail tous les articles.

Ce n'est plus ici une loi, qui, considérant les travaux des routes comme une dette commune à acquitter par toute la Province, en répartit la charge dans une proportion uniforme sur tous les contribuables. C'est une loi qui, descendant dans l'examen de l'intérêt de chacun, ordonne qu'il serve de proportion à sa contribution ; ne veut exiger de tribut que pour le rendre utile aux tributaires, & cherche à appliquer dans tous les rapports & dans tous les détails, les vues d'équité qu'elle annonce.

Nous ne vous diffimulerons pas, Meffieurs, que l'intention réellement jufte & paternelle qu'annonce cette loi, ne nous ait paru digne de reconnoiffance; que l'étude de fes principes ne nous l'ait montrée pleine de fageffe & de profondeur. Mais nous ofons vous affurer que nous n'avons apporté à fon examen, aucune prévention; que nous n'avons négligé aucun moyen de nous procurer les lumières que l'on a bien voulu nous communiquer; que nous les avons follicitées toutes avec inftance, & que nous nous fommes armés nous-mêmes contre l'impreffion favorable que nous ont fait éprouver les premières lectures de ce projet de loi. Nous allons le propofer à votre examen, & vous faire parcourir la fuite de raifonnemens & de réflexions qui affure notre opinion, & que nous avons l'honneur de foumettre à la vôtre.

Conditions qui doivent fe trouver dans une Loi fur les Chemins. Une loi pour être bonne doit, 1°. être jufte; 2°. fervir l'intérêt général; 3°. prévenir les inconvéniens qui naîtroient de l'intérêt particulier, & rendre impoffible toute interprétation arbitraire.

Nous croyons, Meffieurs, trouver toutes ces conditions réunies dans la loi fur les chemins, propofée pour l'année prochaine.

1°. Elle est juste. Parce qu'elle place l'emploi de la contribution à l'utilité la plus rapprochée des contribuables.

La contribution faite en argent pour les chemins est, comme nous avons eu l'honneur de vous le dire dans notre précédent Rapport, le remplacement & la représentation de la corvée. Le Bureau vous prie, Messieurs, de lui permettre de donner un peu plus d'extension aujourd'hui à la preuve de cette vérité, qui n'a pas paru généralement reconnue par l'Assemblée.

La corvée, sans être d'une institution bien ancienne pour l'usage des grandes routes, est cependant établie en France depuis environ soixante-dix ans. L'intention de son institution a été d'ouvrir une grande quantité de routes, au travail desquelles la part de l'impôt qu'on y assignoit ne pouvoit suffire. Les Communautés ont donc été appellées à employer leurs bras au travail des routes qui les avoisinoient ; cette obligation est devenue continuelle, & une des charges des gens de campagne, réputés pouvoir servir utilement au travail des grands chemins.

Une réclamation générale contre les abus désastreux de la corvée, s'est élevée de toutes parts. Elle a trouvé accès auprès du Trône, & la bonté du Roi a voulu détruire un mal qui lui étoit présenté comme funeste à ses peuples, dès qu'il en a connu toute l'étendue.

La Loi annoncée pour 1789, est juste.

Sa Majesté s'est déterminée à abolir cette contribution personnelle des forces de ses sujets, & en a converti la charge en une prestation en argent, qu'Elle a étendu sur ceux qui, supportant l'impôt de la taille pris pour base de la prestation pour la corvée, n'étoient pas inscrits sur le rôle des corvéables, parce qu'ils n'étoient pas d'état à faire sur les routes un ouvrage de manœuvres. Sa Majesté en détruisant la corvée en nature, & en étendant sa contribution sur tous ceux qu'Elle trouvoit, par le genre de leur imposition, dans la classe des corvéables, n'a pas voulu cependant en dénaturer l'intention. Elle exprime ce vœu dans l'Arrêt du Conseil de 1786, dans lequel Elle dit : » Que cette prestation en argent n'est que la » représentation adoucie de la corvée : que c'est une » imposition locale : qu'Elle veut donner à ses sujets » le moyen de racheter leurs tâches à prix d'argent : » qu'Elle veut les faire même profiter de cette contribu- » tion, par les petites adjudications dans lesquelles Elle » désire que les ouvrages soient divisés : qu'Elle veut » que les Communautés soient appellées le jour de l'ad- » judication des ouvrages de l'attelier dans lequel leur » tâche sera comprise : qu'il leur soit donné connoissance » du montant de leur contribution, & de celles des au- » tres Communautés appellées au même attelier. «

Sa Majesté exprime encore positivement, » qu'Elle » n'a

» n'a point l'intention de faire de cette preſtation une
» impoſition nouvelle, & cherche, par les précautions
» qu'Elle s'impoſe à Elle-même, à mettre un obſtacle
» invincible à la poſſibilité d'une diſtraction, pour un
» autre uſage, des ſommes qui en proviennent. «
« Si la preſtation en argent de la corvée en nature,
n'eſt qu'une repréſentation de cette corvée, elle doit
avoir la même application. Malaiſé en détruiſant la corvée
« Les corvéables appellés aux travaux des routes, n'é-
toient pas tirés hors de l'enceinte de leur Élection, s'ils
l'étoient, le déplacement étoit rare & n'avoit lieu que
parce que le Département des Ingénieurs n'ayant pas toujours la même diviſion que celle des Élections, le travail
des corvées ſuivoit la diviſion du diſtrict des Ingénieurs.
Enfin, ce déplacement ne les éloignoit pas de leurs
foyers; & ſi dans quelques circonſtances véritablement
peu communes, certaines Communautés ont été appellées à une diſtance plus conſidérable que la loi ne l'en-
tendoit, c'étoit une prévarication à la loi, qui ne peut
ſervir de baſe à un raiſonnement d'une conſéquence
auſſi importante. Indication des ouvrages de l'ancien
« Si les corvées d'une Élection n'employoient pas dans les
Élections voiſines, le travail de leurs chevaux & de leurs
bras, la loi qui remplace la corvée par un régime qu'elle
croit plus doux, & qu'elle ne veut pas qui puiſſe être

Aaa

appellé impofition, peut-elle, pour être conféquente à fes principes, employer indifféremment dans toutes les parties d'une Province, l'échange du travail des bras & des chevaux, précédemment appliqué à l'utilité prochaine des corvéables ? Si elle le pouvoit, elle ne feroit plus une repréfentation adoucie de la corvée ; elle feroit un impôt véritable, dont les deniers, femblables à ceux provenant de la taille, capitation, gabelle, &c. feroient employés autrement que ne l'étoit la corvée, & dont l'emploi fait fouvent pour fa plus grande partie, loin des foyers des contribuables, appauvriroit les campagnes qui l'auroient fourni.

De cette comparaifon rapprochée, il réfulte encore, que comme les corvées étoient proportionnées au nombre de chemins ouverts dans les Élections, & que le nombre de journées à exiger des corvéables, qui ne pouvoit s'élever qu'à celui de huit par an, n'étoit cependant pas porté à cette quantité, quand le befoin des chemins ne le requéroit pas, les principes de la loi annoncée pour l'année prochaine, y font conféquents, en proportionnant la quote-part des contribuables à la quantité & à l'état de leurs chemins.

La loi qui préfente le vœu de faire contribuer les Communautés à la preftation en argent pour les chemins, en raifon de leurs intérêts, eft donc jufte en

elle-même, & conféquente encore dans toute fon application à l'intention qu'a manifefté le Roi de ne faire
de la contribution pour les chemins, que la repréfentation de la corvée.

2°. Une loi pour être bonne, doit fervir l'intérêt général.

La loi annoncée pour 1789 remplit ce but, puif-
qu'elle fert l'intérêt du plus grand nombre.

Plus une Province eft coupée de chemins, & plus
fa richeffe eft augmentée ; mais cette richeffe, ou plutôt ce moyen de richeffe, eft plus particuliérement
approprié aux Communautés voifines de ces routes,
ou à celles qui peuvent par des débouchés, communiquer à ces routes. L'intérêt du plus grand nombre
eft donc de multiplier les débouchés, & de divifer, par
conféquent, autant qu'il eft poffible, les moyens de
les obtenir.

La répartition des contributions indiquée par le projet a cet avantage, en ne concentrant pas dans un
ou plufieurs points féparés, les contributions pour les
chemins, mais en les répandant à l'ufage des contribuables, & le plus à portée d'eux qu'il fe peut. Une
route ouverte ou convertie en grès dans l'Élection de
Château-Thierry, n'apporte aucun profit pofitif aux
Communautés des autres Élections de la Province ; fi,

La Loi
annoncée
pour 1789,
fert l'intérêt
général.

Aaa ij

quelques contribuables de l'Élection de Château-Thierry jouissent au delà de la proportion de leur contribution, d'autres, & en beaucoup plus grand nombre, sont en souffrance, en voyant porter la leur loin de leur enceinte, & se trouvant ainsi privés des communications personnelles dont ils réclament l'importance, & dont ils achètent annuellement sans succès la réalité : car où est l'intérêt véritable, l'intérêt positif de l'Élection de Noyon, de celle de Crespi, de celle de Clermont, de toutes enfin, de voir ouvrir une route N.° 22, qui, de Vauchamps conduit à Orbais ? Les plus petites communications de Village à Village, dont la moitié des sommes employées à ce chemin en achèveroit plusieurs, n'intéresseroient - elles pas bien plus particuliérement toutes les Communautés, qui, par cet emploi de leurs deniers, obtiendroient les moyens de porter commodément leurs denrées aux marchés voisins ? La loi qui place l'emploi des contributions auprès des contribuables, déja démontrée juste, est donc encore utile à un plus grand nombre.

Un examen peu réfléchi du projet de cette loi, a pu faire croire qu'il isoloit d'une manière dangereuse les intérêts de chacune des Communautés, de chacune des Élections ; qu'il détruisoit l'influence des Assemblées d'élection, de l'Assemblée provinciale même, & de sa

Commiffion intermédiaire. Ces conféquences feroient de cette loi, une loi vicieufe ; une étude plus fuivie nous femble prouver qu'elle renferme les avantages oppofés, & qu'elle établit dans les autorités de différents grades, la hiérarchie la plus convenable & la plus utile. Cette affertion exige quelques explications, & néceffite à pofer quelques principes.

L'autorité de l'Adminiftration ne doit, dans un Gouvernement fage, agir que fur des objets d'utilité générale. Elle doit laiffer cours aux intérêts particuliers tant que l'intérêt général n'en eft pas offenfé ; mais fa furveillance, fon autorité doit être entière là, où le bien du plus grand nombre exige un ordre général. Toutes ces conditions font remplies par la loi. Si elle établit le principe de fervir les intérêts particuliers, elle les foumet à l'intérêt commun. Si elle croit jufte que les deniers repréfentant le travail des contribuables, foient employés à leur utilité perfonnelle, elle veut qu'une partie en foit employée à l'intérêt public, & elle ordonne un prélévement fur les contributions pour l'entretien des grandes routes, dont elle fournet l'emploi & la direction fuprême aux Bureaux intermédiaires, à la Commiffion intermédiaire ; qui ont chacun, à des degrés inégaux & dans une étendue différente, le maintien de l'ordre public. Elle donne à ces Adminiftrations différentes, la furveillance des règles qu'elle impofe à l'exercice qu'elle permet de l'intérêt particulier ; & perfuadée que moins l'Adminiftration laiffe voir fes refforts, que moins elle étend fon empire hors de la fphère de l'intérêt public, & plus elle eft équitable & falutaire ; cette loi dictée par ces principes, cette loi qui annonce le projet d'être toujours fidelle à leur exécution, fert par toutes les conditions & fous tous les rapports l'intérêt général.

La Loi annoncée pour 1789, prévient les inconvénients de l'intérêt particulier.

3°. La loi doit prévenir les inconvénients qui naîtroient de l'intérêt particulier, & rendre impoffible toute interprétation arbitraire.

Si là contribution de chacun des contribuables étoit mife en maffe, pour être d'après le vœu général, employée dans telle ou telle partie de la Province, cette difpofition de la loi, qui blefferoit les deux conditions premières de juftice & d'utilité [générale, donneroit lieu dans fon application, à l'interprétation que les circonftances détermineroient. Chaque partie de la Province voudroit avoir des chemins, multiplieroit le nombre de fes demandes, les placeroit toutes au premier degré d'utilité, & réclameroit comme juftice évidente, l'application de la loi qui lui donneroit lieu d'efpérer une préférence. Le fpécieux feroit donné pour le vrai, le chemin le plus réellement utile, feroit demandé avec la fimplicité qui ordinairement accompagne les plus.

juftes follicitations ; & fi malgré tous les obftacles que
la raifon trouve fouvent à être accueillie, le vœu
général de l'Affemblée qui feroit, fans doute, toujours
le défir de la juftice, fe portoit fur la confection
du chemin le plus effentiellement avantageux, il af-
fligeroit toutes les Élections, toutes les Communautés,
qui accoutumées à envifager l'intérêt général dans leur
intérêt particulier, verroient dans le refus de leurs demandes, la juftice offenfée, & ajouteroient au mécontentement d'être refufées, le germe d'une indifpofition
durable, contre l'Élection ou les Communautés qui auroient obtenu la préférence. La quantité prodigieufe de
mémoires qui vous ont été adreffés cette année, la
première de votre Adminiftration, dans la vue d'obtenir
des chemins, le genre de ces mémoires, qui fouvent
multipliés fur le même objet, fe détruifent entre eux
& cherchent à préfenter, tout en fe contredifant, le
plus grand avantage général, pour le projet qu'ils
mettent en avant, vous ferviroit de preuve, Meffieurs,
des dangers dont vous préfervera la loi nouvelle, fi
une vérité reconnue pouvoit en avoir befoin. La loi
qui affigne à chaque contribuable l'ufage de fa contribution, fans examen, uniquement parce qu'elle eft fa
contribution, eft donc une loi qui, détruifant l'arbitraire,
détruit encore l'opinion de l'arbitraire, là où cet arbi-

traire même n'exifteroit pas, qui met une barrière à tous les pernicieux effets de l'intérêt perfonnel, & qui tend à lier par l'impoffibilité du choc des intérêts particuliers, toutes les parties de la Province.

Application des Principes ci-deffus développés.

Cette loi reconnue bonne, nous devons, Meffieurs, paffer à fon application. Elle nous femble préfenter quelques diftinctions effentielles ; nous les expoferons dans tous leurs rapports : nous les indiquerons d'après l'explication que nous nous faifons nous-mêmes de la loi, & nous chercherons dans l'Élection de Soiffons, où dans fes environs, les exemples que nous croirons devoir vous préfenter.

Nous fuivrons la marche de l'Inftruction ; & nous irons ainfi du fimple au compofé.

Nous prendrons pour notre premier exemple, le village de Saint-Gobain ; fon importance donnera peut-être plus de clarté à notre explication.

Le chemin N°. 21. eft effentiellement & uniquement utile à ce Village ; il eft néceffaire au tranfport de fes glaces qui, arrivant à Chauny, font embarquées fur l'Oife, & portées ainfi, fans frais & fans danger, à Paris, où elles font avantageufement débitées. St.-Gobain doit donc entretenir à lui feul le chemin qui, fi capital pour fon intérêt, n'eft de rien à l'intérêt d'aucune partie de la Province, & c'eft le premier cas indiqué par la loi.

Si

Si le chemin de Saint-Gobain à Chauny, traverfoit quelques Villages, fon entretien ne feroit plus fupporté par la feule contribution de Saint-Gobain, mais encore par la contribution des Villages auxquels cette route feroit utile ; c'eft le fecond cas indiqué par la loi.

La route de la Fère à Soiffons, N°. 13., traverfe encore le village de Saint-Gobain. Ce Village doit être appellé à la contribution de cette route. Il doit être appellé à la contribution de toutes les grandes routes de l'Élection : mais l'intention de la loi eft qu'il n'y contribue que dans une proportion foible de fes impofitions foncières, parce qu'il a déja fourni fon contingent particulier à une route qui lui eft perfonnelle ; mais la contribution du village de Lœuilly, par exemple, pour cette même route N°. 13. qui le traverfe, fera d'une proportion plus forte, parce que nul autre intérêt plus particulier n'appelle ailleurs fa contribution, & c'eft le troifième cas que la loi indique.

Nous vous prions, Meffieurs, de nous permettre d'effayer de rendre dans quelques moments, plus fenfible encore, par de nouveaux exemples, cette intention de la loi pour les différentes proportions de contribution qu'elle annonce pour les Communautés.

Mais les contributions deftinées à l'entretien des grandes routes, ne doivent être, dans l'efprit de la loi, employées que dans les Élections, quand l'utilité de la grande route n'eſt pas reconnue générale pour la Province.

Dans ce principe, les routes N°. 1. & 2. de la première claſſe, qui ne traverſent que l'Élection de Clermont, doivent être perfectionnées & entretenues uniquement par les contributions de cette Élection.

La route N°. 3., par les contributions de l'Élection de Noyon.

La route N°. 4., par les contributions des Élections de Creſpi, Soiſſons, Laon & Guiſe.

Et les routes N°. 5. & 6., par la contribution de l'Élection de Château-Thierry.

Parmi les routes de la ſeconde claſſe, la route N°. 7., ouverte & entretenue par les contributions des Élections de Soiſſons & de Clermont.

La route N°. 8., par l'Élection de Laon.

La route N°. 9., par l'Élection de Laon, & celle de Guiſe.

La route N°. 10. & 11., par celle de Guiſe.

La route N°. 12., par celle de Noyon.

La route N°. 13., par celles de Château-Thierry & de Soiſſons.

Aucune de vos routes, Meſſieurs, ne préſente ſelon l'eſprit de la loi, un intérêt général aſſez commun à routes vos Élections, pour appartenir à toute la Province, & pour être, en conséquence, ouvertes ou entretenues par la Province réunie.

La mesure de l'intérêt des contribuables devant être celle de la proportion de leur contribution aux routes à l'entretien desquelles ils doivent concourir, il résulte que dans les routes de la première classe, l'Élection de Soissons doit contribuer à l'entretien de sa route N°. 4., dans tout son territoire, & que les parties de cette route qui traversent les Élections de Crespi, de Laon & de Guise, doivent être entretenues par ces Élections, mais seulement dans leur étendue, & avec la partie de la contribution affectée d'après les principes de la loi, à l'entretien des grandes routes.

Pour achever enfin l'application de toutes les parties de ce projet de loi, comme nous la concevons, nous ajouterons, Messieurs, en prenant toujours nos exemples dans des lieux prochains de cette Ville, que si le village de Crouy projettoit un chemin qui conduisît à la rivière, & que ce chemin, d'une dépense trop forte pour les moyens de ce Village, fût jugé par la Municipalité de Soissons, assez utile à cette Ville pour qu'elle consentît à ajouter ses deniers à ceux du village de Crouy ; la direction de ce chemin appartiendroit à la Municipalité

Bbb ij

de Soissons, comme la direction d'un grand chemin fait à Crespi, à Noyon, à Guise, appartiendroit à l'Assemblée générale, si elle croyoit devoir juger ce chemin assez utile pour ajouter les deniers de la Province, ou d'une partie de la Province, aux contributions que cette Élection pourroit fournir.

Telles nous ont paru, Messieurs, les applications positives que nous devions faire de la loi, sans nous écarter de son intention précise, & de l'expression exacte de son énoncé. Nous le répétons ici, chaque moment que nous avons employé à l'étude de cette loi, nous a donné, de la justice de la raison, de l'équité de vues qui l'ont dictée, une opinion plus entière.

Ces Principes peuvent-ils être appliqués à notre situation actuelle ?

Modifications qu'ils peuvent exiger.

Mais ces principes, reconnus justes, équitables, utiles à l'intérêt général & particulier, sont-ils d'une exécution praticable, peuvent-ils être appliqués à notre situation actuelle, peuvent-ils y être appliqués en 1789 ? Quelles modifications peuvent-ils exiger ? Que laissent-ils à désirer ? La bonté du Roi veut bien vous interroger sur tous ces points importants, & vous donner par son Instruction, la liberté de lui soumettre vos observations.

Ce sont ces dernières questions que vous avez, Messieurs, à examiner : elles exigeront quelques réflexions préliminaires, que nous abrégerons autant qu'il nous sera possible, sans cependant nuire à la clarté.

Chaque Communauté qui contribue pour ſes chemins, a le premier intérêt, comme le premier droit,
d'employer à ſon utilité, ſa contribution : l'État a le
droit d'exiger d'elle l'entretien de ſes grandes routes,
mais ne doit pas diſtraire à un autre uſage les deniers
payés à cette intention.

Sans doute encore, la banlieue d'un Village doit être
le terme de l'emploi de ſes contributions pour les chemins, & c'eſt ce qu'entend la loi, par l'intérêt plus ou
moins poſitif que peuvent avoir les Communautés à
une route. Toute autre explication de la proportion de
l'intérêt d'une Communauté à un chemin, ſeroit ſujette
à des diſcuſſions interminables & purement métaphyſi-
ques, quand celle de la banlieue eſt naturelle, ſimple &
équitable : car ſi les chemins s'étendent dans la banlieue
de ce Village, ſur une étendue conſidérable, c'eſt qu'il
eſt plus riche en terres que le Village voiſin, qui n'a
dans la ſienne que quelques toiſes de ce chemin, ou
c'eſt qu'une plus grande partie traverſée par les chemins,
a plus de débouchés pour ſes denrées, plus de moyens
de richeſſe, & par conſéquent l'obligation & l'intérêt à
un entretien plus conſidérable.

Sans doute encore, le principe de juſtice, le plus
ſimple, le plus naturel étant de laiſſer chacun ſervir ſes
intérêts, comme il le croit plus avantageux pour lui,

autant que l'intérêt commun n'en fouffre pas, l'adminiftration des chemins de chaque Village, foumife toujours
à des loix générales, devroit être laiffée à chaque Village;
car l'intérêt bien entendu de ces Villages, étant de bien
entretenir leurs chemins pour faciliter leur commerce,
il n'eft pas fuppofable qu'ils les négligent. Mais l'intérêt
public exige une exception à cette liberté pour l'adminiftration des grandes routes, qui doit être foumife à
une autorité fupérieure, car leur bon état intéreffant le
public, tout ce qui y tient doit avoir une marche fûre
& être pour cet effet, à l'abri de toute négligence
partielle.

Toutes ces vues, Meffieurs, font de première juftice,
& fi leur application retardée jufqu'ici, nous a donné
lieu de prendre nos ufages pour des principes, il eft
temps de fortir de notre erreur, il eft temps d'ouvrir
les yeux à la vérité qui nous eft offerte, il eft temps
de reconnoître que la juftice & la raifon, que le maintien des droits de chaque claffe de citoyens font en
Adminiftration des bafes plus heureufes que l'arbitraire.

Revenons, Meffieurs, aux exemples de l'application
de la loi, que nous vous avons prié de nous permettre de vous offrir, avec un peu plus de détail.

Pour la concevoir avec netteté, il faut, comme
nous l'avons expofé déja, ne pas perdre de vue, que

la proportion de l'intérêt d'une Communauté à une route qui la traverse, est l'étendue de son territoire; que la grande route a pour cette Communauté le même avantage qu'a tout autre chemin qui est ouvert dans sa banlieue, mais que cette grande route ne doit être dans le rapport de son entretien, considérée pour la Communauté que comme chemin vicinal, parce que la dégradation de cette grande route occasionnée par les voitures de commerce & les voyageurs, est indépendante de l'usage que cette Communauté fait de cette grande route pour son avantage particulier, & doit en conséquence être réparée par d'autres moyens que ceux de cette Communauté, dans la proportion des dégradations réputées faites par le public.

C'est la réparation de cette partie d'entretien, réputée être occasionnée par les voyageurs, que la loi attribue à la partie de la contribution ordonnée pour l'entretien des grandes routes. Nous allons encore développer cette idée, & vous la rendre sensible par trois exemples supposés.

Le Village N. . . . . est sur une grande route, aucun autre chemin ne traverse sa banlieue, que cette grande route parcourt dans une étendue quelconque; il n'a donc véritablement selon l'esprit de la loi, d'autre obligation que l'entretien de cette route, c'est-à-dire, l'entretien jugé néceſſaire à cette route, ſi, elle n'étoit que route vicinale. Ce Village s'impoſe donc pour cet entretien, à une quote-part quelconque de ſes impoſitions foncières : mais l'intérêt général appelle une contribution générale pour l'entretien de cette route dégradée par le ſervice public : & cette contribution eſt, par un calcul de l'Aſſemblée d'élection, pour toutes les grandes routes de ſon diſtrict, jugée devoir être par exemple, d'un vingtième. Ce Village, qui a donc déja payé une contribution pour l'uſage perſonnel dont lui étoit ce chemin, eſt donc impoſé encore par l'Aſſemblée d'élection, à une autre impoſition générale d'un vingtième de ſon revenu, ainſi que toutes les Communautés de l'Élection, pour l'entretien de toutes les grandes routes.

Le Village N. . . . placé à une diſtance de la grande route, & n'étant point traverſé par elle, dans ſa banlieue, renferme cependant quelques chemins. Il ſera impoſé par ſon Aſſemblée municipale à la proportion quelconque de ſes impoſitions foncières, néceſſaire pour l'entretien de ſes chemins ; & par l'Aſſemblée d'élection, à un vingtième pour l'entretien de ſes grandes routes, toujours en ſuppoſant que ce vingtième ſera la proportion reconnue néceſſaire.

Cet autre Village N. . . . placé au milieu des terres n'a

n'a point de chemins dans sa banlieue, ou au moins n'en a point qui exige de contribution pour son entretien, il ne sera imposé qu'au vingtième pour les grandes routes. Il n'a aucune dépense à faire pour ses chemins, il est juste qu'il ne soit pas imposé à une contribution qui n'a de but que leur entretien ; puisque d'ailleurs il a satisfait à l'obligation générale de la contribution pour les grandes routes.

Dans toutes ces suppositions, la somme nécessaire à l'entretien des routes réputées grandes routes dans l'Élection, est toujours de première nécessité. C'est elle qui réglera la proportion de la contribution des Communautés ; il en sera de même des ouvrages nouveaux reconnus nécessaires sur les grandes routes, parce que l'intérêt des grandes routes est l'intérêt général. C'est au tribunal des Assemblées d'élection que seront agitées les questions différentes qui pourront déterminer la nécessité de la proportion de la contribution des Communautés aux grandes routes, & cette opinion des Assemblées d'élection, sera approuvée ou contredite par le jugement de l'Assemblée provinciale auquel elle sera soumise.

Dans le cas où l'Assemblée provinciale jugeroit qu'un ouvrage proposé, qui d'après le vœu de la loi, intéresse toute la Province, nécessiteroit une contribution

Ccc

générale, elle fixeroit, ou la somme totale que devroit donner chaque Élection, ou la quote-part de ses contributions qu'elle devroit abandonner à cet ouvrage d'utilité commune; & cette somme divisée entre les Élections, seroit encore répartie en détail par elles, entre les contribuables, dans une proportion égale de leur imposition.

Dans tous les cas, même dans ceux des chemins particuliers à ouvrir, aucune Communauté ne pourroit se livrer à aucun travail, qu'après l'approbation de l'Assemblée provinciale, donnée sur les raisons motivées de l'Assemblée d'élection.

Réponse à quelques Objections.

Quelqu'évidente que nous paroisse la bonté de la loi dont nous avons essayé, Messieurs, de vous développer les principes, quelque facilité, quelque simplicité même, que nous croyons trouver dans son application, peut-être au premier examen, l'évidence n'en sera-t-elle pas la même pour tous ceux qui nous entendent. Nous allons donc, d'après l'engagement que vous nous avez permis d'en prendre ici, Messieurs, chercher à répondre à toutes les objections que nous supposons pouvoir être faites contre l'exécution de ce projet de loi, qui nous paroît réunir à un grand degré, toutes les conditions désirables.

I. Objection. On nous opposera d'abord l'impossibilité que les

Administrations municipales, conſtituées comme elles le font aujourd'hui, aient la ſurveillance de leurs chemins, que l'entretien leur en ſoit perſonnellement confié, que la répartition de l'impoſition leur ſoit abandonnée dans toutes ſes proportions ; on dira que ces impoſitions, irrégulièrement ordonnées, irrégulièrement perçues, ne ſeront point appliquées à l'intention pour laquelle elles auront été levées ; on arguera de l'inhabileté, de l'incapacité actuelle de ces Aſſemblées, à conduire à bien aucune affaire : & nous répondrons avec vous, Meſſieurs, à cette aſſertion déja exagérée, que ces Aſſemblées, aujourd'hui dans leur enfance, ont à la vérité l'ignorance de leur âge, mais en préſentent auſſi les reſſources ; que l'on ne peut juger de ce qu'elles feront, par ce qu'elles font ; que ſi les Membres qui les compoſent, manquent des connoiſſances qui ſeroient utiles à leurs fonctions nouvelles, ils ſont ſouvent pourvus d'une intelligence qui ne laiſſe point douter qu'ils ne ſe procurent toutes celles qui leur ſont néceſſaires, & qu'en guidant, pendant quelques années, leurs pas mal affermis, vous ſerez aſſurés de leur donner les moyens & la confiance de ſervir utilement leurs concitoyens. Nous répondrons que nous ſentons nous-mêmes combien nous avons à acquérir de lumières, & combien, nous dévouant à l'étude qui doit étendre nos connoiſſances, nous pour-

Réponſe à quelques Objections.

Ccc ij

riffons l'efpérance de nous rendre, par elles, dignes de la confiance de la Province ; que nous devons avoir le même efpoir dans les efforts des Municipalités. Nous ajouterons qu'intéreffées au fuccès des affaires de leurs Communautés, leurs foins, fans aucun doute, produiront une grande économie dans l'emploi des fonds, furveilleront l'exécution des marchés, & qu'elles augmenteront fouvent même leur contribution volontaire, pour des communications qu'elles jugeront utiles, quand elles feront affurées que cette augmentation purement volontaire, n'aura lieu qu'à leur gré, felon leurs befoins, & ne fera pas prolongée pour les befoins ou par la volonté des autres.

II. Object.
Les Routes
principales de
la Province
feront négligées
Nous fommes avertis, Meffieurs, que quelques perfonnes qui ont étudié ce projet de loi, croient devoir en conclure *Que les routes principales de la Province feront, par ces principes, néceffairement négligées.*

Nous croyons, Meffieurs, avoir répondu d'avance à cette objection, en vous développant l'efprit de la loi. Mais elle eft trop importante, elle pourroit trop allarmer tout ce qui ne feroit pas perfuadé qu'elle eft fans fondement, pour que nous ne nous croyons pas obligés d'y répondre formellement.

Le principe de la loi, Meffieurs, eft, comme vous l'avez vu par fon fimple énoncé, de faire contribuer

chaque Communauté en raison de son intérêt, & son
intérêt est, comme nous avons cru devoir vous l'expli-
quer, la proportion des chemins ouverts dans son territoire. Mais l'esprit de la loi est que, l'entretien des
grandes routes, que l'ouverture de celles jugées néces-
faires, que tout ouvrage public jugé indispensable, ait
une part de contribution qui en assure le perfectionnement.

Ces principes différents en apparence, sont comme
vous l'avez jugé, nécessairement compatibles entre
eux.

Les grandes routes doivent être entretenues par les
Communautés dont elles traversent le territoire, dans
le rapport seulement des chemins vicinaux.

Mais ces Communautés devant être imposées aussi
à l'entretien des grandes routes, au même taux d'imposition que toutes les Communautés de l'Élection
plus ou moins éloignées de ces grandes routes, elles
ajoutent cette rétribution commune & destinée à l'entretien des grandes routes, à la contribution particulière
qu'elles ont dû payer pour l'entretien de cette grande
route considérée comme chemin vicinal, & qu'elles
auroient payé pour l'entretien de tout autre chemin qui
eût traversé leur territoire.

L'imposition pour les grandes routes doit donc être

compofée, 1°. : Des fommes que doivent donner les Communautés traverfées par les grandes routes, pour leur contribution à l'entretien de ces routes confidérées pour leur ufage. 2°. De la fomme réunie de toutes les parties des impofitions de toutes les Communautés deftinées au fervice des grandes routes.

Nous allons porter plus de jour encore, par un exemple, fur ce raifonnement qui peut paroître abftrait.

Il faut établir pour premier principe, que Sa Majefté a ordonné que les contributions pour les chemins des Villages les plus impofés, ne devroient pas excéder, par exemple, le fixième des impofitions.

L'entretien des routes de l'Election de Soiffons, vous a été préfenté cette année devoir s'élever à 47, 959 #. Nous le prendrons pour bafe de cet exemple, & nous ajouterons à cette fomme celle de 12, 042 #. que nous fuppofons néceffaire pour les nouveaux ouvrages projettés fur les routes de cette Election ; ces fommes réunies, font monter à la fomme de 60, 000 # la dépenfe néceffaire fur les grandes routes. L'Adminiftration a calculé que les contributions perfonnelles des Villages traverfés par les routes, devant être de quatre parts de fa contribution, s'éleveront à 30, 000 #. Elle impofe la contribution de toutes les Communautés pour les grandes routes, au fixième de la contribution qu'elle est autorifée à exiger d'elles, parce qu'elle a calculé que ces fixièmes réunis s'élevant à 30, 000 f, compléteroient la fomme de 60, 000 f. jugée nécef- faire pour le travail des grandes routes.

Si l'Adminiftration a calculé que la partie des con- tributions particulières des Villages, pour l'ufage des grandes routes, ne s'éleveroit qu'à 20, 000 f, elle augmente la proportion de la contribution générale, pour en faire arriver le réfultat à 40, 000 f.

Enfin, fi fon calcul reconnu vrai, exige que la con- tribution des Communautés pour le fervice des grandes routes, foit portée aux deux tiers, aux trois quarts de la proportion du fixième que Sa Majefté a jugé être le terme le plus haut de l'impofition à dever pour les chemins, l'Adminiftration impofe en conféquence toutes les Communautés, parce que le bien général eft la première loi.

Sans doute, par cette dernière hypothéfe, la part des Communautés reftant pour l'entretien de leurs chemins particuliers, feroit petite : mais cette hypothéfe eft prefque inadmiffible dans fon entier. Si elle fe réalife, la con- féquence eft l'efprit de la loi.

Si quelques dégradations majeures à une route jugée d'un grand intérêt pour la Province, parce qu'elle la traverfe entiérement, quelque pont rompu, quelque grand ouvrage néceffite une réparation plus forte que les contributions de l'Élection où cet ouvrage eft à faire, ne le peuvent comporter ; l'Affemblée provinciale ordonne une contribution, ou dans toute la Province ou dans les Élections feulement qu'intéreffe cette route ; & cette contribution eft prélevée fur la contribution générale, & de préférence à toute autre après toutefois, l'entretien des routes ; & c'eft ici le cas où le Roi laiffe l'efpérance d'accorder à la Province un fecours qui lui donne les moyens d'opérer, avec la célérité défirable, les ouvrages néceffaires, fans augmenter la contribution au de là du terme qu'il a fixé.

Les principes de la loi ne font donc pas abandonner les grandes routes.

III. Objeʃt. La Confeʃtion des Embranc. ʃera plus lente. On ajoute encore : *Que la confeʃtion des embranchements ʃera plus lente, en raiʃon du peu de fonds qui pourra y être employé.*

Ce que nous avons eu l'honneur de vous dire fur la proportion différente de l'impofition pour les chemins, nous femble, Meffieurs, ne point laiffer de folidité à cette objection. Nous croyons vous avoir démontré que les débouchés utiles aux denrées de l'intérieur de vos Élections, acquerroient au contraire, une certitude d'être ouverts, que l'ancien régime ne leur donnoit pas, puifque

la

la partie de la contribution des Communautés, qui ne
fera pas affectée aux grandes routes, aura l'intention de
chemins de communications, car c'eſt ainſi qu'il faut
appeller les embranchements, qui conſtruits à l'avenir
d'après leur véritable utilité, le feront avec la ſolidité
néceſſaire, mais ſans un luxe ſuperflu.

Enfin on ajoute : *Que l'exécution de la marche indiquée,*
opérera une tendance naturelle de chaque Élection, & même de
chaque Communauté, à ſon intérêt particulier, & un éloi-
gnement de l'objet principal, occaſionnera des diſcordes, &c.

IV. *Objet.*
La Loi projet-
tée favoriſe
l'intérêt parti-
culier, & nuit
à l'intérêt
général.

Nous avons cru prouver que cette loi étoit utile à
l'intérêt général, en ſervant l'intérêt du plus grand nombre. Car le plus grand nombre a intérêt de tirer profit
de la contribution, pour l'uſage auquel cette contribution
doit être appliquée. Nous avons cru prouver encore, que
loin de donner, par ſon exécution, lieu à aucun éloignement d'Élection, de Communautés entre elles, elle en
détruiſoit le germe, en prévenant tout choc d'intérêt
particulier. Nous ajouterons par ſupplément de preuve,
& en nous répétant encore, que l'intérêt particulier eſt
bien plus en jeu par l'eſpérance d'obtenir une préférence
dans ſes demandes, que par la certitude que lui donne
la loi, que ſes ſollicitations, ſes démarches, tous ſes
mouvements enfin, ne pourront augmenter ſa jouiſſance
par l'effet des contributions des autres,

Pourquoi cette exécution de la loi isoleroit-elle les Communautés, les rendroit-elles indépendantes des Élections, diminueroit-elle l'influence, l'autorité des Assemblées ? Il faudroit, pour craindre ces funestes conséquences, oublier que l'entretien des grandes routes, étant le premier besoin général, est le premier devoir, la première destination des contributions ; que la confection, l'entretien des routes vicinales, l'objet cependant des vœux de toute la Province, si intéressantes pour sa richesse, ne sont servis que lorsque l'entretien des grandes routes est assuré ; que la direction, la confection même des chemins vicinaux, leur plan, leur projet sont soumis à l'Assemblée d'élection, qui ne peut rien permettre, rien arrêter sans le consentement de l'Assemblée provinciale ; que cette Assemblée est toujours considérée comme l'ame de la Province ; que son influence est nécessaire à toutes les déterminations. Il faudroit oublier que cette Assemblée générale, au jugement de qui les intérêts de la Province sont soumis, ordonne la quotité des impositions de chaque Élection pour leurs grandes routes, appelle pour des ouvrages qui intéressent la Province entière, la contribution de toute la Province, détermine enfin toute l'Administration de la Généralité. Pourroit-on croire que, parce que l'Assemblée provinciale laisse aux Assemblées d'élection, la

répartition des impositions, comme celles-ci la diftri-
buent enfuite aux Affemblées municipales; que, parce
qu'elle ne fe réferve que la furveillance fupérieure, fon
pouvoir n'exifte pas ? Le pouvoir n'exifte-t-il donc
que dans l'exercice journalier d'une autorité de details,
& n'oit-on l'autorité de MM. les Intendants, parce
qu'ils abandonnoient aux Tribunaux d'Élection, aux
Subdélégués, aux Collecteurs enfin, le foin de répartir
les cotes de taille de leur Généralité ?

Telles font, Meffieurs, les objections les plus fortes,
oppofées aux principes de la loi & à fon exécution;
nous croyons en avoir détruit à vos yeux la réalité;
& fi nous les avons combattues par la loi même; fi
nous avons trouvé dans fon principe & dans fon vœu,
les raifons que nous y avons oppofées, nous penfons
que, par ces objections ainfi détruites, la bonté de la
loi, fa juftice, fes vues faines & profondes, acquer-
ront à vos yeux comme aux nôtres, une évidence
plus entière.

En rendant cependant hommage, Meffieurs, aux
principes de la loi qui vous eft annoncée pour l'année
1789; en la trouvant auffi facile dans fon application
que jufte dans fa bafe, & en croyant le régime qu'elle
préfcrit, applicable dès l'année prochaine, nous nous
permettrons de vous foumettre quelques réflexions qui

*Réflexions fur
l'Impofition
repréfentative
de la Corvée
& fur
fon emploi.*

nous portent à croire que vous avez encore quelques vœux à former pour la rendre complète autant que doit l'être une loi aussi importante.

Son vœu se montre indubitablement favorable à la plus grande confection des chemins vicinaux, & ce vœu est dans ce rapport, la richesse des campagnes ; leur abondance, comme la justice due aux contribuables. Mais si le taux le plus élevé de l'imposition de chaque individu, ne surpasse pas la proportion à laquelle il est assujetti actuellement, nous craignons que le désir de la loi ne trouve pas son exécution d'une manière aussi étendue que son expression paroît le faire espérer ; si ce taux est surpassé, il ne peut être supporté par les contribuables.

Nous n'examinons pas, Messieurs, ce que la loi entend par les mots *d'impositions foncières*, indiquées pour base de la contribution. Nous savons d'une part, que le taux du sixième de la taille est une charge pesante & très-onéreuse pour l'agriculture ; & nous savons de l'autre, que la justice, la raison, l'esprit public, beaucoup plus écoutés dans ce siècle que dans aucun autre, ne placent plus l'opinion des privilèges, dans l'exemption des charges de l'État, & disposent toutes les classes des citoyens, aux sacrifices qu'ils croient nécessaires pour le bien de la société.

Mais, quelque soit dans cette expression, l'intention de la loi que nous ne croyons pas devoir pénétrer, nous penfons, Meffieurs, que ce genre unique d'impofitions, ne fatisfera pas complétement aux vues de bienfaifance qui ont dicté cette loi.

Cette partie de la rétribution des contribuables, deftinée à l'entretien des grandes routes, fembleroit être plus utilement rendue à l'ouverture, à la confection des chemins vicinaux, & être remplacée par une impofition levée plus pofitivement fur le commerce & fur le luxe, qui l'un & l'autre font le dégât des grandes routes.

L'axiome, que qui fe fert des chemins doit contribuer à les payer, eft aujourd'hui dans l'opinion & dans la bouche de tous ceux qui ont donné quelques réflexions à la légiflation des chemins.

Nous favons que la crainte d'augmenter confidérablement le prix des marchandifes, eft préfentée comme un obftacle politique à l'établiffement des barrières; mais le commerce en France eft affez actif pour qu'un léger droit, prefqu'infenfible pour lui, augmentât de fommes confidérables les fonds qui feroient deftinés aux grandes routes.

En cherchant à connoître la fomme néceffaire dans cette Généralité, pour reftituer à vos contribuables leur part de l'impofition prélevée fur eux pour l'entretien des grandes routes, nous trouvons, Messieurs, que vos routes de première & de seconde classe, contenant cinquante lieues en pavés, deux cents six en cailloutis, en comprenant, même dans cette dernière classe, environ cinquante lieues qui restent à ouvrir, ne coûteroient, annuellement d'entretien, qu'environ 300,000 £, en portant celui de la lieue de pavés au prix énorme de 600 £, & celui de la lieue en cailloutis au prix plus considérable encore de 1,500 £, toutes valeurs forcées à peu près d'un tiers sur les prix réels, par les rabais que vous devez attendre de vos soins. Nous estimons que la somme de 80,000 £, seroit à peu près le montant des contributions que devroient les Villages traversés dans leur territoire par les grandes routes, pour l'entretien de ces grandes routes considérées seulement comme chemins vicinaux. Il nous semble que la légère somme de 220,000 £ imposée, soit par des barrières à l'entrée des Villes, par des impositions à l'entrée de la Province, soit par des taxes sur les chevaux de poste & de particuliers, sur les voitures, &c. seroit insensible à tout ce qui y contribueroit, & répareroit d'une manière plus juste, les dégradations opérées sur les routes par le passage fréquent de tout ce que la loi ne fait pas contribuer à leur entretien.

Cette contribution portée à 220,000 £, vous donneroit probablement, Messieurs, une somme très-supérieure à celle qu'exigeroit l'entretien de vos grandes routes ; car indépendamment des économies que vos soins vont obtenir, la dépense considérable faite depuis quelques années sur les routes, en diminuera bientôt & très-considérablement l'entretien. Cette somme remise à votre disposition, appartiendroit réellement à la Généralité, seroit employée en ouvrages neufs dont vous augmenteriez les atteliers de celles de vos Élections, desquelles vous jugeriez le travail plus utile à hâter, plus nécessaire à la Province & à l'intérêt général du Royaume. Vous trouveriez encore dans cette somme, les moyens précieux que vous désirez avec tant d'ardeur, de diminuer l'imposition des contribuables. Elle seroit une véritable source de richesses pour vous, & personne n'en sentiroit la charge.

Ce moyen qui rempliroit le vœu de la loi, répandroit une nouvelle abondance dans la Province, rendroit à toutes les Communautés, la faculté qui leur est si nécessaire, de multiplier leurs communications, & de donner à l'agriculture & à l'industrie, une activité nouvelle, par les débouchés sans nombre qu'elle présenteroit à leurs produits.

Sans cette nouvelle branche de secours pour vos grandes routes, la loi restera juste, bienfaisante dans ses principes, facile dans son exécution ; mais ses effets n'auront pas pour les Communautés un avantage aussi étendu que son intention semble le promettre. Les Villages sont, dans cette Généralité, presqu'en totalité privés de chemins de communications : quelqu'économie que vous deviez attendre pour leur confection des soins des Municipalités ; quelque borne que vous croyez devoir mettre à leur largeur, à toutes les dépenses enfin qui excéderoient le nécessaire, les travaux que le besoin commande sont considérables, & cette Province ne profiteroit que dans des temps très-éloignés, du complément des moyens de vivification & d'abondance qu'elle a droit d'espérer. Quelques péages sur les chemins & les rivières, existant encore & servant très-utilement l'intérêt de ceux qui les possèdent, semblent prouver le droit, & faire espérer la facilité de l'établissement des barrières.

Nous savons encore, Messieurs, qu'à la raison du renchérissement des marchandises opposée à ce projet & à celui de l'imposition sur le luxe ; on ajoute encore celle du prix considérable de leur établissement, de la cherté de leur perception. Nous croyons cette objection facile à combattre, & nous pensons qu'il seroit possible d'y répondre avec quelqu'avantage, si nous y étions autorisés ; mais peut-être sommes-nous abusés nous-mêmes

par

par notre opinion, peut-être dans notre insuffisance, croyons-nous facile ce que le Gouvernement a jugé impraticable. Quoiqu'il en soit, Messieurs, le Bureau a cru qu'il devoit vous soumettre cette pensée, & qu'il ne s'écartoit pas, en vous la soumettant, de la liberté que Sa Majesté a daigné donner à l'Assemblée, de lui présenter les moyens de réaliser les vues de bienfaisance & de justice qui ont dicté le projet de la loi dont nous venons de vous occuper.

Peut-être encore désireriez-vous, Messieurs, que cette loi qui montre l'intention de veiller sur les intérêts des contribuables, prononçât qu'une grande route ne pourroit être ouverte dans une Élection, que par la réunion des consentements des deux tiers ou des trois quarts de l'Assemblée d'élection, & d'une proportion égale dans l'Assemblée provinciale. Elle mettroit, par cette précaution, obstacle à l'influence que le crédit & le pouvoir pourroient donner pour obtenir un chemin de commodité & d'agrément, dont le travail feroit onéreux à la Province.

Peut-être encore croirez-vous devoir prononcer que les routes réputées aujourd'hui de première & seconde classe, soient seules mises à l'entretien de l'Élection, & que les autres ne soient plus considérées que comme chemins vicinaux, & remis comme tels à l'entretien des Communautés; que dans les deux premières classes même les routes dont l'inu-

Eee

tilité publique vous feroit prouvée, foient retranchées auffi de l'état de l'Élection. L'utilité feule de ces routes pour le commerce & les voyageurs, doit faire mettre leur entretien à la charge publique. Une application négligente de ce principe, priveroit l'Élection où elle feroit faite, d'une partie des communications qu'elle a droit d'efpérer.

Peut-être, & fûrement, Meffieurs, croirez vous devoir encore fupplier Sa Majefté de fixer à une certaine proportion des impofitions, le taux le plus élevé de la contribution poffible à exiger des Communautés pour leurs chemins. Vous préviendrez par-là l'ardeur immodérée de quelques Élections, de quelques Communautés, qui voulant jouir plus promptement de tous les chemins dont ils défireroient la confection, impoferoient des contributions difproportionnées aux facultés des contribuables, & ne feroient qu'épuifer les reffources des pays qu'ils voudroient enrichir.

C'eft ici, Meffieurs, que finit la tâche que vous nous avez impofée; en la rempliffant avec tout le foin qui eft en nous, nous avons trouvé une fatisfaction véritable d'être chargés de préfenter à une Adminiftration paternelle, l'efpérance d'une loi paternelle & bienfaifante, d'une loi qui paroît plus fage, plus remplie de juftice dans fes vues, plus occupée de l'intérêt de tout ce qui eft foumis à fon influence, felon qu'elle est davantage approfondie ; d'une loi qui, témoignant l'intention de répandre l'abondance dans les campagnes, jusqu'ici abandonnées à elles-mêmes, n'exige de contributions, que pour les faire tourner à l'avantage du plus grand nombre des contribuables.

D'après toutes ces considérations, le Bureau des Travaux publics, a l'honneur de vous proposer, Messieurs, d'arrêter que l'Assemblée priera Monsieur le Président, de faire parvenir aux pieds du Trône, l'hommage respectueux de la reconnoissance dont elle est pénétrée, pour l'esprit d'équité & de bonté qui a dicté le projet de loi sur les chemins pour 1789 ; mais qu'elle suppliera Sa Majesté, de vouloir bien hâter les effets de l'intention salutaire de cette loi, en destinant à la Province, pour l'entretien d'une partie de ses grandes routes, un secours nouveau, indépendant de toutes impositions sur les habitants de la Généralité, qui ne peuvent plus supporter d'accroissement. Par ce nouvel effet de la bienfaisance de Sa Majesté, les contributions levées pour les chemins, seroient pour leur plus grande partie, appliquées au seul objet des chemins vicinaux, véritable source de la richesse des campagnes, désirée & réclamée depuis si long-temps par tout ce qui les habite, & feroient dans un court espace de temps, jouir les peuples du bien précieux que le projet de loi leur annonce.

Avis
du Bureau.

La délibération a été remise à la Séance de demain. L'Assemblée s'étant séparée, Messieurs ont été travailler dans leurs Bureaux.

Signé, LE COMTE D'EGMONT.

Contre-signé, BYÉTER, *Secrétaire-Greffier.*

Du Mercredi 12, dix heures du matin.

Ouvrage sur l'Agriculture. MESSIEURS les Députés réunis dans la Salle ordinaire, où s'est aussi trouvé M. LEFEBVRE de Clermont en Laonnois, Monsieur le Président a remis huit exemplaires imprimés d'un Écrit intitulé : *Observations sur les divers degrés de fertilité ou de dégradations du sol du Royaume, suivant l'état des propriétaires*, par M. de Montvert.

Un de ces exemplaires sera remis au Bureau du Bien public, & les sept autres seront envoyés par MM. les Procureurs - Syndics, aux Bureaux intermédiaires de la Généralité.

Délibération sur le Rapport fait dans la Séance d'hier. L'Assemblée ayant ensuite délibéré sur le Rapport fait hier par Messieurs composant le Bureau des Travaux publics, a prié Monsieur le Président de faire parvenir aux pieds du Trône, l'hommage respectueux de la reconnoiſſance dont l'Aſſemblée eſt pénétrée pour l'eſprit d'équité & de bonté qui a dicté le projet de loi ſur les chemins pour 1789, & a arrêté que Sa Majeſté ſera très-humblement ſuppliée de vouloir bien hâter les effets de l'intention ſalutaire de cette loi, en deſtinant à la Province, pour l'entretien d'une partie de ſes grandes routes, un ſecours nouveau, indépendant de toutes impoſitions ſur les habitants de la Généralité, qui ne peuvent plus ſupporter d'accroiſſement ; & que par ce nouvel effet de la bienfaiſance de Sa Majeſté, les contributions levées pour les chemins, ſoient, pour la plus grande partie, appliquées au ſeul objet des chemins vicinaux, véritable ſource de la richeſſe des campagnes, déſirée & réclamée depuis ſi long-temps par tous ceux qui les habitent, & feroient, dans un court eſpace de temps, jouir les peuples du bien précieux que le projet de la loi leur annonce.

Monſieur le Préſident a propoſé de nommer des *Commiſſaires* Commiſſaires pour la rédaction des inſtructions à don- *pour rédiger les* ner à la Commiſſion intermédiaire. *Inſtructions* *de la Comm.*

Cette propoſition agréée, M. l'Abbé d'Aigreville, *intermédiaire.* M. le Comte de Barbançon, M. Dubuf, & M. Bourgeois ont été nommés.

Enſuite Meſſieurs ont été travailler à leurs Bureaux.

Signé, LE COMTE D'EGMONT.

Contre-ſigné, BYÉTER, *Secrétaire-Greffier.*

Du même jour, cinq heures & demie du soir.

MESSIEURS les Procureurs-Syndics ont lu une lettre qui leur a été adressée par Monsieur le Commissaire du Roi, à laquelle étoit joint un mémoire de réflexions de l'Ingénieur en chef de la Généralité, & la copie d'une lettre que Monsieur le Commissaire a écrit à M. l'Intendant de la Généralité d'Amiens, au sujet de l'enlèvement des grès de la Paroisse de Clatre, Généralité de Soissons, par les Entrepreneurs des chemins de la Généralité d'Amiens. MM. les Procureurs-Syndics ont été chargés de remercier Monsieur le Commissaire du Roi.

Ils ont aussi fait lecture d'une réponse qui leur a été faite par Monsieur le Commissaire du Roi, par laquelle il leur mande qu'il n'a reçu aucun ordre pour faire remettre à l'Assemblée, les fonds dont elle a besoin pour subvenir aux premières dépenses. Monsieur le Président a été prié d'écrire au Ministre pour l'engager à donner des ordres à l'effet d'acquitter ces premières avances.

MM. les Procureurs-Syndics ont dit qu'il leur avoit été remis par un de Messieurs de l'Assemblée, un précis sur l'état des Bois dans l'Élection de Clermont; il en a été fait lecture, & il a été arrêté qu'il seroit déposé aux Archives.

MM. les Commissaires du Bureau de l'Impôt, ont fait le Rapport suivant.

MESSIEURS,

NOUS avons eu l'honneur de vous rendre compte, dans notre premier Rapport, de ce qui concernoit en général les Impositions ordinaires ; nous avons parlé de la manière dont s'en faisoit la répartition, des changemens que la nouvelle Administration devoit y introduire, & de la situation actuelle de la Province à l'égard de ces contributions. Il nous reste à parler des bases sur lesquelles cette répartition a été appuyée jusqu'ici, de l'incertitude de ces mêmes bases, des inconvéniens qui en ont résulté, & de ce qu'on pourroit faire pour établir une distribution plus égale.

Rap. du Bur. de l'Impôt sur la Répart. des Impositions ordinaires.

Il faut en convenir, le système actuel de la répartition est si compliqué & si variable, qu'il est presqu'impossible à saisir. Ici ce sont des Privilégiés partagés en différentes classes, & jouissant plus ou moins de l'exemption. Là des Taillables assujettis à cet impôt, mais d'une manière diverse, d'après des proportions différentes, ar-

Inconvénient du système actuel de Rép.

bitrées peut-être originairement à volonté. Tous les Adminiſtrateurs conviennent que rien n'eſt ſi vague que les baſes de la taille, & que rien n'eſt ſi difficile que de porter la lumière au milieu des ténèbres dont elle eſt enveloppée. Nous ſommes donc obligés de nous borner à quelques apperçus, ſur une matière dont nous ſentons néanmoins l'importance.

Trois ſortes de Taille. On diſtingue dans la Généralité trois ſortes de taille : la réelle, la perſonnelle & l'induſtrielle.

Taux de la Taille réelle. Le taux de la taille réelle, laquelle eſt impoſée ſur les terres, varie ſuivant différentes circonſtances priſes, d'une ſituation plus heureuſe, de la proximité ou de l'éloignement des marchés, de la difficulté ou facilité du labour, du plus ou moins de communication, & tout cela pouvant être jugé plus ou moins favorablement, ſuivant que voit le Prépoſé ſubordonné, qui eſt chargé d'en rendre compte. Vous jugez quel champ eſt laiſſé aux préventions dont il peut être ſuſceptible.

En lui ſuppoſant les meilleures intentions, à peine pourroit-il établir des calculs juſtes. Non-ſeulement les terres ne ſont pas les mêmes, mais, le fuſſent-elles, on ſait que la réproduction ſe meſure ſur les avances, & les avances varient à proportion du plus ou moins de fortune. Le plus ou moins d'intelligence porte encore une autre différence dans les produits, en influant

d'une

d'une manière plus ou moins économique, plus ou moins éclairée fur les moyens de les obtenir.

On ne peut donc fe diffimuler qu'on n'a point de guide affuré dans la répartition. Cependant on évalue, le plus ordinairement, le taux de la taille réelle, à un dixième de la redevance, & on le diminue, quand on croit que la mauvaise qualité du fol l'exige. Si les biens font exploités par le propriétaire, on lui fait fupporter à raison de fa propriété, une taxe plus forte, qui elle-même n'a point de bafe fixe ; & c'est un exemple de plus de l'arbitraire auquel la répartition eft toujours foumife.

Les maifons paient un fol la livre de leur loyer, & fix deniers en fus fi elles font tenues par le propriétaire. On fait entrer dans le revenu des moulins, les réparations dont les meûniers font chargés, & on les évalue communément à un tiers en fus ; en forte qu'un moulin affermé 300 *£*, à charge de réparations, eft impofé comme s'il en valoit 400. Nous avons cru, Meffieurs, que ces détails dans un commencement d'Adminiftration, ne vous feroient pas indifférents.

On juge bien que la taille perfonnelle n'a pas un taux plus fûr que la taille réelle. Elle n'eft pas la même dans les villes que dans les campagnes, & toute jufte que foit cette différence, on ne peut néanmoins difconvenir qu'elle ne foit le réfultat d'*apperçus* & d'*à peu près.*

Taux de la Taille perfonnelle.

Fff

Taux de la Taille industrielle. Trouvera-t-on des bases plus fixes à la taille industrielle? On impose communément un commerçant au centième denier de la somme qu'il emploie dans son commerce, ce qui fait le dixième de son gain, en supposant qu'il gagne dix pour cent. Mais peut-on apprécier autre chose que les facultés apparentes, & qui ne sait combien elles diffèrent quelquefois de la réalité?

Il n'y a que la classe pauvre dont il soit possible d'évaluer les moyens. On sait ce que peut gagner un manouvrier, en supposant qu'il ne manque point de travail, & que les maladies ne lui ôtent rien de son temps. On peut estimer à quoi peuvent se monter les profits d'un artisan ordinaire. Mais que résulte-t-il de cette connoissance, si ce n'est la triste certitude qu'à peine ils peuvent supporter la contribution médiocre à laquelle ils sont imposés; & que souvent elle est prise sur l'étroit nécessaire d'une famille nombreuse?

Abus dans la Répartit. Vous ne serez point étonnés, Messieurs, qu'au milieu de principes aussi vagues de classifications si diverses, la répartition de la taille soit entourée d'abus. Tantôt ce sont des privilèges qu'on étend au delà de leurs justes bornes, ou qui, se multipliant avec excès dans un même endroit, occasionnent sur le reste des taillables, un rejet qui les porte bien au delà de leur proportion. Ici des *Hors-tenants*, imposés dans l'endroit de leur domicile, au lieu de l'être, dans celui de leurs propriétés, & par conséquent dans un lieu où leurs facultés sont peu connues : là, des taillables jouissent en exemption, sous le voile d'une vente simulée ; enfin, des pots-de-vin, des contre-lettres, & tout ce que peut faire inventer l'envie de se soustraire à l'imposition.

La masse de la taille restant la même, & plusieurs des contribuables s'y soustrayant en grande partie, il s'ensuit que les autres classes supportent une surcharge qui les soumet à un fardeau au dessus de leurs forces ; delà les garnisons, la contrainte, les poursuites & les exécutions, fléaux du pauvre, addition incalculable à sa contribution, & le complément de sa misère.

La justice, Messieurs, veut que nous convenions que vous êtes à cet égard dans une des positions les plus favorables. Graces aux soins de l'Administrateur, plein de zèle, qui gouverne cette Province, ces maux y sont infiniment diminués ; les contraintes se montent à une somme extrêmement modique, comparée aux sommes qui sont à recouvrer. Les moyens qu'il a pris, ayant eu un succès prompt & certain, nous n'en indiquerons point d'autres, & nous sommes bien sûrs que son amour pour le bien & son humanité, le porteront à vous les communiquer, dès que vous en formerez le désir. D'ailleurs les recouvrements ne vous regardant qu'après que

F f f ij

vous aurez fait la répartition des impositions, & cette répartition ne pouvant avoir lieu que pour l'année 1789, ce sera à votre Commission intermédiaire à y pourvoir avant le premier Octobre, d'après les Instructions promises par le Gouvernement.

Nous eussions désiré, Messieurs, après vous avoir détaillé les vices actuels dans la répartition de la taille, pouvoir vous présenter un moyen qui puisse en les corrigeant, détruire à jamais ce que cette imposition a d'arbitraire. Mais parmi le nombre de ceux dont le Bureau s'est occupé de peser les conséquences & les suites, il n'en a pu trouver aucun dont les avantages fussent assez démontrés, pour pouvoir vous être communiqués.

Difficultés dans les moyens d'une juste Répart. Tous les moyens offerts à notre examen, nous ont paru devoir être précédés d'informations & d'éclaircissemens sur les ressources respectives de tous les habitans de cette Généralité : & quoique persuadés que ce préliminaire est indispensable pour parvenir un jour à la juste répartition que vous désirez, lui seul est aujourd'hui cependant la cause de notre silence. Sans doute, Messieurs, la pureté de vos vues, les motifs qui dirigent vos démarches, ne pourront manquer d'être sentis par tous les citoyens dont l'existence rapprochée de la vôtre, les met dans le cas de communiquer avec vous, & de juger vos intentions ; ne se trompent pas

sur le but de vos recherches, ils sauront que votre intérêt particulier est tellement lié à l'intérêt général, qu'en
leur demandant avec confiance, des déclarations de leurs
biens & propriétés, c'est vous engager vous-mêmes à
la loi que vous leur imposez ; ils sauront, dis-je, que
toutes les recherches que vous pourriez faire, n'auroient
jamais pour but de profiter de leur aveu, pour les soumettre après à une imposition plus forte que celle qu'ils
supportoient, mais qu'au contraire, vous ne désirez des
éclaircissements que pour pouvoir établir une balance plus
exacte entre les contribuables : ils sauront enfin, que
l'intention particulière de Sa Majesté, en chargeant les
Assemblées provinciales de la répartition de la taille,
n'a pas été d'employer une pareille voie, pour augmenter le produit de cette imposition, mais seulement de
donner à tous ses sujets, le moyen le plus efficace
de jouir des effets de sa justice.

Oui, Messieurs, le principal motif de Sa Majesté,
& que nous nous plaisons à vous retracer ici, quoique
vous en soyez tous également pénétrés, a été le soulagement des pauvres contribuables, dont la misère est
souvent un obstacle à leurs justes réclamations, & Elle
a dû penser que la confiance que devroient avoir les
habitants des campagnes, pour des Administrateurs qui
étoient précédemment, & qui par leurs nouvelles fonc-

tions, n'en font que plus devenus leurs protecteurs, des
mettroit dans le cas de jouir sans retard d'un pareil
bienfait. Mais, Messieurs, tel est l'esprit de crainte,
d'appréhension, disons même, de soupçon, qui existe
parmi les habitants des campagnes, que même en ne
désirant que leur bien & leur tranquillité, il nous faut
pour travailler à les leur procurer, éviter les moyens
qui nous sembleroient les meilleurs & les plus prompts,
& qu'au risque de voir retarder le bien qui doit résulter
des vues patriotiques de l'Assemblée, elle doit se borner,
quant à présent, à inviter les Bureaux intermédiaires,
à s'éclairer avec toute la discrétion possible, sur les
objets qui leur paroîtront de nature à pouvoir procurer
à l'Assemblée des connoissances satisfaisantes.

La Délibération sur ce Rapport a été remise à demain.

Le Bureau des Travaux publics a aussi fait le Rapport qui suit

MESSIEURS,

Rap. du Bur.
des Trav. pub.
sur l'Impôt.
pour les Ponts
& Chaussées. L'INSTRUCTION du 5 Novembre ayant paru ne
pas prononcer si l'administration des fonds destinés aux
ouvrages d'arts, généralement connus sous le nom d'impositions pour les Ponts & Chaussées, vous seroit ou

tion confiée ; vous êtes inftruits, feulement depuis deux jours, que reunie à la Preftation en argent pour la corvée, cette Impofition doit comme celle-ci être ad-miniftrée par vos foins.

Nous nous fommes empreffés, Meffieurs, de pren-dre les renfeignements qui pouvoient nous mettre en état de vous faire connoître quelle eft la nature & le montant de cette impofition, à quelles dépenfes elle eft deftinée, & jufqu'à quel point vous pouvez en difpofer.

Les fonds des Ponts & Chauffées, diftingués en fonds ordinaires & fonds extraordinaires, font compris dans le fecond Brevet de la taille. Ils s'élèvent pour la Généralité de Soiffons, à la fomme de 148,584 ℓ. Jadis ces fonds recueillis dans toutes les Provinces, étoient rediftribués dans chacune, felon la volonté de M. le Contrôleur Général. M. de la Millière, qui ne voyoit ni la juftice obfervée, ni le bien du fervice affuré par cette répartition arbitraire qui entraînoit toujours des réclamations après elle, propofa à M. le Contrô-leur Général en 1785, d'appliquer annuellement à l'u-fage de chaque Province, la partie de ces fonds qui y étoit levée, & que celle de 148,584 ℓ fut deftinée à la Généralité de Soiffons, en en diftrayant cependant celle de 13,907 ℓ; qui eft verfée à Paris pour les frais généraux d'adminiftration.

Toutes les dépenses relatives aux routes, qui comme le transport des matériaux, la casse des pierres & les terrassements, ne sont pas payés par la contribution pour la corvée, doivent l'être par ces fonds.

Parmi leurs différentes destinations, il est des dépenses absolument fixes; il en est de dépendantes de travaux déja ordonnés ; il en est de variables. Les sommes fixes sont les appointements de l'Ingénieur en chef, des Inspecteurs & Sous-Ingénieurs ; le salaire des Conducteurs & Piqueurs. Elles s'élèvent à 25, 928 f. On pourroit mettre encore dans cette classe, les gratifications annuelles qui sont accordées aux Ingénieurs, leur traitement modique les rendant nécessaires, elles sont portées à 4, 100 f. L'entretien des chaussées pour la partie des pavés, cette dépense est par bail, & se monte à la somme de 46, 185 f. Les dépenses dépendantes de travaux déja ordonnés, sont les ouvrages nouveaux, les projets de travail arrêtés par la prestation en argent, déterminant leur emploi. Les dépenses variables sont quelques menues dépenses occasionnées par les ouvrages imprévus, & les sommes restées en arrière des années précédentes, & comprises sous le nom de parfaits payements. Si le bénéfice des rabais obtenu sur les adjudications des ouvrages payés par la prestation en argent, est employé à des convertissements en pavés ; cette

destination

deftination fait varier encore les dépenfes fur les fonds des Ponts & Chauffées, en entraînant un emploi de pavés neufs.

L'ufage des Ponts & Chauffées a été jufqu'ici de donner à bail de fix & neuf années, l'entretien des routes en pavés, à des Adjudicataires qui fe chargent de caffer le grès dans la carrière, de le tailler & de le faire mettre en place par les paveurs. On calcule qu'une lieue de 2,000 toifes doit être, dans fa totalité, renouvellée en vingt ans : cette eftimation eft le terme moyen des calculs poffibles, qui varient en plus ou en moins, felon que la route eft plus ou moins fréquentée par des voitures péfantes. D'après le calcul de vingt ans, tous les ans un vingtième eft mis en ce qu'on appelle relevé à bout. Cette opération confifte à repaver en entier, la partie mife en relevé à bout; à ôter les pavés qui ne font plus d'échantillon; & à remanier enfin la partie entière : c'eft le terme de l'art. On eftime le déchet de ces pavés à un dixième de ce vingtième, ce qui fait porter le remplacement pofitif des pavés à un deux-centième tous les ans. Il faut ajouter encore l'entretien fimple, qui confifte à ôter dans toute l'étendue de la route, les pavés qui ne font pas d'échantillon : on eftime leur emploi pour cet objet de 2,500 à 3,000 par lieue. C'eft fur cette efti-

Ggg

mation qu'est fait le bail de l'Entrepreneur, il doit avoir pour base de ses prix, la difficulté de l'extraction du pavé.

Le mille de pavé qui, dans le langage des Ponts & Chaussées, s'appelle grand mille, est de 1, 122. On estime qu'il en faut 160 pour construire une toise courante d'une chaussée de quinze pieds de largeur ; son prix varie dans cette Généralité entre celui de 50 à celui de 80 £. Un mille suffit pour paver 8 toises & demie courantes ; ce qui dans le terme moyen des prix du pavé, fait porter à 24, 000 £ le prix de la lieue, sans compter le transport des pavés, des terres, & tout l'ouvrage enfin, fait par la contribution qui représente la corvée.

La vigilance des Ingénieurs à l'observation de toutes les conditions des baux, est un de leurs devoirs les plus recommandés. Nous pensons, Messieurs, que vous les ferez aider dans cette surveillance par les Commissaires que vous avez arrêté de faire nommer dans chacune de vos Élections, pour vous rendre compte de l'état de vos routes.

Les ponts & ponceaux font encore un des objets de dépenses affectées à ces fonds. La prestation en argent n'y contribue que pour les transports.

La destination de ces fonds, est, ainsi que celle des fonds provenant de l'imposition pour les chemins, arrêtée au Conseil du Roi. Un mémoire détaillé, envoyé par l'Ingénieur en chef à la fin de l'année, à l'Intendant des Ponts & Chauffées, & qu'on appelle Avant-projet, contient la proposition de cette distribution ; il est soumis à l'examen du Conseil des Ponts & Chauffées, pour en juger d'après les règles de l'art, & présenté au Conseil où il est arrêté. L'état fait en conséquence par l'Ingénieur en chef auquel il est renvoyé, s'appelle état du Roi, & sert de règle à toutes les dépenses de l'année. Cette marche a été suivie jusqu'à présent ; mais nous pensons que vous jugerez probablement à propos de la hâter, & d'engager l'Ingénieur en chef de préparer, à l'avenir, son Avant-projet pour vous être présenté pendant vos Séances.

Parmi les dépenses d'ouvrages d'art que vous avez à faire dans cette Généralité, il semble que les Ponts de Marle & d'Origny sont les plus instants, & celui de Chézy-l'Abbaye. Les projets de M. l'Intendant étoient de commencer par celui de Marle, dont la dépense doit, par approximation, s'élever à 30, 000 £. La confection de ce Pont paroît nécessaire, & est, ainsi que celui d'Origny, demandée par toute la Province. Nous croyons que vous ne jugerez pas devoir en retarder l'exécution, dès que l'état des fonds pourra permettre de s'en occuper.

La difposition de l'impofition pour les Ponts &
Chauffées, ne vous fera remife, Meffieurs, qu'au
commencement du mois de Janvier prochain ; mais
les ordres que vous croirez devoir donner en conféd
querice, ne pourront avoir lieu qu'au mois d'Avril
prochain, temps de l'expiration des années d'entretien.

Tels font, Meffieurs, les connoiffances fommaires
que nous avons pu, en auffi peu de temps, nous procurer fur ces nouveaux fonds dont la difpofition vous
eft remife. Votre Commiffion intermédiaire en prendra
de plus détaillées ; elle cherchera à connoître fi quelques économies peuvent être produites dans cette branche d'adminiftration ; elle trouvera trois baux d'entretien à renouveller pour l'année prochaine : elle s'informera fi le nombre des Piqueurs & Conducteurs d'ouvrages, que l'ancienne adminiftration avoit déja beaucoup
réduit, ne pourroit encore fouffrir de diminution ; enfin,
elle cherchera à vous mettre à portée, lors de vos premières Séances, de pouvoir avec les mêmes fonds,
augmenter vos ouvrages.

Il nous refte, Meffieurs, à vous occuper encore de
ces nouveaux fonds des Ponts & Chauffées, dans le
rapport du projet de la loi dont nous vous avons der-
niérement rendu compte. Ce projet de loi annonce le

vœu que les impositions pour les Ponts & Chauffées,
foient comme les fonds pour la preftation en argent de
la corvée, fournies & employées felon l'intérêt des contribuables. Cette intention de la loi nous paroît, fans doute,
toujours équitable, fes principes toujours également juftes.
Mais quoique fon exécution nous préfente des moyens
de poffibilité, elle ne nous femble cependant pas auffi
facile pour la partie des ouvrages d'art, que pour celle
des travaux ordinaires des routes.

La néceffité de fonds nouveaux fe fait toujours fentir
davantage, felon que l'on prend plus de connoiffance
des befoins de la Province pour les routes de toutes les
claffes, & pour les ouvrages d'art, qu'elle eft obligée
d'entretenir & de renouveller.

Le Bureau des Travaux publics, d'après cet expofé, *Avis*
a l'honneur, Meffieurs, de vous propofer d'arrêter, que *du Bureau.*
votre Commiffion intermédiaire fera chargée de prendre
fur l'impofition deftinée aux ouvrages d'art, toutes les
connoiffances de détails qui pourront vous mettre à portée
d'ordonner, ou de préparer, lors de vos Séances de l'année
prochaine, toute l'économie dont la diftribution de ces
fonds peut être fufceptible, & qu'elle engagera l'Ingénieur
en chef de la Province, à tenir fon Avant-projet ou
fon état de dépenfe par apperçu, préparé pour le premier
Octobre prochain, afin que, communiqué à vos Bureaux

intermédiaires , il puiffe être remis fous les yeux de l'Affemblée lors de fes féances.

Qu'après avoir pris connoiffance de tous les détails des baux des Entrepreneurs , elle chargera les Ingénieurs de la Province de veiller à leur exécution , & ajoutera à cette furveillance , celles des perfonnes chargées de lui rendre compte de l'état des routes.

Que pour les baux d'entretien de l'Élection de Soiffons, de l'Élection de Laon & de celle de Guife, qui doivent expirer le premier Avril 1788 , la Commiffion intermédiaire demandera aux Bureaux intermédiaires de ces Élections, les renfeignements détaillés , fur la valeur des matériaux, fur la nature des carrières, &c. & chargera ces Bureaux intermédiaires de procéder à cette adjudication , & défignera pour y affifter , un Membre de l'Affemblée provinciale, député de l'Élection où fe fera l'adjudication , ou en cas de leur abfence ou de leur refus, un député à l'Affemblée provinciale pour une autre Élection.

L'arrêté du Bureau a été unanimement approuvé.

Signé, LE COMTE D'EGMONT.
Contre-signé, BYÉTER, *Secrétaire-Greffier.*

Du Jeudi 13, dix heures du matin.

L'ASSEMBLÉE ayant pris Séance, Monsieur le Président a rendu compte de la réponse de M. le Contrôleur Général sur les propositions concernant l'abonnement des Vingtièmes, contenues en la délibération du dix de ce mois, au matin.

Il a été arrêté que le Bureau de l'Impôt s'occuperoit de cet objet, pour en faire le Rapport le plutôt possible.

MM. les Procureurs-Syndics ont présenté, 1°. Une lettre de M. le Contrôleur Général, datée du 12 du présent mois, relative à la formation de la Municipalité de la ville de Nesle. Elle sera remise au Bureau de la Comptabilité pour l'examiner & en faire la Rapport.

2°. Un Mémoire intitulé : Supplément à celui présenté par les habitants de Neuilly-Saint-Front, sur le chemin de communication entre Château-Thierry & la Ferté-Milon.

Ce mémoire sera déposé aux archives, & réuni à tous ceux qui ont rapport au projet de ce chemin.

3°. Un mémoire envoyé à l'Assemblée d'élection de

Lettres & Mémoires.

Soiſſons ſur les défrichements, qui a été préſenté par MM. les Syndics de cette Aſſemblée.

Ce mémoire ſera auſſi dépoſé aux archives.

Délib. ſur le Rap. fait par le Bur. de l'Im- pôt dans la Séance précéd. L'Aſſemblée ayant enſuite délibéré ſur le Rapport fait hier par le Bureau de l'Impôt, a arrêté : 1°. Qu'il ne ſera rien changé à la forme actuelle de la réparti- tion de la taille, juſqu'à ce que des renſeignements précis & des connoiſſances certaines aient mis l'Aſſem- blée dans le cas de juger qu'une autre méthode opérera une répartition plus exacte.

2°. Que Sa Majeſté ſera ſuppliée d'ordonner qu'à l'avenir tous les détempteurs taillables, dits *Hors-tenants*, feront impoſés dans la Paroiſſe ſur laquelle font ſitués leurs fonds, & non dans celle de leur domicile.

3°. Que MM. les Procureurs-Syndics feront autoriſés à demander aux Bureaux intermédiaires, des mémoires détaillés ſur les renſeignements qu'ils croiront les plus utiles & les plus conformes aux intentions de l'Aſſem- blée ; & qu'en même-temps ils recommanderont à ces mêmes Bureaux de mettre tous les ménagements poſſi- bles dans les recherches qu'ils feront dans le cas de faire.

Le Bureau des Travaux publics a fait ſucceſſivement les deux Rapports ſuivants.

I.

I. RAPPORT.

MESSIEURS,

PARMI les objets de travail que vous nous avez *Rap. du Bur.* assignés, nous vous devons un compte particulier des *des Trav. pub.* demandes & mémoires relatifs aux chemins vicinaux, *fur les Chem.* & autres non compris dans l'état des routes de cette *vicinaux divi- fés par Élect.* Province.

La plupart des demandes qui vous ont été faites paroissent fondées fur l'espoir d'obtenir, pour l'exécution des projets qui les accompagnent, une partie des contributions destinées d'abord à la confection & à l'entretien des routes. Le détail estimatif des dépenses jugées nécessaires pour remplir ce double objet, vous a malheureusement convaincus de l'impuissance où vous êtes d'accueillir, pour l'année 1788, aucune demande particulière. Vous vous flattez néanmoins que, pour les années suivantes, une loi aussi juste que bienfaisante laissera aux Provinces les moyens de se procurer des chemins.

Mais en cherchant à vous pénétrer de l'esprit de cette loi, à vous assurer de la justesse de son application, vous n'avez pu vous dissimuler l'insuffisance des moyens, si la bonté du Roi n'y supplée par quelques secours extraor-

Hhh

dinaires, indépendants de toute impofition qui pourroit être à la charge de la Province.

Sans doute, Meffieurs, vous pouvez beaucoup efpérer d'une Adminiftration auffi vigilante qu'économique, pour la diminution progreffive des dépenfes d'entretien. Sans doute, encore, en ramenant aux mêmes principes la confection des routes qui ne font encore qu'en projet, vous déterminerez-vous à abandonner celles qui ne vous paroîtroient pas d'une néceffité auffi généralement reconnue, en ne confervant que celles dont les communications plus multipliées dédommageroient bien du ftérile avantage d'avoir des routes plus droites, mais moins utiles. Enfin, Meffieurs, vous attendez avec confiance un nouveau témoignage de la bonté du Roi, de qui vous follicitez la difpofition des fonds que Sa Majefté avoit confacrés aux atteliers de charité.

Ces moyens réunis vous préfentent, il eft vrai, dans une perfpective moins éloignée, le terme de la confection entière de vos routes, & un tableau moins effrayant de la dépenfe qu'elles exigent. Mais ce qu'ils vous laiffent de reffources, ce que vous pourrez y ajouter des contributions libres & particulières pour entreprendre des chemins vicinaux, ne fera jamais proportionné au befoin. Vous aurez toujours, comme nous avons eu l'honneur de vous le dire, plus de deux cents lieues de routes à entretenir ; par conséquent très-peu de fonds à diftraire fur ce qui doit leur être confacré.

Cette Province, qui pourroit recueillir plus d'avantage de fa pofition rapprochée de la Capitale du Royaume, eft privée en grande partie de fes reffources, parce qu'elle manque de débouchés qui puiffent faire circuler fes denrées. Prefque tous les Villages qui ne font pas fitués fur les grandes routes en font, pendant la moitié de l'année, féparés par des chemins impraticables. Le mauvais état de ces chemins eft pour l'Agriculture un véritable fléau, par le plus grand nombre de chevaux que le cultivateur eft obligé d'entretenir, par les dangers auxquels il expofe, & par les obftacles qu'il oppofe au tranfport des denrées & des engrais.

Les demandes qui vous font parvenues, ne préfentent encore, Meffieurs, qu'un tableau bien imparfait des befoins qui les ont diftées ; cependant le fimple apperçu de ce qu'il en coûteroit pour la confeftion des chemins jugés les plus néceffaires, doit vous paroître effrayant. Les communications que l'on propofe d'ouvrir entre plufieurs Villes & Bourgs formeroient feules une cinquième claffe de routes dont la longueur égaleroit au moins le tiers au total de ce qui compofe les quatre autres, & en furpafferoit, en grande partie, la néceffité. Que feroit-ce s'il falloit entrer dans le

Hhh ij

détail des autres chemins vicinaux pour la communication des Villages entre eux, & avec les routes?

En nous conformant, Messieurs, aux ordres que
vous nous avez donnés, nous avons extrait des mémoires qui vous ont été adressés, tant de la part des
Assemblées d'élection, que par différentes Villes & Villages, ainsi que par plusieurs propriétaires, ce qui peut
vous faire connoître les objets de leurs demandes. Il suffi-
ra, sans doute, de vous en indiquer les motifs, pour
que vous puissiez vous former une première idée de leur
importance. Si dans ce moment nous ne pouvons vous
proposer de résultats qui répondent aux vues de ceux
qui sollicitent, ils verront au moins, par l'attention que
vous croyez devoir à ce qui les intéresse, tout ce
qu'ils peuvent attendre de votre justice & de la sagesse de votre Administration, lorsque vous serez assez
heureux pour faire concourir les moyens avec le désir
de leur être utiles.

Afin de donner plus d'ordre à notre Rapport, nous
avons cherché à distinguer, autant qu'il a été possible,
ce qui concerne chaque Élection.

ÉLECTION DE CLERMONT.

Dans un mémoire qui vous a été adressé par l'Assemblée de cette Élection, on vous expose, Messieurs, que cette Élection est entiérement privée des communications si nécessaires pour le débouché de ses denrées & de ses marchandises. Nous avons déja eu l'honneur de vous observer qu'elle n'en a aucune avec les autres parties de la Province, dont plusieurs auroient intérêt de s'y ouvrir un passage pour la Normandie. On ajoute que non-seulement les Villages manquent de chemins pour sortir de leur enceinte, mais que les rues sont presque toujours remplies d'eaux croupissantes, qui nuisent à la salubrité de l'air.

Les communications qui sont regardées comme nécessaires, sont :

De Clermont à Gournay, pour l'importation & l'exportation dans ces deux principaux lieux de l'Élection.

De Clermont à Bulles, pour faciliter à cette dernière Ville, le transport & le débit des ouvrages de sa manufacture.

De Mello à Mouy & à la grande route, pour favoriser également l'industrie & le commerce.

De Clermont à Pont-Sainte-Maxence : le commerce considérable de grains dans cette dernière Ville, décide de l'importance de cette communication déja ouverte par un chemin commencé de Liancourt à Rieux.

Enfin, de Bailleval & Sénécourt à Clermont, dont ces deux Villages font très-peu diftants, fans néanmoins pouvoir y communiquer pendant une grande partie de l'année.

L'Élection de Clermont annonce qu'elle ne demande point d'atteliers de charité, étant inftruite que vous n'avez point encore la difpofition des fonds qui y font deftinés.

ÉLECTION DE CRESPI.

Cette Élection, limitrophe de la Généralité de Paris, a l'avantage de communiquer avec la Capitale, & avec les villes de Villers-Cotterêts, Soiffons, Senlis & Compiegne ; au moins a-t-elle une efpérance prochaine de voir achever ce qui refte à faire fur ces routes.

La feule communication importante qui vous eft demandée, feroit un chemin de la Ferté-Milon à Oulchy, qu'on annonce être déja tracé, mais qui ne deviendroit d'une plus grande utilité, qu'autant qu'il feroit prolongé jufqu'à Montreuil-aux-Lions. Ce feroit alors une route ouverte de la Brie à la Picardie, par Compiegne ou Senlis. On eft entré dans quelques détails fur les motifs de préférence que mériteroit ce chemin, qui feroit plus court, plus facile & moins difpendieux, mais qui, traverfant la Généralité de Paris, ne pourroit être exécuté que de concert avec l'Affemblée provinciale de l'Ifle de France.

Le mémoire ne contient rien de relatif aux chemins vicinaux des Villages. Il eft à préfumer cependant qu'on feroit également empreffé dans cette Élection de profiter de la faveur d'une loi qui en faciliteroit la confection.

ÉLECTION DE SOISSONS.

Si toutes les routes comprifes dans l'état arrêté au Confeil, pour aboutir à Soiffons, ainfi que les embranchements fur ces routes, étoient achevés, cette Ville qui, placée au centre de la Province, a encore l'avantage d'être arrofée par une rivière navigable, feroit favorifée plus qu'aucune autre, pour fes principales communications ; mais elle n'en a point avec plufieurs Villes du troifième ordre, telles que Fère en Tardenois & Neuilly-Saint-Front, dont les environs font très-fertiles en bled qui fait fon feul commerce. Très-peu de Bourgs & de Villages dans cette Élection, ont des chemins vicinaux. Son Affemblée s'en eft occupée dans une de fes Séances : elle a chargé les Membres qui la compofent, de prendre chacun dans leur arrondiffement, des informations fur l'état actuel de ces chemins, sur ceux qu'il seroit intéressant d'ouvrir ou de continuer ; enfin, sur les secours qu'on pourroit espérer des Seigneurs ou Propriétaires qui seroient intéressés à leur confection.

Ces Instructions ne vous sont point encore parvenues. Mais il vous a été adressé des mémoires particuliers, dont l'un a pour objet deux projets pour rendre plus utile l'embranchement sur la route N°. 4. pour aller de Soissons à Vailly, en le prolongeant jusqu'à la partie supérieure de cette route, entre Soissons & Laon. Le premier chemin traverseroit le Village de Pargny, le second conduiroit à celui d'Aizy, d'où il y en a un autre qui va joindre la grande route.

L'utilité de cette communication ne se borneroit pas à ce point de jonction. On a depuis long-temps le projet de faciliter la descente de la montagne qui conduit de l'Ange-Gardien à Pinon, d'où l'on gagne par un chemin, qui commence à s'exécuter, jusqu'à l'Abbaye de Prémontré, & delà à Saint-Gobain & la Fère, où la route est faite pour la Picardie. Tous les Vignobles qui bordent la rivière d'Aisne, communiquant à Vailly, auroient un débouché pour cette Province.

Nous nous sommes un peu étendu, Messieurs, sur cette communication qui, pour une lieue & demie, tout

au

au plus à ouvrir en ce moment, réuniroit par la fuite autant d'avantages, parce qu'elle peut fervir auffi d'exemple pour la réforme de routes projettées dont l'exécution feroit jugée trop difpendieufe en proportion de leur utilité, fur-tout lorfqu'elles pourroient être fuppléées d'une manière auffi avantageufe qu'économique.

On demande dans un autre mémoire la réparation d'un chemin qui conduit fur la route N°. 4., de la Croix-de-Fer au Village de Dommiers, ce chemin étant devenu impraticable faute d'entretien. Beaucoup d'autres chemins particuliers qui ont été entrepris fur des fonds de charité réunis à des contributions volontaires font, par la même caufe, dans un état auffi défectueux, parce qu'ils ne doivent leur exiftence qu'à la difpofition du moment, ou à la faveur des circonftances, & qu'une loi générale dont les principes & les moyens d'exécution feroient fagement combinés avec l'intérêt particulier, peut feule affurer la confervation de ces mêmes chemins.

On expofe dans un troifième mémoire qu'il a été commencé un chemin pour faire communiquer les villages de Condé, Celles & Chivres à la route N°. 4. qui conduit à Laon. Ces Communautés réclament des fonds de charité qui leur avoient été promis pour continuer l'ouvrage entrepris dans cette efpérance, avec des contributions volontaires.

Iii

ÉLECTION DE LAON.

L'Affemblée de cette Élection paroît avoir confidéré l'utilité des chemins vicinaux dans leurs rapports avec les lieux principaux de l'Élection, de l'arrondiffement ou du canton ; & c'eft ainfi qu'elle fe propofoit de les claffer, d'après une délibération prife, dans la fuppofition où il lui feroit permis de difpofer librement & exclufivement, dans fon étendue, de la totalité de fes contributions, ainfi que des fonds de charité qu'elle pourroit obtenir.

Un chemin qui vous eft particuliérement demandé dans cette Élection, par M. le Duc de Charoft, feroit de Roucy à Corbeny. Ce chemin qui n'eft préfenté que comme vicinal, deviendroit, d'après l'expofé du mémoire & les indications du plan qui l'accompagne, une route de communication très-importante entre plufieurs Provinces, en traverfant d'un côté les limites de la Champagne, pour gagner, par Fère & Château-Thierry dans le Soiffonnois, la Brie & tout ce qui l'avoifine ; de l'autre côté, en continuant de Corbeny à Moncornet, on joindroit les routes ouvertes pour la Thiérache & le Haynaut.

Un autre avantage de cette communication eft d'a-voir, au centre des domaines de M. le Duc de Charoft, fur les bords de la rivière d'Aifne, le port de Pontavaire, en ce que ce Bourg eft un entrepôt pour les marbres, les ardoifes, ainfi que pour les fers venant des forges de la Champagne & de la Thiérache. Nous ne devons pas vous laiffer ignorer que M. le Duc de Charoft offre de contribuer d'une fomme de 1000 £ par an, s'il lui étoit accordé pareille fomme pour la confection du chemin dans l'étendue des Paroiffes de fon Domaine qui y contribueroient également par leurs travaux ou en argent.

On propofe encore de rétablir un chemin du vil-lage de Suzy jufqu'à Laon, traverfant les villages de Ceffières, de Molinchart, de la Neuville & l'Abbaye de Montreuil fous Laon. On obferve que ce chemin pavé en partie, & ouvert dans une largeur convena-ble, avoit été compris originairement dans l'état des travaux publics ; qu'en le réparant on pourroit le ren-dre plus utile, s'il étoit prolongé par Faucoucourt & Vuiffignicourt jufqu'à l'Abbaye de Prémontré.

Ce feroit, au moyen du chemin qui eft commencé, comme nous avons eu l'honneur de vous le dire, de cette Abbaye au village de Brancourt, & qui doit être con-tinué de Prémontré à Saint-Gobain, un point de réunion d'où l'on pourroit, en moins de temps, & avec beaucoup moins de dépenfe, accélérer l'exécution du chemin pro-jetté de Soiffons à la Fère, qu'on peut regarder comme interminable dans l'une ou l'autre direction qu'on voudroit lui donner par Coucy ou Lœuilly. La route par Pinon, Prémontré & Saint-Gobain, ne fût-elle que provifoire, feroit plus utile ; la confection des chemins vicinaux pour Coucy & les autres lieux qui fe difputent l'avantage d'être traverfés par cette route, feroit bientôt oublier les différens projets qui les divifent.

ÉLECTION DE GUISE.

Cette Élection, la moins confidérable de la Province, eft traverfée par beaucoup de routes ; mais elle n'a point de chemins vicinaux : il ne vous a été adreffé aucun mémoire à ce fujet. Nous voudrions pouvoir nous perfuader que le nombre & la difpofition de fes routes fuffit à fes communications particulières ; mais nous avons peine à le croire en voyant que, fur cent Paroiffes, neuf ou dix au plus font dans une pofition à en profiter.

ÉLECTION DE CHATEAU-THIERRY.

Le befoin de communications paroît confidérable dans cette Élection. Sans doute, la fituation des Villages qui font dans fon étendue, le débit des denrées

de toute espèce qu'on y récolte, sur-tout des vins qui
y sont très-abondants, exigent des débouchés dont tous
les vignobles se plaignent d'être privés.

L'Assemblée de cette Élection s'est occupée de cet
objet en proposant, pour les communications avec les
Villes qui l'avoisinent, d'ouvrir un chemin de Fère en
Tardenois, traversant par Rozoy jusqu'à Château-
Thierry, un autre de cette dernière Ville jusqu'à la Ferté-
Milon, traversant plusieurs Villages qui auroient le plus
grand intérêt de profiter de cette route pour le transport
de leurs vins à Villers-Cotterêts & à Compiegne.

L'idée de cette communication a fait éclore successivement plusieurs projets qui contrarient la route proposée quant à sa direction. La ville de Neuilly-Saint-
Front qui se trouve placée à une distance à peu près
égale entre Château-Thierry & la Ferté-Milon, a présenté trois mémoires à l'effet d'obtenir dans son enceinte le passage de la route. Un troisième projet trace
la route entre les deux premières ; enfin, dans un
autre mémoire on prétend que la route de la Ferté-
Milon à Château-Thierry, quoiqu'utile, ne doit pas
obtenir la préférence sur les communications nécessaires à établir entre les vignobles.

Si vous aviez à prononcer, Messieurs, sur ces débats
qui renaîtroient sans cesse, & qui ne pourroient que se

multiplier au milieu du choc des intérêts personnels, vous trouveriez dans la difficulté de les terminer les inconvénients dont le projet de la loi vous préserve.

Les chemins vicinaux qui vous sont demandés dans l'étendue de l'Élection de Château-Thierry sont en très-grand nombre ; nous nous contenterons, Messieurs, de vous les indiquer.

L'Assemblée d'Élection propose d'ouvrir un chemin le long de la Marne, depuis Essômes & Aazy, jusqu'à Villiers-sur-Marne ; un autre sur la rive opposée de cette rivière, de Chézy-l'Abbaye jusqu'à Bussiares, gagnant la route d'Allemagne. Ces demandes sont appuyées, dans un mémoire particulier, sur des motifs d'utilité & de considération dont nous regrettons de ne pouvoir vous présenter tous les détails, & par des offres de contributions volontaires de la part de ceux qui ont le plus grand intérêt à l'ouverture ou à la continuation de ces chemins. Cette même Assemblée propose, enfin, la continuation d'un embranchement sur la grande route, partant de Crézancy jusqu'à Orbais, par Condé en Brie.

Un autre chemin dont l'Assemblée d'Élection ne paroît pas s'être occupée, & qui nous est indiqué dans un mémoire particulier, auroit pour objet de communiquer de la rivière de Marne à celle de la Seine, en traversant plusieurs Villages assez considérables. On obferve que le projet de ce chemin avoit été approuvé par M. de Trudaine qui avoit confenti de le comprendre dans les Travaux publics ; qu'il a été continué avec des fonds de charité auxquels ont été jointes des contributions volontaires ; & qu'il ne refte plus qu'environ 800 toifes à faire, fur 4,200 qui forment la longueur de la route.

Enfin, le Bourg de Charly follicite la perfection de trois chemins qui font exécutés en partie, & dont le furplus ne feroit qu'à réparer : le premier qui conduit à Luzancy, le fecond à Château-Thierry, & un troifième à la Ferté-Milon.

ÉLECTION DE NOYON.

Cette Élection ne jouit pas encore de toutes les communications qui lui feroient effentielles, & dont l'exécution paroît décidée ; elle repréfente fur-tout combien elle fouffre de la difficulté de communiquer avec Soiffons.

L'Affemblée de cette Élection follicite en outre, la confection des chemins de Nefle & de Montdidier, pour l'intérêt refpectif de fon commerce avec ces deux Villes. Elle annonce encore qu'elle doit s'occuper de fes chemins vicinaux.

Les habitants de la ville de Ham demandent un chemin de communication avec Chauny. Ce chemin leur paroît d'autant plus utile, qu'il abrégeroit de douze lieues celui du Soiffonnois dans le Vermandois. Ils obfer-vent qu'il n'y auroit que 1200 toifes à faire de Ham à Beaumont: il paroît qu'il n'y a rien de commencé dans le furplus de ce chemin.

Les autres chemins qui vous font demandés particu-liérement, font de Chauny à Ham, de Ham à la Fère, & de Guifcard à Vendeuil. Ce dernier, traverfant un grand nombre de Villages ifolés, leur procureroit un débouché facile aux extrémités des deux routes qui conduifent à Saint-Quentin.

M. le Marquis de Tourmelles, dans une lettre qu'il a écrite à Monfieur le Comte d'Egmont, expofe le mauvais état du chemin de Noyon à Roye, & la néceffité de convertir cette partie en pavés de grès, comme elle l'eft dans celle qui dépend de la Généra-lité d'Amiens. Il réclame auffi des fonds de charité affeftés au pavé qui traverfe la forêt de Bouvereffe au village de Beaulieu, fur le chemin de Nefle à Noyon. Il repréfente qu'il feroit effentiel de faire la route de Compiegne à Montdidier par Mouchy.

Dans cet expofé, trop fuccinft, fans doute, fi vous aviez à délibérer fur toutes ces demandes, mais plus
que

que suffisant pour confirmer ce que nous avons eu l'honneur de vous dire du besoin réel de communications dans cette Province, nous n'aurions pu vous présenter un détail exact sur les distances & sur la position des lieux ; les mémoires qui vous ont été adressés ne nous ont pas paru non plus suffisants pour nous livrer à aucune distinction sur les parties de ces chemins qui sont à ouvrir, de ceux qu'il suffiroit d'entretenir ou de réparer, ni sur ceux auxquels il conviendroit d'employer des fonds de charité, d'avec ceux qu'on jugeroit devoir être compris dans l'état des travaux publics. Une connoissance plus exacte de ces différents objets seroit, pour votre Commission intermédiaire, la matière d'un travail dont il vous seroit rendu compte lorsque vous serez en état de réaliser les vues bienfaisantes de Sa Majesté.

Quelque long qu'ait dû vous paroître, Messieurs, ce Rapport, que nous avons abrégé autant qu'il nous étoit possible, nous croyons devoir joindre aux demandes qui vous sont faites de presque toutes les parties de la Province, pour obtenir des chemins vicinaux, les réclamations de l'Élection de Soissons sur les obstacles qui nuisent à la navigation de la rivière d'Aisne.

Nous avons eu l'honneur de vous dire dans notre premier Rapport, qu'il n'y avoit dans la Généralité *Digression sur les Rivières navigables de la Province.*

Kkk

que des rivières du fecond & du troifième ordre. Parmi celles du fecond, l'Oife & la Marne ne traverfent chacune qu'une Élection. L'Aifne, quoiqu'elle n'arrofe qu'une partie de l'Élection de Laon & celle de Soiffons toute entière, peut être regardée néanmoins comme étant d'une utilité commune prefqu'à toutes les parties de la Province qu'elle partage, en ce qu'elles participent plus ou moins aux avantages du commerce que facilite fa navigation. La feule Élection de Clermont, qui n'en eft exclue que par fa pofition ifolée, trouvera dans l'exécution de la route N°. 7., un débouché jufqu'au port de Compiegne, où l'Aifne fe réunit à l'Oife.

Navigation de la rivière d'Aifne. La rivière d'Aifne commence à être navigable à Neufchâtel, où fe termine la Généralité de Soiffons. Mais elle ne l'eft en cette partie, & prefque jufqu'à Soiffons, qu'avec un volume d'eau confidérable, qui manque quelquefois pendant plus de moitié de l'année. L'infuffifance de ce volume fe fait encore plus fentir depuis Soiffons jufqu'au confluent de l'Oife, par les écueils dont la rivière eft obftruée dans cet efpace. Le danger de ces écueils, qui font au nombre de quinze, occafionnés, les uns par des bancs de fable, d'autres par des rochers, d'autres par d'anciens pilotis, d'autres enfin, par des ruiffeaux affluents que les chevaux ne peuvent traverfer, augmentent en raifon du décroiffement de l'eau. Le rifque pour

les hommes & les chevaux eft de la perte de la vie ou
d'accidents très-fâcheux ; pour les bateaux de la ruine ou
d'une altération fenfible ; pour les marchandifes enfin, de
leur perte ou d'une avarie confidérable, fuite néceffaire
du retard dans le tranfport, qui augmente les frais du
double, du triple & du quadruple.

Tous ces objets mériteront, fans doute, d'être pris en
confidération par le Gouvernement qui a le plus grand
intérêt de protéger le commerce de bled qui fe fait à
Soiffons, & dont la plus forte deftination eft pour la
fubfiftance de la Capitale. Ces bleds arrivent à Soiffons
de prefque toutes les parties de la Province ; & même
des Provinces voifines : ils font voiturés & amenés par
les routes qui communiquent du centre aux extrémités.
L'exportation qui s'en fait par la rivière eft, année commune, de 25 à 30,000 muids, non compris les farines
dont le commerce augmente de jour en jour, depuis
l'introduction de la mouture économique dans tous les
moulins qui avoifinent la Ville.

On n'eft point encore affuré de l'exactitude du calcul
de la dépenfe néceffaire pour faire difparoître ces écueils.
Mais cette dépenfe devient d'autant plus indifpenfable,
que fans elle on ne peut réalifer avec fuccès le projet d'un canal d'environ trois lieues, qui doit être
ouvert en Champagne, & dont l'origine doit être à

*Ouverture
de Canaux
projettés.*

K k k ij

Cernay, pour communiquer la rivière d'Aiſne à celle de Barre qui s'embouche dans la Meuſe, parce que l'ouverture de ce canal ne procureroit pas à la rivière d'Aiſne l'accroiſſement néceſſaire pour entretenir en tout temps un volume d'eau capable, par ſon élévation, de faire diſparoître les écueils, & de rendre la navigation toujours la même.

Ce canal auroit un avantage encore bien plus précieux, par la facilité qu'il procureroit aux débouchés des bois de la forêt des Ardennes, & ſur-tout par la communication non interrompue qu'il établiroit des Ports de la Hollande à ceux du Royaume qui ſeroit traverſé dans toute ſon étendue.

Nous terminons, Meſſieurs, en vous rendant compte des vues qu'on auroit de ſolliciter l'ouverture de deux autres canaux. Le premier, dont les projets ont été rédigés par l'Ingénieur des Ponts & Chauſſées du Département de Guiſe, joindroit l'Oiſe à la Sambre par la petite rivière de Noirieux. L'autre, partant d'un autre point de la même rivière d'Oiſe pour communiquer dans l'intérieur de l'Élection de Clermont juſqu'à Bulles où il eſt commencé.

Nous n'avons ſur l'utilité & les moyens d'exécution de ces canaux aucuns détails. Ces objets ſont d'ailleurs d'une importance qui ne nous permet pas de croire que vous puiſſiez quant à préſent vous en occuper.

En ce qui concerne les chemins vicinaux, le Bureau *Avis du Bureau.*
a l'honneur de vous propofer, attendu l'impoſſibilité d'y
pourvoir pour l'année 1788, de furfeoir à délibérer,
& cependant ordonner que les demandes & mémoires
relatifs à ces chemins feront dépofés dans vos archives,
pour vous en être de nouveau rendu compte, lorfque
les circonſtances vous permettront de vous en occuper.

L'Affemblée ne pouvant ſtatuer, quant à préfent, *Délibération.*
fur les demandes & obfervations énoncées en ce Rapport, a délibéré de les prendre en confidération lorfque
les circonſtances le permettront.

II. RAPPORT.

MESSIEURS,

LE Rapport qui vient de vous être fait, vous a pré- *Rap. du Bur.*
fenté pluſieurs demandes d'atteliers de charité. Les mé- *des Tɪav. pub.*
moires qui appuient ces demandes ont paru au Bureau *ſur les Attel.*
préfenter tous les motifs qui doivent les faire accueillir. *de Charité.*
Mais il penfe, Meffieurs, que vous lui permettrez de
vous foumettre quelques réflexions fur la diſtribution de
ces fonds, & de vous propofer de fixer, à cet égard
aujourd'hui, vos délibérations.

Les fonds des atteliers de charité, font des fecours
que le Roi répand fur les pauvres, en les faifant tourner

à l'utilité générale. C'eft un des plus précieux que Sa Majefté puiffe verfer dans fes Provinces. L'emploi de ces fonds, foumis aux diverfes circonftances de mifère de tel ou tel canton, peut cependant encore être lié, à quelques égards, au projet général des routes d'une Province : il eft donc d'une grande utilité fous tous les rapports.

Le Bureau a penfé que vous jugeriez convenable de répartir ces fonds dans les différentes Élections de votre Généralité, au marc la livre de leurs contributions à la taille, dont ces fonds font un foulagement. Cette répartition, Meffieurs, vous paroîtra la feule véritablement jufte, quand vous réfléchirez que la proportion des contributions fuit généralement celle de la population, & par conféquent celle des befoins. La conféquence des principes que vous avez approuvés dans le cours de vos Séances, lui fait penfer encore que la répartition de ces fonds par Élection, fera utilement confiée aux Bureaux intermédiaires, en leur prefcrivant de ne donner ces fommes que par petites parties, & en réuniffant autant qu'il fe pourroit, une plus grande utilité à une proportion plus grande de contribution volontaire de ceux à qui elles feroient données, & leur prefcrivant encore de la répandre fous ces conditions dans tous leurs arrondiffements. Cette diftribution rempliroit à la fois, les vues de juftice dont vous êtes animés, & foulageroit doublement les Communautés auxquelles elle feroit faite, en leur donnant du travail & en leur procurant des débouchés dont vous auriez déja prononcé la néceffité. Cette diftribution devroit cependant, par une confé-quence de votre conftitution & de vos principes, atten-dre pour avoir lieu, la fanction de votre Commiffion intermédiaire.

D'après ces obfervations, le Bureau a l'honneur de vous propofer d'arrêter, Meffieurs : 1°. Que les fonds des atteliers de charité, que la bonté du Roi pourra deftiner à cette Généralité, feront verfés dans chaque Élection, au marc la livre de leur contribution actuelle à la taille.

Avis du Bureau.

2°. Que la répartition de chacune de ces parts, fera confiée aux Bureaux intermédiaires, en leur prefcrivant de ne donner ces fommes que par petites parties, & en réuniffant autant qu'il fera poffible, une plus grande utilité à une proportion plus grande de contribution vo-lontaire de ceux qui les auroient données, & leur pref-crivant encore de la répandre dans tous leurs arron-diffements, toujours fous les mêmes conditions.

3°. Que le projet de cette diftribution fera envoyé, par les Bureaux intermédiaires, à la Commiffion inter-médiaire, avec les plans & mémoires raifonnés, & ne pourra avoir lieu fans fon approbation.

Délibération. L'Assemblée a unanimement aprouvé l'arrêté de ce dernier Rapport.

Lettres &
Mémoires.
Messieurs composant le même Bureau ont encore présenté : 1°. Un mémoire envoyé par la Municipalité de Chézy-l'Abbaye, au sujet des chemins vicinaux qui lui sont particuliers, & de la construction d'un Pont.

2°. Le Rapport de M. l'Ingénieur de la Province, en date du onze du présent mois, contenant les réflexions sur ce mémoire.

Il a été arrêté que MM. les Procureurs-Syndics feront parvenir au Bureau intermédiaire de Château-Thierry, copie de ce mémoire & du Rapport de l'Ingénieur en chef, & que ce même Bureau seroit tenu d'envoyer son avis à la Commission intermédiaire.

MM. les Procureurs-Syndics ont fait lecture d'une lettre adressée à Monsieur le Comte d'Egmont par Monsieur le Commissaire du Roi, relativement aux décharges & modérations sur la Capitation des Officiers de Judicature, & d'un état y joint indiquant les motifs de ces décharges. Cette lettre & l'état ci-dessus seront remis au Bureau de la Comptabilité, pour les examiner.

Rap. du Bur.
du Bien pub.
sur deux Mém.
envoyés par la
Société d'Ag.
de Laon.
Le Bureau du Bien public a fait le Rapport des deux mémoires envoyés par la Société Royale d'Agriculture de Laon, énoncés en la délibération du neuf du présent mois.

Sur

Sur quoi il a été arrêté que ce Rapport sera joint *Délibération.* aux mémoires ci-dessus ; que la Commission intermédiaire les examinera avec attention, & les enverra, si elle le juge à propos, aux Bureaux intermédiaires, pour avoir leur avis, & en faire ensuite le Rapport à la prochaine Assemblée.

Le même Bureau a fait le Rapport qui suit.

MESSIEURS,

L E Bureau du Bien public chargé d'avoir l'honneur *Rap. du Bur.* de mettre sous les yeux de l'Assemblée, les détails qui *du Bien pub.* peuvent intéresser votre bienfaisance, auroit eu trop *Campagnes,* d'objets à examiner à la fois, si, consultant unique- *l'Agriculture* ment les vues qui vous animent, son zèle & les besoins *& le Commerce.* de la Province, il eut entrepris de rechercher tous les maux auxquels il vous sera possible de remédier avec le temps ; de discuter tous les projets utiles ; enfin, de vous proposer tout ce que le bien public exige.

Il n'est point de vœu plus général que celui du bien public ; mais il n'est rien qui pour être opéré avec succès, demande plus de mesure & de réflexions. La bienfaisance doit ses plus heureux effets à ce sage mélange d'observations & de patience, qui fait proportionner les moyens à l'étendue des besoins, qui attend

l'inftant favorable de les employer ; qui étudie non-
feulement tout ce qu'il y a à faire, mais encore la
manière de l'exécuter, & qui mettant de la retenue
jufques dans les facrifices, ne s'y refufe jamais quand
ils font néceffaires, & produit toujours tout le bien
dont on a le pouvoir.

Le travail du Bureau a été dirigé dans cet efprit.
Une foule de mémoires & de queftions adreffés, foit
de la part des Affemblées d'élection & de leurs Bureaux intermédiaires, foit par des citoyens de la Province, & même de la part de perfonnes qui ne
l'habitent pas, lui avoit été envoyée, 1°. fur les biens
communaux ; 2°. fur la converfion des Gabelles ; 3°. fur
les défrichements ; 4°. fur l'adminiftration des bois ;
5°. fur l'amélioration des terres incultes ; 6°. fur les
chemins de traverfe ; 7°. fur les laines ; 8°. fur la
navigation de la rivière d'Aifne ; 9°. fur le deffèche-
ment des marais du Valois ; 10°. fur l'inexécution de
l'Arrêt du 17 Mai 1785, &c.

Il n'eft aucun de ces écrits dont les intentions ne
méritent des éloges. Ceux même qui ne préfentent pas
toujours des idées exactes, & dont l'exécution ne feroit
pas fans inconvénient, ou fans de grandes difficultés,
ont droit à votre reconnoiffance. Il en eft qui deman-
doient beaucoup de recherches, & que le temps n'a

pas permis d'approfondir ; d'autres que l'examen a diffuadé d'adopter, mais le Bureau ne les en croit pas
moins dignes des encouragements qui font dus aux
perfonnes que l'amour du bien public excite à en
devenir les coopérateurs.

Le Bureau n'avoit pas d'ailleurs tous les renfeignements neceffaires pour affeoir les opinions dans cette
première Affemblée de la Province, où le fentiment
unanime du bien que nous pourrons faciliter, étoit le
feul point de ralliement ; on n'avoit pas pu s'indiquer
& fe partager à l'avance les uns aux autres, les articles
de documents dont le rapprochement & les détails
étoient à défirer, & peuvent feuls nous procurer des
inftruftions fuffifantes. Nous en avons fenti le befoin
à tout moment, mais plus il nous a arrêtés, plus il
nous a donné lieu d'efpérer qu'une autre année, nous
n'éprouverons pas le même obftacle.

En effet, Meffieurs, notre féparation ne fera point
une interruption à nos travaux. Ce n'eft pas feulement
le zèle & l'émulation qu'ils infpirent, c'eft auffi l'impatience de les faire fruftifier, qui nous impoferont la
néceffité de les continuer. Vous nous rapporterez tous
les détails de localité, fans lefquels il ne feroit pas poffible d'appliquer aucune vue de bienfaifance ; de faifir
l'enfemble, ni de déterminer les exceptions. Le foin

même que vous prendrez de les recueillir, vous fera connoître les matériaux qui nous ont manqués, & qu'il nous importe de rassembler. Vous vous ferez un plaisir encore plus qu'un devoir, de nous en préparer les avances.

Déja vous avez entrevu la possibilité de soulager avec efficacité les vrais pauvres, & d'extirper radicalement les vices honteux & déplorables de la mendicité; vous avez jugé qu'afin que les secours puissent suffire aux besoins de la véritable indigence, il falloit que la Police employât le frein des loix contre les vagabonds; que chaque Ville & chaque Communauté se chargeât de ses pauvres; que par-tout le travail fût la seule charité des pauvres valides, & que les aumônes gratuites fussent réservées à ceux-là seulement qui ne peuvent travailler. Vous avez conçu tout le bien que pouvoient faire à cet égard les Assemblées municipales; & les informations que vous avez ordonnées, vous mettront à même d'exécuter avec succès, lors de votre seconde Assemblée, le projet que l'humanité avoit tant de fois entrepris vainement, que les établissements les plus vastes & les plus magnifiques n'avoient pas effectué, & qui effectivement ne pourra jamais réussir que par les soins d'une Administration commune, distribuée sur le plan de la vôtre.

La situation des habitants des campagnes & sur-tout des *Situation* habitants des vignobles, touche de bien près à la misère; *des Habitants* c'est l'un des objets dont le Bureau du Bien public se *des Campagnes* propose aujourd'hui d'avoir l'honneur de vous entretenir.

Un étranger qui parcourroit cette belle Province, admirant les ressources de toute espèce que les campagnes offrent à leurs nombreux habitants, considérant l'activité que les trois grandes rivières navigables, & les routes multipliées qui traversent le Soissonnois, devroient donner à son commerce, seroit bien loin d'imaginer la situation dans laquelle les habitants des campagnes languissent; sans doute il ne pourroit comprendre par quel étonnant effet, ce peu d'aisance se trouve à côté de tant de moyens de richesses.

Il est malheureusement plus aisé de résoudre ce pro- *Défaut de* blême, qu'il n'est facile d'y remédier. 1°. La plupart des *Propriété dans* habitants des campagnes n'ont point de propriétés; cepen- *les Campag.* dant l'approvisionnement de Paris & des autres Villes, *des Impôts.* le séjour des Propriétaires hors des campagnes, & sur- tout la masse accablante des impôts de toute espèce, qui écrase le pauvre, en même-temps qu'elle frappe sur le propriétaire; la Gabelle, les Aydes, la Contribution représentative de la Corvée, & ci-devant l'impôt si funeste de la Corvée, la Milice, le Contrôle, &c. en- lèvent la plus grande partie & du numéraire & des

productions de la terre ; il ne reste de productions dans
les campagnes, que la quantité qui ne peut être arra-
chée aux besoins de l'étroite subsistance ; & en numéraire, que les profits soit du cultivateur qui exploite de
grandes fermes, soit des négociants qui font des entre-
prises avantageuses. Encore, ces profits ne tournent-ils
pas au soulagement des autres habitants ; ils sont mis en
réserve ou engagés dans de nouvelles affaires, par le
spéculateur avare de la fortune qu'il a faite, ou avide
de celle qu'il espère y ajouter, & le pauvre habitant
n'en obtient pas même une augmentation de travail.

2°. A cette première cause, qui n'a pas beaucoup
d'exceptions marquées, & dont l'influence anéantit en
quelque sorte, pour les habitants des campagnes, & la richesse du sol & les avantages de sa position, il s'en joint
une seconde, dont les effets ne sont pas moins fâcheux.

Défaut de
Chemins de
Communicat. La Province est coupée d'une multitude de routes cons-
truites à grands frais, & d'une dépense incalculable, pour
ainsi dire jusqu'à ces derniers temps, à l'égard des habitants des campagnes, puisqu'elles étoient faites & entretenues par la corvée, mais ces routes tracées sur des
directions dans lesquelles on n'a pas consulté le plus grand
avantage du pays qu'elles traversent, ou au contraire cet
avantage a presque toujours été sacrifié à d'autres vues,
ne vivifient qu'une très-petite portion des campagnes, ne

fervent qu'à la commodité des voyageurs, au commerce
étranger, ou à des entreprifes qui exigent de fortes avances; & cependant prefque toutes les campagnes dépour-
vues de routes de communications, féparées les unes des
autres par des chemins périlleux & difficiles, éloignées
de ces grandes routes qui leur ont coûté fi cher & dont
l'entretien pèfe fur elles, n'ont ni la reffource du travail,
que des routes plus commodes, à portée d'elles, qu'un
commerce plus facile & par conféquent plus actif leur
procureroient, ni le pouvoir des petits échanges d'un
marché à l'autre, qui exciteroient l'induftrie des pauvres
habitants, & remédieroient, jufqu'à un certain point, à
la déplorable & impérieufe néceffité qui rend leur condition fi miférable.

Tels font, Meffieurs, les vices qui appauvriffent les
campagnes, & qui inceffamment acheveront de les dépeu-
pler. Ces malheurs font plus fenfibles encore dans les
vignobles; les propriétés y font à la vérité plus divifées,
& il eft peu d'habitants qui n'y poffède une petite quantité
de vignes, mais c'eft même l'avantage de cette propriété
qui leur eft onéreux. Le vigneron occupé pendant prefque
toutes les faifons de l'année à une culture minutieufe &
indifpenfable, ne gagne pas le prix du temps qu'il emploie, & il faut qu'il faffe des avances annuelles de plus
d'une efpèce, heureux fi fa récolte le dédommage de

Caufes d'ap-
pauvriffement
particulières
aux Vignobles.

fes dépenfes ; mais quand une bonne année pourroit lui rembourfer fes frais & le récompenfer de fes peines, le Preffurage, la Dîme, l'Impôt des Aydes, cet impôt également accablant par fa quotité, par l'efpèce d'inqui-fition qui tient à fon régime, par fes loix pénales, par fon renouvellement perpétuel, par fon addition aux autres impôts fur la propriété, dont il ne difpenfe pas, lui raviffent le produit le plus net des vendanges. Cependant le vin qui lui refte pourroit encore affurer fa fubfiftance, s'il en avoit le débit, mais vos vignobles n'ont pas affez de qualité pour attirer, à égalité, la concurrence des marchands. Séparés les uns des autres par le dé-faut de communications, privés d'iffues aboutiffan-tes aux grandes routes, les marchands ont dû s'en retirer & n'y reviennent plus. D'ailleurs, vos vins ne font point fufceptibles d'un tranfport éloigné ; ils n'ont pas affez de corps pour être embarqués fur les rivières qui avoi-finent vos vignobles ; ils ne fe confervent pas ; ainfi le befoin de vendre pour avoir de quoi vivre, & pour pouvoir continuer un travail fi ingrat, l'impoffibilité de garder des vins qui s'altereroient, forcent les vignerons à faire conduire leurs vins dans les marchés de la Ferté-Gaucher, de Rebais, de Meaux & de la Ferté-Milon ; il faut donc qu'ils ajoutent encore à leurs autres avances, celle des frais de tranfport ; le défaut de routes de com-

munication

munication, rend ces frais d'un prix exceffif, tant qu'enfin les vins accumulés dans les marchés, n'y reçoivent d'autre évaluation que celle de la néceffité de vendre, & ne fuivent pas le cours naturel du befoin des acheteurs, de la valeur de la denrée, & du plus ou moins d'abondance de la récolte. Que fi à ces inconvénients multipliés & jufqu'à ce jour inévitables, il fe joint le malheur des mauvaifes années, la mifère eft alors à fon comble, & fouvent le vigneron, obligé de vendre fa propriété pour payer les frais de culture, n'a plus d'autre reffource que d'aller mendier des journées de travail ou des aumônes.

Non, Meffieurs, il n'eft point d'objet qui mérite plus votre attention que la fituation des habitants des campagnes. Ce tableau, vous le favez, n'eft point exagéré; fi à ce court expofé, nous joignions les détails que chacun de nous en a fans ceffe fous les yeux, & auxquels des fecours ifolés & volontaires, quelqu'abondants qu'ils foient, n'ont jamais pu fuffire, vous reconnoîtriez que la peinture que nous venons d'en faire, eft bien au deffous de ce que nous en pourrions dire. La mifère des campagnes eft exceffive en elle-même; elle l'eft également dans les défordres qu'elle entraîne : il ne faut pas chercher ailleurs la fource effrayante de la mendicité & de tous fes vices. Il n'eft point, Meffieurs,

Mmm

de bien plus preffant à faire, que celui d'y remédier; il n'eft point en même-temps de bienfaifance plus touchante à exercer. En ramenant l'aifance dans les campagnes, non-feulement vous foulagerez l'infortune, mais encore vous rétablirez l'innocence & les mœurs au milieu des travaux champêtres ; en banniffant le défefpoir du cœur des pauvres habitants de la campagne, vous leur infpirerez l'amour de la probité & de la juftice, fi défirable & fi néceffaire pour leur bonheur & celui de la Société. Les pauvres des Villes fe refugieront chez eux, lorfqu'ils pourront efpérer d'y trouver une honnête aifance pour prix de leur travail ; c'eft alors que vous recevrez des bénédictions véritables.

Difficultés dans l'entreprife de foulager les Camp.   Cependant il ne faut pas fe diffimuler que dans l'état préfent des chofes, cette noble & féduifante entreprife eft extrêmement difficile. La Nation inftruite des befoins du Gouvernement, ne peut pas ignorer que dans ce moment, les impôts ne peuvent pas être diminués, que felon la proportion de la diminution des charges de l'État. D'une autre part, la divifion actuelle des propriétés, eft un accident néceffaire. On ne peut propofer à ceux qui les poffèdent de s'en dépouiller pour faire un fort aux pauvres habitants des campagnes. Enfin, l'infuffifance des moyens pour concilier à la fois & l'entretien de vos grandes routes, & l'entreprife des routes de communication, vous a été démontré. Ainfi le mal ne fauroit être attaqué dans fa racine, & il faut trouver un moyen de foulager les campagnes, qui s'oppofe aux caufes fubfiftantes de leur appauvriffement.

Une des voies les plus propres à produire cet heureux effet, qui concilieroit en même-temps l'intérêt des propriétaires, feroit d'affermer en détail autour des habitations de la campagne, une certaine quantité de terres fuffifantes, pour procurer à chaque famille une fubfiftance aifée; ce genre de location pourroit être effayé graduellement, d'abord en faveur des habitants les plus laborieux & les plus honnêtes, fucceffivement en faveur des chefs de famille, que l'exemple des habitants à qui cette faveur auroit été accordée, porteroit à imiter leur travail & leur fidélité; bientôt dans les pays même, où la mifère entretient le plus de nonchalance, le plus de légéreté à contracter des engagements qui ne font jamais remplis, il arriveroit une révolution avantageufe à l'habitant qui trouveroit dans un travail des moyens de fubfiftance & même de bénéfice, au propriétaire qui tireroit un bien plus grand parti de ces locations partielles, que des grandes fermes toujours accordées à plus bas prix, & dont les bâtiments entraînent des dépenfes qui feroient épargnées.

Locations partielles.

Mmm ij

Mais ce moyen ne peut être que conseillé ; le Bureau du Bien public espère qu'il y aura des citoyens également compatissants & attentifs, qui se porteront d'eux-mêmes à le tenter, & il semble que l'Assemblée pourroit en recommander la pratique, & inviter les Assemblées d'élection ou leurs Bureaux intermédiaires, à la recommander dans leurs districts.

Diminution de la Taille annoncée.   Sa Majesté dans l'un des projets qu'elle avoit ordonné de communiquer à l'Assemblée des Notables, a annoncé comme l'une des espérances que la bonté de son cœur désire pouvoir réaliser, la remise d'une somme de six millions, sur la masse générale de l'impôt des tailles, lorsque la situation de ses finances lui permettra d'accorder ce soulagement à son peuple. Une vue qui nous a paru digne de sa bienfaisance, capable de déterminer une heureuse révolution dans les campagnes, seroit d'affecter la plus grande portion de cette remise, sur les locations partielles, dont nous venons de parler, ainsi que sur les petites propriétés, jusqu'à concurrence de cinq à six arpents, par chaque chef de famille, n'exerçant aucun métier lucratif, & ne faisant aucune autre exploitation ; cette grâce seroit un puissant encouragement pour solliciter & pour accorder les locations dont il s'agit ; avantageuses aux chefs de famille, elles le deviendroient par la suite aux propriétaires ; elles

ne nuiroient point à la culture, parce que le nombre
n'en feroit jamais fort étendu, & que l'avantage qu'elles
procureroient dans l'intérieur des pauvres familles, n'em-
pêcheroit pas que la domefticité dans les fermes, ne
fût toujours un métier plus profitable.

Le Bureau du Bien public a donc cru pouvoir ha-
farder cette idée, dans la perfuafion que les locations
partielles ne fauroient être trop favorifées.

Mais comme les mêmes obftacles qui ont diffuadé
jufqu'à préfent d'adopter la pratique des locations partielles autour des habitations de la campagne, pourroient
encore s'y oppofer ou en retarder les effais ; qu'elles
ne fuffiroient pas aux befoins de la multitude des pauvres habitants de vos campagnes ; que d'ailleurs cette
reffource ne feroit pas applicable dans les pays où la culture de la vigne abforbe, pendant toute l'année, le travail des vignerons; qu'enfin l'efpèce de franchife propre
à favorifer les locations partielles, ne pourroit avoir lieu
que par l'effet d'une remife que les circonftances ne
nous permettent pas d'efpérer, quelque défirable qu'elle
foit, vous jugez, Meffieurs, de la néceffité d'ajouter
d'autres fecours plus certains à des maux qui follicitent fi fortement votre humanité & votre bienfaifance.

Il n'y en auroit point de plus efficace, ni d'un avantage plus prompt & plus confidérable, que l'entreprife

Confection
des Routes
de Commun.

des routes de communication qui manquent dans toutes vos campagnes, la remife même de toute efpèce d'im-pofition n'équivaudroit pas pour eux, à cet avantage ; elle les laifferoit toujours fans propriété, fans argent & fans moyen de s'en procurer. Mais par les routes de communication, les pauvres habitants auroient continuel-lement à portée d'eux la reffource des travaux publics ; l'activité qu'elles donneroient au commerce, leur fourni-roit des travaux particuliers. Les petits commerces inté-rieurs, d'un rapport fi intéreffant pour eux, & d'un effet bien plus important qu'on ne l'imagine, n'éprouveroient plus les obftacles qui les en détournent ; vos vignobles auroient des débouchés, & l'efpoir d'un débit propor-tionné aux avances & aux peines de leur culture, y prendroit la place de la crainte de la mifère qui rebute le vigneron, en même-temps qu'elle le contraint au travail le plus ingrat. Nous ne parlons pas des grands intérêts de la propriété de l'agriculture & du commerce, qui font liés fur ce point à l'intérêt des habitants des campagnes. Les vues qui les concernent s'offrent d'elles-mêmes, & le vœu que le Bureau du Bien-public forme à cet égard, des routes de communication, circonfcrit dans ce moment à la fituation des pauvres habitants de la campagne, n'a d'autre objet que d'ajouter le motif preffant de leurs befoins, à tous ceux qui doivent déterminer les secours nécessaires pour une entreprise si utile en elle-même, & si urgente par rapport à eux.

Sa Majesté qui a déja donné tant de preuves de son amour pour ses peuples, daignera, sans doute, prendre un objet si important en considération ; nous espérons qu'Elle daignera accorder la continuation des fonds des atteliers de charité, établissement dû à sa munificence, qui a été d'un si grand secours, & qui devient si nécessaire de plus en plus ; nous espérons qu'il se présentera à sa sagesse des moyens encore plus étendus, de donner aux besoins de vos campagnes ce que leur situation réclame de sa bienfaisance.

Nous savons, & c'est Elle-même qui l'a annoncé, *Gabelles.* qu'Elle s'occupe de convertir l'impôt des Gabelles, en une imposition moins onéreuse en elle-même, moins fâcheuse dans ses conséquences. Le Bureau du Bien public se seroit cru autorisé, Messieurs, à jetter quelques vues sur ce projet d'une si heureuse espérance, d'un soulagement si salutaire pour vos campagnes & pour la Province en général, assujetties au plus cher droit de cet impôt ; mais il n'a pas pu se procurer des renseignements assez certains pour fixer ses calculs, & l'examen même d'un mémoire qui lui a été adressé à ce sujet, & qui contient plusieurs plans de conversion de la Gabelle, l'a dissuadé du travail qu'il avoit entrepris. Il eſt aiſé, ſans doute, d'appercevoir tous les maux de la Gabelle, combien elle pèſe ſur le peuple, le tort immenſe qu'elle fait à l'agriculture par la privation des excellentes nourritures & des engrais que l'extrême cherté du ſel lui interdit, &c. Mais nous devons quant à préſent du moins, laiſſer à la ſageſſe de Sa Majeſté & à des temps plus heureux, le choix & l'exécution des moyens praticables, pour décharger la Nation de ce peſant fardeau.

Aydes. Nous dirons la même choſe de l'impôt affligeant des Aydes ; il a le double inconvénient d'accabler & d'inquiéter continuellement le contribuable : mais toute réforme à cet égard ne peut ſe faire avec un avantage réel, ſans qu'il en coûte à Sa Majeſté des ſacrifices que la bonté de ſon cœur n'héſiteroit point à faire, ſi les beſoins de l'État le lui permettoient. Elle ſeule peut & doit être juge de l'époque d'un ſi grand bienfait, & les vœux que le Bureau du Bien public vous propoſe au ſujet de la Gabelle & des Aydes, ſont & doivent être plutôt l'expreſſion de notre confiance dans la bonté du Prince qui nous gouverne, que la plainte des maux exceſſifs qu'ils cauſent à la Province. Sa Majeſté les connoît, & ſa bienfaiſance eſt le gage de nos eſpérances ; Elle les réaliſera dans des temps plus heureux.

Et que ne devons-nous pas eſpérer des ſentiments
qui

qui l'animent, & de l'esprit de patriotisme & de lumières dont il aime à s'entourer. Vous avez vu, par les
Instructions qu'il a voulu que l'on vous adressât, concernant différentes cultures d'une pratique aisée & d'un
produit presqu'assuré, combien les moindres détails,
quand ils présentent des motifs d'utilité & de prospérité publique, lui deviennent importants, & l'espèce de
recherche avec laquelle il s'empresse d'en répandre la
connoissance.

Outre ces différentes Instructions, il en est une qui
nous a pénétrés d'une vive sensibilité, c'est l'extrait
d'un des ouvrages les plus utiles qui aient été faits
pour la conservation des hommes dans les campagnes :
ouvrage qui joint à la sûreté des moyens indiqués, le
mérite si rare de la clarté, & dont les avis sont d'une
exécution à la portée de toutes les personnes qui le
liront.

L'Auteur qu'il suffit de nommer pour exciter votre
confiance, M. Portal, joint à la science profonde de la
théorie de son art, la science plus sûre quand elle y est
jointe, de l'observation & de l'expérience. L'extrait
que le Gouvernement a fait faire de son ouvrage,
contient le détail, & s'il est permis d'employer ici ce
terme, la manipulation des moyens employés avec succès pour secourir, 1°. les personnes noyées ; 2°. celles

Ouvrages relatifs à la conservation des hommes, envoyés par le Gouvern.

N n n

qui ont été fuffoquées par des vapeurs méphitiques, telles que celles du charbon, du vin, des mines, &c. 3°. les enfants qui paroiffent morts en naiffant, & qu'il eft facile de rappeller à la vie ; 4°. Les perfonnes qui ont été mordues per des animaux enragés ; 5°. celles qui ont été empoifonnées.

Le Bureau du Bien public a penfé que cet Avis ne fauroit être trop multiplié dans les campagnes, où tous les accidents de ce genre arrivent fi fréquemment, & font fi rarement ou fi mal fecourus ; qu'il feroit également intéreffant d'envoyer plufieurs exemplaires de l'Ouvrage entier, dans chaque arrondiffement ou divifion de la Province, afin que la connoiffance des principes, confirme dans la pratique des préceptes ; il eft d'avis en conféquence que l'Affemblée profite avec reconnoiffance de l'offre que Sa Majefté a daigné lui faire, & qu'elle demande au Gouvernement un exemplaire de l'Avis, pour chaque Municipalité, & deux exemplaires de l'Ouvrage, pour chaque arrondiffement ou divifion de vingt Paroiffes, ce qui feroit en tout environ onze cents exemplaires de l'Avis, & cent, ou environ, de l'Ouvrage.

Le Bureau penfe en même-temps, que cet Avis doit être adreffé de préférence à MM. les Curés des Municipalités, & qu'il eft à propos de les prier de vouloir bien prendre foin que les Chirurgiens à leur portée, aient

l'attention de le lire, de l'étudier, & fur-tout de le mettre
en pratique, lorfque les occafions malheureufement trop
fréquentes, s'en préfenteroient ; peut-être même feroit-il
bon de les autorifer à inftruire les Bureaux intermédiaires, auxquels leurs Municipalités reffortiffent, des négligences dont les Chirurgiens de campagne, quelquefois
par prévention, le plus fouvent par ignorance, pourroient fe rendre coupables à cet égard.

Le Bureau croit que les exemplaires de l'Ouvrage entier, devroient être diftribués dans les arrondiffements,
aux deux Chirurgiens ou aux deux perfonnes, de quelqu'état & profeffion qu'elles foient, qui, fur le témoignage des Bureaux intermédiaires, feroient reconnues les
plus capables d'en faire un bon ufage, les plus zélées pour
le bien public, les plus dépouillées de tous les préjugés,
qui fouvent rendent le zèle même incapable de faire le
bien, & de profiter des avis les plus fages.

Il fubfifte encore dans bien des campagnes, Meffieurs, *Inconvénients*
un abus, preuve de la vieille & barbare ignorance, qui *de quelques*
fouvent rend inutiles les fecours qu'on pourroit admi- *fecours admin.*
niftrer aux noyés. La perfuafion où l'on a été long-temps, *aux Noyés.*
que les noyés ne pouvoient être rappellés à la vie, avoit
introduit l'ufage d'expofer au bord des rivières ou étangs,
& les jambes dans l'eau, les noyés qu'on en retiroit ; des
Juges de village, plus barbares dans leur ignorance, que

les villageois eux-mêmes, avoient fait une règle de police de cette méthode inhumaine, qui achève d'ôter toute ressource à la vie, à la malheureuse victime qui auroit pu y être rappellée.

Le Bureau du Bien public est d'avis, Messieurs, qu'il est de votre sagesse & de votre humanité, d'exhorter MM. les Curés, en même-temps que vous leur enverrez l'Avis précieux que Sa Majesté vous a adressé, qu'ils fassent connoître à leurs Paroissiens, combien cette méthode est contraire au bien de l'humanité, & aux intentions de Sa Majesté, concernant les secours à administrer aux noyés.

Boîtes pour Monsieur le Commissaire du Roi, à l'Administration
les Noyés. duquel l'Assemblée n'a cessé d'avoir occasion de rendre sur tous les points le plus juste témoignage, avoit établi un dépôt des boîtes pour les noyés, qui se distribuent à Paris, chez M. Pia, ancien Échevin de la Ville, rue des Grands-Augustins. Ces boîtes contiennent tous les ustensiles nécessaires pour administrer les secours aux noyés, avec une instruction sur la manière de s'en servir. Ne pensez-vous pas, Messieurs, qu'il seroit bien désirable que toutes les Municipalités qui se trouvent situées auprès des rivières ou des étangs, en fussent pourvues? Le Bureau a pensé que Monsieur le Président pourroit être prié par l'Assemblée de demander à Sa Majesté les moyens d'y pourvoir.

Les autres Inſtructions dont nous avons à vous Ouvrages ſur rendre compte, & que nous tenons également de la le Parcage des bonté de Sa Majeſté, concernent le parcage des bêtes bêtes à laine, à laine & les prairies artificielles ; deux objets dont & les Prairies artificielles. l'agriculture peut tirer de ſi grandes reſſources, & qui ſont depuis ſi long-temps en uſage dans le Soiſſonnois : mais qui ne ſauroient y être trop encouragés.

Il y en a deux autres ſur la culture de la betterave champêtre & des turneps ou gros navets, dont le rap-port mettroit les jachères en valeur, & procureroit aux cultivateurs, outre cet avantage conſidérable, une reſ-ſource aſſurée dans les années de diſette des fourrages.

Le Bureau du Bien public eſt d'avis que l'Aſſem-blée doit profiter avec reconnoiſſance de la bonté que Sa Majeſté a eu de lui promettre un nombre d'exem-plaires de ces inſtructions ſuffiſant, pour être répandus dans les campagnes, & adreſſés aux Laboureurs les plus diſtingués de chaque canton, à ceux qui joignent le plus de théorie à la pratique de leur art, & qui, ſur le témoignage des Bureaux intermédiaires, ſeront reconnus les plus capables de donner l'exemple intéreſ-ſant de ces précieuſes cultures.

Le Bureau du Bien public croit auſſi que la diſ-tribution de pareils ouvrages accompagnés de lettres des Bureaux intermédiaires, qui ſeroient par elles-mêmes une efpèce de prix d'honneur, pourroit devenir un encouragement flatteur, pour le progrès de l'art le plus utile, le plus digne par lui-même de la confidération publique.

Ouvrages fur la Carie des Bleds.

Sa Majefté avoit précédemment adreffé à l'Affemblée, un précis des expériences faites à Trianon par les ordres & fous les yeux du feu Roi, en 1755 & 1756, & répétées jufqu'en 1787, fur les caufes de la corruption des bleds, & fur les moyens de la prévenir, avec une inftruction propre à guider les Laboureurs fur la manière de préparer le grain avant de le femer.

Il n'eft point de fléau plus funefte à l'agriculture en particulier, & à l'État en général, que cette terrible maladie des grains, connue fous le nom de carie ou bled noir qui anéantit les récoltes préfentes, & par la pouffière qui s'attache à la femence, a la même influence fur les récoltes futures. Quelqu'en foit la caufe, & il eft bien plus utile d'en connoître le remède, que d'en découvrir le principe, on ne fauroit rendre un plus grand fervice à l'humanité, que d'indiquer les moyens fûrs de s'en préferver.

Les expériences faites à Trianon, conftatent qu'il n'en eft point de plus certain qu'un choix de bonne femence préparée par le chaulage, avec l'eau de cendre de leffive.

Cette préparation exige une manipulation dont les détails ne font pas difficiles à faifir ni à exécuter, mais qu'il feroit trop long de vous rapporter ici, & qu'à tout prendre, il vaut mieux lire dans l'Inftruction. Sa Majefté, fi l'Affemblée le lui demande, aura peut-être la bonté de vous donner un nombre d'exemplaires de cette Inftruction, fuffifant pour être répandu dans les campagnes.

Un fléau fi fenfible mériteroit, fans doute, Meffieurs, toute l'attention du Gouvernement, & doit fur-tout exciter votre attention dans les circonftances actuelles, où plufieurs cantons de la Province en font affligés depuis plufieurs années.

Nous devons aux Cultivateurs, Membres de l'Affemblée, la connoiffance d'un procédé auffi fimple, moins difpendieux & d'une pratique plus facile que celui indiqué par l'Auteur des expériences faites fous les yeux de Sa Majefté.

Procédé pour préferver de la Carie, indiq. par les Cultiv. Membres de l'Affemblée.

Ils atteftent que depuis nombre d'années qu'ils prennent les précautions dont vous ferez bien aifes d'entendre le détail, jamais ils n'ont éprouvé l'accident du bled noir, quoique fouvent des récoltes voifines de la leur, en fuffent infectées; que cette pratique a réuffi dans tous les temps & dans tous les lieux où ils favent qu'on en a ufé.

Le fecret confifte également dans la préparation ou

chaulage de la femence ; mais au lieu de l'eau de leffive qui exige qu'on la faffe bouillir, & des attentions
pendant trois jours confécutifs, ils ont toujours pratiqué de fe fervir d'une eau graffe, & principalement
de celle qui fort de l'égoût des fumiers.

Quand l'eau du fumier leur manque, ils y fuppléent
par une eau compofée de la manière fuivante. Ils réu-
niffent dans une ou plufieurs futailles, deux boiffeaux par
chacune, de crotins de chevaux, deux boiffeaux de
cendres de bois & deux de fumier de poules ou de
pigeons. On emplit d'eau ces futailles ; on les fait fortement remuer plufieurs fois pendant deux jours, afin
que les ingrédients foient bien mélangés, & que l'eau
s'en trouve fuffifamment imprégnée ; ils emploient enfuite un feau de cette eau mêlée pour trente boiffeaux
de bled, le boiffeau pefant quarante livres. Ils y mêlent
de la chaux nouvelle & vive, & non en poudre, &
mouillent bien exactement le bled de femence.

Cette première préparation faite avec foin, on raffem-
ble en un gros tas le bled ainfi chaulé, & on le laiffe
fermenter pendant vingt-quatre heures ; après quoi on
l'étend fur le plancher, & il y paffe trois ou quatre jours,
jufqu'à ce qu'il foit parfaitement fec, avant de le répandre fur la terre.

C'eft par ce moyen fi fimple, qu'ils n'ont jamais eu
dans

dans leur récolte, aucun grain qui ne fût pur, net & exempt de toute espèce de contagion.

Ils assurent qu'en observant bien exactement ces précautions, en employant toujours pour semence, du bled de la meilleure qualité, en renouvellant la semence tous les ans, dans la proportion d'un tiers ou d'un quart, & poursuivant une bonne terre, bien cultivée, on est aussi certain qu'il soit possible, d'avoir une récolte abondante & des bleds d'une très-bonne qualité.

Le Bureau a été d'avis, Messieurs, qu'une méthode aussi simple, garantie par l'attestation de cultivateurs expérimentés & honnêtes, méritoit d'être connue dans les campagnes de la Province, & en conséquence il a l'honneur de vous proposer d'en faire imprimer la recette, sous le titre d'*Avis proposé aux Laboureurs, sur les moyens de se préserver du bled noir, employés avec succès par les Cultivateurs Membres de l'Assemblée provinciale du Soissonnois* : & d'en distribuer gratuitement plusieurs exemplaires dans chaque Municipalité.

La disette des fourrages que cette Province a éprouvée, ainsi que tout le Royaume, pendant les années 1785 & 1786, est un malheur sensible pour l'agriculture, & qui a aggravé encore celui de la carie des bleds ; il en est résulté une diminution considérable dans les différentes espèces de bestiaux, dont les produits, & sur-tout les

Élèves de Bestiaux,

Ooo

engrais, font d'une fi grande importance. Cette diminution fera reffentie encore pendant bien des années, &
le Bureau du Bien public a penfé que l'on ne fauroit
trop recommander aux Bureaux intermédiaires de veiller,
chacun dans leur diftrict, à ce que les municipalités s'occupent de favorifer les élèves des beftiaux ; & qu'il
conviendroit que l'Affemblée chargeât MM. les Procureurs-Syndics, de folliciter le renouvellement & l'exécution des loix relatives à cet objet intéreffant.

Défrichements Il a été fortement agité au Bureau, fi la permiffion
illimitée qui a été accordée de défricher les terres incultes, & qui s'eft étendue jufques fur les vaines pâtures,
ne faifoit pas un tort confidérable à l'agriculture. Le
Bureau partagé entre les dommages fenfibles qu'éprouvent
les Laboureurs dont les troupeaux n'ont plus de nourriture, & l'avantage de mettre le plus de terres poffibles en
valeur, de procurer cette reffource aux pauvres habitants
des campagnes, n'a pas ofé prendre aucune détermination
à cet égard. Il a été d'avis que l'Affemblée confultât les
différentes Sociétés d'Agriculture, fur cette queftion, pour,
fur le rapport motivé qui vous en fera fait, Meffieurs,
prendre le parti ultérieur que votre fageffe vous dictera.

Baux des On y a pareillement agité, s'il ne conviendroit pas de
Biens Ecclés. demander une loi qui mit les cultivateurs à l'abri de l'é-
viction fubite à laquelle ils font contraints, lors du

décès ou de la permutation des Eccléfiastiques dont ils tiennent les terres à ferme. Cette question qui touche moins aux privilèges du Clergé, qu'à la nature de sa possession, préfente un grand motif de justice & d'intérêt. Ruiner le cultivateur, c'est détruire l'agriculture ; & d'ailleurs, est-il juste que la solidité d'un engagement, qui demeure toujours obligatoire contre eux, sur la foi duquel ils ont du moins fait de fortes avances & hasardé leur patrimoine, dépende de l'événement fortuit du décès ou de la démission de l'Eccléfiastique avec lequel ils ont contracté. Le Bureau a été d'avis que l'Affemblée devoit propofer cette question à la fageffe du Gouvernement, & prier Monfieur le Préfident d'employer fes bons offices, pour obtenir un Réglement qui, fans nuire aux droits & à la poffeffion du Clergé, mette les cultivateurs à l'abri d'une éviction fubite & toujours dommageable dans les cas ci-deffus indiqués.

Il a été adreffé au Bureau plufieurs plaintes fur la manière dont les Mefureurs d'office, notamment ceux de la Ville & Élection de Soiffons, s'acquittent de leur emploi. Le Bureau du Bien public n'a pas cru, Meffieurs, qu'il fût de votre reffort d'en prendre connoiffance, mais comme cet objet intéreffe le commerce des grains, il a penfé que vous pourriez charger MM. les Procureurs-Syndics d'en conférer avec MM. les Officiers de Police

Mefureurs d'Office.

Ooo ij

des différents lieux où les Offices de Mefureurs font établis, & de leur marquer l'intérêt que prend l'Affemblée à l'obfervation des Réglements qui maintiennent la fûreté du commerce des grains dans la Province.

Bois.   Le Bureau inftruit que la confommation exceffive de bois en a confidérablement augmenté le prix, & que la rareté de cette denrée fe fait fentir dans la Province, croit auffi, Meffieurs, qu'il feroit à propos d'inviter les propriétaires de la Province, à faire planter en bois les terres qui, par leur nature, ne font pas propres à la culture des grains, en obfervant néanmoins les Réglements à cet égard, & il penfe que cette invitation confignée dans les arrêtés de l'Affemblée, pourra exciter l'attention, & engager à ce genre de culture, dont le produit devient de plus en plus affuré.

Chanvre   Sa Majefté, dont l'attention s'eft étendue fur tous les
& Lin. points qui intéreffent la profpérité de cette Province, vous a recommandé, Meffieurs, de chercher les moyens d'encourager la culture des chanvres & des lins, & de favorifer la fabrication & le beau blanc des toiles fines; la France s'eft laiffée enlever ce genre de commerce depuis bien des années, & ce n'a pas été fans un dommage confidérable; elle en étoit autrefois en poffeffion, & cette Province y contribuoit : aujourd'hui la culture du chanvre & du lin eft bornée à l'approvifionnement

des ménages de la campagne, du moins dans une grande partie de la Province. Le Bureau pense qu'il seroit à propos que l'Assemblée chargeât MM. de la Commission intermédiaire, de prendre toutes les informations relatives à l'état de cette culture dans la Province, aux moyens de l'encourager, & d'exciter la fabrication & le beau blanc des toiles fines.

Sa Majesté vous a pareillement recommandé de vous occuper des moyens d'améliorer le commerce de vos laines. Il est connu que le moyen de se procurer de belles laines, dépend essentiellement, 1°. du régime avec lequel on gouverne les troupeaux ; 2°. de la propagation des belles espèces de moutons. Le Bureau, frappé de l'importance de ce commerce qui pourroit être d'une si grande ressource pour la Province, a cru, avant de vous proposer aucun projet à cet égard, devoir prier l'Assemblée de charger MM. de la Commission intermédiaire de prendre toutes les informations relatives à l'état actuel de la Province, tant sur le régime en usage pour les troupeaux, & sur les espèces préférables dans les divers cantons, que sur les différentes destinations de ses laines ; car ce ne peut être que sur des informations précises à cet égard, que les différentes vues qui peuvent être proposées sur cette question intéressante, doivent être assurées.

Commerce des Laines.

Arbres à Fruits.   Enfin, il lui a paru qu'on ne pouvoit trop encourager dans les campagnes la culture des arbres à fruits ;
leur ombrage nuit très-peu à la culture, & leurs racines
n'y font aucun tort. Ils font d'une reffource extrêmement avantageufe, foit pour la nourriture des pauvres, foit pour remplacer les vins dans les pays où l'on
n'eft pas à portée des vignobles.

Porte-balles.   Un mémoire remis au Bureau, contient des plaintes
très-vives fur les Porte-balles. Le Bureau a été d'avis
de prier l'Affemblée de charger MM. les Procureurs-
Syndics de folliciter l'exécution des Réglements qui concernent cette claffe de Marchands.

Péages.   Le Bureau intermédiaire de Soiffons, vous a adreffé,
Meffieurs, des notes & renfeignements fur les Péages
en général, & fur ceux que Monfeigneur le Duc d'Orléans fait percevoir à fon profit dans cette Élection,
aux lieux de la Mothe & de Jaulzy, & dans la ville
de Soiffons.

Avis du Bureau.   Le Bureau a donc l'honneur de vous propofer, Meffieurs, d'arrêter, 1°. Que la fituation des habitants des
campagnes, & particulièrement de ceux des vignobles,
fera préfentée comme méritant toute l'attention du
Gouvernement ; qu'à l'égard des pays où la culture
de la vigne n'emploie pas tout le travail des habitants, l'Affemblée regarde les locations partielles de cinq

à fix arpents d'étendue en faveur des Chefs de famille , comme un moyen propre à procurer un
foulagement défirable ; qu'elle fe porte d'autant plus à
y inviter les propriétaires, que ce moyen lui paroît fe
concilier avec leur plus grand intérêt, & que les Bureaux intermédiaires ainfi que les Affemblées d'élection,
feront priés de le recommander dans leurs diftricts.

2°. Que Monfieur le Préfident fera prié d'ajouter,
auprès de Sa Majefté , à tous les motifs qui ont déterminé les demandes de l'Affemblée concernant les befoins
de la Province, fur l'article des routes de communication, le motif de la fituation des habitants de la campagne & des vignobles, qui follicitent fi fortement fa
bienfaifance.

3°. Que l'Affemblée pénétrée d'une refpectueufe confiance dans la bonté du Roi , attendra de fa bienfaifance
le moment heureux où Sa Majefté pourra exécuter le
vœu qu'Elle-même a formé d'abolir la Gabelle, & où
Elle pourra pareillement foulager la Province de l'impôt
également accablant des Aydes.

4°. Que profitant avec reconnoiffance de l'offre que
Sa Majefté a daigné lui faire, Monfieur le Préfident fera
prié de demander au Gouvernement onze cents exemplaires de l'avis fur les moyens de fecourir les noyés, &c.
pour être diftribués dans chaque Municipalité, & cent

exemplaires de l'Ouvrage dont cet Avis eft un extrait, pour être diftribués à raifon de deux par chaque divifion de vingt Paroiffes.

5°. Que l'avis fera adreffé à MM. les Curés dans chaque Municipalité ; qu'ils feront priés d'avoir foin que les Chirurgiens à leur portée, en prennent connoiffance & le mettent en pratique dans les occafions malheureufement trop fréquentes d'en faire ufage ; même d'inftruire les Bureaux intermédiaires des négligences dont les Chirurgiens pourroient fe rendre coupables à cet égard.

6°. Que les deux exemplaires de l'Ouvrage dont cet Avis eft l'extrait, feront envoyés dans chaque divifion de vingt Paroiffes, à deux perfonnes que les Bureaux intermédiaires jugeront les plus capables d'en répandre l'inftruction.

7°. Que MM. les Curés feront priés de faire connoître à leurs Paroiffiens, combien l'ufage d'expofer fur le bord des rivières ou étangs, les jambes dans l'eau, le corps des noyés au moment où on les retire de l'eau, ainfi que de les fufpendre par les pieds, eft contraire à l'humanité.

8°. Que Monfieur le Préfident fera prié de demander à Sa Majefté, qu'Elle daigne accorder un nombre de Boîtes qui contiennent les uftenciles néceffaires

pour

pour adminiftrer les fecours aux noyés, fuffifant pour être diftribué dans toutes les Municipalités des lieux fitués auprès des rivières ou des étangs.

9°. Que Monfieur le Préfident fera pareillement prié d'obtenir du Gouvernement un nombre affez confidérable, pour être diftribué dans les campagnes, des Inftructions fur la culture de la betterave champêtre, des turneps ou gros navets, & fur les Prairies artificielles.

10°. Que les exemplaires en feront adreffés, avec des lettres des Bureaux intermédiaires, aux Laboureurs les plus inftruits & les plus recommandables dans chaque diftrict.

11°. Que le procédé indiqué par les Cultivateurs, Membres de l'Affemblée, fur la carie des bleds, fera imprimé fous le titre d'*Avis propofé aux Laboureurs, fur les moyens de fe préferver du bled noir ou carie, par les Cultivateurs Membres de l'Affemblée provinciale du Soiffonnois,* & qu'il fera diftribué à tous les Laboureurs, dans les différents diftricts de la Province, par le canal des Bureaux intermédiaires & des Syndics des Municipalités.

12°. Que MM. les Procureurs-Syndics feront autorifés à folliciter au nom de l'Affemblée, le renouvellement & l'exécution des Réglements concernant la confervation des élèves des Beftiaux, Réglements fi néceffaires dans ce

Ppp

moment où la diminution des espèces se fait sentir à un point très-allarmant.

13°. Que MM. de la Commission intermédiaire seront chargés de consulter les Sociétés d'Agriculture, sur la question de savoir s'il importe de demander au Gouvernement que la permission de défricher les terres vagues & incultes soit limitée.

14°. Que Monsieur le Président sera prié d'employer ses bons offices auprès du Gouvernement, pour obtenir un Réglement qui, sans nuire aux droits & à la possession du Clergé, mette les cultivateurs à l'abri de l'éviction subite, & toujours dommageable, qu'ils éprouvent en cas de décès, ou de démission entre les mains du Roi, des Ecclésiastiques dont ils tiennent les terres à ferme.

15°. Que MM. les Procureurs-Syndics seront autorisés à marquer à MM. les Officiers de Police des lieux où il y a des Mesureurs d'Office établis, l'intérêt que prend l'Assemblée à l'observation des Réglements concernant la sûreté du commerce des grains dans la Province.

16°. Que MM. les Procureurs-Syndics seront priés de s'occuper d'encourager les plantations de bois, & de prendre des informations sur les moyens de les favoriser dans les terroirs de la Province, qui ne sont pas employés à une culture plus avantageuse.

17°. Que MM. de la Commission intermédiaire prendront les informations relatives à l'état de la culture des chanvres & lins dans la Province, aux moyens d'encourager les filatures, & de favoriser la fabrication & le beau blanc des toiles fines.

Qu'ils prendront les mêmes informations sur le régime en usage pour les troupeaux, sur les espèces préférables dans les divers cantons, & sur les différentes destinations du commerce actuel de laine dans la Province.

18°. Que la culture des arbres à fruits sera recommandée dans les campagnes, & particuliérement celle des pommiers, dans les pays éloignés des vignobles.

19°. Que MM. les Procureurs-Syndics feront autorisés à solliciter le renouvellement & l'exécution des Réglements concernant les Porte-balles.

20°. Que la Commission intermédiaire communiquera au Conseil de Monseigneur le Duc d'Orléans, les représentations adressées à l'Assemblée, sur les Péages que ce Prince fait percevoir aux lieux de la Mothe & de Jaulzy, & dans la ville de Soissons, ainsi que sur l'état des Prisons, dans les villes de Soissons & de Laon.

21°. Que la Commission intermédiaire fera aussi les démarches convenables auprès des Seigneurs de la Province dont les Prisons sont insalubres.

La matière mise en délibération, l'Assemblée a ap-*Délibération.* prouvé tous les articles de l'arrêté de ce Rapport.

Ppp ij

Le Bureau de la Comptabilité a fait le Rapport
fuivant.

MESSIEURS,

Rapport du Bureau de la Comptabilité, fur l'examen des Procès-Verbaux des Affemb. d'Él.

L'EXAMEN que nous venons de faire des Procès-
Verbaux des Affemblées d'élection, nous a démontré
qu'ils font tous réguliers. S'il s'y eft gliffé quelques im-
perfections, comme par exemple, dans ceux de Noyon,
Château-Thierry, Clermont, où il eft dit que les Affemblées extraordinaires des Bureaux intermédiaires,
feront indiquées & convoquées par les Syndics, au lieu
de l'être par le Préfident, ou celui qui le fupplée, nous
fommes perfuadés qu'une connoiffance plus réfléchie des
Réglements les fera bientôt difparoître. Nous avons trouvé dans tous du zèle, des lumières, des projets de
travaux qui annoncent des réfultats importants ; enfin,
une grande déférence pour vos ordres. Nous ne vous
préfenterons pas les différents objets qu'ils contiennent ;
vos Bureaux viennent d'en faire l'objet de leurs méditations. Ils ont fervi de bafe à la plûpart des délibérations que vous avez prifes, ou font compris dans les
demandes que vous faites à Sa Majefté, & dans les Inftructions que vous allez donner. Les feules qui reftent
fans réponfe définitive, n'ayant pas encore de motifs
fuffifants de détermination à vous expofer, font 1°. La

demandé que fait l'Élection de Laon, pour que cette
ville soit Chef-lieu de deux Arrondiffements. 2°. Le
vœu de l'Élection de Noyon pour folliciter des Réglements qui préviennent les dégâts caufés par le gibier,
& pour affujettir aux impofitions, ceux qui font munis
de procurations, à l'effet de régir les Biens Eccléfiaftiques
ou Nobles. 3°. Celui de l'Élection de Guife, fur le
choix & le prix du Local de fon Affemblée.

Vous penferez avec nous, Meffieurs, que l'étude de
ces Procès-Verbaux deviendra de plus en plus effentielle.
C'eft dans ce recueil que vous trouverez les connoiffances les plus exactes, les vues les plus fages, les projets les plus utiles. Nous jugeons que le tableau général
doit en être mis fous vos yeux à l'ouverture de chaque Affemblée, & que les matières doivent être tellement difpofées par les Affemblées d'élection, qu'il y
ait des doubles détachés fur chacun des objets qui
feront foumis à votre examen, & auxquels votre Commiffion aura joint fes obfervations, afin qu'ils puiffent être remis dès la première Séance, aux Bureaux
qui devront s'en occuper particuliérement. Cette précaution a été jugée néceffaire, pour ne laiffer échaper
à votre furveillance, aucun des objets qui auront méri-
tés d'être confignés dans les Procès-Verbaux des Affemblées d'élection.

Avis du Bureau. Nous avons l'honneur de vous propofer, Meffieurs, de délibérer & d'arrêter, 1°. Que les Affemblées extraordinaires des Bureaux intermédiaires, feront indiquées & convoquées par le Préfident, ou celui qui le fuplée. 2°. Que la Commiffion intermédiaire prendra de nouveaux renfeignements fur les demandes faites par les Élections de Laon, de Noyon & de Guife, pour être mis l'année prochaine fons les yeux de l'Affemblée. 3°. Que chaque année, à l'ouverture de vos Séances, il vous fera fait un Rapport fur l'examen des Procès-Verbaux des Affemblées d'élection, dans lequel on les comparera avec les Réglements, & on préparera la divifion des matières, entre les différents Bureaux.

Délibérations. L'Affemblée a approuvé l'arrêté du Bureau dans tout fon contenu.

Signé, LE COMTE D'EGMONT.

Contre-figné, BYÉTER, *Secrétaire-Greffier.*

Du Vendredi 14, dix heures du matin.

Lettres. MESSIEURS les Procureurs-Syndics ont fait lecture d'une lettre de M. l'Ingénieur en chef par laquelle il mande, au fujet de la délibération du 29 Novembre dernier, portant qu'il fera demandé à la Cour de déterminer la direction de la route de Champagne en Normandie, paffant par l'Élection de Clermont, que cette direction a été arrêtée au Confeil en 1767, & en 1773, fauf un léger changement fait ultérieurement: A cette lettre étoient joints les plan & devis eftimatif de ce chemin.

Lecture a été faite d'une lettre adreffée à l'Affemblée par MM. les Officiers Municipaux de Clermont en Beauvaifis, à laquelle MM. les Procureurs-Syndics ont été chargés de répondre.

Meffieurs du Bureau de l'Impôt ont fait le Rapport qui fuit.

MESSIEURS,

NOus avons pris connoiffance de l'extrait de la lettre de M. le Contrôleur Général, que vous nous avez remis, & nous allons avoir l'honneur de vous en rendre compte.

Deuxième Rapport du Bur. de l'Imp. fur l'Abonn.

Nous y avons vu que ce Miniftre » croit pouvoir efpé-*des Vingtièmes*
» rer des bontés de Sa Majefté, qu'Elle voudra bien fe
» contenter de la fomme de 1,473,841 ℓ offerte par
» l'Affemblée, (pour l'abonnement des vingtièmes,) ou
» de 1,474,000 ℓ, pour former une fomme ronde,
» à raifon de 670,000 ℓ pour chaque vingtième, fous

» la condition que cette fomme fera le *net* à recouvrer,
» à la feule déduction des frais de taxation qui feront à
» la charge du Roi. «

M. le Contrôleur Général ajoute, Meffieurs, que
» du moment que Sa Majefté confent à abonner une
» Province, la fomme fixée pour l'abonnement ne peut
» plus fupporter aucuns frais de régie, qui doivent être
» dès-lors à la charge de la Province ; qu'à l'égard des
» décharges & modérations, on peut préfumer qu'une
» année commune formée fur dix, donne environ une
» fomme de 11,000 ᶠ ; qu'il croit que l'Affemblée fe
» déterminera à prendre à fon compte ces deux objets,
» en fus de la fomme de 1,474,000 ᶠ. «

Permettez, Meffieurs, que nous vous rappellions en
peu de mots, ce que nous avons eu l'honneur de vous
dire dans notre premier Rapport. Nous avions examiné
avec le foin qu'exigeoit l'importance de la chofe, la
queftion de l'abonnement, & les conditions auxquelles
il vous étoit offert.

1°. Nous avions confidéré qu'un abonnement étoit utile ;
qu'il fixoit, pour ainfi dire, *la matière* de l'impôt plus
difficile à fupporter quand on craint à chaque inftant qu'il
n'augmente ; qu'il mettoit fur-tout le propriétaire de la
claffe mitoyenne, à l'abri des vérifications qui pour lui
font prefque toujours un tourment,

2°.

2°. Nous nous étions bien affurés que les calculs préfentés à Sa Majefté étoient de beaucoup exagérés ; que le nombre des Paroiffes vérifiées depuis 1777, ou du moins augmentées au vingtième, (ce qui, pour une opération qui ne permet de les porter qu'à une valeur proportionnée à leur revenu, revient au même ;) fe montoient à plus de 600, & que par conféquent il étoit impoffible qu'on pût efpérer l'augmentation indiquée par la règle de proportion qui nous avoit été donnée pour bafe.

3°. Que la fomme fur laquelle étoit établie cette règle de proportion, avoit été confidérablement diminuée par des modérations, ce qui devoit auffi établir une diminution proportionnelle, & par conféquent confidérable dans fon réfultat.

4°. Examinant enfuite les facultés de la Province, & calculant les augmentations qui étoient réfultées des vérifications faites depuis 1777, ou avoient été produites autrement, nous nous étions convaincus qu'il étoit impoffible qu'elle offrit, au deffus de fes vingtièmes actuels, une fomme de plus de 100,000 £.

5°. Les mêmes calculs & le même examen nous avoient néanmoins fait efpérer que l'on pourroit retrouver cette fomme de 100,000 £, dans l'économie de la perception & dans les augmentations que pourroient fupporter

Qqq

certaines Paroiffes non encore impofées à leur taux effectif.

Voilà, Meffieurs, le réfultat que nous avions l'honneur de vous préfenter, & nous vous le préfentons encore aujourd'hui. Loin qu'aucune connoiffance nouvelle nous aît offert des reffources que nous ignoraffions alors, tout nous a confirmé dans notre première opinion. Cette Province eft furchargée par toutes fortes d'impofitions ; elle eft appauvrie par des circonftances particulières ; elle va s'appauvrir davantage par la nouvelle contribution des biens du Clergé, ou autres fitués dans fon enclave, & *non encore* impofés, puifque tout ce qu'ils vont payer fera autant *de moins* en circulation pour elle. Nous le difons donc dans la vérité de nos cœurs, vu tous les autres impôts qu'elle fupporte, au lieu de l'augmentation qu'elle offre, elle auroit droit de réclamer des foulagements.

C'eft d'après la vérité qui eft une, d'après l'obligation de vous la dire, qui eft un devoir facré pour nous, d'après l'efprit de juftice qui veut que le Souverain ait ce qui lui eft dû, & que le peuple ne paie point au delà de ce qu'il peut ; d'après même notre refpect pour Sa Majefté dont les intentions ne peuvent être qu'équitables & bienfaifantes, que nous avons établi les données qui ont fervi de bafe à votre première délibération. Nous vous avons peint l'état de la Province tel qu'il eft, dit jufqu'où s'étendoient fes facultés & où finiffoient fes moyens. Nous avons, en un mot, porté le tribut de fon dévouement jufqu'à fon terme. Offrir plus, eût été vouloir la furcharger, la mettre au delà du taux effectif de fes vingtièmes, & nous l'avons d'autant moins dû, que ce n'eft pas un nouvel impôt qu'exige Sa Majefté.

Nous ofons le dire, Meffieurs, nous connoiffons le zèle & le dévouement de la Province. Nous nous croirions coupables envers elle, fi, penfant qu'elle peut avoir le bonheur d'en donner un nouveau témoignage à Sa Majefté, nous lui en ôtions l'occafion ; mais nous ne nous croirions pas moins coupables aux yeux du Roi, Père de fes Sujets, fi, interrogés dans une circonftance auffi importante, en offrant au delà des moyens réels, nous compromettions fa juftice & fa bonté.

Nous devons donc, Meffieurs, vous affurer de nouveau, que d'après les connoiffances que nous avons prifes, la fomme de 100,000 offerte à Sa Majefté, eft tout ce que peut fupporter fa Province du Soif-fonnois, fans qu'elle foit *fur-impofée* ; que pour que ce nouveau fardeau n'excède point fes forces, elle a befoin de trouver une partie de cette fomme dans l'économie de la perception, & que fi les taxations que Sa Majefté à la bonté de prendre a fa charge, n'of-

Qqq ij

frent que la fomme fuffifante à l'Adminiftration des Vingtiemes, cette Province fera privée d'une partie du dédommagement qui feul pouvoit lui rendre fupportable un effort qui eft le dernier terme de fes facultés.

Avis
du Bureau.
D'après cela, Meffieurs, le Bureau infiftant fur fon premier avis, a l'honneur de vous propofer de vous en tenir à votre délibération du dix de ce mois, & en conféquence, d'arrêter qu'il fera très-humblement repréfenté à Sa Majefté, 1°. Que c'eft d'après la connoiffance acquife des forces & moyens de la Province, que fon Affemblée provinciale du Soiffonnois avoit pris la liberté de lui offrir une augmentation de 100,000 £ fur fes vingtièmes, & qu'elle ne peut diffimuler que tout ce qui furpafferoit ladite fomme de 100,000 £, feroit une furcharge pour la Province.

2°. Qu'en offrant ladite fomme de 100,000 £ à Sa Majefté, fon Affemblée provinciale du Soiffonnois avoit efpéré que la Province en retrouveroit une partie dans les économies de la perception, ce qui lui avoit fait fupplier Sa Majefté de lui tenir compte des frais de régie, qui étant attribués à l'Adminiftration de cet impôt, n'entroient aucunement dans le tréfor de Sa Majefté, en forte que l'augmentation n'en feroit pas moins de 100,000 £, felon l'offre de l'Affemblée, en fuppofant que Sa Majefté daignât fe rendre à fon vœu qu'elle prend la liberté de réitérer, comme un des moyens qui seuls peuvent empêcher que la somme offerte ne devienne un fardeau bien pesant pour la Province.

3°. Que l'Assemblée en réitérant son offre d'une somme de 100,000 ₶, dont elle supplie Sa Majesté de se contenter, réitère aussi les très-humbles prières qu'elle lui a faites dans son premier arrêté, & les demandes qui en étoient l'objet ; qu'elle supplie en conséquence Sa Majesté de lui accorder :

1°. La remise des frais de régie ou de toute autre somme égale à ce qu'il en coûtoit précédemment au Roi pour cet objet, afin de suppléer à l'économie qu'elle comptoit faire sur les frais de perception, ainsi que la somme communément accordée par Sa Majesté, pour les modérations, décharges & non-valeurs, arbitrées, en faisant de dix années, une année commune ; grace nécessaire au soulagement d'une Province d'ailleurs surchargée.

2°. De n'être tenue, en ce qui regarde la contribution pour les Domaines, Forêts du Roi, Apanages, Biens patrimoniaux des Princes, Ordre de Malte & Hôpitaux, si Sa Majesté juge à propos d'en charger l'Assemblée provinciale, de ne faire bon que des sommes auxquelles Sa Majesté aura arbitré lesdites contributions, ne pouvant entendre l'Assemblée, prendre pour bonne & garantir l'estimation qui en a été faite, & devant se réserver expreffément, qu'en cas d'aucune réclamation de la part des détempteurs des objets ci-deffus, ou de diminution accordée par la juftice de Sa Majefté, *le moins* qui en réfultera, fera mis fur le champ en défalcation de la fomme pour laquelle ces objets étoient portés.

3°. D'affranchir de toutes impofitions les Hôpitaux, réfervés d'ailleurs dans les contrats paffés entre le Roi & le Clergé, & de permettre de porter leur contribution en défalcation de la fomme fufdite.

4°. De jouir comme par le paffé, des fommes que la bienveillance de Sa Majefté accordoit à la Province, *pour le moins impofé, & pour les atteliers de charité.* La Province n'ayant aucun moyen de fubvenir à ces deux objets, qui néanmoins font de première néceffité, & encore de pouvoir prélever fur la maffe des impofitions, les frais de l'Affemblée provinciale, réduits, comme le verra Sa Majefté, par l'état qui lui fera remis fous les yeux, à la plus étroite économie, ne pouvant d'ailleurs, l'Affemblée, fe permettre de faire aucun bien, fi les frais de fon Adminiftration deviennent l'objet d'un nouvel impôt.

5°. D'affurer enfin, qu'à l'époque fixée pour l'abolition du fecond vingtième, la diminution en fera faite à la Province, au *prorata* de ce qu'elle fe trouvera payer pour fon abonnement.

L'Affemblée s'en rapportant pour le refte, à fon arrêté

du dix de ce mois, duquel elle supplie très-humblement Sa Majesté de lui permettre de ne point se départir & aucunement s'écarter.

Oui le Rapport & la matière mise en délibération, *Délibération.* il a été arrêté que Sa Majesté sera suppliée de permettre à l'Assemblée de s'en tenir purement & simplement à sa délibération du dix Décembre, au sujet des offres qu'elle avoit pris la liberté de lui faire pour l'abonnement des vingtièmes ; délibération qu'elle n'a prise qu'en connoissance de cause, & d'après ce qu'elle a reconnu des moyens & facultés de la Province.

Qu'en conséquence, 1°. Sa Majesté sera très-humblement suppliée de se contenter de la somme de 100,000 £ au dessus des vingtièmes actuels, qui est tout ce que peut payer la Province, sans être surchargée.

2°. Que l'Assemblée provinciale en offrant la somme de 100,000 £, ayant compté que Sa Majesté lui feroit la remise des frais de régie qui n'entroient point dans son trésor, & ayant regardé cette remise, ainsi que la somme accordée pour les modérations, décharges & non-valeurs, comme une ressource & un moyen de faire en sorte que la somme offerte ne surchargeât pas la Province, elle réitère la demande qu'elle en a faite à Sa Majesté, ou de toute autre somme égale qui puisse lui en tenir lieu.

3°. Qu'elle réitère aussi la réserve qu'elle avoit pris

la liberté de faire, de ne se charger du recouvrement de la contribution des Domaines, Forêts du Roi, Apanages, Biens patrimoniaux des Princes, Ordre de Malte & Hôpitaux, estimés par Sa Majesté, à 253,687 *l* 10 *s* 6 *d*, que pour la somme que produiroit réellement ces objets, & à la charge que si ces objets étoient d'une moindre valeur, en cas de réclamation de la part de ceux qui en sont détempteurs, ou au cas que Sa Majesté, pour quelque raison à Elle connue, daignât les exempter, en tout ou en partie, de la contribution, *le moins* payé seroit mis sur le champ en défalcation de la somme pour laquelle ces objets sont portés.

4°. Que Sa Majesté sera encore suppliée d'affranchir les Hôpitaux, & de permettre de porter leur contribution en défalcation ; ces établissements n'ayant jamais été imposés, &, pussent-ils l'être, n'étant matière imposable que pour le Clergé, puisqu'ils ont été accordés à cet Ordre, par ses contrats avec le Roi.

5°. Que Sa Majesté sera très-instamment suppliée de faire jouir la Province, comme par le passé, des sommes accordées par Elle pour *le moins imposé* & *les atteliers de charité*, ces secours lui étant absolument nécessaires, & aussi de permettre que l'on prélève sur la masse des impositions, les frais de l'Assemblée provinciale, estimés, comme le verra Sa Majesté, par l'état
qui

qui lui en fera mis fous les yeux, avec la plus étroite économie. L'Assemblée ne pouvant d'ailleurs fe promettre d'opérer quelque bien, fi les frais de fon Administration font la matière d'un nouvel impôt.

6°. Que Sa Majesté voudra bien affurer la Province qu'à l'époque fixée pour l'abolition du fecond vingtième, la diminution lui en fera faite au *prorata* de ce qu'elle fe trouvera payer pour fon abonnement ; l'Assemblée s'en référant du refte au Rapport fait le dix de ce mois, & à la délibération prife en conféquence ; de laquelle délibération, elle fupplie Sa Majesté de lui permettre de ne point fe départir, & aucunement s'écarter.

Et attendu que l'Assemblée étoit prévenue que Monfieur le Commiffaire du Roi, devoit faire la clôture des Séances, Dimanche feize du préfent mois, elle a arrêté qu'il lui feroit envoyé une Députation pour le prier de ne clore l'Assemblée que le Lundi dix-fept, afin qu'elle puiffe recevoir la réponfe du Confeil à la préfente délibération.

Députation à M. le Comm. du Roi.

Monfieur le Préfident a nommé à cet effet, M. l'Abbé de Montazet, M. le Marquis de Puyfégur, M. Menneffon & M. Pottier, lefquels étant de retour, ont annoncé que Monfieur le Commiffaire du Roi, fe rendoit au vœu de l'Assemblée.

Le même Bureau a fait lecture d'un mémoire fur le *Mémoire fur le Don gratuit des Villes.* Don gratuit des Villes, connu actuellement fous la dénomination de Droits Réfervés. L'Affemblée ayant pris en confidération les réflexions & motifs de ce mémoire, a arrêté que la Commiffion intermédiaire feroit chargée de s'en occuper, & de recueillir les éclairciffemens néceffaires fur cet objet.

MM. les Commiffaires nommés pour l'examen des Réglemens, ont fait le Rapport fuivant.

MESSIEURS,

Rapport fur les Réglemens fait par MM. les Commiff. nommés pour les examiner. L'EXAMEN des Réglemens faits pour la formation & la compofition des Affemblées provinciales, vous a paru être un des objets dont vous deviez vous occuper. Vous avez chargé une Commiffion de rédiger les obfervations dont ils pouvoient être fufceptibles, & c'eft ce travail que nous avons l'honneur de vous mettre fous les yeux.

Nous devons d'abord remarquer que dans les Rapports différens qui vous ont été faits, plufieurs points, qui concernent ces Réglemens, ont été difcutés avec une précifion à laquelle nous nous ferions un devoir de rendre hommage, fi l'avantage d'avoir été confacrés par vos arrêtés, n'étoit fupérieur à tout éloge. Nous nous bornerons donc, Meffieurs, à l'examen des arti-

cles qui préfenteroient quelques difficultés, non encore
foumifes à votre difcuffion ; & vous jugerez vous-
mêmes de quelle importance il pourroit être de folliciter, ou des éclairciffements pour les chofes douteu-
fes, ou des changements pour celles qui préfentent des
inconvénients.

Vous favez, Meffieurs, que depuis l'Édit portant
Création d'Affemblées provinciales, il a été fait deux
Réglements, indépendamment des Inftructions du 5
Novembre, qui vous ont été remifes par Monfieur le
Commmiffaire du Roi, le jour de l'ouverture de
votre Affemblée.

Le prémier de ces Réglements, lequel eft du 5 Juillet, a pour objet la formation & la compofition des
Affemblées qui doivent avoir lieu dans la Province du
Soiffonnois. Le fecond, du 5 Août, règle les fonctions
des Affemblées provinciales, & de celles qui leur font
fubordonnées, ainfi que les relations de ces Affemblées
avec les Intendants des Provinces, & enfin les Inftructions du 5 Novembre, traitent différents détails relatifs
aux Affemblées, donnent des éclairciffements fur quelques points, & dérogent à quelques-unes des difpofitions des Réglements précédents. Mais pour mettre plus
d'ordre dans le travail dont vous nous avez chargé, &
pour qu'il vous préfente un corps complet des obfer-

vations qui auront été faites fur les Réglements, & de ce que vous aurez arrêté devoir être repréfenté à Sa Majefté à cet égard, nous commencerons par rappeller les principaux points fur lefquels vous avez déja délibéré.

Délibérations faites précédemment fur les Réglem. De ces articles, Meffieurs, quelques-uns concernent les Municipalités. Ils ont été examinés par le Bureau de la Comptabilité, & c'eft fur fon Rapport que vous avez arrêté que Sa Majefté feroit fuppliée d'accorder 1°. Aux Villes & Bourgs qui ont des Municipalités établies felon les anciennes formes, & qui ne font point au nombre porté par les Réglements, le droit de nommer deux ou trois Députés, choifis parmi les contribuables, en nombre proportionné à la population, pour concourir avec les Officiers des Municipalités déja établies, à la répartition des impôts.

2°. De permettre que les deux tiers des membres des Municipalités foient toujours choifis dans le nombre des habitants payant au moins 10 *ℓ* d'impofition, & l'autre tiers, dans le nombre des habitants payant au moins 3 *ℓ*, fauf à l'Affemblée à folliciter, & à Sa Majefté à ordonner une nouvelle réduction, à l'égard de certaines Communautés, fi elle étoit néceffaire, d'après l'état qui en feroit envoyé au Confeil.

3°. De permettre encore que, quand le Seigneur ne préfidera point l'Affemblée municipale, il foit autorifé à déléguer, foit un Eccléfiaftique, foit un Gentil-homme, foit l'un des premiers Officiers de fa Juftice, pour la préfider, à faute de quoi le Curé préfidera de droit.

D'autres articles fur lefquels vous avez auffi pro-noncé, regardent l'impôt. Vous avez arrêté:

1°. De faire furveiller par les Bureaux intermédiai-res, l'exécution de l'article V de la première Section du Réglement du 5 Août, qui ordonne que les rôles fe-ront vifés chaque femaine par le Syndic municipal.

2°. De demander à Sa Majefté de permettre que la Commiffion intermédiaire puiffe donner fon avis avant l'expédition des Commiffions générales pour les tailles & autres impofitions.

3°. Que les Membres du Clergé, de la Nobleffe & autres Privilégiés puiffent affifter à la répartition de la taille, vu l'intérêt qu'y ont ces Propriétaires dans la perfonne de leurs fermiers fujets à celle d'exploitation.

4°. Que les Propriétaires forains puiffent y être re-préfentés.

5°. Que les rôles qui doivent être au nombre de cinq, foient réduits à trois.

6°. Enfin, vous avez arrêté qu'on ne feroit aucun traitement aux Syndics & Greffiers des Affemblées municipales.

Après vous avoir rappellé, Messieurs, les articles sur lesquels vous avez déja délibéré, nous allons offrir à votre discussion, ceux qui n'y ont pas encore été soumis, & qui nous paroissent cependant mériter quelques observations.

RÉGLEMENT DU 5 JUILLET.

Assemblées Municipales.

ARTICLE SECOND.

Observations sur le Réglem. du 5 Juillet. Assemb. Mun. Cet article prescrit la manière dont l'Assemblée municipale doit être composée. Le Législateur y appelle comme Membres nés le Seigneur & le Curé, & comme Membres éligibles, trois, six ou neuf Membres choisis par la Communauté, suivant le nombre des feux.

Nous avons, Messieurs, rapproché cette disposition de celle de l'article II du même Réglement, au sujet des Assemblées d'élection; il y est dit que nul ne pourra être Membre de ces Assemblées, s'il n'a été Membre d'une Assemblée municipale, soit de droit, comme le Seigneur ecclésiastique ou laïque & le Curé, soit par élection, comme ceux qui auroient été choisis par les Assemblées paroissiales.

Ces deux dispositions rapprochées, Messieurs, nous

ont paru offrir un grand inconvénient. Elles excluent presqu'absolument des Assemblées d'élection, & par conséquent des Assemblées provinciales, tout Ecclésiastique qui ne seroit point Curé ou Seigneur de Paroisse, & tout Gentilhomme propriétaire de fonds & même Seigneur Haut-justicier, qui ne le seroit que de Fief.

La qualité de Membre d'une Assemblée municipale, étant absolument nécessaire pour qu'on devienne Membre d'une Assemblée d'élection, & par suite Membre d'une Assemblée provinciale, il s'en suit que presqu'aucun Ecclésiastique, à moins qu'il ne soit Seigneur de Paroisse ou *Curé*, & aussi aucun Gentilhomme, à moins qu'il ne soit Seigneur de Paroisse, ne pourra être Membre d'une Assemblée municipale : 1°. Parce qu'il faudroit qu'il fût domicilié, au moins depuis un an, dans la Paroisse, suivant l'article II. 2°. Parce que l'élection des Membres municipaux appartenant exclusivement à l'Assemblée paroissiale, à laquelle même le Seigneur & le Curé ne doivent point assister, il est certain qu'elle sera composée de tous membres du Tiers-État, ou qu'au moins ils y auront la prépondérance ; que par conséquent ils choisiront plutôt parmi leurs pairs, que dans un autre Ordre.

Il nous paroît donc important, Messieurs, que vous sollicitiez près de Sa Majesté, la réforme de ces articles,

& que vous la fuppliez de remédier à un inconvénient qui, portant précifément fur le premier élément des Affemblées, influe d'une manière particulière fur toute leur organifation.

Affemblée d'Élection.

ARTICLE SECOND.

Cet Article eft le feul qui nous ait paru faire difficulté. Il attribue aux Affemblées d'arrondiffement, la régénération des Affemblées.

Il y a eu, Meffieurs, des réclamations générales fur ces Affemblées d'arrondiffement. On a trouvé avec raifon, qu'elles feroient beaucoup trop nombreufes; qu'elles dégénéreroient en une efpèce d'attroupement; que rien ne feroit fi difficile que d'y établir l'ordre & la difcipline néceffaires pour leur faire remplir leur deftination. Plufieurs moyens ont été propofés pour diminuer le nombre de ceux qui y affifteroient, & il vous a déja été mis fous les yeux un projet de délibération à cet égard. Une queftion fur la régénération par *ordre*, a fufpendu l'effet de cette délibération. Nous avons examiné plus férieufement les avantages qui réfulteroient de cette nouvelle manière de régénération. Elle en a, fans doute, & un des principaux feroit que les fuffrages feroient donnés en plus grande connoiffance de caufe; mais nous

ne

ne pouvons nous diffimuler auffi qu'il en réfulteroit des inconvéniens, parmi lefquels nous comptons comme ca- pital *l'ifolement* des Ordres; il convient peut-être mieux à l'idée d'une Affemblée provinciale, où les délibérations prifes, font le réfultat de toutes les volontés, que les choix faits foient auffi le réfultat de tous les fuffrages. D'ailleurs, la régénération par *ordre* nous a paru inconciliable avec le fyftême d'organifation adopté par le Gouvernement pour les nouvelles Adminiftrations. Nous croyons donc ne pouvoir mieux faire que d'en revenir aux trois moyens indiqués par le Bureau de la Comptabilité, & de vous propofer de voter pour celui qui vous paroîtra le plus avantageux, à moins que vous n'aimiez mieux vous en rapporter au Gouvernement qui choifiroit lui-même, après les avoir pefés tous les trois dans fa fageffe.

Les articles du Réglement du 5 Juillet, qui concer- nent l'Adminiftration provinciale, ne nous ont paru fufceptibles d'aucune obfervation.

RÉGLEMENT DU 5 AOUT.

PREMIÈRE SECTION.

La première Section du Réglement, traite des fonc- tions des Affemblées municipales. Les principales font la répartition des impôts, & les précautions à prendre

Obfervations sur le Réglem. du 5 Août. Prem. Section.

S ff

pour affurer les recouvrements. Ces articles étoient fufceptibles de quelques difficultés, mais il en a déja été queftion. Les feuls qui nous paroiffent maintenant exiger des obfervations, font ceux où il s'agit de réparations d'Églifes & Presbytères.

Il eft certain, Meffieurs, que cet objet mérite une attention particulière. L'Article IX de la deuxième Section, traite en détail des moyens & précautions à prendre pour que, le cas échéant, il foit procédé à ces réparations, d'une manière qui maintienne les intérêts des Communautés. La modification de ces articles, par les Inftructions du 5 Novembre, qui bornent le recours à M. l'Intendant aux feuls cas contentieux, & encore dans la fuppofition que les Bureaux intermédiaires n'auroient pu fe concilier les parties, en économifant les frais, procure encore un nouvel avantage.

Mais c'eft bien moins les précautions pour veiller à la confection des réparations, qui manquent, que celles pour empêcher que ces réparations ne fe négligent, que par la négligence & le délai, elles ne s'accroiffent ; & que de réparations *légères*, elles ne deviennent *groffes* réparations, & ne dégénèrent même en néceffité de reconftruction.

C'eft néanmoins ce qui arrive fouvent, & on peut regarder comme principales fources de cet abus, d'un côté la difficulté de fixer d'une manière bien précise, les réparations qui regardent le Curé, & de les diftinguer de celles qui regardent la Paroiffe ; & de l'autre côté le défaut de moyens pour forcer les Curés à faire les réparations dont ils font tenus, affez tôt pour que celles à la charge des Paroiffes, n'augmentent pas par fa négligence.

Il paroîtroit donc néceffaire de folliciter un Réglement, dans lequel fuffent fixées les réparations qui font à la charge du Curé, & fur-tout de bien diftinguer quels font les objets qui doivent être regardés comme faifant partie des réparations *ufufruitières* & *locatives.* Ce Réglement obtenu, on commettroit un Expert, qui auroit prêté ferment, ou l'Ingénieur, pour parcourir chaque année les Paroiffes du diftrict qui lui feroit confié.

Il feroit la vifite des Églifes & Presbytères, en préfence du Curé & des membres de la Municipalité, drefferoit un devis des réparations à faire, avec diftinction de celles à la charge du Curé. Ce devis feroit remis aux Affemblées municipales qui l'adrefferoient à celles d'élection, avec leur avis pour obtenir l'autorifation néceffaire, s'il y a lieu, & on procéderoit enfuite à l'adjudication.

Alors les Officiers Municipaux feroient tenus de faire faire par le Curé les réparations qui font à fa charge, & de rendre compte de leur confection à l'Affemblée d'élection. Si le Curé s'y refuſoit, on l'y contraindroit juridiquement.

Les réparations étant ainſi faites, avant que le dégât s'augmente, deviendroient très-peu conſidérables, & les Paroiſſes regagneroient bien le peu de frais que leur auroit cauſé la viſite de l'Expert.

II. Section. Les articles de la deuxième Section ne nous ont rien préſenté que nous ayons pu croire ſujet à difficulté.

Mais l'article I de la troiſième Section nous a paru, Meſſieurs, mériter que vous le priſſiez en conſidération. En remerciant Sa Majeſté d'avoir permis à l'Aſſemblée de délibérer chaque année les ſommes néceſſaires aux différents objets de votre Adminiſtration, vous croirez peut-être devoir la ſupplier de vous autoriſer à en propoſer l'état au Conſeil directement. Les Aſſemblées de Berry & de Haute-Guyenne jouiſſent de cette prérogative, & vous devez d'autant plus vous flatter de l'obtenir que par l'article VI de la même Section, il eſt permis à l'Aſſemblée & à la Commiſſion intermédiaire » de faire parvenir au Conſeil toutes les propoſi- » tions & mémoires qu'elles jugeront à propos »

Inſtructions du 5 Novemb. Les Inſtructions du 5 Novembre, ne nous ont offert aucune diſpoſition qui nous ait paru pouvoir devenir la matière de nos obſervations. Elles modifient, comme nous l'avons dit, quelques articles du Réglement du 5 Août, & ces modifications préviennent les demandes que vous auriez pu faire.

Elles vous chargent aussi de délibérer sur quelques objets, par exemple, sur le taux de 10 & 30 £ fixé pour l'admission dans les Assemblées paroissiales & municipales, sur le traitement des Syndics de ces Assemblées, sur la réduction du nombre des rôles, &c. mais vous avez déja délibéré sur tous ces points.

Il ne nous en reste que deux, Messieurs, à présenter à votre discussion. Ils n'ont point été prévus, & nous semblent néanmoins exiger une décision. L'un regarde la Commission intermédiaire, & l'autre les conditions nécessaires pour être admis par l'Assemblée, dans l'Ordre de la Noblesse. *Articles de Réglement, non prévus.*

Quant au premier point, il nous semble, Messieurs, que les Réglements n'ont point pourvu au remplacement d'un des Membres de la Commission intermédiaire, qui viendroit à décéder ou à quitter la place qu'il occupe; il en résulteroit néanmoins, que la balance que le Législateur a jugé à propos d'y établir, se trouveroit rompue par cet événement. Si c'étoit un membre du Clergé ou de la Noblesse qui vint à mourir ou à donner sa démission, l'un ou l'autre de ces deux Ordres n'y auroit plus de représentant, & si c'étoit un membre du Tiers-État, au lieu des deux suffrages que les Réglements ont ménagés à cet Ordre, il n'y en auroit plus qu'un. Attendra-t-on l'Assemblée pour opérer le remplacement, ou la Commission intermédiaire aura-t-elle le droit de remplacer *provisoirement*, bien entendu qu'elle ne pourra faire de choix que parmi les membres de l'Assemblée provinciale? Voilà les deux partis entre lesquels vous avez à choisir.

L'autre observation concerne les degrés de Noblesse qui seront exigés pour être admis par l'Assemblée, dans cet Ordre. Il nous avoit paru juste de laisser au Corps de la Noblesse qui siège parmi nous, le soin de déterminer lui-même les conditions qu'il exige. Mais peut-être trouvera-t-il plus convenable de vous en laisser la décision.

L'Assemblée glorieuse de posséder dans son sein une portion distinguée d'un Ordre dont l'honneur est le principal patrimoine, ne négligera sans doute aucune des mesures qui pourront lui assurer des choix faits pour être avoués par lui, & pour réunir les suffrages du Public.

Nous nous bornerons, Messieurs, à vous exposer ce qui a été fait à cet égard par différentes Assemblées. Les unes, comme celles de Berry, se sont contentées de cent ans de Noblesse, & de quatre Générations nobles du côté paternel, l'élu non compris. On a exigé

pour celles de Lorraine cent cinquante ans fans déro-
geance, & le titre de Seigneur de Communauté, poffédant au moins mille livres de rente dans ladite Seigneurie.
Tels font, Meffieurs, les points importants que nous
avons cru dignes de votre attention.

En les réfumant, nous avons l'honneur de vous *Avis*
propofer d'arrêter que Sa Majefté fera fuppliée, 1°. De *du Bureau.*
prendre en confidération l'article II de fon Réglement
du 5 Juillet, au fujet des Affemblées municipales, &
auffi l'article II du même Réglement, au fujet des Affemblées d'élection, du rapprochement defquels il s'en
fuit que la plupart des Eccléfiaftiques, foit Séculiers,
foit Réguliers, Titulaires de Bénéfices ou Chefs de
Communautés, poffédant des propriétés foncières, qui
ne font pas Curés, & auffi la plupart des Gentilshommes,
feulement propriétaires de fonds, & même Seigneurs
Hauts-jufticiers, mais fimplement de fiefs, feroient prefqu'abfolument exclus des Affemblées d'élection, & par
conféquent des Affemblées provinciales.

2°. De permettre que par les moyens propofés par
l'Affemblée ou par tout autre qu'il plaira à Sa Majefté
d'adopter, & qu'Elle jugera plus convenable, il foit
pourvu à la diminution du nombre des Membres qui
doivent affifter aux Affemblées d'arrondiffement ; ces
Affemblées dans quelques Élections devant, d'après le

Réglement, être compofées de près de trois cents perfonnes, & étant impoffible d'attendre d'une Affemblée
auffi nombreufe, la juftelle des choix, & l'obfervation
de la difcipline & du bon ordre qui doivent y préfider, indépendamment des autres inconveniens qui pourroient s'enfuivre.

3°. De régler par une loi générale, ce qui concerne les réparations des Églifes & Presbytères, en
défignant d'une manière précife, quelles font les réparations qui doivent être regardées comme *locatives* &
ufufruitières, à la charge des Curés, & celles qui font
dénommées *groffes réparations*, à la charge des Paroiffes ; d'ordonner auffi que tous les bâtiments dont les
Paroiffes font chargées, feront vifités, chaque année,
par un Expert qui aura prêté ferment, ou par l'Ingénieur,
& qu'il fera pris des moyens pour que les *menues*
réparations foient faites affez à temps pour ne pas dé-
générer en *groffes* réparations, & retomber à la charge
des Communautés, par la négligence de ceux qui font
chargés des locatives & ufufruitières.

4°. D'accorder à l'Affemblée, en modifiant l'art. I
de la troifième Section du Réglement du 5 Août,
l'avantage de communiquer directement & immédiatement avec le Confeil de Sa Majefté, lorfqu'il s'agira
d'y faire parvenir l'état des fommes qui ont été délibérées

rées pour quelques objets d'utilité générale ou particulière, comme Sa Majesté a daigné le lui accorder, par l'article VI de la même Section, pour toutes les propositions & mémoires utiles à la Province, que l'Assemblée provinciale ou sa Commission intermédiaire voudront faire parvenir au Conseil.

5°. De régler par qui, mort ou démission d'un membre de la Commission intermédiaire avenant, il sera pourvu à son remplacement, pour ne priver aucun des Ordres, des représentants qu'ils ont droit d'y avoir.

6°. Enfin, de fixer les preuves que seront obligés de faire les membres de la Noblesse, pour être admis à siéger dans cet Ordre, dans les Assemblées provinciales.

L'Assemblée a approuvé l'arrêté de ce Rapport dans *Délibération.* tous ses articles, à l'exception du dernier dont la délibération a été renvoyée à la Séance de demain, fixée à six heures du soir.

Signé, LE COMTE D'EGMONT.
Contre-signé, BYÉTER, *Secrétaire-Greffier.*

Ttt

Du Samedi 15, six heures du soir.

Mém. sur la Situation de l'Élection de Clermont.

MESSIEURS les Procureurs-Syndics ont fait lecture d'un mémoire qui leur a été remis, sur l'état & situation actuelle de l'Élection de Clermont.

Ce mémoire sera déposé aux archives, & la Commission intermédiaire engagera les Bureaux intermédiaires à en donner de pareils de leurs Élections respectives.

Délibér. sur les Instructions données à la Comm. interm.

MM. les Commissaires nommés pour rédiger les Instructions à donner à la Commission intermédiaire, ont fait lecture de leur travail, lequel ayant été unanimement approuvé, il a été arrêté que la Commission intermédiaire sera autorisée à faire passer aux Bureaux intermédiaires copie de ces Instructions, & du régime particulier de ladite Commission, après que le tout aura été signé par l'Assemblée.

Un de Messieurs a fait lecture d'un mémoire contenant des moyens pour encourager la population.

Ce mémoire sera déposé aux archives.

L'Assemblée n'ayant pu encore délibérer sur le dernier article du Rapport fait par MM. les Commissaires nommés pour l'examen des Réglements, en a remis la délibération à la Séance de demain, fixée à six heures du foir.

Signé, LE COMTE D'EGMONT.
Contre-ſigné, BYÉTER, *Secrétaire-Greffier.*

Du Dimanche 16, *ſix heures du ſoir.*

Lettre de M. le Contrôleur Général.

MONSIEUR le Préſident a rendu compte à l'Aſſemblée, de la lettre de M. le Contrôleur Général, en réponſe à la délibération du quatorze de ce mois, concernant les vingtièmes.

D'une autre lettre de ce Miniſtre, par laquelle il lui mande avoir donné des ordres à Monſieur le Commiſſaire du Roi, pour le payement des premiers frais d'établiſſement de l'Aſſemblée provinciale, & de la copie de la lettre écrite par ce Miniſtre à Monſieur le Commiſſaire du Roi, par laquelle il l'autoriſe à payer ces frais ſur les fonds libres ou variables, d'après les états exacts qui lui en feront remis par la Commiſſion intermédiaire.

L'Aſſemblée a chargé le Bureau de l'Impôt, d'examiner de nouveau les propoſitions faites par le Gou-

Ttt ij

vernement, au fujet de l'abonnement des vingtièmes, pour lui en faire fon Rapport dans fa Séance indiquée à demain, neuf heures du matin.

Vérification du Greffe. MM. les Commiffaires nommés pour la vérification des Pièces du Greffe & des Archives, ont dit : Qu'ils s'étoient acquittés de leur miffion, & qu'ils y avoient trouvé l'ordre défiré.

Délibér. fur le dernier Art. du Rap. fur les Réglem. L'article du Réglement concernant les degrés de Nobleffe, néceffaires pour être admis aux Affemblées provinciales & d'élection, ayant été mis en délibération, il a été arrêté que Sa Majefté feroit très-humblement suppliée de n'exiger pour l'entrée à ces Affemblées, dans l'Ordre de la Nobleffe, que cent ans de Nobleffe obtenue, foit par un acte particulier des bontés du Roi, foit par fervice militaire ou par charge ayant fervice, & cent cinquante ans pour ceux qui ne l'auroient obtenue que par charges qui ne feroient fujettes à aucun fervice.

Signé, LE COMTE D'EGMONT.
Contre-figné, BYÉTER, *Secrétaire-Greffier.*

Du Lundi 17, neuf heures du matin.

L'ASSEMBLÉE ayant pris Séance, le Bureau de l'Impôt a dit : Que dans la Séance de la veille, Monsieur le Président avoit fait rapport d'une lettre de M. le Contrôleur Général, en réponse à la délibération prise le quatorze de ce mois, concernant l'abonnement des vingtièmes, & par laquelle ce Ministre lui mandoit : *Troisième Rapport du Bur. de l'Imp. sur l'Abonn. des Vingtièm.*

» 1°. Qu'il lui avoit marqué par une lettre du 12,
» qu'il croyoit pouvoir espérer des bontés de Sa Ma-
» jesté, qu'Elle voudroit bien se contenter de la somme
» de 1,474,000 ∠, offerte par l'Assemblée, sous la
» condition que cette somme seroit le *net* à recouvrer,
» à la seule déduction des frais de taxation qui seroient
» à la charge du Roi, & que l'Assemblée prendroit à
» son compte, en sus de ces 1,474,000 ∠, l'objet
» des frais d'Administration, & celui des non-valeurs,
» décharges & modérations.

» 2°. Que la conversion d'une perception effective
» en un abonnement, opéroit toujours au profit du
» Roi le bénéfice des frais de régie, & que c'est sous
» ce rapport que les abonnements toujours favorables

» en eux-mêmes aux contribuables, sont regardés
» comme également avantageux au Tréfor royal;
» qu'ainsi les frais d'Adminiſtration des Vingtièmes dans
» la Généralité de Soiſſons, devenoient néceſſairement
» une économie pour les finances de l'Etat.

' 3°. Qu'il s'enſuivroit des demandes faites par l'Aſſemblée provinciale, à l'effet de déduire de la ſomme
de 100,000 £ offerte par elle, leſdits frais de régie
& le montant des modérations, décharges & non-
valeurs eſtimés, d'après une année commune, qu'au
lieu de 100,000 £, la Province n'en offriroit réellement
que 62,000 £, & que cette ſomme » différoit trop
» de la première évaluation, pour que, ſi la différence
» provenoit de quelques grandes erreurs, Sa Majeſté
» ne jugeât pas à propos de la faire conſtater avec
» le plus grand ſoin, pour s'aſſurer ſi réellement elles
» exiſtoient.

' » 4°. Qu'il auroit obtenu peut-être de Sa Majeſté la
» déduction des 11,000 £, pour les décharges & mo-
» dérations, mais que pour les précédents frais de régie,
» c'étoit une économie ſur laquelle le Gouvernement
» avoit compté, & qu'on ne pouvoit eſpérer que Sa
» Majeſté voulût y conſentir.

' » 5°. Qu'à l'égard des autres conditions de l'abon-
» nement, énoncées dans la délibération, elles lui pa-

» roiſſoient de nature à être adoptées par Sa Majeſté,
» à la ſeule exception de l'exemption que l'Aſſemblée
» provinciale réclame en faveur des Hôpitaux compris
» dans l'univerſalité des objets que l'Édit du mois de
» Septembre dernier a ſoumis à l'impoſition ; *mais*
» *que la ſageſſe & la bienfaiſance de Sa Majeſté, pro-*
» *cureroient à ces établiſſemens, les ſecours qui pour-*
» *roient leur être néceſſaires.* «

La matière mûrement & ſuffiſamment diſcutée par
l'Aſſemblée avant d'en venir aux opinions, elle a con-
ſidéré :

1°. Qu'il paroiſſoit par la lettre de M. le Contrôleur *Réflexions*
Général, qu'il étoit de principe que la converſion d'une *préliminaires.*
perception effective en un abonnement, opéroit tou-
jours au profit du Roi les frais de régie, & que cette
économie pour les finances de l'État étoit une des raiſons déterminantes, & une des conditions néceſſaires
à la faveur de l'abonnement.

2°. Que l'abonnement étoit utile à la Province,
propre à encourager & à animer ſon agriculture,
laquelle étoit ſa principale branche de richeſſes, & que
la tranquillité qui en réſulteroit, donnant lieu aux ſpé-
culations des agriculteurs, & augmentant par-là ſon
aiſance, il lui devenoit d'autant plus néceſſaire, que
cette aiſance étoit le ſeul moyen de lui alléger le poids

de toutes les autres impositions directes & indirectes dont elle étoit surchargée.

3°. Que le même abonnement épargneroit aux propriétaires non-seulement l'inquiétude & la crainte des vérifications, mais encore les frais & dépenses qu'occasionneroient les détails de sa manutention & de sa régie.

4°. Qu'il seroit possible de faire des économies & bonifications par les épargnes sur les frais de perception, soit en chargeant par la suite les mêmes personnes de celles de tous les Impôts, & en réunissant en une tous les genres de perception, soit par tous autres moyens qui n'échapperoient pas à une bonne Administration, & qui seroient d'autant plus dans son pouvoir, que l'abonnement lui laisseroit la direction entière de tout ce qui concerneroit les Vingtièmes.

5°. Qu'un abonnement étoit absolument nécessaire aux vues qu'a l'Assemblée de parvenir au soulagement des Peuples, & par conséquent à la véritable destination d'une Administration telle que la sienne, puisque ce n'est que par le moyen de l'abonnement qu'elle peut faire répartir & lever les vingtièmes, par des Agents qui ne dépendent que d'elle, & mettre par conséquent dans la répartition, la justice, & dans la levée, la douceur & les ménagements qui conviennent à ses vues bienfaisantes.

6°.

6°. Que Sa Majesté se chargeant des taxations, & qu'une partie de ces frais étant attribuée aux Collecteurs, c'est autant de moins pour la Province, dans ceux qu'il sera nécessaire de faire pour la levée des vingtièmes, qu'elle peut d'ailleurs compter sur 11,000 € pour les décharges, modérations & non-valeurs, ainsi que M. le Contrôleur Général le lui a annoncé.

7°. Considérant que le Ministre n'avoit point répondu jusqu'ici aux demandes qu'elle avoit faites des sommes que Sa Majesté a la bonté d'accorder ordinairement pour le moins imposé & pour les atteliers de charité, ainsi qu'à celle par laquelle elle supplioit Sa Majesté de permettre que l'on prélevât sur la masse des impositions, les frais d'administration des Assemblées, si l'excédant des fonds libres ne suffisoit pas, mais que par la lettre susdite, il est constant qu'elle peut compter sur toutes ces graces, puisque le Ministre veut bien l'en assurer ; qu'à l'égard des autres conditions de l'abonnement énoncées dans la délibération, elles lui paroissent de nature à être adoptées par Sa Majesté, à la seule exception de l'exemption réclamée en faveur des Hôpitaux.

8°. Considérant encore que de ces sommes, les unes sont absolument nécessaires aux secours des malheureux, & que quoiqu'on puisse en espérer de l'humanité de Sa Majesté, elles dépendent néanmoins de sa bienfaisance

& bonne volonté ; qu'il n'eſt pas moins indiſpenſable
que l'Aſſemblée puiſſe pourvoir à ſes frais ſans nouvelles
impoſitions ſur la Province. Conſidérant enfin, que parmi
tous les autres avantages, l'abonnement a encore celui
d'être, comme les vérifications, une aſſurance de tranquillité, au moins pendant vingt ans, pour les Provinces
qui ſont abonnées ; pénétrée auſſi de reconnoiſſance pour
les graces que le Miniſtre lui aſſure qu'elle peut attendre
de Sa Majeſté.

Par toutes ces conſidérations & autres mûrement peſées,
elle a arrêté :

Délibération.   1°. Que le Roi ſeroit très-inſtamment ſupplié de lui
accorder la faveur de l'abonnement pour la ſomme de
1,474,000 *£*, qu'elle a déja pris la liberté d'offrir à
Sa Majeſté, & dont elle lui réitère très-humblement les
offres.

2°. Qu'elle demande à Sa Majeſté la permiſſion de
répéter ce qu'elle a énoncé précédemment dans ſes arrêtés
des 10 & 14 de ce mois, que dans cette ſomme de
1,474,000 *£*, la contribution des Domaines, Forêts du
Roi, Apanages, Biens patrimoniaux des Princes, Ordre
de Malte & Hôpitaux étoient compris pour une ſomme
de 253,687 *£* 10 *ſ* 6 *d* ; laquelle doit venir en déduction de la ſomme ſuſdite de 1,474,000 *£*, énoncée
ci-deſſus.

3°. Qu'elle ne peut entendre se charger du recouvrement de ladite somme de 253,687 ᶜ 10 ˢ 6 ᵈ, qu'autant que la contribution des objets ci-dessus, se monteroit réellement à ladite somme, & qu'elle seroit garantie telle par Sa Majesté ; l'intérêt de la Province du Soissonnois & la justice exigeant qu'elle réserve que, si l'estimation de la contribution desdits objets étoit forcée, & que d'après son équité, ou toute autre raison qu'elle croiroit avoir, Sa Majesté les exemptât en tout ou en partie de la contribution susdite, le moins fût porté en défalcation sur la somme de 1,474,000 ᶜ, prix de l'abonnement des vingtièmes de la Province.

4°. Que l'Assemblée espérant, au moyen des taxations dont Sa Majesté veut bien se charger, & des économies qu'elle pourra elle-même mettre dans la perception, retrouver en partie ce qu'elle offre pour l'abonnement, elle n'insistera plus sur la demande qu'elle avoit pris la liberté de faire à Sa Majesté, pour que le montant des frais de régie lui soit alloué en déduction.

5°. Que Sa Majesté sera suppliée de lui assurer la somme de 11,000 ᶜ, pour les modérations, décharges & non-valeurs, laquelle forme une année commune sur les sommes allouées par le Roi pour les mêmes objets, grace dont M. le Contrôleur Général a annoncé à l'Assemblée que Sa Majesté ne la priveroit pas, & qui lui sera néceffaire pour lui tenir lieu des objets non perçus.

6°. Que Sa Majefté fera auffi inftamment fuppliée, en accordant à la Province du Soiffonnois la faveur de l'abonnement, de lui affurer la jouiffance des fommes qu'Elle a coutume de donner pour le moins impofé & pour les atteliers de charité, ainfi que la permiffion de prélever fur la maffe des impofitions, les frais d'adminiftration des Affemblées, fi le *net* qui refte des fonds libres ne fuffifoit pas ; M. le Contrôleur Général ayant annoncé que ces demandes & conditions étoient de nature à être adoptées par Sa Majefté.

7°. Qu'avenant l'abolition du fecond vingtième, le prix offert pour l'abonnement fera diminué au *prorata*, & le moins mis auffi-tôt en défalcation de la fomme payée par la Province. L'Affemblée fe référant d'ailleurs à fes deux arrêtés des 10 & 14 de ce mois, defquels elle fupplie Sa Majefté de lui permettre de ne pas s'écarter, excepté en ce qui concerne la demande qu'elle avoit faite des frais de régie, à laquelle elle renonce par refpect pour Sa Majefté, pour les raifons fufdites, & auffi celle de l'exception des Hôpitaux, fur laquelle elle ceffe d'infifter, perfuadée que Sa Majefté voudra bien accorder à ces établiffements, les fecours dont ils auront befoin.

Le même Bureau qui avoit été chargé de dreffer un projet de répartition de la nouvelle fomme faifant partie de l'abonnement des vingtièmes proposé à Sa Majesté & arrêté par la présente délibération, a fait son rapport sur les instructions à laisser à la Commission intermédiaire, à cet effet, lequel a été approuvé par l'Assemblée, pour être mis à exécution par la Commission intermédiaire, à l'époque fixée par les Instructions du 5 Novembre dernier.

MM. les Procureurs-Syndics ont présenté un mémoire qui leur a été adressé par différentes Municipalités de l'Élection de Château-Thierry, au sujet des arrondissements de cette Élection. L'Assemblée a chargé la Commission intermédiaire d'examiner le mémoire, & d'en envoyer copie au Bureau intermédiaire de Château-Thierry, pour avoir ses observations.

MM. les Procureurs-Syndics, ont prononcé le Discours qui suit.

MESSIEURS,

LE terme fixé pour vos travaux communs est révolu : vous allez vous séparer ; mais pour rester indissolublement unis, quant à l'objet politique & essentiel de vos fonctions. Éloignés, comme rapprochés, vous ne cesserez d'être dans une heureuse activité, qui aura toujours, & le même degré d'utilité, & le même caractère

Discours de MM. les Procureurs-Syndics.

d'intérêt, pour la chofe publique à laquelle vous vous êtes folemnellement confacrés.

Dans le cours de vos Séances, Meffieurs, vous vous êtes pénétrés, de plus en plus, de l'étendue & de l'importance de vos devoirs dont la chaîne immenfe n'a point effrayé votre zèle & vos lumières. Vous avez tout examiné avec l'œil circonfpect & févère de l'impartialité : vous avez tout prévu, tout difcuté, tout approfondi, avec cette prudente fagacité qui a préfidé à vos délibérations : mais vous n'avez pu vous diffimuler, en même-temps, combien eft incalculable la fomme de connoiffances de détail qui vous manquent, & que vous vous propofez d'acquérir, à l'aide du temps & de l'expérience.

Auffi, rendus bien-tôt dans les différentes parties de la Province que vous habitez, vous y allez porter l'efprit de patriotifme qui vous anime, & y recevoir l'hommage fi intéreffant de l'opinion publique. Vous allez vous y livrer à des recherches plus fuivies & plus exactes, à des combinaifons plus réfléchies, & à des foins multipliés fur tous les points de votre Adminiftration. Vous y allez enfin recueillir & méditer à loifir, les moyens de réalifer les douces efpérances que la vertu a conçues pour le bien de l'humanité.

De votre furveillance, quoique divifée, partiront

nécessairement des traits de lumière, qui viendront se concentrer dans un même foyer, dont la réaction & la réflexion auront constamment l'influence la plus efficace & la plus puissante.

Ainsi, Messieurs, votre Commission intermédiaire, éclairée déja par les sages Instructions que vous lui laissez, a droit d'attendre encore, & recevra de vous avec reconnoissance, tous les secours que vous croirez propres à assurer le succès des opérations confiées à ses soins. Elle est votre ouvrage, & même votre image; c'est en elle que réside, en votre absence, la portion la plus importante de votre autorité. A ce titre, vous lui devez le fruit de vos réflexions & de vos découvertes : elle en fera, n'en doutons pas, l'usage qui se rapportera à vos vues, & à celles du Gouvernement, dont elle ne doit jamais s'écarter.

A votre exemple, les Membres estimables qui la composent, mesureront toutes leurs actions sur les principes de l'équité, de la sagesse & de la vérité : ce sont ceux qu'inspire Monsieur votre PRÉSIDENT, qui les puise dans son cœur, siège de toutes les vertus.

Témoins & admirateurs de l'ardeur infatigable, de l'attention persévérante, & de l'intérêt vif & constant que vous avez apportés, tant dans l'examen, que dans la discussion des différents objets dont vous vous êtes occupés, nous avons la confolante certitude que les forces croiffent avec le zèle, quand l'amour de la Patrie y donne l'impulfion. Ainfi, en redoublant d'efforts & de courage, fecondés d'ailleurs par vos lumières, & celles que l'expérience nous donnera, nous efpérons être en état d'exécuter ce qui nous paroiffoit d'abord impoffible.

C'eft cette fainte ambition qui nous foutiendra dans l'exercice des fonctions, auffi délicates que pénibles, d'un Miniftère, qui nous dévoue d'une manière particulière, à la recherche du Bien public.

En fervant auffi utilement la Province, vous défirez ardemment manifefter fa fincère & refpectueufe recon- noiffance, & la vôtre, envers un Roi jufte & bienfai- fant, qui a daigné vous départir les moyens & le pouvoir d'accroître fa félicité, qui n'eft autre que celle de fes Peuples. Votre vœu, Meffieurs, eft de fupplier Monfieur le Comte D'EGMONT, de porter aux pieds du Trône, l'hommage de vos fentiments. Qui mieux que lui peut leur donner le développement énergique qui leur convient? En un mot, pouvez-vous avoir un Interprète qui réuniffe plus de droit à votre confiance, & qui foit plus digne de celle de notre Augufte Mo- narque, dont il n'a ceffé de fe concilier l'eftime.

Clôture des Séances. L'Affemblée prévenue de l'arrivée de Monfieur le Commiffaire

Commiffaire du Roi, MM. les Procureurs-Syndics, ont été le recevoir au bas de l'efcalier, au haut duquel étant parvenu, il a été reçu par M. l'Abbé de Montazet, M. le Duc de Liancourt, MM. Menneffon & Bourgeois, nommés à cet effet, par Monfieur le Préfident.

Monfieur le Commiffaire du Roi introduit dans la Salle des Séances, après s'être placé fur le fauteuil qui lui étoit deftiné, a fait un difcours dans lequel il a retracé avec éloquence, l'importance des fonctions de tous les Membres de l'Affemblée, & la perfpective heureufe qu'ils doivent fe promettre de leurs travaux.

Monfieur le Préfident a répondu par un difcours, où après avoir rendu compte des différentes opérations auxquelles s'eft livrée l'Affemblée, & de l'activité de chaque Bureau en particulier, il a fini par exprimer à Monfieur le Commiffaire du Roi, tous les fentiments dont l'Affemblée eft pénétrée pour la fageffe de fon Adminiftration, & dont elle fe félicite de pouvoir encore éprouver les heureux effets.

Ce difcours fini, Monfieur le Commiffaire du Roi a été reconduit avec les mêmes honneurs qui lui avoient été rendus à fon arrivée, & MM. les Députés rentrés dans la Salle, Monfieur le Préfident a terminé la Séance par un difcours plein d'énergie & de fenfibilité, où il a témoigné la fatisfaction que lui a fait éprouver le zèle de tous les Membres de l'Affemblée, pour concourir avec lui, au bien général de la Province, & dans lequel il a promis de porter aux pieds du Trône, les hommages de refpect & de reconnoiffance de l'Affemblée.

Après ce difcours, l'Affemblée a manifefté à Monfieur le Comte D'EGMONT, fes vifs remercîments, & combien elle étoit flattée d'être préfidée par un chef qui réunit au patriotifme le plus éclairé, les qualités du cœur propres à lui mériter tous les fuffrages.

Fait, clos & arrêté lefdits jour & an.

Signés, LE COMTE D'EGMONT.

F. J. B. l'ÉCUY, Abbé de Prém.	Le Comte de NOUE.
L'Abbé d'AIGREVILLE.	L'AMIRAULT.
L'Abbé de MONTAZET.	Le Duc de LIANCOURT.
L'Abbé d'HUMIÈRES.	BOUVEROT.
L'Abbé de VREVINS.	BARBANÇON.
L'Abbé DUBOIS.	Le Marquis de PUYSÉGUR.
L'Abbé DOYEN.	Le Marquis de CAUSANS.
F. VAILLY, Prieur de Long-Pont.	Le Vicomte de la BEDOYERE.

LAURENT.	BRAYER.
GODART de Clamecy.	POTTIER.
MARGERIN.	BERNIER.
PINTEREL de Louverny.	LEMAIRE.
LAURENS.	LEFEBVRE.
DE SESSEVALLE.	BOURGEOIS.
DE VIEFVILLE.	HUET DE LA CROIX.
DUBUF.	BAUCHART.
MENNESSON.	RAUX.

Le Comte D'ALLONVILLE, *Procureur-Syndic.*

BLIN de la Chaussée, *Procureur-Syndic.*

Et BYÉTER, *Secrétaire-Greffier.*

Xxx ij

EXTRAIT DU RÉGLEMENT
RENDU
POUR LA PROVINCE DU BERRY,
Le 6 Juin 1785,

Dont l'exécution provisoire est prescrite par les Instructions du 5 Novembre, §. 4. ci-dessus, page 63.

SECTION TROISIÈME.
ARTICLE PREMIER.

Demandes en décharge d'imposition pour causes accidentelles. LES demandes en décharge d'imposition pour cause d'incendie, grêle, gelée, inondation, dommages causés par le feu du ciel & autres intempéries, pertes de bestiaux, nombreuse famille, infirmités, &c. ne seront faites qu'à la Commission intermédiaire.

Pour division de cote, mutation & doubles emplois. II. LES demandes pour cause de division ou mutation de cote de vingtièmes & pour doubles emplois, seront faites à la Commission intermédiaire.

III. LORSQU'IL se rencontrera, dans quelques rôles, *Pour* des cotes inexigibles, les Collecteurs s'adresseront égale- *non-valeurs.* ment à la Commission intermédiaire, pour obtenir que ces non-valeurs leur soient allouées.

IV. La Commission intermédiaire, en statuant sur *Principes* ces différentes demandes & autres dont les motifs se- *propr. à chaque* roient du même genre, aura égard à la nature, aux *nature d'Imp,* règles & aux principes de chacune des impositions sur *observés.* lesquelles les contribuables pourront se pourvoir.

V. LORSQUE la Commission intermédiaire ne croira *Dans quelle* pas devoir accueillir la demande en décharge, modé- *forme les* ration ou non-valeur, formée pour les causes acciden- *susdites de-* telles ou momentanées ci-dessus indiquées, sur les fonds *mandes reje-* de la capitation ou des vingtièmes, elle répondra le *tées.* mémoire à elle présenté, d'un délibéré portant *qu'il n'y a lieu à la décharge, modération ou non-valeur deman- dée, sauf au Suppliant à se pourvoir au Conseil par voie d'administration.*

VI. DANS le cas, au contraire, où la Commission *Dans quelle* aura égard aux représentations qui lui auront été faites, *forme les* elle expédiera, sur chaque demande, l'ordonnance de *susdites de-* décharge ou modération nécessaire, & elle l'adressera *mandes ac-* au Receveur particulier des Finances. *cueillies.*

VII. LA Commission intermédiaire informera le Con- *Formes à ob-* tribuable de la décharge ou modération qu'elle lui aura *server pour* *profiter des Or-*

donnances de accordée, & le préviendra en même-temps de la néces-
décharge ou sité de profiter de cette ordonnance, en la quittançant &
modération. en se mettant en règle pour le payement du surplus
qui lui resteroit encore à acquitter sur son imposition,
dans le délai de deux mois, au plus tard, sinon &
ce délai passé, que l'ordonnance sera de nul effet. La
même disposition sera insérée dans le texte même de
l'ordonnance.

Comment les VIII. TOUTES les ordonnances de décharge & modé-
Ordonnances ration, feront quittancées par les Contribuables au
doivent être
quittancées. profit desquels elles auront été expédiées ; & à l'égard
de ceux qui ne sauroient pas écrire, ils feront obligés
de faire certifier au bas de l'ordonnance par le Curé,
le Vicaire, ou deux principaux Habitants, qu'il leur a
été tenu compte du montant de la décharge ou modération à eux accordée.

TAXES IX. LORSQU'UN Contribuable, taxé d'office à la taille,
D'OFFICE. voudra se pourvoir contre ladite taxe d'office, il sera
Comment &
dans quel délai tenu de s'adresser d'abord à la Commission intermé-
se pourvoira le diaire, & de lui présenter à cet effet sa requête dans
taxé d'office. les deux mois, à compter du jour de la vérification du
rôle.

Comment les X. POUR se mettre en état de statuer sur ladite requê-
demandes se- te, par voie de conciliation, la Commission intermédiaire
ront instruites. se fera représenter les renseignements d'après lesquels elle

avoit déterminé la taxe d'office , se procurera de nouveaux éclairciffements par fes Délégués ou Correfpon-
dants, entendra les Syndics , Habitants & Collecteurs de
la Paroiffe, auxquels elle fera communiquer la demande,
& fera généralement tout ce qui dépendra d'elle pour
affeoir fon opinion en connoiffance de caufe.

XI. LORSQUE la Commiffion intermédiaire croira *Délibéré de la*
devoir accueillir la demande du Contribuable , & modérer *Commiffion in-*
la taxe d'office, elle répondra la requête d'un délibéré *pour réduire la*
qui fixera la réduction de la cote, tant pour le principal *taxe d'office.*
de la taille, que pour les acceffoires & la capitation, fuivant la formule dont le modèle eft annexé au préfent arrêt.

XII. DANS le cas au contraire où la Commiffion *Délibéré pour*
intermédiaire n'auroit point égard à la demande du *la confirmer,*
Contribuable, alors, en répondant la requête d'un déli- *sauf à fe pour-*
béré conforme au modèle également annexé au préfent *voir devant*
arrêt, elle confirmera la taxe d'office, fauf au Contri- *M. l'Inten-*
buable à fe pourvoir dans la forme contentieufe par- *dant.*
devant le Sieur Intendant.

XIII. LA même forme fera obfervée, lorfque ce feront *Idem, lorfque*
les Habitants qui fe pourvoiront, en leur nom, contre *ce feront les*
les taxes d'offices ; ils feront également tenus de s'adreffer *habitants qui*
d'abord à la Commiffion intermédiaire, qui fera com- *contre la taxe*
muniquer la demande au particulier taxé d'office. *d'office.*

XIV. LORSQUE la Commiffion intermédiaire aura *Voie conten-*

tieufe par-
devant M. l'In-
tendant.

ftatué, dans la forme ordonnée par les articles précédents, fur les oppofitions aux taxes d'office, il fera libre aux parties, ou de s'en tenir à ce que la Commiffion intermédiaire aura décidé, ou de fuivre, fi elles le préfèrent, la voie contentieufe pardevant le Sieur Intendant & Commiffaire départi, fuivant l'article XV du Réglement du 23 Août 1783. (*)

Dans
quel délai.

XV. Si les parties fe déterminent à fuivre la voie contentieufe, elles feront tenues de fe pourvoir pardevant le Sieur Intendant & Commiffaire départi, dans le mois, à compter du jour de la notification qui leur aura été faite du délibéré de la Commiffion intermédiaire, paffé lequel temps elles n'y feront plus admifes.

Autre cas pour
la voie con-
tentieufe, foit
devant M.
l'Intendant,
foit à la Cour
des Aydes.

XVI. DANS le cas où la Commiffion intermédiaire auroit différé de ftatuer par voie de conciliation fur des

(*) ARTICLE XV *du Réglement du 23 Août 1783.* Lorfque les Contribuables fe croiront dans le cas de réclamer fur la fixation de leurs impofitions, contre des taxes d'offices, &c. ils feront tenus de s'adreffer d'abord à la Commiffion intermédiaire, qui y ftatuera par voie de conciliation, s'il eft poffible, fans préjudicier à la forme contentieufe que les Contribuables pourront fuivre s'ils la préfèrent, ainfi qu'il eft plus amplement expliqué en l'article VII du préfent Réglement.

ARTICLE VII. Le Commiffaire départi aura feul cour & jurifdiction contentieufe, lorfque les Contribuables fe détermineront à procéder par voie de jugement, fur la fixation de leurs impofitions, contre des taxes d'offices, &c. fauf l'appel au Confeil ou aux Cours fupérieures qui en doivent connoitre fuivant les Réglements, & fans préjudice aux droits des Tribunaux inférieurs pour les caufes qui font de leur compétence.

requêtes

requêtes à elle adressées par taxe d'office, dans le délai de deux mois, à compter de la date de la communication qui aura été donnée aux habitants, de la requête du taxé d'office, ou au taxé d'office, de la requête des habitants, les parties pourront se pourvoir pardevant le Sieur Intendant & Commissaire départi, par la voie contentieuse, ou se rendre appellantes à la Cour des Aides, de la taxe d'office faite par la Commission intermédiaire.

XVII. LES parties qui voudront se pourvoir pardevant le Sieur Intendant & Commissaire départi, contre des taxes d'office, faites par la Commission intermédiaire, & ensuite confirmées par elle, ou à l'égard desquelles elle n'auroit point statué dans le délai de deux mois, prescrit par l'article précédent, formeront leur opposition par une simple requête adressée audit Sieur Intendant & Commissaire départi. *Comment seront formées les demandes par voie contentieuse.*

XVIII. LE Sieur Intendant donnera communication de la requête à la Commission intermédiaire, par la voie du Procureur-Général-Syndic, entendra les motifs de ladite Commission intermédiaire, se fera remettre les réponses faites par les habitants contre le taxé d'office plaignant, ou par le taxé d'office contre la Communauté plaignante, & ces motifs & réponses seront laissés audit Sieur Intendant & Commissaire départi, pour être par *Comment elles seront instruites.*

Yyy

lui envoyés en original, en cas d'appel, à la Cour des
Aides.

CAPITAT. XIX. LES Contribuables, compris dans les rôles de
Demandes la Capitation arrêtés au Conseil, pour les Nobles, Pri-
formées par vilégiés, Officiers de Justice & Employés des Fermes,
des non-tailla- qui croiront avoir à se plaindre de la surtaxe de leurs
bles pour sur- cotes, s'adresseront à la Commission intermédiaire.
taxe.

Délibéré de XX. SI la Commission intermédiaire ne trouve pas
la Commission leurs représentations fondées, elle répondra leur requête
intermédiaire, d'un délibéré portant *qu'il n'y a lieu à la modération*
si la demande *demandée pour cause de surtaxe, sauf à se pourvoir au*
ne lui paroît *Conseil.*
pas fondée.

Formes pour XXI. LES Contribuables ainsi déboutés, qui voudront
se pourvoir au en effet se pourvoir au Conseil, ne pourront le faire
Conseil. que par un simple Mémoire ou Placet adressé au Sieur
Contrôleur Général des Finances, ou à l'Intendant au
département des impositions, ou enfin au Commissaire
départi, lequel, dans ce dernier cas, fera parvenir le
Mémoire du Contribuable au Conseil, avec son avis
& les observations de la Commission intermédiaire, qu'il
se fera procurées par le Procureur-Général-Syndic; il
fera ensuite statué sur le tout par le Conseil, ainsi qu'il
appartiendra.

Rôle de Capi- XXII. LES rôles de Capitation des villes franches de
tation des Bourges & d'Issoudun, continueront d'être faits sur les
villes franches.

mandements & fous l'infpection de la Commiffion intermédiaire ; mais ils ne feront mis en recouvrement, à
compter de l'exercice 1785, qu'après avoir été vérifiés
par ladite Commiffion intermédiaire, & rendus exécutoires par le Sieur Intendant & Commiffaire départi,
lequel les fera enfuite repaffer, par la voie du Procureur-
Général-Syndic, à la Commiffion intermédiaire, qui les
fera remettre aux Receveurs particuliers de chaque
Élection.

XXIII. LES Contribuables compris auxdits rôles, qui *Demandes*
fe croiront dans le cas de former une fimple demande *relatives*
en furtaxe, feront tenus de s'adreffer à la Commiffion *auxdits rôles.*
intermédiaire ; laquelle, après avoir entendu les Officiers
Municipaux, Afféeurs & Répartiteurs, & s'être procuré
les renfeignements néceffaires, pourra accorder la réduction qu'elle trouvera jufte. Si la demande ne lui paroît
pas fondée, elle répondra alors la requête d'un délibéré
portant *qu'il n'y a lieu à la réduction*, *fauf à fe pourvoir*
au Confeil ; & en ce cas, les Contribuables déboutés
pourront fuivre l'une des formes indiquées par l'article 21.

XXIV. QUANT à toutes les autres réclamations rela- *Réclamations*
tives à la côte même de la Capitation, qui inculpe- *contentieufes*
roient la bonne foi des Afféeurs & Répartiteurs, ou *fur la Capitat.*
qui feroient fondées fur quelque contravention au mandement, ou enfin qui pourroient donner lieu au con-

Yyy ij

tentieux, les Contribuables se pourvoiront devant le Sieur Intendant & Commissaire départi qui prononcera contradictoirement, ainsi qu'il appartiendra, sauf l'appel au Conseil : Enjoint Sa Majesté à la Commission intermédiaire de renvoyer devant ledit Sieur Commissaire départi, les plaignants qui, dans les cas exprimés par le présent article & autres du même genre, se seroient pourvus devant elle.

VINGTIÈM. *Demandes pour cause de surtaxe.* XXV. LORSQU'UN Propriétaire se croira dans le cas de réclamer contre la fixation du taux de ses vingtièmes, il sera tenu de s'adresser d'abord à la Commission intermédiaire, qui, après avoir pris l'avis des Commissaires répartiteurs, & s'être procuré tous les autres renseignements nécessaires, pourra ordonner la réduction qui lui paroîtra juste.

Délibéré de la Commission intermédiaire, si la demande ne lui paroît point fondée. XXVI. DANS le cas où la Commission intermédiaire ne croira pas devoir accueillir les représentations qui lui seront faites, elle répondra la requête d'un délibéré, portant qu'il n'y a lieu à réduction, sauf au Suppliant à se pourvoir dans la forme contentieuse, suivant l'article XV du Réglement du 23 Août 1783.

Voie contentieuse pardevant. M. l'Intendant. XXVII. Si le Propriétaire se pourvoit en effet dans la forme contentieuse, pardevant le Sieur Intendant & Commissaire départi, ledit Sieur Intendant communiquera sa requête à la Commission intermédiaire, par la voie du Procureur-Général-Syndic, & alors la Commiffion intermédiaire lui fera remettre les motifs qui auront déterminé l'impofition, l'avis des Commiffaires répartiteurs, & enfin les obfervations d'après lefquelles elle aura perfifté, par fon délibéré, à maintenir la de l'impofition.

XXVIII. Si le jugement qui interviendra de la part du Sieur Intendant & Commiffaire départi, doit donner lieu à une décharge ou réduction quelconque, le jugement fera rapporté par le Propriétaire à la Commiffion intermédiaire, qui fera en conféquence expédier l'ordonnance de décharge ou réduction néceffaire.

En confé-quence du ju-gement de M. l'Intendant, expédition de l'ordonnance de décharge ou réduction.

MODÈLE de Délibéré de la Commiſſion intermé-diaire pour la réduction d'une taxe d'office. Voyez article 11, ſection III.

DÉLIBÉRÉ par nous Députés compoſant la Com-miſſion intermédiaire de l'Adminiſtration provinciale du Soiſſonnois, que la taxe d'office du ſieur . . . . réglée à . . . . dans le rôle de la Paroiſſe de . . . pour, 178 . . . ſera réduite pour le principal de la Taille, à la ſomme de . . . & en proportion pour les acceſſoires à . . . & pour la Capitation à . . . deſ-quelles ſommes ainſi réduites, l'excédant ſera rejetté en l'année ſuivante, ſur toute la Communauté, ſauf aux habitants de ladite Paroiſſe de . . . auxquels le préſent Délibéré ſera ſignifié à la requête dudit ſieur . . . à ſe pourvoir, s'ils le préfèrent, dans la forme contentieuſe, pardevant M. l'Intendant, ſuivant l'article XV du Régle-ment du 23 Août 1783.

MODÈLE de Délibéré de la Commission intermédiaire lorsqu'elle confirmera la taxe d'office.
Voyez article 12, section III.

DÉLIBÉRÉ par nous Députés composant la Commission intermédiaire de l'Administration provinciale du
Soissonnois, que la taxe d'office du sieur . . . au rôle
des Tailles de la Paroisse de . . . pour 178 . . . sera
exécutée selon sa forme & teneur ; en conséquence,
ledit sieur . . . tenu d'acquitter ladite taxe d'office, sauf
à lui à se pourvoir dans la forme contentieuse, s'il le
préfère, pardevant M. l'Intendant, suivant l'article XV
du Règlement du 23 Août 1783.

F I N.

TABLE
PAR ORDRE DES SÉANCES,

Des Matières traitées dans le Procès-Verbal de l'Assemblée Provinciale du Soissonnois, tenue en Novembre & Décembre 1787.

Pages,

P REMIÈRE SÉANCE tenue le Samedi 17 Novembre 1787

Noms de MM. les Députés des différents Ordres,	4
Députation à M. le Commissaire du Roi,	7
Arrivée de Mr le Commissaire du Roi,	8
Ouverture de l'Assemblée,	ibid.
Lecture des Réglements.	9
Rédacteurs des Procès-Verbaux,	ibid.
Députation à M. le Commissaire du Roi,	10
Députation à Monseigneur l'Évêque de Soissons,	ibid.
Messe du Saint-Esprit,	ibid.

RÉGLEMENT du 5 Août 1787.

PREMIÈRE SECTION.

Fonctions des Assemblées Municipales.

Subordination des Assemblées Municipales,	12
Elles font chargées de la répartition des Impôts,	13

a

Nombre des Rôles, 13

Par qui ils feront rendus exécutoires, 15

Collecteurs furveillés, 16

Contraintes, ibid.

Les abus des Contraintes feront prévenus, 17

Soins divers des Assemblées Municipales, ibid.

Églises ou Presbytères, 18

Procès des Communautés, 20

Traitement du Syndic, &c. ibid.

Charges des Communautés, 21

Correspondance avec les Assemblées supérieures, 22

Dépenses des Communautés, ibid.

Reddition des Comptes, ibid.

SECONDE SECTION.

Fonctions des Assemblées d'Élection.

Levée de Deniers, 23

Répartition des Impositions, ibid.

Forme du Département, 24

Correspondance des Assemblées d'Élection, ibid.

Rapport fait à ces Assemblées, 25

Frais d'Administration, ibid.

Adjudications, ibid.

Pouvoirs de ces Assemblées, 26

TROISIÈME SECTION.

Fonctions de l'Assemblée Provinciale.

Sommes délibérées par l'Assemblée Provinciale, 27

Répartition de ces sommes, ibid.

Demandes en indemnités, 28

Adjudication & Réception des travaux publics, ibid.

Dépenses sur les Fonds de la Province, ibid.

Correspondance avec le Conseil, 29

Comptes des Communautés, 29
Rapport fait par les Syndics, ibid.
Impreffion des Procès-Verbaux de l'Affemblée , ibid.

QUATRIÈME SECTION.

Fonctions respectives du Commiffaire départi & de l'Affemblée Provinciale.

Ouverture & durée de l'Affemblée , 30
Délibérations communiquées au Commiffaire du Roi , ibid.
Correfpondance avec M. le Contrôleur Général , ibid.
Procès-verbal adreffé à ce Miniftre , &c. 31
Délibérations de la Commiffion intermédiaire envoyées à
M. l'Intendant, ibid.
Toutes communications feront données à M. le Commiffaire
du Roi , ibid.
Éclairciffements donnés par M. le Commiffaire du Roi , ibid.
Lettres & Mémoires communiqués à M. l'Intendant , 32
Contentieux de l'Adminiftration , ibid.
Ouvrages fur les fonds du Roi , 33
Ouvrages mixtes , ibid.
États des Impofitions , 34
Compte des dépenfes fur les fonds du Roi , ibid.
Des dépenfes fur les fonds de la Province , 35
Publication des Arrêts , &c. ibid.

CINQUIÈME SECTION.

Cérémonial.

Réception de M. le Commiffaire du Roi à l'Affemblée , ibid.
Droit d'entrée à l'Affemblée , 36
Députation qui lui fera faite , ibid.
Sa préfence aux Cérémonies publiques , ibid.

INSTRUCTIONS du 5 Novembre.

Réglement du 5 Juillet, provifoire,   37
Réglement du 5 Août, fufceptible de changemens,   ibid.

P R E M I È R E   P A R T I E.

§. 1. Du Commiffaire du Roi.

M. le Commiffaire du Roi invité à ouvrir l'Affemblée,   38
Sa réception hors la Salle d'Affemblée,   39
Sa réception dans l'Affemblée,   ibid.
Députation faite à M. le Commiffaire du Roi,   ibid.
Quand M. l'Intendant doit être défigné fous le titre de M.
     le Commiffaire du Roi,   40

§. 2. Du Préfident.

Procès-Verbaux fignés par lui feul,   ibid.
Paquets ouverts dans l'Affemblée,   ibid.
Adjudications fignées du Préfident de l'Affemblée,   41
Les Mandats fignés par le Préfident & les Députés du
     Bureau des Fonds,   ibid.
Nominations faites par le Préfident,   ibid.

§. 3. De l'Affemblée.

Rangs & Séances,   ibid.
Seigneurs laïques,   ibid.
Tiers-État,   ibid.
Repréfentans des Villes,   42
Meffe du Saint-Efprit,   ibid.
Circonftances qui excluent de la Députation,   ibid.
Députés remplacés,   ibid.
Formation des Bureaux,   43
Vifite du Greffe ; Rédaction du Procès-Verbal,   ibid.
Délibérations approuvées par Sa Majefté,   ibid.
Impreffion des Procès-Verbaux,   44

§. 4. *De la Commiffion intermédiaire.*

Elle repréfente l'Affemblée, 44
Le Préfident, ibid.
Correfpondance Miniftérielle, ibid.
Elle fe fera par la Commiffion, 45
Protocole des Lettres, ibid.
Manière de figner les Actes, ibid.
Députés qui ne peuvent être Membres de la Commiffion
intermédiaire, 46
Nominations précédemment faites, confirmées, ibid.

§. 5. *Des Procureurs-Syndics.*

Qualités pour être élus, ibid.
Leur Séance, ibid.
Leurs Fonctions envers M. le Commiffaire du Roi, 47
Dans les Bureaux de l'Affemblée, ibid.
Quand ils ont voix délibérative, ibid.
Forme de leurs Lettres, 48
Leurs pouvoirs, ibid.

§. 6. *Affemblées d'Élection.*

Leur Époque, ibid.
Leur Durée, ibid.
Leur Indication, ibid.
Procès-Verbaux & Mémoires, 49
Trois Expéditions des Procès-Verbaux, ibid.
Elles doivent fe conformer aux délibérations de l'Affemblée
Provinciale, 50

§. 7. *Des Bureaux intermédiaires.*

Leur Subordination, ibid.
Leur Correfpondance avec la Commiffion intermédiaire, ibid.
Impreffion des Lettres & autres Pièces, 51

§. 8. *De l'Examen des Nominations, &c.*

Elles feront faites par les Syndics, 52
Taux d'impofition pour être éligible, *ibid.*
Les Irrégularités doivent être expofées à la Commiffion
  intermédiaire, *ibid.*
Les Obfervations à ce fujet, feront envoyées à M. le
  Contrôleur Général, 53
Irrégularités des Affemblées fupérieures pourfuivies au
  Confeil par les Procureurs-Syndics, *ibid.*
Ils en informeront les Affemblées, *ibid.*

DEUXIÈME PARTIE.

§. 1. *Affemblées Municipales.*

Leurs Fonctions; Ordres qu'elles doivent recevoir de M.
  l'Intendant & des Affemblées fupérieures, 54
Répartition de la Taille par les feuls Taillables, *ibid.*
Nombre des Rôles, *ibid.*
Mode de Répartition, 55
Rôle pour la Capitation des Nobles, *ibid.*
Triples Expéditions, 56
Article V du Réglement du 5 Août, *ibid.*
Églifes & Presbytères, 57
Devis faits gratuitement par les Ingénieurs, *ibid.*
Confeil d'Avocats, 58
Affaires contentieufes des Communautés, *ibid.*
Traitement des Syndics, &c. 59

§. 2. *Des Affemblées d'Élection.*

Levée de Deniers, *ibid.*
Impofitions ordonnées par l'Affemblée provinciale, *ibid.*
Correfpondance des Affemblées d'élection avec le Miniftre, 60

§. 3. *De l'Assemblée Provinciale.*

Dépenses délibérées par l'Assemblée,   61

§. 4. *Des Fonctions respectives de l'Intendant & de l'Assemblée Provinciale.*

Relation avec M. l'Intendant,   *ibid.*
Article V. du Réglement du 5 Août, supprimé,   *ibid.*
Communication mutuelle de M. l'Intendant & de l'Assemblée,   62
M. l'Intendant doit envoyer, sans délai, au Conseil, les dépéches qui lui font remises,   *ibid.*
Correspondance avec les Ministres,   63
Demandes en matière d'imposition,   *ibid.*
Ouvrages sur les fonds du Roi, & ceux de la Province,   *ibid.*
Payements sur les fonds du Roi,   64
Payements sur les fonds de la Province,   *ibid.*
Examen des Comptes,   *ibid.*

TROISIÈME PARTIE.

Impositions ordinaires.

États remis à l'Assemblée par M. l'Intendant,   64
Usage qu'elle doit faire de ces États,   66

QUATRIÈME PARTIE.

Des Vingtièmes.

Vingtièmes,   67
Clergé,   69
Abonnement,   *ibid.*
Conditions de l'Abonnement,   70
Bien résultant de l'Abonnement,   *ibid.*
États & Travaux relatifs aux Vingtièmes,   *ibid.*
Évaluation des Vingtièmes,   71

CINQUIEME PARTIE.

Ponts & Chauffées.

Sous quel rapport on doit confidérer les Routes,   73
Exemples du principe établi,   74
Regle de la Contribution,   75
Aqueducs , Ponts , &c.   76
Ouvrages intéreffant plufieurs Provinces,   *ibid.*
Régime pour 1788.   77
Ingénieurs,   *ibid.*
Conducteurs & Piqueurs ,   78
Rédaction des Projets,   *ibid.*
Cartes des Départements,   *ibid.*
Diftribution des Atteliers,   *ibid.*
Projets préfentés a l'Affemblée,   79
Projets adreffés à M. le Contrôleur Général,   *ibid.*
Forme de Répartition,   *ibid.*
Adjudication ,   *ibid.*
Conditions des Adjudications ,   80
Qualités des Adjudicataires ,   *ibid.*
Annonces des Adjudications,   *ibid.*
Rabais des Adjudications ,   81
Changements dans les Devis,   *ibid.*
Vifite des Ingénieurs,   82
Mandats d'à compte ,   *ibid.*
Quand ils feront délivrés,   *ibid.*
Réception des Ouvrages,   *ibid.*
Parfait payement,   83

SIXIÈME PARTIE.

Agriculture & Bien Public.

Agriculture ,   84
Engrais ,   86

Beftiaux, 87
Prairies Artificielles, ibid.
Turneps, &c. ibid.
Parcage des Troupeaux, 88
Laines, ibid.
Beftiaux Aratoires, 89
Labour, ibid.
Carie ou Noir, 90
Granges & Meules, ibid.
Mouture des Grains, 91
Chanvres & Lins, 92
Confervation des Hommes, 93.

SÉANCE du Dimanche 18.

Meffe du Saint-Efprit, 95

SÉANCE du Lundi 19.

Nomination de deux Députés, ibid.
Commiffion intermédiaire, confirmée; ibid.
Vérification du Greffe, 96
Remercîments au Chapitre, ibid.
Formation des Bureaux, ibid.
Noms des Membres compofant les différents Bureaux, 97
Rapport fait par MM. les Procureurs-Syndics, 99
I. PARTIE. Édit de création des Affemblées provinciales, &
    Réglements fubféquents, 102
Préambule de l'Édit de création, ibid.
Trois efpèces d'Affemblées, 104
Affemblée provinciale préliminaire, ibid.
Lettre de M. le Baron de Breteuil, du 23 Août, 107
Réclamation du Bureau des Finances, ibid.
Première Séance de la Commiffion intermédiaire, du 17
    Août 1787. 108.
Séances des 1 & 7 Septembre, 110

Séance du 25 Août,   110
Séance du 5 Novembre,   111
Séance du 15 Septembre,   112
II. PARTIE du Rapport de MM. les Procureurs-Syndics, 121
Chemins,   122
Tailles & autres Impositions accessoires,   130
Vingtièmes,   133
Objets d'utilité publique,   135
Municipalités,   138
Arrondissements,   140
Réunion des Élections trop foibles,   ibid.
Réglements,   141

SÉANCE du Mardi 20.

Compliments des différents Corps de la Ville à l'Assemblée,   146

SÉANCE du Mercredi 21.

Compliments des Officiers Municipaux, & de ceux de la Maréchaussée,   147

SÉANCE du Jeudi 22.

Remercîments aux différents Corps de la Ville,   148

SÉANCE du Vendredi 23.

États des dépenses faites sur les fonds libres, &c.   150

SÉANCE du Samedi 24.

Analyse des Réglements,   151

SÉANCE du Lundi 26.

Rapport du Bureau de l'Impôt, pour demander le moins imposé, &c.   152
Avis du Bureau,   154
Délibération,   155

SÉANCE du Mardi 27.

Rapport du Bureau de l'Impôt, fur la demande à faire
    des États relatifs aux Vingtièmes,   156
Avis du Bureau,   157
Délibération,   ibid.

SÉANCE du Mercredi 28.

Rapport du Bureau des Travaux publics,   158
Situation de la Province,   159
Nombre des Routes,   160
Leur Claffification,   161
Première Claffe,   ibid.
Deuxième Claffe,   162
Troifième Claffe,   164
Quatrième Claffe,   165
Longueur des Routes,   167
Leur entretien,   ibid.
Inftruétions du 5 Novembre 1787,   172
Syftême des Inftruétions, modifié,   173
Quotité de la Contribution pour les Chemins,   176
Deficit de l'Élection de Guife,   177
Contribution de chaque Élection aux Routes de la Province, ibid.
Somme employée dans l'enceinte de l'Élection,   178
Adjudication des Ouvrages déterminés,   182
Bénéfice des Rabais,   185
Recette de la Contribution,   186
Sommes pour les cas imprévus,   188
Cantonniers,   189
Avis du Bureau des Travaux publics, fur ces divers objets, 191

SÉANCE du Jeudi 29.

Délibération de l'Affemblée fur le Rapport lu dans la
    Séance précédente, par MM. les Commiffaires du
    Bureau des Travaux publics,   198

Nouveaux Rapports faits par les mêmes Commissaires,   205
I. Rapport contenant le Précis de ce qui reste à faire à
    l'Assemblée Provinciale, &c.   ibid.
Article VI. des Instructions,   ibid.
Article VII.   206
Délibération,   207
II. Rapport. États & Piéces remis à l'Assemblée,   ibid.
III. Rapport. Route de Champagne en Normandie, N°. 7.   208
Délibération,   209
IV. Rapport. Roues à larges Jantes,   ibid.
Avis du Bureau,   212
Délibération,   ibid.

SÉANCE du Samedi 1 Décembre.

Rapport du Bureau des Travaux publics, sur l'établisse-
    ment des Cantonniers,   213
Avis du Bureau,   219
Délibération,   220
Commission pour rédiger les observations des Bureaux,
    sur les Réglements.   ibid.
I. Rapport du Bureau du Bien public, sur les inconvé-
    nients des cendres de Houille,   221
Avis du Bureau,   ibid.
Arrêté de l'Assemblée,   222
II. Rapport du même Bureau, sur ce qu'il est utile d'ob-
    server dans l'envoi ou la réception des Mémoires,   223
Délibération,   223
Lettres de félicitation à l'Assemblée,   ibid.

SÉANCE du Lundi 3.

Commissaires pour surveiller l'impression du Procès-Verbal,   224

SÉANCE du Mardi 4.

Ouvrages envoyés à l'Assemblée par le Gouvernement,   225

SÉANCE du Mercredi 5.

Lettre de M. le Contrôleur Général, relativement aux
   Vingtièmes, 227
Divers Mémoires, *ibid.*
I. Rapport du Bureau du Bien public fur la fuppreffion de
   la Mendicité, 228
Motifs de ce Projet, 229
Avantages qui en réfulteroient, 230
Difficultés de l'entreprife, *ibid.*
Caufes de la Mendicité, 231
Moyens de la réprimer, 233
Faire travailler les Pauvres, 234
Renvoyer les Étrangers dans leur pays, 235
Différents genres de Travaux, 238
Application des moyens propofés, 240
Queftions à propofer aux Municipalités, 245
Avis du Bureau, 246
Délibération, 248
II. Rapport. Foires & Marchés, 249
Avis du Bureau, 251
Délibération, 252

SÉANCE du même jour, au foir.

États concernant les Vingtièmes, 253

SÉANCE du Jeudi 6.

Rapport du Bureau de la Comptabilité, fur la formation
   des Municipalités, 254
Vices de la formation des Municipalités nouvelles, 256
Municipalités des Villes, 260
Préfidence des Affemblées paroiffiales, 261
Scrutin, 263
Taux d'impofitions pour être éligible, *ibid.*

d

Droit de préfider en l'abfence du Seigneur, 266
Affemblées d'arrondiffement, 267
Devoirs des Syndics, 269
Danger de laiffer aux Municipalités le droit de fixer leur
    traitement, *ibid.*
Répartition de la Taille, 271
Avis du Bureau, 272
Délibération. 278

SÉANCE du Vendredi 7.

Rapport du Bureau de l'Impôt, fur la répartition des
    impofitions ordinaires, 283
Origine & progrès de la Taille, *ibid.*
Taillon, 284
Capitation, *ibid.*
Brevets des impofitions ordinaires, 285
Leur fixation, *ibid.*
Difpofition de la Déclaration de 1780. *ibid.*
Département, 287
Forme de Répartition que doit fuivre l'Affemblée, 289
Différents points à éclaircir, 291
Nombre des Rôles, 294
Montant du Brevet pour la Généralité, 296
Avis du Bureau, 298
Délibération, 300

SÉANCE du Dimanche 9.

Mémoires, Lettres, &c. remis à l'Affemblée, 301
Rapport du Bureau des Travaux publics, fur l'ufage du
    Bac de Varennes, follicité par plufieurs Paroiffes, 305
Avis du Bureau, 306
Délibération, 307

SÉANCE du Lundi 10.

Rapport du Bureau de l'Impôt, fur l'abonnement des Vingtièm. 308

Avis du Bureau, 322
Confidérations préalables à la Délibération, 325
Délibération, 327

S É A N C E du même jour, au foir.

Rapport du Bureau de la Comptabilité, fur les fonds
    libres & variables, & fur les frais des Affemblées, 330
Fonds variables & Fonds libres, 332
Fonds variables, 333
Fonds libres, 334
Avis du Bureau, 335

D É P E N S E S
Concernant l'Affemblée Provinciale.

Dépenfes annuelles & fixes, 337
Dépenfes variables, 344
Dépenfes faites, 345
Dépenfes d'Etabliffement concernant l'Affemblée Provin-
    ciale, 346

D É P E N S E S
des fept Affemblées d'Élection.

Dépenfes annuelles & fixes des Affemblées d'Élection de
    Soiffons & de Laon, 347
Mêmes Dépenfes des cinq autres Élections, 349
Dépenfes annuelles variables des Affemblées d'Élection, 350
Dépenfes d'Etabliffement des fept Affemblées d'Election, 351
Récapitulation, 352
Avis du Bureau, ibid.
I. Rapport du Bureau des Travaux publics, fur la Récla-
    mation faite contre l'affujettiffement des Villes à la
    contribution repréfentative de la Corvée, 355
Avis du Bureau, 356
II. Rapport du même Bureau, fur un Mémoire de la ville

de Vervins, relatif au Projet d'alignement de fes rues, 357

Avis du Bureau, 359

III. Rapport du même Bureau fur l'Etat du Pont de Guifcar, 360

Avis du Bureau, *ibid.*

Sur l'Etat de la Route paffant par Origny, &c. 361

Avis du Bureau, *ibid.*

SÉANCE du Mardi 11.

Rapport du Bureau des Travaux publics, fur le Projet de la Loi annoncée pour 1789, 363

Principes contenus dans les Inftructions du 5 Novembre, 364

Conditions qui doivent fe trouver dans une Loi fur les Chemins, 366

La Loi annoncée pour 1789, eft jufte, 367

———— elle fert l'intérêt général, 371

———— elle prévient les inconveniens de l'intérêt particulier, 374

Application des Principes ci-deffus développés, 376

Ces Principes peuvent-ils être appliqués à notre fituation actuelle ? 380

Modifications qu'ils peuvent exiger, *ibid.*

Réponfe à quelques Objections, 386

Première Objection : Les Municipalités ne peuvent exercer la furveillance de leurs Chemins, 387

Deuxième Objection : Les Routes principales de la Province feront négligées, 388

Troifième Objection : La Confection des Embranchements fera plus lente, 392

Quatrième Objection : La Loi projettée favorife l'intérêt particulier, & nuit à l'intérêt général, 393

Réflexions fur l'Impofition repréfentative de la Corvée, & fur fon emploi, 395

Avis du Bureau, 403

SÉANCE du Mercredi 12.

Ouvrage fur l'Agriculture, 404
Délibération fur le Rapport fait dans la Séance précédente, ibid.
Commiffaires pour rédiger les Inftructions de la Commiffion
  intermédiaire, 405

SÉANCE du même jour, au foir.

Lettres & Mémoires, 406
Rapport du Bureau de l'Impôt, fur la Répartition des
  impofitions ordinaires, 407
Inconvénients du Syftême actuel de Répartition, ibid.
Trois fortes de Taille, 408
Taux de la Taille réelle, ibid.
Taux de la Taille perfonnelle, 409
Taux de la Taille induftrielle, 410
Abus dans la Répartition, ibid.
Difficultés dans les moyens d'une jufte Répartition, 412
Rapport du Bureau des Travaux publics, fur l'Impofition
  pour les Ponts & Chauffées, 414
Avis du Bureau, 421

SÉANCE du Jeudi 13.

Lettres & Mémoires, 423
Délibération fur le Rapport fait par le Bureau de l'Impôt,
  dans la Séance précédente, 424
I. Rapport du Bureau des Travaux publics, fur les Chemins vicinaux, divifés par Élection, 425
Élection de Clermont, 428
———— de Crefpi, 430
———— de Soiffons, 431
———— de Laon, 434
———— de Guife, 436
———— de Château-Thierry, ibid.
———— de Noyon, 439

e

Digreſſion ſur les Rivières navigables de la Province,   441

Navigation de la rivière d'Aiſne,   442

Ouverture des Canaux projettés,   443

Avis du Bureau,   445

Délibération,   *ibid.*

II. Rapport du Bureau des Travaux publics, ſur les Atteliers de charité,   *ibid.*

Avis du Bureau,   447

Délibération,   448

Lettres & Mémoires,   *ibid.*

Rapport du Bureau du Bien public, ſur deux Mémoires
envoyés par la Société d'Agriculture de Laon,   *ibid.*

Délibération,   449

Rapport du même Bureau ſur l'état des Campagnes,
l'Agriculture & le Commerce,   *ibid.*

Situation des Habitants des Campagnes,   453

Défaut de propriété dans les Campagnes,   *ibid.*

Énumération des Impôts,   *ibid.*

Défaut de Chemins de Communication,   454

Cauſes d'appauvriſſement particulières aux Vignobles,   455

Difficultés dans l'entrepriſe de ſoulager les Campagnes,   458

Locations partielles,   459

Diminution de la Taille annoncée,   460

Confection des Routes de communication,   461

Gabelles,   463

Aides,   464

Ouvrages relatifs à la conſervation des Hommes, envoyés
par le Gouvernement,   465

Inconvénients de quelques ſecours adminiſtrés aux Noyés,   467

Boîtes pour les Noyés,   468

Ouvrages ſur le Parcage des bêtes à laine, & les Prairies.
artificielles,   469

Ouvrages ſur la Carie des bleds,   470

Procédé pour préſerver de la Carie, indiqué par les

Cultivateurs Membres de l'Assemblée, 471

Élèves de Bestiaux, 473

Défrichements, 474

Baux des Biens Ecclésiastiques, ibid.

Mesureurs d'Office, 475

Bois, 476

Chanvre & Lin, ibid.

Commerce des Laines, 477

Arbres à fruits, 478

Porte-Balles, ibid.

Péages, ibid.

Avis du Bureau, ibid.

Délibération, 483

Rapport du Bureau de la Comptabilité, sur l'examen des Procès-Verbaux des Assemblées d'Élection, 484

Avis du Bureau, 486

Délibération, ibid.

SÉANCE du Vendredi 14.

Lettres, ibid.

Deuxième Rapport du Bureau de l'Impôt, sur l'abonnement, des Vingtièmes, 487

Avis du Bureau, 492

Délibération, 495

Députation à M. le Commissaire du Roi, 497

Mémoires sur le Don gratuit des Villes, ibid.

Rapports sur les Réglements, 498

Délibérations faites précédemment sur les Réglements, 500

Observations sur le Réglement du 5 Juillet. Assemblée Municipale, 502

Assemblée d'Élection, 504

Observations sur le Réglement du 5 Août, 505

Instructions du 5 Novembre, 508

Articles de Réglement, non prévus, 509

Avis du Bureau, 511
Délibération, 513

SÉANCE du Samedi 15.

Mémoire fur la fituation de l'Élection de Clermont, 514
Délibération fur les Inftructions données à la Commiffion
    intermédiaire, *ibid.*

SÉANCE du Dimanche 16.

Lettre de M. le Contrôleur Général, 515
Vérification du Greffe, 516
Délibération fur le dernier article du Rapport fur les Ré-
    glements, *ibid.*

SÉANCE du Lundi 17.

III. Rapport du Bureau de l'Impôt, fur l'abonnement des
    Vingtièmes, 517
Réflexions préliminaires, 519
Délibération, 522
Difcours de MM. les Procureurs-Syndics, 525
Clôture des Séances, 528

EXTRAIT DU RÉGLEMENT

Rendu pour la Province du Berry,
le 6 Juin 1785.

SECTION TROISIÈME.

Demandes en décharge d'impofition, pour caufes acciden-
    telles, 532
Pour divifion de Cotes, mutation & doubles emplois, *ibid.*
Pour non-valeurs, 533
Principes propres à chaque nature d'impofition obfervés, *ibid.*
Dans quelle forme les fufdites demandes rejettées, *ibid.*
Dans quelle forme les fufdites demandes accueillies, *ibid.*

Forme à obferver pour profiter des Ordonnances de décharge ou modération, 533
Comment les Ordonnances doivent-être quittancées, 534
Taxes d'Office, *ibid.*
Comment & dans quel délai fe pourvoira le Taxé d'Office, *ibid.*
Comment les demandes feront inftruites, *ibid.*
Délibéré de la Commiffion intermédiaire, pour réduire la Taxe d'Office, 535
Délibéré pour la confirmer, fauf à fe pourvoir devant M. l'Intendant, *ibid.*
Idem, lorfque ce feront les Habitants qui fe pourvoiront contre la Taxe d'Office, *ibid.*
Voie contentieufe pardevant M. l'Intendant, *ibid.*
Dans quel délai, 536
Autre cas pour la voie contentieufe, foit devant M. l'Intendant, foit à la Cour des Aydes, *ibid.*
Comment feront formées les demandes par voie contentieufe, 537
Comment elles feront inftruites, *ibid.*
CAPITATION. Demandes formées par des non-Taillables, pour Surtaxe, 538
Délibéré de la Commiffion intermédiaire, fi la demande ne lui paroit pas fondée, *ibid.*
Forme pour fe pourvoir au Confeil, *ibid.*
Rôle de Capitation des Villes franches, *ibid.*
Demandes relatives auxdits Rôles, 539
Réclamation contentieufe fur la Capitation, *ibid.*
VINGTIÈMES. Demandes pour caufe de Surtaxe, 540
Délibéré de la Commiffion intermédiaire, fi la demande ne lui paroît pas fondée, *ibid.*
Voie contentieufe pardevant M. l'Intendant, *ibid.*
En conféquence du jugement de M. l'Intendant, Expédition de l'Ordonnance de décharge ou réduction, 541
Modèle de Délibéré de la Commiffion intermédiaire,

pour la Réduction d'une taxe d'Office,   542

Idem, lorsqu'elle confirmera la taxe d'Office,   543

TABLE DES RAPPORTS

Faits par les différents Bureaux de l'Assemblée.

BUREAU DE L'IMPOT.

Sur la Demande du moins imposé, 152
Sur la Demande à faire des Etats relatifs aux Vingtièmes, 156
I. Rapport sur la Répartition des Impositions ordinaires, 283
I. Rapport sur l'Abonnement des Vingtièmes, 308
II. Rapport sur la Répartition des Impositions ordinaires, 407
II. Rapport sur l'Abonnement des Vingtièmes, 487
III. Rapport sur l'Abonnement des Vingtièmes, 517

BUREAU DE LA COMPTABILITÉ.

Sur la Formation des Municipalités, 254
Sur les Fonds libres & variables & les Frais des Assemblées, 330
Sur l'Examen des Procès-Verbaux des Assemblées d'Élection, 484

BUREAU DES TRAVAUX PUBLICS.

Sur les Travaux à exécuter pendant l'année 1788, 158
Précis de ce qui reste à faire à l'Assemblée, &c. 205
Etats & Pièces remis à l'Assemblée, 207
Routes de Champagne en Normandie, N°. 7. 208
Roues à larges jantes, 209
Sur l'Établissement des Cantonniers, 213
Sur l'usage du Bac de Varennes, 305

Sur la Réclamation faite contre l'affujettiffement des Villes,
à la contribution repréfentative de la Corvée, 355
Sur un Mémoire de la Ville de Vervins, 357
Sur l'État du Pont de Guifcar, 360
Sur l'État de la Routes paffant par Origny, 361
Sur le Projet de la Loi annoncée pour 1789, 363
Sur l'Impofition pour les Ponts & Chauffées, 414
Sur les Chemins Vicinaux, 425
Sur les Atteliers de Charité, 445

BUREAU DU BIEN PUBLIC.

Sur les inconvéniens des Cendres de Houille, 221
Sur ce qu'il est utile d'obferver dans l'envoi ou la récep-
tion des Mémoires, 222
Sur la Suppreffion de la Mendicité, 228
Foires & Marchés, 249
Sur l'État des Campagnes, l'Agriculture & le Commerce, 449

Rapport fur les Réglements, fait par une Commiffion
particulière, 498

FIN DE LA TABLE.

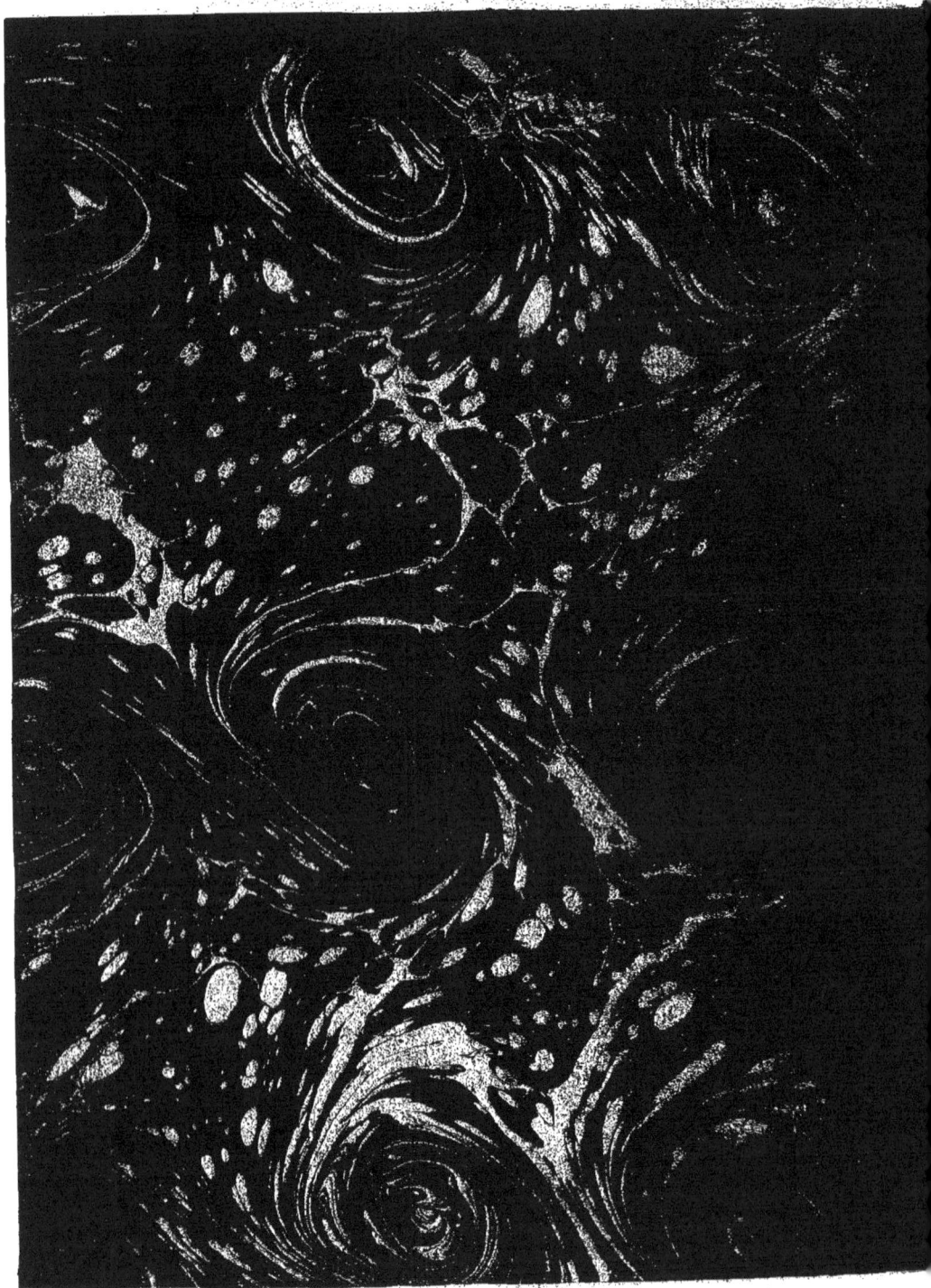

www.ingramcontent.com/pod-product-compliance
Lightning Source LLC
Chambersburg PA
CBHW071137270326
41929CB00012B/1787